FEMINA

CB126617

Janina
Ramirez

FEMINA

Uma nova história da Idade Média, através das mulheres que ficaram de fora dela

Tradução
Ana Maria Fiorini

Revisão técnica
Maria Cristina Correia L. Pereira

CRÍTICA

Copyright © Janina Ramirez, 2022
Copyright © Editora Planeta do Brasil, 2025
Copyright da tradução © Ana Maria Fiorini, 2025
Todos os direitos reservados.
Título original: *Femina: A New History of the Middle Ages, Through the Women Written Out of It*

Preparação: Laís Chagas
Revisão: Fernanda Guerriero Antunes e Carmen T. S. Costa
Diagramação: Matheus Nagao
Capa: Andrew Smith
Imagem de capa: © Heritage Images/Getty
Adaptação de capa: Isabella Teixeira

Dados Internacionais de Catalogação na Publicação (CIP)
Angélica Ilacqua CRB-8/7057

Ramirez, Janina
Femina / Janina Ramirez ; tradução de Ana Maria Fiorini. – São Paulo : Planeta do Brasil, 2025.
416 p. : il.

Bibliografia
ISBN 978-85-422-3654-5
Título original: Femina

1. Mulheres – História 2. Idade média - História I. Título II. Fiorini, Ana Maria

25-1777 CDD 305.4

Índice para catálogo sistemático:
1. Mulheres – História

MISTO
Papel | Apoiando o manejo florestal responsável
FSC® C019498
FSC www.fsc.org

Ao escolher este livro, você está apoiando o manejo responsável das florestas do mundo

2025
Todos os direitos desta edição reservados à
EDITORA PLANETA DO BRASIL LTDA.
Rua Bela Cintra 986, 4º andar – Consolação
São Paulo – SP CEP 01415-002
www.planetadelivros.com.br
faleconosco@editoraplaneta.com.br

Para as mulheres que se perderam
no tempo, para quem procura por elas
e para quem me contou sobre elas.

Para D, K e K.

“Sou a vida incandescente de substância
divina, ardo sobre a beleza dos campos, brilho
nas águas, queimo em sol, lua e estrelas.”

Hildegarda de Bingen

SUMÁRIO

PREFÁCIO

Este livro não vem acompanhado de uma justificativa. Não estou aqui para convencer de que já passou da hora de devolvermos as mulheres ao centro da história. Muitas pessoas já fizeram isso antes de mim. Tampouco estou aqui para traçar uma linha divisória entre homens e mulheres, nem para reforçar a importância de um em oposição ao outro. O que desejo é mostrar que agora existem mais maneiras de abordar a história. Graças a novos desenvolvimentos em arqueologia, avanços tecnológicos e uma abertura a novos ângulos, as mulheres medievais, longe de "irrecuperáveis",[1] estão prontas para serem redescobertas.

Não estou reescrevendo a história. Uso os mesmos fatos, números, eventos e evidências aos quais sempre tivemos acesso, combinados com avanços e descobertas recentes. A diferença é que estou mudando o foco. Agora são os personagens femininos, em vez dos masculinos, que estão enquadrados. Ambos atuam nas narrativas, e só podemos compreender verdadeiramente uns em relação aos outros. Este livro é sobre indivíduos, ricos em sua complexidade e fascinantes em sua diversidade. Também é sobre sociedades – grupos de indivíduos que trabalham em conjunto e uns contra os outros, em um cenário de mudanças na política, na economia, nas crenças e no poder. Abordar o passado por meio das vidas e histórias de mulheres nos oferece um prisma único, através do qual é possível encontrar perspectivas inovadoras e ignoradas.

As mulheres sempre perfizeram cerca de metade da população global. Então por que elas não orientariam a forma como observamos o passado? Sabemos muito sobre os poucos ricos e poderosos, mas e sobre os muitos pobres e oprimidos? Os muito velhos e os muito jovens também costumam ser ignorados. Deficiências não são um fenômeno moderno, nem as questões em torno de sexualidade e gênero. Ainda assim, lemos muito pouco sobre essas áreas nos livros de história. Recentemente, grandes progressos foram feitos na compreensão dos aspectos históricos de raça e imigração, mas ainda há um longo caminho a percorrer. O mundo medieval era fluido, cosmopolita, móvel e interconectado. Todas as grandes cidades estavam repletas de indivíduos de diversas cores de pele, idades, origens, religiões e ascendências. Vamos devolvê-los também aos livros de história.

São muitos os períodos, grupos e indivíduos ignorados que podem enriquecer nossa relação com o passado, e é nesse espírito que ofereço esta obra. É o início de uma conversa, e incentivo cada um de vocês a participar dela. Existem inúmeras avenidas não exploradas e tentadoras estradas pouco percorridas. A história é orgânica, e a forma como nos envolvemos com ela cresce e muda. Mas a forma como os indivíduos escreveram a história é um reflexo do tempo em que a escreveram, tanto quanto do período sobre o qual escreveram. Reformular o passado pode influenciar o presente. Em tempos de expansão colonial, quando havia necessidade de apoio ao comércio de escravizados, o historiador alimentou seus leitores com contos sobre exploradores e conquistadores. Quando era de soldados que se precisava, prontos para morrer em nome do rei e do país, o historiador lhes deu heróis e guerreiros. E quando a sociedade dava preferência ao domínio masculino e à subserviência feminina, o historiador ofereceu uma história com uma orientação masculina.

E o que dizer da escrita da história agora, um momento em que tanto se luta por mais igualdade? Será que olhar para trás pode impactar o modo como olhamos para a frente? Encontrar mulheres empoderadas e com agência no período medieval é minha forma de trocar de marcha, oferecendo aos leitores de hoje novas narrativas. Sei que existe aí um viés, já que toda a história é por sua própria natureza subjetiva, a despeito de quão objetivos tentamos ser. Mas, por meio dessas mulheres notáveis, espero mostrar que podemos efetivamente examinar as evidências históricas de maneiras mais inclusivas e nos envolvermos com o passado com um olhar renovado. Você não consegue ser o que não consegue ver. Então, que nos encontremos no que já passou e, daqui para a frente, reconsideremos aquilo que para nós tem valor.

INTRODUÇÃO

Quarta-feira, 4 de junho de 1913 – Derby de Epsom

Uma multidão de 500 mil pessoas entrou pelos portões do hipódromo de Epsom nessa tarde abafada de verão. O Dia do Derby capturou a nação; a vida normal foi suspensa. Agentes de apostas gritam por cima do barulho da aglomeração, enquanto palpiteiros perigosamente debruçados sobre andaimes agitam os braços sobre um mar de corpos. As pessoas aqui reunidas representam cada parte da sociedade eduardiana. Elas chegam a pé, de bicicleta ou de trem, em carruagens puxadas por cavalos ou em veículos motorizados. Membros da nobreza ombreiam fazendeiros, e engraxates ombreiam banqueiros. Todos viajaram até esse vilarejo normalmente tedioso em Surrey pela chance de experienciar por uns poucos segundos a batida tonitruante dos cascos passando numa nuvem de poeira, suor e barulho.

O rei e a rainha da Grã-Bretanha estão sentados acima de todos eles, no camarote real. Anmer, o cavalo do rei Jorge V, vai correr, mas o favorito é Craganour, enfeitado de violeta e prímula. À medida que as três da tarde se aproximam, a tensão aumenta. Cavalos e jóqueis brigam ao longo da linha de partida, e o cavaleiro do rei, Herbert Jones, se distingue pelo vermelho e azul da sua camisa real. Um prêmio de mais de 6 mil libras esterlinas (equivalentes a 1,5 milhão de libras esterlinas hoje), além de um lugar na história, aguardam o primeiro a ultrapassar a trave de chegada, sob as arquibancadas ofegantes. A maioria das pessoas vai assistir à corrida não das fileiras de assentos, mas pressionadas contra as barreiras brancas na altura do peito que percorrem os dois lados da pista. Tattenham Corner é um ponto especialmente vantajoso para uma boa visão da pista de cerca de 2.400 metros. Aqui os cavalos contornam a parte mais fechada da curva, para então acelerar no percurso final. Tradicionalmente, após a passagem de todos os cavalos, a multidão se encolhe por baixo das barreiras e toma a pista para seguir a corrida até a trave de chegada.

Não são só as pessoas que ladeiam o percurso que vão assistir a esse Derby. Câmeras filmadoras também estão situadas ao longo do trajeto. Elas vão gravar a ação em nitrato de prata, para que plateias de cinema por toda a Commonwealth possam absorver a atmosfera da corrida de cavalo mais célebre do mundo. Três câmeras dirigem suas lentes para o Tattenham Corner, posicionadas em ângulos para registrar cada momento. Quando o tiro de largada é dado, os jóqueis afundam os calcanhares com dureza nas ancas dos cavalos e os impelem para a frente. A saliva espuma nas bocas dos animais, e os cavaleiros se aproximam de seus corpos esguios, açoitando seus flancos e acelerando a quase setenta quilômetros por hora. Desacelerando para fazer a curva, os cavalos se dividiram em dois grupos, e uma lacuna vai se formando entre aqueles com uma chance de ganhar o ouro e um grupo que vai ficando para trás. O cavalo do rei, Anmer, está nesse último grupo.

Então as câmeras registram uma coisa inesperada. Alguém passou por baixo da barreira no momento em que a primeira onda de cascos em alta velocidade contornava a curva. A pessoa percorre alguns metros da pista com determinação, então se põe diante dos últimos cavaleiros, escolhendo Anmer, o cavalo do rei. Parece que a pessoa tenta oferecer ao jóquei o objeto que segura nas mãos. O cavalo, vendo alguém no caminho, começa a saltar, mas quando ergue os cascos a pessoa cai no chão. O animal e o cavaleiro também caem, e por pouco os cavalos que vêm atrás conseguem evitar uma colisão. Depois de alguns segundos, Anmer consegue se levantar e cambaleia até terminar a corrida sem cavaleiro. O jóquei Herbert Jones sofreu uma concussão. Está ferido, mas vivo. A pessoa misteriosa está no chão, inconsciente e sangrando.

Eles imediatamente desaparecem sob uma onda de corpos. Alguns se apressam para ajudar, enquanto a maioria corre pela pista na direção da linha de chegada. Em meio ao caos, um homem se detém para pegar alguma coisa que está no chão, ao lado da figura inerte. É um lenço, com listras roxas, brancas e verdes que correm no sentido do comprimento, e as

Fotografia do Derby de Epsom de 1913.

palavras "*Votes for Women*" [votos para as mulheres], estampadas em cada extremidade:[1] a faixa de uma sufragista. Logo se espalharia a notícia de que uma "mulher louca" se jogou na frente do cavalo do rei, atrapalhando a corrida mais importante do ano. Enquanto está hospitalizada lutando por sua vida, correspondências de ódio se amontoam ao lado de seu leito. Uma carta, assinada simplesmente por "Um inglês", é característica das amargas críticas dirigidas a ela: "Espero que você seja torturada até morrer, sua idiota. Gostaria de ter a oportunidade de fazê-la passar fome e espancá-la até você virar purê".[2] Mas a mulher jamais lerá essas palavras: quatro dias depois do incidente, ela sucumbe aos ferimentos. O jóquei se recupera e volta a cavalgar duas semanas depois, mas nunca mais esquecerá o que aconteceu, e, por fim, acaba tirando a própria vida. Em um aceno político, o cavalo Anmer é exilado no Canadá, feito de bode expiatório por sua participação numa morte sobre a qual ele não teve nenhum controle.

A mulher que marcou o Derby de 1913 nos livros de história era a jovem ativista Emily Wilding Davison. Na noite anterior, ela estava 27 quilômetros ao norte de Epsom, em Kensington, se preparando para a Feira das Sufragistas. Lá ela se postou diante da enorme estátua de Joana d'Arc que recebia os visitantes da feira: a heroína do século XIV segurava a espada acima da cabeça, com as palavras "Lute e Deus dará a vitória" gravadas no pedestal abaixo. O plano era que Emily passasse o dia seguinte trabalhando como voluntária nessa feira, e não atrapalhando o Derby. Ela chegou a falar sobre a possibilidade de "fazer um protesto no hipódromo", mas só Alice Green, em cuja casa Emily estava hospedada, sabia que ela estava indo para Epsom. Emily comprou um bilhete de trem e prendeu duas bandeiras por dentro do casaco, suas faixas verde, branca e roxa, uma prova de seu compromisso com a causa à qual ela dedicaria sua vida: o sufrágio feminino por meio de "atos, não palavras".[3]

Ela planejou morrer por suicídio – uma mártir para a causa – ou simplesmente queria prender a faixa ao cavalo? O incidente foi premeditado ou ela agiu espontaneamente? É impossível saber ao certo – ela não deixou nenhum bilhete. Mas, caminhando na frente do cavalo do rei diante de 500 mil pessoas e três câmeras filmadoras, Emily encenou o ato final por sua causa. Como ela mesma escreveu: "Dar a vida pelas amizades, isso é glorioso, abnegado, inspirador [...] o último sacrifício consumado da Militante".[4]

Emily entrara para a Women's Social and Political Union [União Social e Política das Mulheres] em novembro de 1906, e nos sete anos que antecederam sua morte ela se tornaria cada vez mais militante. Foi presa nove vezes, fez greve de fome sete vezes e foi alimentada à força 49 vezes; um processo doloroso, terrível e brutal que deixou muitas mulheres com cicatrizes mentais e físicas duradouras. Ela se atirou de uma escada na prisão para proteger uma outra detenta e se envolveu em atos de vandalismo, especialmente o incendiamento de caixas postais. Descrita por Sylvia, filha de Emmeline Pankhurst, como "uma das militantes mais ousadas e imprudentes", Emily foi tratada como mártir após sua morte. Vinte mil pessoas compareceram ao seu funeral, fazendo dele a maior cerimônia para um britânico não membro da realeza da história. É por sua morte e seu ativismo que Emily Wilding Davison é lembrada. Mas há um outro aspecto de sua vida que dá sustentação a este livro, algo que raramente é mencionado na enorme literatura sobre ela. Ela era uma medievalista.[5]

Mulheres medievais: mulheres modernas

Uma mulher altamente educada, Emily recebeu as mais elevadas honrarias em Literatura Inglesa, tendo realizado seus exames finais no St. Hugh's College, Oxford. Não pôde se formar porque os diplomas da Universidade de Oxford foram inacessíveis às mulheres até 1920.[6] Em vez disso, ela continuou a pesquisar e publicar, especialmente sobre literatura medieval. Produziu diversos artigos, cada um deles explorando de que maneira o passado que a fascinava poderia moldar seu presente. É bastante difundida a ideia de que o empoderamento feminino começou no século XX, quando o movimento dos "votos para as mulheres" finalmente deu voz ao "segundo sexo". As vidas dos homens, mulheres e crianças melhorariam quando tradições ultrapassadas e a tirania humana fossem finalmente substituídas por algo mais próximo da igualdade. O centenário do sufrágio feminino em 2018 foi acompanhado de repetidas exortações de que as mulheres haviam saído das sombras de uma vez por todas.

Mas Emily Wilding Davison não achava que as sufragistas estavam inovando. Para ela, as militantes estavam atacando um fenômeno de opressão recente. Ela queria voltar a um tempo pregresso, que ela acreditava ter sido povoado por mulheres poderosas. No período medieval, Emily via um modelo que contestava o padrão misógino incrustrado na Idade Moderna.[7] Com efeito, sua visão do mundo medieval era a de um mundo rico em diversidade, com homens e mulheres como iguais. Em um ensaio publicado apenas um mês antes de sua morte, chamado "A Militant May Day" [Um Primeiro de Maio Militante], ela descreve uma multidão em um cenário medieval idealizado. É uma multidão internacional e multicultural, com ingleses, escoceses, franceses, russos, velhos, jovens, homens e mulheres celebrando em união, e um "pequeno saxão" de mãos dadas com uma "pequena judia". Em vez de "Deus salve o rei", ela afirma que o lema do Primeiro de Maio é "Deus salve o povo".[8] Nas mulheres do mundo medieval, ela encontrou vozes inspiradoras que desde então foram reprimidas. Com este livro, de modo semelhante, veremos que muitas das formas de discriminação que contestamos vigorosamente hoje nem sempre são produtos dos períodos medieval ou pré-medieval, mas sim dos séculos mais recentes.

Para o movimento sufragista, uma mulher medieval em particular representava a noção da mulher determinada que triunfa contra tudo: Joana d'Arc.[9] Seu militarismo ativo e maneira de se vestir faziam dela uma heroína andrógina que dava corpo ao lema "Atos, não palavras". Emily e as sufragistas não eram as únicas a ver na Idade Média uma fonte de inspiração para as mulheres do século XIX e início do XX. William Morris buscou combater a ascensão do consumismo industrial abraçando os meios manuais do período medieval. Augustus Pugin via uma pureza nacional na arquitetura gótica que estava ausente da tradição clássica, e, assim, usou o estilo medieval como inspiração para o Palácio de Westminster. John Ruskin incentivou um retorno ao romance medieval como uma maneira de garantir "fidelidade à natureza" ["*truth to nature*"]. Para as sufragistas, no entanto, as mulheres que elas destacavam apresentavam dois atributos medievais indispensáveis: elas desafiavam as normas sociais ao adquirir poder e influência apesar de seu sexo e eram profundamente religiosas.

Devido à preferência moderna pela ciência e pela razão, em detrimento da religião e da espiritualidade, a natureza profundamente devota do movimento sufragista costuma ser ignorada. Hoje em dia, elas são vistas por muita gente como políticas, e não como devotas. Mas a maioria das mulheres que participaram de atividades militantes viam a si mesmas como soldadas de Cristo, promovendo uma mudança social formulada em termos religiosos. Santa da Igreja católica, o lema de Joana d'Arc, "Lute e Deus dará a vitória", estava inscrito em flâmulas junto à sua imagem medieval. Joana era tudo que Emily Wilding Davison aspirava ser. Sua ascensão inexplicável de camponesa adolescente a líder do exército francês durante a Guerra dos Cem Anos passava uma imagem de empoderamento feminino quase militar, mas ela estava historicamente distante o suficiente para parecer inofensiva às normas de gênero do início do século XX. Enquanto as

Cartaz sufragista com a imagem de Joana d'Arc, Hilda Dallas (esq.). Cartão-postal de 1913 retratando a estátua de Joana d'Arc, Feira Sufragista, Kensington (dir.).

mulheres da época eram criticadas por se vestirem com roupas masculinas, essa guerreira abrigada pelo manto do passado podia fazê-lo abertamente.[10] Além disso, suas ações tinham a aprovação de Deus, Maria e os santos. Ela era uma guerreira santa.

Quando o movimento das sufragistas desembarcou do outro lado do oceano, as mulheres dos Estados Unidos também encontraram inspiração em Joana d'Arc. A imagem de Inez Milholland escarranchada em um enorme cavalo branco à frente de um desfile pelas ruas de Washington, D. C., em 3 de março de 1913 se tornou um ícone. Sua versão de Joana d'Arc era sonhadora e romântica, com cabelos longos e soltos encimados por uma coroa. Assim como ocorreu com Emily, a fantasia de Inez foi inspirada pelos muitos anos que ela passou estudando literatura medieval. São bem poucos os estudiosos que discutiram essas sufragistas que eram fascinadas pelo período medieval. Mas compreender seu medievalismo é subverter o consenso de que essas mulheres do século XX estavam lutando por agência em um vácuo, abrindo caminhos como nunca. Em vez de aceitar as interpretações equivocadas do período medieval que foram se acumulando ao longo dos séculos, essas sufragistas reconheciam um tempo no qual as mulheres tinham agência – e desejavam voltar a ele.

Fotografia de Inez Milholland no desfile das sufragistas em Washington, D. C., 3 de março de 1913.

O medievalismo de Emily reforça sua identidade como sufragista. Uma colega de classe se lembrou de que Emily assumiu o nome de "Fair Emelye"* depois de ler *Contos da Cantuária*, de Chaucer, na escola:

> Sua melhor amiga na época não tinha nenhuma lembrança de conversar com ela sobre direitos das mulheres ou nenhuma outra questão pública. Muito mais interessante para elas era "O conto do cavaleiro", de Chaucer, que ambas estavam estudando e do qual Emily tirou outro dos seus nomes. A partir de então, ela passou a ser sempre chamada de "The Fair Emelye" por essa amiga e algumas outras, e seus cabelos, que eram claros e muito bonitos, tornavam o nome bem apropriado.[11]

"O conto do cavaleiro" é a primeira história completa dos *Contos da Cantuária* e descreve a captura de Emelye junto de sua irmã, a rainha Hipólita, quando Teseu sitiou a Cítia, lar de poderosas mulheres amazonas. Ela é levada a Atenas, onde se transforma em objeto de desejo de dois cavaleiros aprisionados em uma torre. Para isso, ela é idealizada e objetificada, mas de diversas maneiras Emelye contradiz o que usualmente se espera das mulheres nos romances. Primeiro, as "amazonas" da Cítia tinham treinamento militar, e dizia-se que sabiam andar a cavalo, usar armas e lutar contra homens em pé de igualdade.[12] Em segundo lugar, Emelye expressa seu desejo de se consagrar à deusa da caça, Diana: "Desejo ser donzela por toda minha vida, / E jamais seria nem amante nem esposa". Ela diz à deusa que prefere caçar e trabalhar a madeira a casar e ter filhos. Emelye acaba sendo casada contra sua vontade, mas seu corajoso discurso para Diana funciona como um grito de guerra atemporal para as mulheres que desejam determinar seus próprios destinos.

Embora Emelye tenha cativado a jovem Wilding Davison inicialmente por causa de seus cabelos claros e sua beleza, sua prisão apenas fortaleceu a conexão de Emily com ela. As referências a Emelye estão cheias da sugestão de que sua liberdade é limitada, e seu destino, controlado por forças além de seu controle. Ao assinar suas cartas como "Emelye", a jovem sufragista estava se identificando com a guerreira mulher, e, em seu ensaio "The Price of Liberty" [O preço da liberdade], Emily sugere que a militância das sufragistas as une a

* Nesse contexto, *fair* pode significar "bela" e também "de cor clara". (N.T.)

mulheres fortes do passado: "A amazona perfeita é aquela que sacrificará tudo até o fim".[13] Mas seus atos no Derby de Epsom são o indicador mais forte da profunda influência de Emelye e de "O conto do cavaleiro" sobre Emily.

Após sua morte, suas companheiras sufragistas defenderam que Emily não tivera o martírio como intenção, mas, na verdade, estava tentando apelar ao rei por justiça. Imediatamente após o acidente, o jornal de Morpeth, sua cidade natal, noticiou que ela "ofereceu sua vida como uma petição ao rei [...]. Sua petição não fracassará, pois ela mesma levou-a àquela Alta Corte onde homens e mulheres, ricos e pobres, são iguais".[14] A essa altura de 1913, o movimento sufragista sentia que já havia exaurido os canais de comunicação intermediados por membros do parlamento, e, então, fez planos para apelar diretamente ao monarca. Essa ideia tinha raízes no costume medieval segundo o qual o rei era o árbitro último da justiça, e poderia ser abordado pelos súditos durante viagens pelo reino e instado a intervir em seus assuntos.

"O conto do cavaleiro" deu a Emily a fonte perfeita de inspiração para como conseguir uma tal petição. Nos versos de abertura, o triunfante lorde Teseu chega à cidade de Tebas. Filas de damas vestidas de preto se ajoelham perante ele na rua, chorando, se queixando e lamentando. Essas mulheres são viúvas, vítimas do ataque do tirano Creonte à cidade, desesperadas pelo resgate e descanso dos corpos de seus amados. Teseu, esperando uma recepção de herói, fica abalado com esse comportamento e decide dispensá-las. Mas então uma das mulheres "pegou as rédeas de seu freio". Uma vez seu cavalo subjugado, Teseu é compelido a ouvir as queixas das mulheres. As ações dessa mulher alteraram o curso da história. Teseu guerreia contra Creonte, os ossos são recuperados, e o governante cumpre seu juramento às mulheres. É possível que o exemplo das viúvas tebanas tenha determinado o ato final de Emily de se dirigir ao cavalo do rei, colocando a si mesma no papel de uma de suas heroínas por meio da própria morte. Ao emular as ações de mulheres do passado, Emily Wilding Davison gravou seu nome na história como mártir de sua causa.

Mulheres escrevendo mulheres

Emily não foi a única mulher a encontrar inspiração para o sufrágio olhando para o período medieval. Grace Warrack, menos militante, mas nem por isso menos significativa, lançou mão de sua paixão pela literatura medieval para levar a obra de uma mulher esquecida a um grande número de novos leitores. Mais de uma década antes da corrida de Emily no Derby, essa escocesa presbiteriana de meia-idade chegava a Londres para visitar a sala de leitura da Biblioteca Britânica. Ela estava à procura de um livro místico católico inglês do século XIV. Examinando o catálogo dos 50 mil livros, manuscritos e gravuras que Hans Sloane deixara para a biblioteca no século XVIII, Grace encontrou uma entrada interessante. Sob o cabeçalho "Mágica e Bruxaria", um manuscrito intitulava-se "Revelations to One Who Could Not Read a Letter, 1373" [Revelações para alguém incapaz de ler uma carta, 1373].[15] Ela encontrara o que procurava: a cópia mais antiga preservada de *Revelações do amor divino*, de Juliana de Norwich. No decorrer de um mês, Grace transcreveu o texto integralmente e o traduziu do inglês medieval para o moderno. Então, voltou para Edimburgo e conseguiu convencer o editor Methuen a publicar, pela primeira vez, o texto completo de Juliana em 1901. O livro nunca mais deixou de ser impresso, e gerações de acadêmicos puderam descobrir essa obra-prima medieval graças à tradução de Grace.

Grace estava convencida de que as ideias tranquilas, contemplativas, mas revolucionárias de Juliana sobre a espiritualidade deveriam estar à disposição de um público mais amplo. Por meio da publicação de *Revelações do amor divino*, Grace deu às mulheres do século XX uma de suas mais impressionantes matriarcas medievais. Juliana nasceu na cidade de Norwich perto de 1343. Tinha 30 anos quando, paralisada e resignada com a morte, recebeu um conjunto de visões, ou "revelações". Ela viria a se recuperar completamente, mas sua vida se transformou para sempre. Quando recobrou a saúde, escolheu ser enclausurada como anacoreta e recebeu os últimos sacramentos antes de ser trancada em um único cômodo pelo resto de sua vida. Passou outras três décadas ou mais em sua cela, contemplando as visões que havia recebido e escrevendo seu notável livro, que é o primeiro texto conhecido de uma mulher em inglês.

Revelações do amor divino é um livro sublime, resultado de um olhar firme aplicado a assuntos espirituais. Juliana nada nos diz sobre o turbulento mundo do século XIV no qual ela vivia: as pestes, os julgamentos por heresia, as guerras e cismas.[16] Ela mesma é uma presença tênue em seus textos. Em vez disso, ela descreve com detalhes quase cinemáticos os sofrimentos de Cristo e afirma repetidamente que o amor materno de Deus por sua criação está no centro de toda existência. Sua famosa frase – "tudo ficará bem, tudo ficará bem e todas as coisas ficarão bem" – não é um consolo banal, mas antes uma declaração refletida e plena de significado da intenção divina.[17] Ainda assim, é notável conhecermos Juliana hoje, e é notável que seu nome não tenha tido o mesmo destino que o de outras mulheres medievais.

A partir da Reforma, as bibliotecas foram reviradas em busca de textos controversos. Diversas abreviações eram usadas nos catálogos para indicar quais deveriam ser avaliados e potencialmente destruídos. Os livros eram categorizados por assunto, como "bruxaria", "heresia" ou "católico". O destino de muitos desses textos é desconhecido, e as listas são o único registro de sua existência. O título deste livro, *Femina*, era a categoria rabiscada ao lado de textos que sabidamente tinham autoria feminina e que, portanto, seriam menos dignos de serem preservados. Só podemos imaginar quantos outros textos foram descartados ou destruídos como obras de "*femina*". *Revelações do amor divino* deveria ter tido esse mesmo destino, o de vítima das fogueiras de livros empenhadas por gerações de reformadores. Traçar a rara sobrevivência da obra de Juliana de Norwich pode iluminar por que tão poucas mulheres medievais foram registradas ao longo dos séculos.

A Reforma do século XVI provocou um rompimento ideológico no coração da Inglaterra. Sob Eduardo, filho de Henrique VIII, os católicos foram perseguidos e mortos, enquanto sob sua filha Maria as mesas viraram, e protestantes foram queimados. Uma importante vítima desse amargo conflito religioso foram os livros. Os católicos destruíram livros protestantes e vice-versa. A queima, destruição ou remoção de livros traz consigo dois objetivos: destruir os objetos físicos e remover seu conteúdo da memória das pessoas.[18] Milhares de manuscritos medievais, repositórios de gerações de conhecimentos e arte, foram declarados heréticos e queimados. Os que sobreviveram, ou foram aceitos como ortodoxos – e, portanto, quase exclusivamente escritos por homens educados – ou foram escondidos. Embora o livro de Juliana não fosse herético, chegava perto disso. Ela se refere a Cristo como uma mulher, sugere que o pecado era "*behovely*" ("necessário") e que ela via Deus como inteiramente capaz do perdão, pouco importando o que uma pessoa pudesse ter feito durante sua vida.[19] Ela manteve seus escritos em segredo durante o tempo que passou em seu claustro de anacoreta, mas eles acabaram por sair de lá e ganhar o mundo.

O livro permaneceu escondido até o século XVI, quando viajou para a França e foi encontrado por nove jovens mulheres que estavam fugindo da Inglaterra protestante para estabelecer um convento católico em Cambrai, na França. Todas tinham entre 17 e 22 anos, e entre elas estava Gertrude More, tataraneta do famoso escritor católico da era Tudor Thomas More. Além de esconder padres, objetos religiosos e textos medievais em sua mansão, a família More tinha uma visão pouco convencional sobre a educação das mulheres. Thomas insistiu que suas muitas filhas recebessem a mesma educação clássica que seu único filho, e as capacidades intelectuais delas impressionaram até mesmo o rei Henrique VIII. O rei ficou maravilhado ao encontrar uma assinatura de mulher no final de uma carta "extremamente erudita", escrita num latim perfeito por Margaret, filha de Thomas.[20] Esse ambiente educacional impregnou gerações, e Gertrude foi incentivada a entrar para um convento a fim de aprofundar seus estudos. As monjas em Cambrai receberam uma coletânea de manuscritos medievais para ajudá-las em sua vida contemplativa, e em meio aos volumes estavam as *Revelações* de Juliana. Elas fizeram múltiplas cópias desse texto e a comunidade o preservou ao longo de tempos difíceis, até a Revolução Francesa, quando o convento foi dissolvido, e as monjas, com medo de serem executadas, fugiram para a abadia de Stanbrook, em Yorkshire. Elas levaram Juliana consigo.

Essas cópias deram a Juliana de Norwich uma plataforma, e a partir daí um cortejo de acadêmicos homens escolheu ou abraçar, ou rejeitar seus escritos. Ela foi cooptada por escritores de ambos os lados do espectro religioso no século XVII. O convertido católico e monge beneditino Serenus Crecy copiou e imprimiu sua obra, enquanto seu homólogo protestante, o bispo Edward Stillingfleet, declarou que Juliana era "tudo o que há de errado com a Igreja romana", e seus escritos, "as revelações fantásticas de um cérebro destemperado".[21] Para ele, a feminilidade de Juliana não era tanto um problema por si só. Mas ela representava o "estrangeiro" e o "outro" do catolicismo, que era uma ameaça à unidade da Igreja da Inglaterra.[22] Stillingfleet era um adepto do deísmo, a ideia de que a razão e a observação empíricas do mundo natural oferecem evidências suficientes da existência de um ser supremo e que, portanto, revelações não podem ser divinas em sua origem.[23] Como as mulheres eram excluídas das universidades e do discurso teológico, seus textos não eram empíricos, lidando, em vez disso, com questões espirituais mediante sua experiência com as revelações. Elas também tendiam a escrever em língua vernacular, e não no latim aprendido pelos escribas masculinos. As obras das "*feminae*" medievais seriam o alvo perfeito para os reformadores das gerações seguintes.

Sempre o segundo sexo?

A Reforma impactou as mulheres significativamente. Com o fechamento de conventos, as oportunidades à disposição das mulheres se reduziram a ser esposa e ser mãe. As religiosas foram devolvidas às suas famílias ou obrigadas a se casarem, e as oportunidades educacionais ficaram cada vez mais restritas com o avançar dos séculos XVI e XVII.[24] O rebaixamento das mulheres ao papel de segundo sexo firmou raízes profundas nas comunidades protestantes, e o próprio Martinho Lutero declarava que "a esposa deve ficar em casa e cuidar dos assuntos domésticos, na condição de pessoa desprovida da capacidade de administrar aqueles assuntos que estão do lado de fora e concernem ao Estado", enquanto Calvino concordava que "o lugar da mulher é no lar".[25]

A situação piorou ainda mais para as mulheres com as divisões sociais cada vez mais elaboradas entre os sexos que os escritores dos séculos XVIII e XIX foram criando. Apesar de terem uma monarca feminina, a rainha Vitória, as mulheres britânicas não tinham o direito de votar, mover processos legais ou possuir propriedades se fossem casadas, cedendo todas as suas posses aos seus maridos.[26] As oportunidades educacionais praticamente inexistiram até o Cheltenham Ladies College abrir suas portas em 1853. A divisão era por gênero, com as mulheres cada vez mais confinadas a atividades domésticas e roupas restritivas. Mas havia também uma contenda baseada em classe.[27] O que ditava se algo era ou não aceitável para uma dama de classe alta eram questões de gosto, enquanto homens e mulheres sofriam uma degradação semelhante em função da pobreza na Grã-Bretanha industrial. Havia uma ideia da dama perfeita, expressa, por exemplo, pelo médico William Acton, especializado em masturbação. As mulheres deveriam ser "As melhores mães, esposas e administradoras dos lares, e saber pouco ou nada de prazeres sexuais. Amor ao lar, aos filhos e aos afazeres domésticos são as únicas paixões que sentem".

Acton prossegue descrevendo uma mulher que ele entrevistou e que era, na opinião dele, a dama inglesa "perfeita":

> Acredito que essa dama é o ideal perfeito de uma esposa e mãe inglesa, bondosa, atenciosa, abnegada e sensata, tão pura de coração a ponto de ser completamente ignorante e avessa a qualquer indulgência sensual, mas tão altruisticamente afeiçoada ao homem que ama que está disposta a abrir mão de seus próprios desejos e sentimentos por ele.[28]

Tratados pseudocientíficos como o de Acton não ajudavam na emancipação das mulheres, mas boa parte da culpa pela exclusão das mulheres das histórias dos séculos XVIII e XIX é dos expoentes da assim chamada teoria dos "Grandes Homens" durante o auge do Império Britânico. Num momento em que a Grã-Bretanha competia com outras potências europeias a fim de expandir seu alcance, absorvendo culturas inteiras por meio dos feitos de homens ocidentais privilegiados, a história foi registrada de modo a colocá-los no centro do palco. A voz mais alta entre muitas nesse movimento era a de Thomas Carlyle (1795–1881). Ele assumiu diversos papéis durante sua longa e exitosa vida: filósofo, matemático, historiador, satírico e professor. Mas é lembrado, principalmente, pelas ousadas declarações que faz em sua obra *Sobre heróis: culto ao herói e o heroico na história*, incluindo "a História do Mundo nada mais é que a biografia dos Grandes Homens".[29] Ler o texto de Carlyle hoje é uma experiência perturbadora, pois ele descarta segmentos inteiros da sociedade:

> O grande homem, com sua força livre vinda diretamente da própria mão de Deus, é o relâmpago. Sua palavra é a sábia palavra curativa na qual todos podem acreditar. Tudo ao redor se acende após ter sido tocado por ele, em chamas como as dele. Acredita-se que os gravetos secos e mofados o tenham chamado! São críticos de curta visão, penso eu, os que clamam: "Veja, não são os gravetos que fizeram o fogo?". Não há prova mais triste que possa ser dada por um homem de sua própria pequenez que a descrença nos grandes homens.[30]

Aqui, todos exceto um "grande homem" sofrem a indignidade de ser considerados insignificantes. As mulheres compõem uma parcela significativa dos descartados, é claro, mas aí incluídos também estão aqueles que Carlyle via como "homens pequenos". Essa era a abordagem dominante entre os historiadores, e ainda hoje sentimos o apelo da dita teoria dos Grandes Homens. Aqueles que não se encaixavam no código moral da Inglaterra vitoriana, ou não participavam da narrativa das conquistas, tinham suas narrativas reinventadas ou eram excluídos da história. Indivíduos como Alfredo, o Grande, se deram bem – o próprio Alfredo foi preservado para a posteridade pelos historiadores vitorianos como um grande líder militar. Mas sua filha Etelfleda foi ignorada. Uma estrategista militar e reformadora social de tamanho sucesso que quase ofuscou o pai durante sua vida, ela não se encaixava nas noções vitorianas de lugar da mulher na sociedade. As mulheres do passado foram reapresentadas como reflexos do que a sociedade vitoriana queria que elas fossem.

Aparentemente envolvidos com o período medieval, artistas pré-rafaelitas e vitorianos criaram representações sensuais das poucas mulheres medievais a que conseguiram acesso, mais uma vez filtrando-as através das sensibilidades vitorianas. Elas são retratadas como virgens, vítimas, mães, prostitutas ou bruxas, e a imagem de uma donzela inacessível presa em uma torre foi reproduzida *ad nauseam*. *Ofélia*, de Millais, é a mulher desesperada e histérica que, de acordo com Shakespeare, foi levada à loucura e por meio de sua morte na água foi para sempre absorvida pela natureza. A forma como Millais pintou seus lábios entreabertos é um convite tentador para assistirmos à sua queda fixa e lascivamente. Outras mulheres medievais são retratadas olhando pelas janelas de torres, trabalhando em seus bordados e

Sir John Everett Millais, *Ofélia*, 1852, Tate Collection.

ansiando por fortes cavaleiros distantes em missões que lhes foram dadas por Deus. A verdade é que o medievalismo vitoriano foi construído sobre solo movediço. Os textos preservados e copiados ao longo dos séculos já haviam sido submetidos a múltiplos processos de edição e apagamento. As versões lidas no século XIX haviam sido revisitadas repetidamente, e as mulheres, reapresentadas de forma socialmente aceitável para públicos em perpétua mutação.

Nem toda culpa é dos historiadores do século XIX. Existem inúmeras razões para que tantas mulheres tenham se perdido nas areias do tempo. Algumas se originaram no próprio período medieval. Embora certamente existissem locais de educação nos conventos da Europa medieval, os homens instruídos superavam em número as mulheres instruídas, e elas tinham menos oportunidades para aprender a ler e escrever e deixar sua marca. A sobrescrita – a prática por meio da qual escritores homens pegavam as visões, palavras e ideias de intelectuais mulheres e as reescreviam para um público majoritariamente masculino – também foi comum ao longo do período.[31] Isso significa que os relatos das mulheres, tanto orais como escritos, foram absorvidos pelos de autores posteriores e permanecem não creditados. O apagamento de muitas mulheres letradas dos registros é mais um caso de referenciamento ruim do que de exclusão proposital. Mas, com o avançar dos séculos, as vidas das mulheres medievais simplesmente não suscitaram o interesse de gerações posteriores de escritores e leitores homens. As ações de oficiais brilhantes, líderes ousados e intelectuais sensatos, todos homens, eram mais valiosas.

Ensinar as crianças sobre os "grandes homens" impunha um senso de uma grande nação, uma versão da história que podia ser distribuída de um canto ao outro de vastos impérios. Controlar o acesso ao passado é controlar as populações no presente, e determinar quem escreve história pode afetar pensamentos e comportamentos. É notória a criação, pelos nazistas, de uma versão da história alemã que selecionava e maquiava informações a fim de beneficiar a agenda do regime. Mas a manipulação histórica está por toda parte, e goteja através de cada um de nós de maneiras parecidas. No momento em que escrevo este livro, há uma perigosa subcorrente nos estudos medievais, pois o período vem sendo cada vez mais sequestrado pela extrema direita com o objetivo de promover ideologias extremas sobre raça, etnia e imigração.[32] Entre os indivíduos que invadiram o Capitólio em janeiro de 2020, o "Q-Xamã", como ele passou a ser conhecido, tem o corpo coberto de tatuagens nórdicas. O perpetrador do ataque terrorista de Christchurch em 2019, que matou 51 pessoas e feriu 40, tinha coberto suas armas com os símbolos medievais de um cavaleiro cruzado famoso por matar muçulmanos.[33] E a assim chamada "Guerra ao Terror" tem exacerbado as relações entre Ocidente e Oriente, com políticos como o presidente George W. Bush traçando paralelos com as Cruzadas.[34]

A apropriação equivocada do período medieval é comum, de paródias cômicas a teorias da conspiração. Voltando a jogar luz sobre as mulheres medievais e direcionando muitas lentes – da osteoarqueologia à análise histórica da arte – para as evidências, quero iluminar uma versão diferente da Idade Média. Todos os relatos históricos são produtos das preocupações humanas de seu tempo, e reconheço espontaneamente que meu foco é um grupo com o qual simpatizo e que estou interpretando as evidências com meus próprios interesses em primeiro plano. Ainda assim, trata-se em última instância de uma tentativa de inaugurar maneiras diferentes de se envolver com a história. Esta citação do medievalista Kolve é minha concessão:

> Temos pouca escolha exceto reconhecer nossa modernidade, admitir que nosso interesse no passado sempre (e de modo algum ilegitimamente) nasce de preocupações presentes.[35]

Tenham as mulheres sido esquecidas, ignoradas ou propositadamente excluídas, o fato de que qualquer voz feminina tenha sobrevivido é assombroso. Mas a disciplina da história passou pelos maiores tremores nas últimas décadas graças a desenvolvimentos em história social, arqueologia, pesquisa de DNA e análise estatística, áreas que estão conectadas. Enquanto os textos privilegiam os poucos, essas abordagens buscam os muitos. É nesse campo de colaboração interdisciplinar que as mulheres medievais começam a surgir. A revolução digital facilitou um pouco nossa busca. Agora podemos encontrar nossas próprias histórias procurando registros familiares e acessando arquivos. Outros tipos de histórias estão começando a surgir, populadas por um novo elenco de personagens que viveram nas nossas ruas, nas nossas casas e compartilharam aspectos das nossas vidas.

Neste livro, as mulheres lutam como guerreiras corajosas, cruzando fisicamente o tabu do "sexo frágil"; elas governam com o poder de reis e imperadores; elas escrevem seus próprios relatos e determinam suas próprias histórias; elas alcançam, e às vezes superam, os feitos intelectuais dos acadêmicos homens de seu tempo, e fazem descobertas excepcionais em áreas das ciências e das artes; elas controlam o dinheiro e conquistam fortunas impensáveis, e fazem tudo isso sem deixar de desempenhar as tarefas femininas tradicionais de criar os filhos e cuidar da casa.

Muitas das mulheres retratadas neste livro escolheram uma forma alternativa de vida – uma que deliberadamente as retirou dos domínios femininos tradicionais: a cozinha, o quarto dos filhos e o quarto do casal. Elas prosperaram em mosteiros e oficinas, afastando-se do interior doméstico e abraçando novos desafios. Que elas possam ter feito isso é um testemunho não só de quão formidáveis elas eram como indivíduos, mas também do fato de que o período medieval talvez tenha sido mais tolerante do que pensamos. Nossa visão dessa época foi distorcida pelos escritores de história que vieram antes de nós. Foi uma "idade das trevas", uma era de "bárbaros":

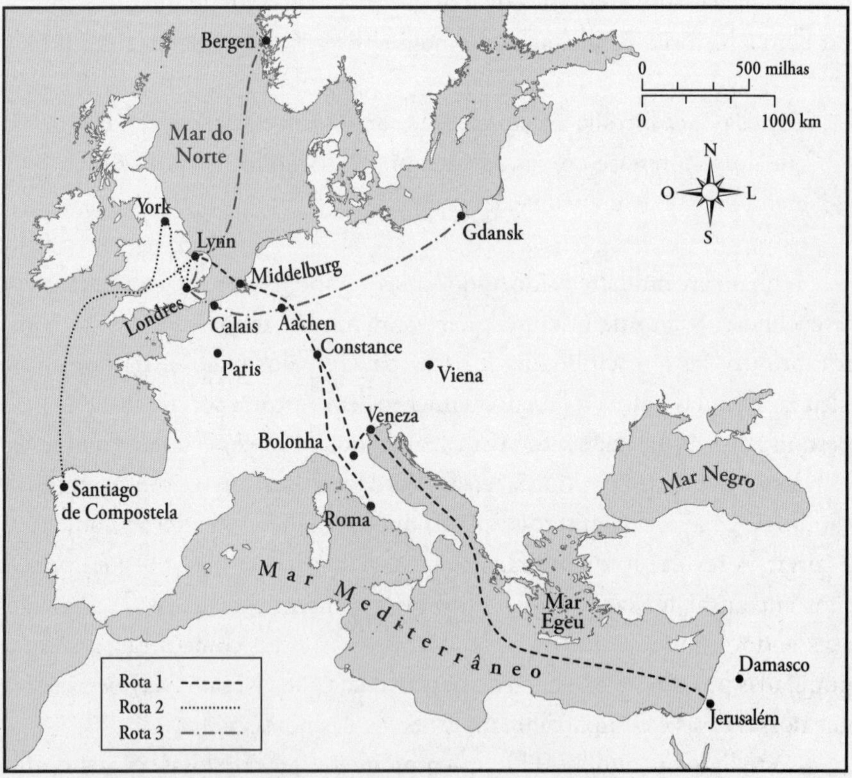

Peregrinações de Margery Kempe, de King's Lynn, 1413–1433.

ser "medieval" é código para atrasado, supersticioso, reacionário, volátil. Ao escavar verdades e verdades equivocadas, desejo mostrar que a divisão histórica pode ser transposta a fim de criar uma imagem tão autêntica quanto possível dessas mulheres e da era em que elas viveram.

Essa viagem para descobrir mulheres perdidas ou ignoradas começa bem no norte da Inglaterra, para então descer às Midlands e ao sul. Depois cruza o Mar do Norte para a Escandinávia, passa para a Normandia, atravessa para a Alemanha e então ruma para o sul da França. Daí entra no mega-Estado localizado no coração da Europa, a Polônia, antes de tomar a rota da Liga Hanseática de volta para a Ânglia Oriental e a cosmopolita cidade de Londres. Esse escopo é intencional: o mundo medieval não era um mundo pequeno e provinciano, onde todos nasciam e morriam sem perder de vista sua igreja local. Algumas pessoas percorreram vastas distâncias durante suas vidas, de barco, a pé ou a cavalo. A rota compreendida neste livro é muito semelhante às viagens feitas pelas mulheres medievais durante suas vidas. A mulher inglesa examinada mais para o fim deste livro – Margery Kempe – visitou todos esses reinos e mais.

Assim como o livro se desloca por uma ampla área geográfica, atravessa também fronteiras disciplinares. Os primeiros capítulos se concentram em descobertas arqueológicas, baseando-se em evidências textuais. Os capítulos seguintes alternam entre evidências histórico-artísticas, teológicas, históricas e literárias, e ao longo de toda a obra a abordagem é deliberadamente interdisciplinar. Embora eu tenha me concentrado em um grupo de mulheres que podem ser relativamente bem reconstruídas por meio de uma combinação de evidências de fontes diversas, existem ainda muitas outras que permanecem fora de alcance, para minha frustração. De toda forma, noventa anos atrás Grace Warrack teria ficado maravilhada ao ver que pude incluir a princesa de Loftus ou a guerreira de Birka em uma discussão sobre mulheres medievais. Por meio de pesquisas exclusivas e outros avanços, talvez seja só uma questão de tempo antes que outras surjam mais completamente.

"Qual é a coisa que as mulheres mais desejam?" Assim fala a Mulher de Bath, de Chaucer. A resposta que ela dá é que as mulheres querem sexo, dinheiro, terras, independência e diversão. Emily Wilding Davison e Grace Warrack leram estas palavras e se tornaram parte de uma longa luta pelo direito de realizar esses desejos. Algumas partes do mundo deram passos inegáveis rumo à igualdade. Mas a maioria das mulheres ao redor do globo ainda conseguem realizar poucos desses desejos, se é que conseguem. A igualdade é um tênue verniz que cobre precariamente algumas sociedades e é solenemente ignorado ou propositadamente suprimido em outras. Ainda assim, uma nova guinada que coloque em primeiro plano as necessidades das mulheres está tomando impulso. Se as fontes continuamente reforçarem a ideia de um passado no qual as mulheres não contribuíam com nada, elas sentirão que sempre foram invisíveis. Precisamos de um novo relacionamento com o passado, um relacionamento do qual possamos nos sentir parte. Encontrar essas mulheres medievais notáveis é um primeiro passo, mas há muitas outras vozes silenciadas aguardando por alguém que ouça suas histórias.

1. INOVADORAS E AGITADORAS

Descoberta!

2006 – Loftus, Redcar e Cleveland, Inglaterra

A fazenda Street House fica num cruzamento na extremidade mais ao norte da charneca de North Yorkshire – um território selvagem castigado pelos ventos. Além do campo mais afastado da fazenda, o mar quebra contra os enormes rochedos da costa. A pequena cidade de Loftus, no distrito de Redcar e Cleveland, fica a cerca de um quilômetro e meio a sudeste da fazenda. Estamos no território de Wordsworth, de Drácula e da maior concentração de árvores antigas do norte da Inglaterra.[1] Se essas árvores falassem, elas contariam inúmeras histórias sobre os eventos que se desenrolaram nessa paisagem. A história que vamos contar diz respeito a Steve Sherlock, um detetive arqueólogo (seu sobrenome é um feliz acidente). Durante quatro décadas Steve investigou mistérios locais que remontavam a milhares de anos.[2]

Steve conhece essa terra intimamente, pois cresceu na cidade próxima de Redcar e passou a vida toda peneirando solo em busca de tesouros e respostas. De 1979 a 1981, fez parte de uma equipe que descobriu dólmens do Neolítico e assentamentos da Idade do Ferro nas despretensiosas terras agricultáveis que cercam a fazenda Street House. Uma descoberta em particular diferenciava esse sítio: uma estrutura única, datada por radiocarbono de 2200 a.C. Embora sobreviva como um conjunto de buracos de poste – ecos no solo de grandes monumentos de madeira de outrora –, originalmente esse era um cercamento circular, com cerca de oito metros de diâmetro, composto de 56 postes de madeira cortados rusticamente, com uma curiosa porção elevada em forma de D no centro.[3] O espaçamento dos postes sugere que as pessoas se moviam entre eles como em uma procissão ou cerimônia. Na ausência de quaisquer outras sugestões convincentes, o local foi declarado um "sítio ritual", onde antigas cerimônias desconhecidas ocorriam, e recebeu o nome de "Wossit" (de "*what-is-it*", ou "o que é isso").[4] Ele serve para nos lembrar de que, quando olhamos para trás através do tempo, nossas investigações são provisórias e devemos continuar fazendo a pergunta "o que é isso?".

Reconstrução do "Wossit" de Street House, Loftus, Neolítico tardio, c. 2200 a.C.

O que está claro é que, em Loftus, a fazenda no topo da colina, que hoje parece remota e isolada, foi um dia um antigo centro repleto de pessoas, barulho, movimento e vida. Vestígios de estruturas que remontam a milênios estão espalhados pelos campos, incluindo a "casa mais antiga" oficial de Teesside, que é anterior ao Stonehenge. Décadas depois de ver os buracos de postes do Wossit surgirem do solo, o contorno de um cercamento retangular num campo próximo, detectado em uma fotografia aérea, chamou a atenção de Steve. Dentro de um fosso da Idade do Ferro havia resquícios de edificações, incluindo algumas casas circulares. Steve foi até lá para descobrir um mundo pré-romano, mas um monte despretensioso perto do centro sugeria que talvez valesse a pena explorar mais coisas.[5]

Atravessando os contornos de casas mais antigas da Idade do Ferro, sistematicamente dispostas nos limites do cercamento, estavam 109 covas. Cada uma foi cuidadosamente cavada no solo a fim de permitir espaço suficiente para que um corpo fosse deitado de lado, em posição fetal. Não havia ossos – o solo ácido se apropriou de toda matéria orgânica –, mas alguns sinais começaram a surgir conforme a equipe retirava camadas de terra. Contas, pedaços de metal, partes de armas corroídas sugeriam que essas sepulturas não eram da Idade do Ferro, e sim mais recentes. Eram da Alta Idade Média, e, ainda mais empolgante, parecem datar de um período no qual essa parte do norte da Inglaterra estava passando por uma revolução ideológica. Remontam à época em que o cristianismo começava a lançar raízes ao longo do litoral da Nortúmbria.

O achado mais significativo, entretanto, estava escondido no monte bem no centro do cemitério. Enquanto outras sepulturas se espalhavam ao longo dos limites do cercamento, essa área de terra mais elevada oferecia um ponto focal para os funerais. Ao abrir a sepultura central, Steve encontrou o veio principal: belas joias da Alta Idade Média, simbólicas e da mais alta estirpe. Localizado acima de todas as outras sepulturas, o indivíduo nessa elevação tumular era claramente importante, tanto para os que sepultaram cuidadosamente seus entes queridos ao redor dele como para a equipe arqueológica que o desenterrou 1.400 anos depois. Essa era a sepultura de um líder, alguém valorizado por sua comunidade, alguém com poder, riquezas e influência. Há poucas pistas quanto ao significado desse cemitério. Para entendê-lo, precisamos nos inserir entre as pessoas de Loftus no século VII e examinar os objetos que elas depositaram no chão. Por meio deles, surge a imagem de uma sociedade do norte da Inglaterra sacudida por mudanças e, ainda assim, agarrada ao passado.

Bem-vindo à Loftus do século VII

O ar salgado mordisca sua pele enquanto você olha para as águas agitadas do Mar do Norte. Essas ondas conectam em vez de dividir, ligando esse penhasco do norte inglês à Escandinávia, à Alemanha e além, para as exóticas terras ao sul e ao leste. Os navios atracados na baía abaixo são os cavalos do mar, que tornam possíveis as viagens internacionais e prometem riquezas.

Virando as costas para a água e olhando para dentro, um terreno estranho se revela. A terra é cheia de caroços e calombos, ecos de grandes edificações com muitos séculos de idade. Pedras de antigas estruturas romanas estão espalhadas, e duas novas construções de madeira se erguem entre montes funerários e valas elevadas.

Reconstrução do sítio do século VII de Street House, Loftus, por Andrew Hutchinson; © Andrew Hutchinson e Stephen Sherlock.

Uma cerimônia está acontecendo. As pessoas entram em procissão através de uma série de amplas aberturas nos cercamentos de centenas de anos da Idade do Ferro, e depois adentram uma área quadrada mais ou menos do tamanho de metade de um campo de futebol. Congregando-se, elas se movem na direção de uma das novas construções de madeira. É uma estrutura simples, só uma entrada para um espaço pequeno e escuro. Lá dentro, alguém foi deitado de costas, vestido em trajes luxuosos de um dourado reluzente sobre o peito. A pessoa está imóvel e em paz, evidentemente morta. À esquerda dessa casinha um buraco foi aberto no chão, com uma grande pilha de terra recém-revolvida ao lado. Se olhar dentro do buraco, você vai ver uma coisa surpreendente: uma cama belamente esculpida e ornamentada. Ela tem cobertas de peles e outros materiais suntuosos, e um travesseiro macio repousa sob uma cabeceira de carvalho maciço.

Atrás do monte de terra um outro edifício se ergue. As portas estão abertas, e de lá de dentro vem o brilho suave da luz de velas. De pé sobre uma plataforma elevada circular perto do buraco no chão, líderes da comunidade estão vestidos em suas melhores roupas, feitas de lã tingida de vermelho, verde e amarelo, debruadas com tecidos exóticos como seda, importados do outro lado dos mares. Botões dourados e cintos ornados reluzem entre as dobras dos tecidos usados pelos homens, enquanto as mulheres usam colares de contas em camadas que descem sobre seus peitos. Eles observam solenemente o movimento das pessoas ao redor, que aos poucos vão enchendo o cercamento. As pessoas ilustres e os que trabalham duro, os grandes e os muitos, todos vieram prestar seus respeitos a uma pessoa. Logo o falecido será colocado em sua cama, para dormir por toda a eternidade, cercado por ancestrais de milênios passados. Ele se tornará parte da paisagem. Essas pessoas estão aqui para se lembrar dele, mas os ritos fúnebres são também um forte lembrete de que um dia todos eles vão se fundir com um lugar cuja história remonta a um passado mítico.

Os segredos da sepultura 42

O cemitério do início do período medieval de Loftus é incomum. Mais de cem sepulturas estão dispostas em um retângulo, formando um claro contorno. Estão todos orientados de leste a oeste, algo comum em sepultamentos cristãos, com a cabeça na direção do sol nascente.[6] No centro do sítio estão três sepulturas, que Steve Sherlock identificou como 41, 42 e 43. Destas, uma recebeu um tratamento mais elaborado que as outras. Sobre a sepultura 42 ergueu-se um monte funerário para que ela pudesse ser vista a distância. Embora os ossos, a madeira e os tecidos tenham desaparecido, os objetos de metal remanescentes indicam que aparência o sepultamento original deve ter tido. Cunhos de ferro erodidos e peças retorcidas da cabeceira foram tudo o que sobrou de uma bela cama de madeira. Esse não é o único sepultamento em cama encontrado na Inglaterra, mas é o único tão ao norte.[7]

Dentro da cama, próximo de onde ficaria o peito da pessoa falecida, um conjunto de achados reluzentes surgiu do solo. Dois pendentes, incrustados com cabochões de pedra vermelha altamente polidos, grandes e com um desenho exótico. Três contas – duas delas azuis e uma feita de fio de ouro, que um dia fizeram parte de um colar – estavam ao seu lado. Mas o achado mais excepcional foi o ornamento central, um pendente em forma de escudo com fileiras de pedras em *cloisonné* em torno de uma granada em forma de vieira com quase dois centímetros de largura. Primeiro do tipo a ser encontrado, ele sugere que a pessoa homenageada na sepultura 42 era muito importante – muito provavelmente um membro da realeza ou da nobreza. Também sugere que ela era uma mulher.[8]

Pendentes de ouro e granada da sepultura 42, Street House, Loftus.
© Stephen Sherlock.

Sem ossos para analisar, a definição dos gêneros das sepulturas de Street House se baseou nos achados. Armas e lâminas emparelhadas foram consideradas objetos masculinos, e contas, chaves e joias, femininos. Evidentemente, isso não é exato. Quando examinamos outros sítios com restos esqueletais, o gênero dos objetos às vezes se inverte. Por exemplo, no cemitério próximo de Norton, Cleveland, um homem foi encontrado sepultado com uma conta e também com armas, e mulheres foram sepultadas com facas ou espadas.[9] Houve também descobertas do outro lado do Mar do Norte em que os achados foram considerados masculinos, enquanto os ossos são femininos. No entanto, é geralmente aceito que as mulheres são mais propensas a terem sido sepultadas com joias.

O pendente oferece vislumbres fascinantes de sua dona e do mundo do qual ela era parte. Hoje conhecida como Princesa de Loftus, só alguém importante seria sepultado com tamanha honra e um tesouro tão belo. Esse tipo de joia em *cloisonné* era bastante comum entre os sepultamentos da elite na época, e peças parecidas foram encontradas no navio funerário de Sutton Hoo, a mais exuberante celebração fúnebre com bens funerários já descoberta na Inglaterra. E no mesmo ano em que a Princesa de Loftus foi descoberta, Terry Herbert, com um detector de metais, desenterrou incríveis 3.500 peças de joias em *cloisonné*, a maior coleção de ourivesaria anglo-saxã em ouro e prata já encontrada: o Tesouro de Staffordshire.[10]

As peças do campo de Staffordshire, entretanto, diferem da joia de Loftus em um aspecto notável. Elas eram todas acessórios de armas ou estavam associadas a uma elite militar masculina. Tiradas de espadas ou bainhas ou arrancadas dos corpos de seus donos, elas eram o tesouro de homens armados que batalharam e morreram no reino conhecido como Mércia. A joia de Loftus não é um troféu de batalha. Ela foi colocada no solo como parte de um sepultamento, e presumivelmente pertencia à mulher nortumbriana que a usava. Ao fazer uma tal declaração por meio de seu sepultamento, ela e sua comunidade deixaram para trás vislumbres de seu mundo que agora finalmente podemos desenterrar.

Feitiçaria do ferreiro

A descoberta de joias de ouro e granada por toda a Inglaterra revela não só que elas estavam em voga na Alta Idade Média, mas também que tinham um significado simbólico. Os grupos de anglos, saxões e jutos que cruzaram os mares e se estabeleceram por toda a Inglaterra nos séculos que se seguiram à Queda de Roma trouxeram consigo suas roupas e culturas. As muitas peças sobreviventes de joias em *cloisonné* ligam seus donos a um mundo germânico pregresso. Elas eram símbolos de identidade, mas também de poder e riqueza.

Embora restem bem poucas evidências físicas que nos ajudem a entender como operavam as oficinas que produziam esses belos itens, as habilidades necessárias para fazer um objeto tão intricado quanto o pendente de Loftus abrem novas janelas para a Inglaterra do século VII. Considerando que as oficinas não tinham água corrente e que os joalheiros precisavam se contentar com ferramentas simples e luz natural, é bastante notável que esse tipo de joia tenha sido feito. Uma sepultura encontrada em Tattershall Thorpe, Lincolnshire – o Tesouro do Ferreiro –, continha ferramentas que sugerem que o falecido trabalhava com metais.[11] Era uma sepultura solitária, o que reflete o respeito do qual os ferreiros gozavam. Ele pode ter sido um comerciante itinerante que morreu durante uma viagem e recebeu essa homenagem da comunidade. Achados de sua sepultura incluem um sino de ferro, que ele teria tocado para promover o comércio, suas ferramentas – alicates, martelos, pinças e punções – e restos de metal, provavelmente guardados juntos em um saco. Ao depositar esses itens no solo, a comunidade o reverenciava, deitando ao lado de seu corpo os símbolos de sua posição social e dando a ele aquilo de que ele talvez precisasse na vida após a morte.

Imagem de Wayland, o Ferreiro, do frontão da Urna de Franks, Museu Britânico.

No século VII, os ferreiros eram vistos como membros poderosos e importantes da sociedade. Trata-se de um vestígio da religião germânica pagã praticada por toda a Inglaterra antes da chegada de missionários cristãos.

Um personagem mítico aclamado era o ferreiro Wayland, cuja história é contada pela *Edda poética*.* Wayland era um ourives tão impressionante que o rei Niðhad o queria escravizado, para que ninguém mais pudesse possuir as peças que ele criava. Ele ordenou que Wayland fosse mutilado, por meio do corte dos tendões dos músculos posteriores de suas coxas, e prendeu o ferreiro numa ilha para que produzisse tesouros exclusivamente para o rei. Mas Wayland tramou sua fuga. Ele matou os dois filhos do rei e fez taças com seus crânios, um broche com seus dentes e joias com seus olhos. Então atraiu a filha do rei para sua oficina, onde a drogou e estuprou, engravidando-a com um filho que um dia sucederia o cruel pai dela como rei. Uma vez completa a terrível vingança de Wayland, ele escapou com uma máquina voadora que criara usando penas de pássaros.

Episódios desse conto foram esculpidos na lateral de uma caixa de osso de baleia conhecida como Urna de Franks, mais ou menos na mesma época em que o cemitério de Loftus estava em uso.[12] A perna dobrada de Wayland revela o corte do tendão, enquanto ele segura um par de pinças sobre uma bigorna como aquelas encontradas no Tesouro do Ferreiro. O filho decapitado está estendido debaixo dele, enquanto penas são tiradas de pássaros em preparação para sua fuga alada. Para uma sociedade organizada em torno de uma elite guerreira que se deslocava com frequência, peças de arte pequenas, pessoais e portáteis – isto é, joias – eram mais valiosas que obras arquitetônicas ou pinturas e esculturas de grande escala. Essas joias eram as obras-primas de seu tempo, e as pessoas que as faziam exibiam uma habilidade quase divina no trabalho com metais, transformando pedras duras em líquido, depois as solidificando e, assim, preservando-as como peças brilhantes e eternas de feitiçaria alquímica.

A joia de Loftus é um exemplo espetacular da feitiçaria do ferreiro. Mas não são apenas as joias de ouro em si que nos ajudam a entender a Inglaterra da Alta Idade Média. A literatura em inglês antigo também nos diz muito sobre o simbolismo de posses valiosas.[13] O poema épico *Beowulf* fala em ouro com frequência, dado por senhores para assegurar a lealdade dos seguidores, e antigas relíquias eram usadas para conseguir tratados e

* A *Edda poética* é uma coletânea de poemas míticos e heroicos nórdicos de autoria desconhecida, que provavelmente datam de 800-1100 d.C. Junto da *Edda em prosa*, é a mais importante fonte de conhecimento sobre a mitologia nórdica. (N.E.)

juramentos. Hrothgar diz ter ganhado a confiança do pai de Beowulf enviando "velhos tesouros para os Wylfings pela espinha do mar; ele fez juras a mim".* Mais relevante para nossa investigação sobre a Princesa de Loftus é que o ouro é depositado no solo e protegido tanto por um aterrorizante dragão como pelas maldições de "famosos chefes", ditas sobre o monte funerário para garantir que ninguém o escavaria:[14]

> þaet se secg waere synnum scildig / hergum geheaðerod, hellbendum faest, / wommum gewitnad, se ðone wong strude.

> que o homem seria culpado de crimes, confinado em santuários pagãos, atado a grilhões infernais, duramente castigado, o que saquear aquele lugar.**

Apesar dessas maldições, poucos montes funerários sobreviveram com seus tesouros incólumes até os dias de hoje. Ladrões de sepulturas sabiam que havia ouro e joias enterrados junto a seus donos, e deixaram de temer as proteções pré-cristãs nos séculos seguintes. Por sorte, a Princesa de Loftus pôde conservar seus tesouros em segurança em sua sepultura, entregando-os apenas à pá do arqueólogo, quase um milênio e meio depois.

Reusar, reciclar, reapropriar

O significado histórico do pendente não está só nos ferreiros altamente habilidosos aos quais as peças eram encomendadas, mas também no trabalho e no esforço necessários para obter as matérias-primas, algumas das quais viajaram por centenas de quilômetros antes de terminarem no solo de Loftus. Embora a origem exata das granadas seja desconhecida, a comparação com outras peças similares sugere que as gemas foram importadas através de longas rotas comerciais. As pequenas granadas do Tesouro de Staffordshire, por exemplo, vieram da Europa Oriental, enquanto as maiores são da Índia. A princesa era bem relacionada, poderosa e abastada.

---

* *Beowulf*, parte VII, v. 471-2. (N.E.)

** *Beowulf*, parte XLII, 3071-3. (N.E.)

O pendente também nos conta dos gostos artísticos e das capacidades técnicas. Para produzir uma peça como a joia de Loftus, primeiro uma placa de ouro precisaria ser feita para a parte de trás por meio de um molde, dentro do qual moedas derretidas eram derramadas. A Inglaterra não tinha um sistema monetário estabelecido no início do século VII, então essas moedas ou eram trazidas do exterior ou eram peças antigas reutilizadas.[15] Moedas como essas eram colecionadas e valorizadas por seu valor material, e também pela alta posição das pessoas exóticas e poderosas do passado ao qual estavam ligadas. Elas eram os instrumentos dos imperadores, dos reis e dos governantes que controlaram vastos impérios. A coleção de 37 moedas merovíngias encontrada em Sutton Hoo era digna de ser colocada em um funeral real, talvez para servir de pagamento ao barqueiro para a travessia da alma do falecido.[16] Usar moedas antigas e importadas para fazer uma nova joia significava capturar parte desse poder no próprio ouro enquanto matéria.

O uso de uma placa traseira era uma técnica particularmente inovadora: ela transformava uma pedra vermelha escura e opaca em algo magnífico pela refração da luz por trás dela, criando um efeito brilhante. A habilidade necessária para produzir essas folhas douradas puncionadas é espantosa. Elas têm cerca de 0,03 milímetro de espessura, com um padrão xadrez estampado responsável por produzir um sistema regular de linhas que são difíceis de ver a olho nu. Existem entre três e cinco linhas retas por milímetro.[17] Quando os joalheiros reais Garrard foram consultados em 2009 sobre a criação de uma peça como as fivelas de ombro de Sutton Hoo – os exemplares mais excepcionais de joias da Alta Idade Média a terem sobrevivido –, eles estimaram que, com eletricidade, água corrente e iluminação 24 horas por dia, seriam necessários um mês de trabalho contínuo e 200 mil libras esterlinas para produzir só uma. Embora as fivelas de ombro exibam o padrão mais elevado de joia em *cloisonné* já encontrado, o pendente de Loftus também é uma peça de alta estirpe. Curiosamente, ele tem uma característica única que o diferencia do tesouro de Sutton Hoo.

As técnicas astutas do joalheiro criaram um efeito em camadas no pendente de Loftus, de modo que cada fileira se ergue sobre a seguinte. Mas há uma leve assimetria entre os níveis, devido às dimensões irregulares das granadas. Isso não é resultado do trabalho descuidado de um artesão; na verdade, a exemplo das moedas, as gemas foram tiradas de uma peça anterior e reutilizadas nas joias dessa mulher. As granadas recicladas precisariam ser cortadas no tamanho certo. Isso não era nada fácil. As granadas são duras, com cerca de 7,5 na escala de Mohs, em que o talco é 1 e o diamante é 10. Modelar, cortar e polir a granada ainda hoje é um trabalho demorado, pois exige que se esfregue a superfície da pedra com uma substância mais dura. Cada gema era presa a um *dop stick* (um pedaço de madeira com um adesivo para manter a gema no lugar) e então sustentada contra um mecanismo rotativo movido por um aprendiz; isso criava uma superfície abrasiva. Era necessário manter um fluxo de água sobre as gemas conforme elas giravam para evitar que superaquecessem e rachassem. As granadas então eram polidas até terem menos de um milímetro de espessura.[18] Para deixá-las finas o bastante e cortá-las perfeitamente para que se encaixassem nas suas células, eram necessários mãos delicadas e olhos treinados, sem falar em décadas de experiência. Seriam essas gemas originalmente relíquias de família, algo significativo para algum familiar, recolocado em um novo contexto? Ou seriam parte das armas de guerra de um ancestral, desfeitas para que sua memória fosse preservada por meio das gemas desse pendente? O fato de essa mulher ter pedido que essa nova peça fosse desenhada incorporando pedras de segunda mão é mais um exemplo de um padrão visto por todo o sítio de Loftus, em que os artefatos e as estruturas de gerações anteriores eram reutilizados e reapropriados.

A chegada simbólica do cristianismo

Mesmo as sepulturas da Alta Idade Média eram intencionalmente escavadas em uma paisagem que já tinha uma história antiga no século VII. O sítio escolhido para o cemitério não foi acidental – essa comunidade queria se vincular à terra e ao passado. Perto da Princesa de Loftus há uma outra mulher, sepultada com uma conta que já tinha cerca de quinhentos anos de idade quando foi reutilizada, incrustada em um acessório triangular de ouro. E na extremidade norte do cemitério, na sepultura 21, duas moedas do século I foram encontradas junto a um cordão de contas. As duas moedas têm cavalos galopando em uma de suas faces e foram cuidadosamente dispostas de ambos os lados do pescoço, de modo que os cavalos parecem correr através do peito e para longe do corpo.

Contas de colar e dois pendentes de moedas da sepultura 70, Street House, Loftus © Stephen Sherlock.

Qualquer pessoa que olhasse para a mulher sepultada veria um colar com dois cavalos, mas o anverso dessas moedas revela um simbolismo completamente diferente. Cruzes abstratas estavam estampadas nas faces pressionadas contra o corpo. Elas não necessariamente foram exibidas em público, mas esses símbolos cristãos ocultos decerto eram conhecidos por sua portadora. Nesse aspecto, elas evocam outros objetos do assim chamado "período de conversão" do século VII, como a fivela de Eccles.[19] Essa peça despretensiosa tem cobras entrelaçadas e uma serpente de duas cabeças na parte da frente – símbolos comuns nos primeiros trabalhos de metalurgia. Mas, escondido na parte de dentro, pressionado contra o portador, há um peixe. Símbolo cristão que representa visualmente a frase "Jesus Cristo Filho de Deus Salvador" (cujas primeiras letras em grego soletram ICHTHYS, isto é, peixe), essa criatura só começa a aparecer nas joias inglesas no início do século VII.[20]

O outro símbolo mais frequentemente associado ao cristianismo – a cruz – começou a formar a base de padrões ornamentais em broches nesse mesmo momento, surgindo de desenhos circulares como a figura de um Olho Mágico. Os estilos estavam mudando. Os símbolos estavam mudando. E a paisagem ideológica da Inglaterra estava mudando. A joia da princesa só adquire significado pleno quando compreendida contra o pano de fundo de transformações ideológicas, políticas, culturais e sociais tão radicais.

O período do século V ao século VIII na Inglaterra tem sido chamado de "Idade das Trevas" devido à falta de evidências textuais sobreviventes.[21] É verdade que quando os romanos partiram, no início do século V, levaram consigo seus meticulosos registros, embora alguns escritores, como Gildas, tenham continuado a registrar os eventos após o início do século VI.[22]

Somos ensinados que o cristianismo desapareceu junto com os romanos, para só retornar naquela data inculcada nos alunos ingleses: a "chegada do cristianismo" em 597 d.C. Foi nesse ano que Santo Agostinho, por instrução do papa Gregório Magno, liderou uma missão de conversão e desembarcou na Ilha de Thanet, em Kent. Mas dificilmente uma mudança ampla ocorre numa única data ou em um único momento, e a expressão "chegada do cristianismo" é enganosa. Todo o país não percebeu de repente que tinha uma nova religião; sai Odin, entra Jesus. A história é muito mais fluida e orgânica.

O cristianismo vinha sendo praticado em todas as Ilhas Britânicas desde o reinado de Constantino, o Grande (272–337 d.C.). Algumas das peças mais importantes de arte cristã – incluindo a imagem mais antiga de Cristo, a primeira representação da crucificação e os itens litúrgicos mais antigos – foram encontradas na Inglaterra, sugerindo que a nova religião estava firmemente estabelecida nos séculos III e IV.

Em 412 d.C., quando a governança romana foi retirada para que o Império pudesse cuidar de problemas mais perto de casa, um vácuo de poder se abriu. Ao longo dos séculos, preenchemos esse vazio com as lendas do rei Artur e do mago Merlim, mas o historiador Beda apresenta uma versão dos acontecimentos que em grande medida é sustentada pela arqueologia. Ele narra que, após a crise devido ao colapso do governo romano, grupos de pessoas oriundas de territórios que hoje coincidem com a Dinamarca e o norte da Alemanha chegaram à Inglaterra e provocaram enormes mudanças. A língua certamente foi transformada. Antes do século V, o povo romano-britânico provavelmente falava uma forma de dialeto celta. Essa prática se manteve na Irlanda, Irlanda do Norte, Escócia, Gales e Cornualha, mas, na Inglaterra, o inglês antigo se tornou a língua vernacular. O impacto dos recém-chegados germânicos foi imenso, afetando até mesmo a língua usada pelas pessoas na sua vida cotidiana. Os imigrantes assumiram posições de poder e influência, ocupando postos que ficaram vagos quando as estruturas de comando do Império Romano se desintegraram.

Eles também trouxeram consigo sua religião. Evidências do cristianismo e do culto romano-britânico desaparecem dos registros arqueológicos no século V, persistindo apenas nas chamadas "margens celtas". Na Inglaterra, novos nomes de lugares, em homenagem aos deuses germânicos, passaram a dominar.[23] Odin, Thor e Freia exerceram uma influência significativa na paisagem, influenciando os dias da semana até hoje (*Woden's day* [dia de Odin] – *Wednesday*, ou quarta-feira –; *Thor's day* [dia de Thor] – *Thursday*, ou quinta-feira; *Freyja's* ou *Frigg's day* [dia de Freia] – *Friday*, ou sexta-feira). Como essa religião acreditava numa vida após a morte bem ativa, em que os guerreiros desfrutariam de banquetes e lutas por toda a eternidade em Valhala, ou viveriam junto à deusa Freia em Fólkvangr, o "campo do povo", eles começaram a sepultar seus mortos com bens funerários. Esse costume deixou aos arqueólogos modernos vislumbres fascinantes do mundo dos novos habitantes germânicos, que só agora começam a jogar luz sobre indivíduos esquecidos como a Princesa de Loftus.

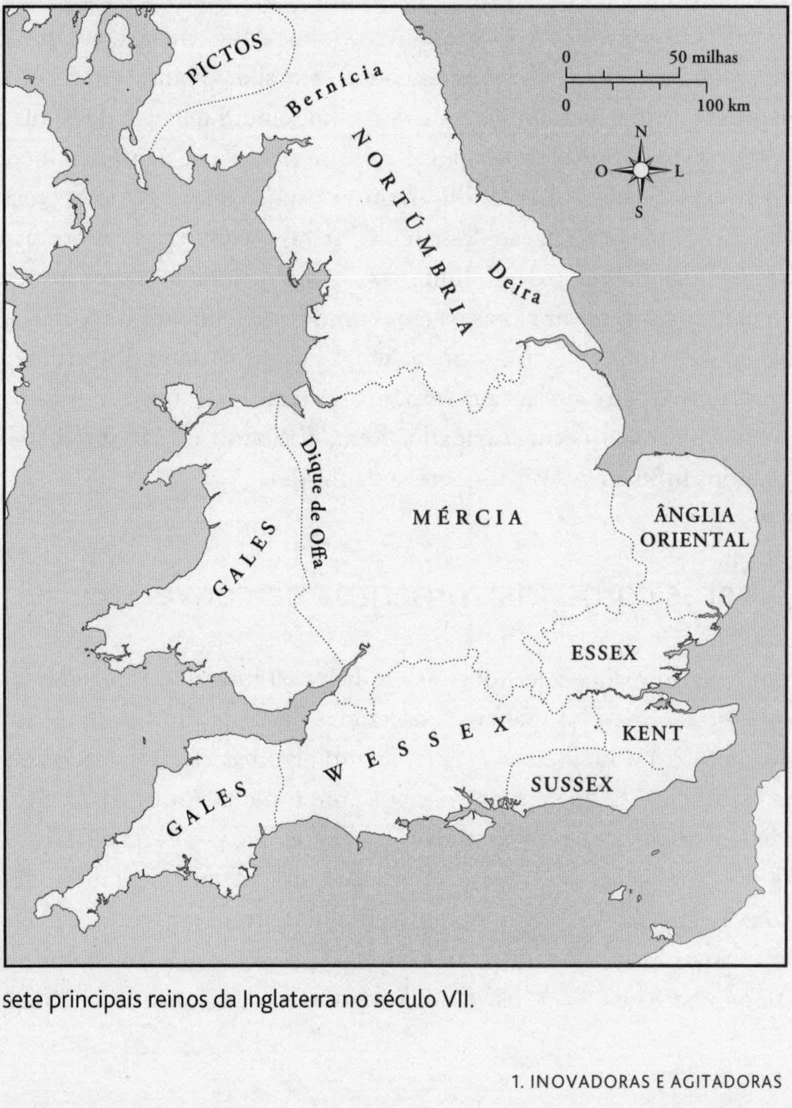

Os sete principais reinos da Inglaterra no século VII.

Além de mudanças radicais na língua e na religião, a sociedade também se transformou no século VI. No lugar da infraestrutura romano-britânica, uma elite guerreira assumiu a liderança e reinos distintos surgiram. De início, esses reinos eram pequenos, com um líder recebendo a lealdade de seguidores e centralizando seu controle em grandes salões.[24] Conforme governantes individuais foram ganhando prestígio e exércitos maiores, passaram a estender as fronteiras de seus territórios por meio de guerras e subjugação, até que, no final do século, havia sete reinos principais: Nortúmbria, Mércia, Ânglia Oriental, Essex, Wessex, Sussex e Kent. Os governantes de cada um desses reinos disputavam o poder total, e Beda declara que diferentes indivíduos se revezavam na posição de "*bretwalda*", ou de "senhorio geral" (*overlordship*).[25] Quando Agostinho, então nada mais que um monge romano assustado, desembarcou no litoral de Thanet, em 597 d.C., o *bretwalda* era o governante daquele mesmo reino: Etelberto de Kent.

A decisão de enviar uma missão romana para Kent não foi acidental. O rei era casado com uma mulher franco-cristã chamada Berta e, graças à sua localização, o povo pagão desse reino interagia com o continente cristão por meio do comércio e da diplomacia. Em vez de uma tentativa inspirada divinamente para "salvar almas pagãs", como Beda tenta nos fazer enxergar, a missão de Santo Agostinho no século VI foi uma tentativa estratégica de trazer uma parte do antigo Império Romano para um novo Império "Cristão" cujo centro era o papado. Kent, Etelberto e sua esposa, Berta, eram todos fundamentais para o êxito da missão.

Mulheres como instrumentos de conversão

Estamos acostumados a ler sobre as mulheres na história como adendos às suas famílias e maridos. Sabemos da rainha Berta de Kent porque ela era casada com o rei Etelberto. Mas enquanto algumas esposas mal recebem uma menção nessa que é a mais importante fonte histórica da Alta Idade Média – a *História eclesiástica do povo inglês*, de Beda –, Berta aparece com mais proeminência. É através de Beda que aprendemos que, além de ser de uma linhagem real, ela também era de uma linhagem santa. Seus avós foram Clóvis I, o fundador da dinastia merovíngia, e a aclamada princesa da Borgonha Santa Clotilde. Com o significado de "célebre na batalha", o nome de Clotilde reflete a ideia de que os primeiros governantes medievais – homens ou mulheres – detinham o poder principalmente por meio do domínio militar.

Assim como sua neta, Clotilde exerceu uma influência considerável. Quando seus filhos – herdeiros da dinastia merovíngia – estavam decidindo se derrubavam ou não os jovens herdeiros da Borgonha e tomavam as terras deles sob seu controle, eles resolveram deixar a decisão nas mãos de sua mãe. Mandaram a ela uma tesoura e uma espada, com as seguintes instruções: se ela achasse que eles deveriam recuar pacificamente, ela deveria escolher a tesoura e cortar os longos cabelos deles, que representavam o poder real. Se achasse que eles deveriam afirmar seu poder, deveria escolher a espada. Em uma frase célebre, ela respondeu: "É melhor para mim vê-los mortos do que tosquiados".[26] Clotilde fez jus ao seu nome. Ela escolheu a espada. Essa decisão provocou a morte de dois jovens príncipes, de 7 e 10 anos, assassinados pelos filhos mais velhos de Clotilde sob instruções de sua mãe. Mas ela permaneceu "honrada por todos" e aclamada por sua humildade e misericórdia. Também influenciou os francos da maneira como, mais tarde, Berta influenciaria o povo de Kent, convencendo seu marido a se converter ao cristianismo e estabelecendo uma nova dinastia cristã que governaria por mais de dois séculos. Ela ainda é aclamada como uma santa católica romana.

Os pais de Berta, Ingoberga e o rei franco Cariberto I, eram igualmente influentes. O historiador do século VI Gregório de Tours descreve o complexo matrimônio dos dois, explicando que eles se separaram após Ingoberga descobrir que seu marido estava apaixonado pelas filhas de um pobre trabalhador da lã. Mais tarde ele se casaria com uma delas, tornando-a a rainha dos francos no lugar de Ingoberga. Após o casamento arruinado de seus pais, Berta foi para a distante Inglaterra, habitada por pessoas que se acreditava serem perigosos pagãos. Mas ela não foi lançada ao vazio. Tinha um papel a cumprir, e seu futuro marido sabia disso.

Na Ânglia Oriental, que fazia fronteira com a Kent de Etelberto, um poderoso governante pagão estava comemorando seus laços com o paganismo escandinavo e germânico, que serviriam de apoio à sua reivindicação ao posto de "senhorio geral" dos reinos ingleses. Já se afirmou até mesmo que o rei Redualdo pode ser o indivíduo homenageado no navio funerário de Sutton Hoo.[27] Beda reforça a ascendência germânica de Redualdo, dizendo que ele descendia de Ufa, fundador da dinastia Ufingas, cuja família está no centro do poema épico inglês *Beowulf*. Ele também escreveu que Redualdo chegou a se aventurar pelo cristianismo, tendo notado seu potencial para oferecer novos elos com o continente europeu. Mas, em vez de se converter totalmente, tudo o que fez foi acrescentar uma imagem de Cristo à sua coleção de divindades pagãs.[28]

Os achados de Sutton Hoo corroboram esse dualismo. Tigelas de prata com cruzes entalhadas e duas conchas batismais foram descobertas junto a um elmo e um escudo ancestrais. Essas armas foram produzidas do outro lado do Mar do Norte e enviadas à Ânglia Oriental como relíquias. Mas o simbolismo mais forte era de serpentes de duas cabeças, dragões e javalis, que cobriam a cabeça do indivíduo, enquanto os corvos de Odin (incluindo uma minúscula representação do próprio deus em granadas) protegiam seu corpo. Os itens de Sutton Hoo são predominantemente pagãos, com um aceno para o cristianismo. Embora claramente tenha feito um seguro para o caso de sua aposta estar errada, o indivíduo sepultado em Sutton Hoo escolheu navegar em um imenso navio rumo a uma vida após a morte em Valhala com Odin. Do outro lado da fronteira, porém, Etelberto de Kent estava se alinhando mais plenamente com outro aliado sagrado.

Há muito tempo a religião é usada como o instrumento dos poderosos em períodos de mudança. Quando o imperador Constantino saiu vitorioso das guerras civis do início do século III, ele inaugurou seu reinado atribuindo a vitória a uma nova religião: o cristianismo. Foi o signo de Cristo, o Chi-Rho (as primeiras letras de seu nome em grego), que Constantino gravou nos escudos dos seus soldados, o que, na opinião dele, garantiu sua vitória sobre Magêncio na Batalha da Ponte Mílvia.[29] Durante a "visão" que teve na véspera da batalha, Constantino disse ter discernido o sinal da cruz acima do sol, com as palavras "por meio deste sinal conquistarás" se estendendo pelo céu. Ele criou um precedente. Depois dele, governantes reinventariam suas dinastias por meio de seus laços com o cristianismo. O papa Gregório escreveu para o rei Etelberto sobre a "fama" que Constantino havia conseguido ao aceitar o cristianismo, e chegou a comparar Berta a Helena, a mãe do imperador, que se dedicou à tarefa de apoiar a religião recém-chegada ao poder.[30] Do ponto de vista de Etelberto, a Igreja trazia consigo vários tipos de benefícios adicionais: elos comerciais internacionais, preocupações militares compartilhadas e uma burocracia poderosa, capaz de reforçar o poder administrativo de um governante. Trazia livros, códigos de leis, concepções antigas de potência régia e um novo grupo de aliados. O cristianismo trazia poder, e Etelberto de Kent sabia disso.

Sua nova esposa, Berta, era um peão num jogo de política internacional, entregue a ele em matrimônio para criar um laço entre a pagã Kent e a Frância cristã. Em 580 d.C., quase duas décadas antes de Gregório Magno enviar Agostinho em sua missão, Berta atravessou o canal da Mancha com um bispo cristão a tiracolo. Mas ela não era só um fantoche; até certo ponto, ela parece ter controlado seu destino. Beda diz que Berta insistiu em ser autorizada a praticar sua religião cristã. Ela trouxe consigo seu capelão, o bispo franco Leotardo, e declarou que Etelberto tinha que providenciar ao seu séquito uma igreja onde pudessem prestar culto.[31] Um antigo edifício romano-britânico na Cantuária, capital de Kent, foi reapropriado. Ladrilhos romanos foram assentados, uma tumba e seções de parede foram construídas em uma nova estrutura, e a maior parte da nave foi acrescentada por volta do momento da chegada de Berta em Kent. Como no cemitério em Street House, o povo inglês do século VI estava intencionalmente incorporando o passado às suas narrativas sobre as mudanças. Pedras romanas de tempos idos foram simbolicamente integradas à primeira igreja cristã no reino pagão de Kent.

A conexão entre pedra e Roma parece ter conservado sua ressonância até o início do período medieval, apesar dos séculos de imigrantes germânicos que habitavam salões de madeira, e não vilas construídas de tijolos.[32] A igreja de Berta foi consagrada a São Martinho. Berta cresceu em Tours, onde o

Pendente confeccionado com uma moeda de ouro exibindo o bispo Leotardo, século VII, descoberto na igreja de São Martinho, Cantuária.

santo havia sido bispo e onde era celebrado como "o martelo dos hereges". Ao escolher um santo homenageado como bispo militar dedicado a destruir práticas pagãs, Berta e Etelberto enviaram uma clara mensagem para os outros governantes dos reinos ingleses: o cristianismo começava a dominar Kent, e os pagãos deveriam tomar cuidado, porque a mudança estava chegando. A igreja de São Martinho é a igreja paroquial mais antiga do mundo anglófono.

É digno de nota que a chegada de Berta e de Leotardo tenha deixado sua marca não só por meio das palavras de Beda e dos tijolos da igreja de São Martinho, mas também de um grande tesouro. Em abril de 1844, o antiquário Charles Roach Smith apresentou um punhado de curiosidades da Alta Idade Média à Sociedade Numismática. Explicou que elas haviam sido encontradas "alguns anos atrás" e que foram descobertas perto do adro da igreja de São Martinho, na Cantuária.[33] Entre as peças havia uma moeda adaptada para ser usada como um pendente. Outrora, ele teria sido parte de um colar como aquele com o qual a Princesa de Loftus foi sepultada, e era uma raridade: a única peça de joia do século VII a ser encontrada no cemitério de uma igreja. Talvez uma mulher do séquito de Berta tenha sido sepultada com esse colar, expressando sua religião por meio de suas joias.

O nome do bispo de Berta, Leotardo, está inscrito de trás para a frente no pendente, provavelmente porque a pessoa que fez a moeda, incapaz de ler a inscrição em latim, fez o molde copiando um original. O nome então ficou invertido quando a moeda foi cunhada, e o metalúrgico não percebeu o erro. Esse pendente tem sido usado como evidência de quão ignorante e iletrado era o mundo no início da Idade Média. Mas esse era um erro simples de se cometer, especialmente na Inglaterra, onde a cunhagem de moedas não era feita com regularidade. Hoje a palavra "iletrado" é associada a uma falta de educação. Mas os métodos utilizados para se transmitir informações às comunidades não letradas da Inglaterra do início da Idade Média eram incrivelmente sofisticados.[34] As pessoas eram capazes de recitar poemas de cor durante muitas horas, se é que não dias. Elas precisavam guardar informações sobre linhagens sanguíneas, posse de terras, códigos legais, assim como um vasto corpo de contos, mitos e histórias. Ser iletrado não era ser ignorante, mas sim utilizar a memória mais ativamente. Foi o cristianismo que trouxe o letramento e o latim para um povo que durante três séculos dependeu da tradição oral e da memória. É possível argumentar que com a escrita vieram a apatia, a burocracia e a rigidez.

A escrita e o cristianismo também trouxeram o controle. Uma carta do papa Gregório a Berta indica que ela já era "instruída nas letras". Quando ele escreveu a ela em 601, Berta era claramente uma mulher poderosa e influente, com uma reputação internacional. Ele elogiou seus "bons feitos [que] chegaram ao conhecimento não só dos romanos, que haviam rezado com fervor por sua vida, mas também de vários lugares e até do sereníssimo Príncipe de Constantinopla". Berta trouxera mudanças e um novo modo de vida aos reinos ingleses, em que pouco a pouco se passava a rejeitar os deuses do panteão germânico e os sepultamentos repletos de tesouros. Na esteira do cristianismo veio uma gama de edifícios customizados: igrejas, catedrais e mosteiros. Uma nova perspectiva da vida após a morte também estava em desenvolvimento, na qual bens preciosos não mais precisavam acompanhar seus donos ao solo. Para os historiadores, as evidências textuais ganham novo elã após o século VII, quando escribas começam a registrar informações em manuscritos. Mas, para os arqueólogos, uma fonte antes rica de informações sobre as pessoas do passado começa a se secar. Esse foi um momento crucial na história, e a Princesa de Loftus é nossa janela para esse tempo de grandes mudanças.

As mulheres do norte

Diferentemente de Berta, não sabemos ao certo quem foi a Princesa de Loftus. Suas joias são praticamente tudo que resta para nos oferecer algum vislumbre de sua vida e morte. Mas sabemos que ela era rica, influente, e que muito provavelmente havia se convertido para o cristianismo. As pistas disso estão no centro de seu colar: a joia principal esculpida em forma de vieira. Nenhuma peça que pudesse ser comparada a essa gema sobreviveu, mas, em outros contextos, a concha, a exemplo da cruz e do peixe, carregava um simbolismo cristão. No século IX, ela já era associada a São Tiago, e a rota de peregrinação para Santiago de Compostela estava crivada delas. Mas as associações do símbolo remontam a ainda antes. Na religião romana clássica, as conchas estavam ligadas à Vênus, a deusa do amor e da fertilidade.[35] Ela emergiu do mar plenamente formada quando o titã Cronos castrou seu pai Urano e atirou seus genitais no mar. Vênus nasceu não de uma mulher, mas encarnou milagrosamente nas águas. Como é comum no simbolismo cristão primevo, um significado mais antigo é substituído por um novo. A concha sobre a qual Vênus se deslocava se tornou um símbolo do batismo, da vida nova e eterna.[36]

Em meados do século VI, pouco antes de Berta cruzar os mares até Kent, a milhares de quilômetros de distância, o imperador Justiniano usava o simbolismo cristão para reforçar seu poder. Ele restaurou o Império Romano do Ocidente tomando as terras controladas pelos ostrogodos e vândalos no norte da África, Espanha e Itália. Com efeito, a trajetória de Justiniano talvez possa ser vista como a inspiração para a missão de Gregório Magno na Inglaterra umas poucas décadas após a morte do imperador. Os dois homens queriam que os limites mais longínquos do antigo Império Romano ficassem sob a influência da Igreja e do papado.[37]

O impacto de Justiniano na arte cristã ainda é evidente nos belos mosaicos que sobrevivem nas igrejas de Ravena, na Itália – um ponto focal para seu controle sobre o Império Ocidental. Na igreja de Santo Apolinário Novo, os santos são exibidos com um dossel em forma de concha sobre eles, significando sua vida eterna. Os célebres retratos de Justiniano e sua esposa Teodora na Basílica de São Vital também exibem uma concha de vieira, dessa vez sobre a cabeça da imperatriz. Ela provavelmente já tinha morrido quando o mosaico foi finalizado, e a concha simboliza sua ressurreição e nova vida no paraíso. E embora Justiniano, ainda vivo, não apareça sob uma concha, o mosaico mostra que ele ordenou que o Chi-Rho fosse gravado nos escudos de seus soldados, como Constantino antes dele. Também ele estava forjando um forte e colossal império. Assistindo do outro lado da Europa, governantes ingleses como Etelberto de Kent teriam visto em Justiniano o poder imperial possível quando um governante dava seu apoio à Igreja cristã.

Apesar de esses mosaicos na Itália estarem bem longe dos penhascos castigados pelo vento de Cleveland, e apesar de Bizâncio, centro do poder de Justiniano e Teodora, ser mais longe ainda, o impacto de sua corte cristã foi sentido na Inglaterra no final do século VI e início do VII. Um colar encontrado em Desborough, Kent, datado quase exatamente da mesma época que o pendente de Loftus, é semelhante àquele usado por Teodora no mosaico de Ravena. A preferência por gemas em cabochão – isto é, moldadas e polidas – e joias bizantinas como as da imperatriz chegou até bem longe, e, com suas próprias joias em cabochão, tanto a dona do colar de Desborough como a Princesa de Loftus estavam seguindo essa moda.

Na peça de Kent há uma cruz no centro do colar; no colar da Nortúmbria, uma concha. Ainda sutil o bastante para contemplar tanto o simbolismo não cristão como o cristão, a portadora do pendente de Loftus tinha um pé no passado e o outro no futuro. Ela vivia em um período de transformações religiosas e culturais, no qual os laços com o mundo cristão ficavam cada vez mais fortes.

Mosaico da imperatriz Teodora, São Vital, Ravena, c. 548 d.C.

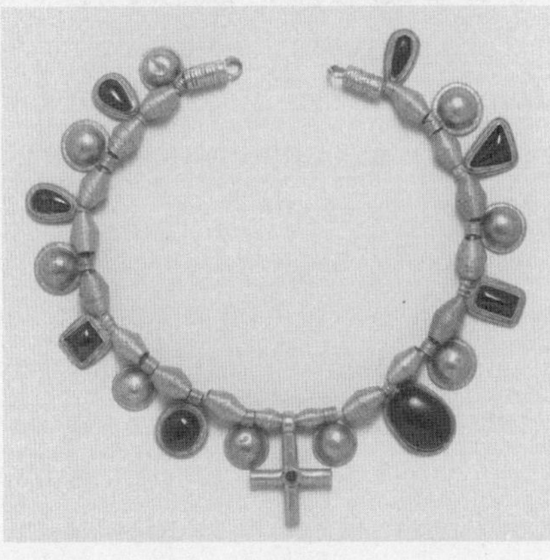

O colar de Desborough, feito de ouro e granada em cabochão com uma cruz central, fim do século VII, Museu Britânico.

O período transcorrido entre a chegada de Berta em Kent e o sepultamento da Princesa de Loftus com um símbolo cristão em torno de seu pescoço foi relativamente curto – uma ou duas décadas. Assim como a religião viajou para a Inglaterra com uma mulher, foram as mulheres que ajudaram a disseminar de forma eficaz e rápida o cristianismo pelo país. O papel das mulheres na Igreja primeva é consistentemente subestimado, mas, quando se tratou de converter os ingleses, as esposas e as mães foram os principais instrumentos de influência. A razão para o arcebispo da Cantuária ser o primaz da Igreja da Inglaterra hoje é em grande medida Berta. Originalmente, a intenção de Gregório Magno é que sua missão estabelecesse um centro no norte, em York, e um no sul, em Londres. Esse arranjo espelharia as capitais romanas da Britânia Superior e Inferior.[38] Mas a boa vontade demonstrada a Agostinho e seus missionários em Kent sob a influência de Berta, aparentemente, afetou a decisão de fundar um grande mosteiro e uma catedral na Cantuária.

O filho de Berta, Eadbaldo, era problemático. Ele não deu continuidade ao apoio de seu pai à Igreja, e, ao contrário, reverteu o reino à religião germânica quando sucedeu Etelberto. Ele acabou por aceitar o cristianismo, mas para isso foi necessária uma segunda missão papal, pouco depois da primeira, para arraigar a religião mais completamente em Kent. A nova fé ganhou e perdeu terreno ao longo da primeira metade do século VII. Os governantes a aceitavam e, quando morriam, seus filhos a rejeitavam. Mas embora seu filho não tenha seguido o grande plano de Berta, sua filha, Etelburga, seguiu.

Como sua bisavó e sua mãe antes dela, Etelburga foi dada em casamento a um rei pagão. Em 625, ela viajou para o norte, atravessou o território resolutamente pagão da Ânglia Oriental e entrou na Nortúmbria, onde se casou com Eduíno, cujo reinado bem-sucedido viu a união de dois reinos, Deira e Bernícia, em uma grande e dominante potência do norte. Etelburga também trouxe consigo um bispo como parte de seus arranjos matrimoniais. Eduíno precisou tolerar o missionário romano Paulino, e Beda descreve como esse indivíduo fervoroso se pôs a converter as mulheres da corte da Nortúmbria. A filha de Etelburga, Eanfleda, foi a primeira pessoa a ser batizada pela missão romana na Nortúmbria. Eanfleda teria um papel importante na recém-surgida Igreja do norte, desposando o sucessor de seu pai e então se tornando a primeira abadessa do mosteiro duplo recém-inaugurado em Whitby. O batismo da princesa abriu um precedente que outras mulheres nobres do norte seguiriam.

Sepultada em uma cama

No momento do sepultamento da Princesa de Loftus, o cristianismo se espalhava pelo país, conforme Paulino convertia a realeza no norte e novos mosteiros surgiam por toda parte. Sabemos que sepultamentos cristãos não tendem a incluir bens funerários, mas leva tempo para que práticas muito apreciadas sejam substituídas. Se alguém passou a vida pensando na morte e na vida após a morte de uma certa maneira, e então se espera que sepultem seus entes queridos de uma outra maneira, haverá períodos de transição, durante os quais as tradições mais antigas persistirão.[39] Os sepultamentos anteriores com armas, baldes de comida e vestimentas requintadas foram substituídos por sepultamentos cristãos simples, com os corpos envolvidos apenas em uma mortalha. A ideia de uma vida após a morte, na qual se necessitava de riquezas materiais, foi substituída por sistemas de herança, por meio dos quais objetos bonitos e de valor eram deixados para a geração seguinte em vez de serem enterrados para servir ao falecido. O cemitério de Loftus é um dos últimos lampejos dos velhos costumes, um ponto no tempo capturado na terra.[40]

Descrita como um sepultamento da "Fase Final", a sepultura 42 de Street House possui simbolismo cristão, moda continental e bens germânicos, tudo reunido. Mais significativo, entretanto, é o fato de a mulher ter sido sepultada em uma cama. Mesmo hoje, uma cama é uma das nossas maiores despesas quando mobiliamos uma casa. Colocar uma peça tão bem-feita no solo, em vez de reusá-la, foi um compromisso do povo de Loftus para homenagear essa importante mulher. Cavar um buraco grande o bastante e colocar nele a cama provavelmente exigiu um grande esforço físico. Esse tipo de dedicação funerária atinge seu ápice no espetacular navio funerário de Sutton Hoo, onde, junto às joias em *cloisonné* e às moedas merovíngias, um barco inteiro de 27 metros de comprimento, pronto para ir para o mar, foi colocado no solo. Mas a Princesa de Loftus não está navegando por mares eternos como o membro da realeza sepultado na Ânglia Oriental. Ela foi colocada para dormir por toda a eternidade. A palavra "*leger*" em inglês antigo significava tanto "cama" quanto sepultura – "um lugar onde alguém se deita" –, de modo que um sepultamento na cama daria a um indivíduo o ritual e a cerimônia de um sepultamento germânico, com bens funerários, honrando, ao mesmo tempo, as novas crenças introduzidas pelo cristianismo.

Parece que só as mulheres nobres do século VII recebiam a honra de um sepultamento na cama. Mais de uma dúzia foram encontrados por toda a Inglaterra, sendo o de Loftus o exemplo mais ao norte. Todos se encaixam nos sepultamentos da "Fase Final", que incluem tanto elementos pré-cristãos como cristãos. Em Shrublands Quarry, em Suffolk, uma mulher foi enterrada em uma cama usando um colar que reutilizava uma moeda franca com o símbolo da cruz, além de três cabochões de ametista. Alguns sepultamentos em camas mostram uma gama complexa de objetos colocados ao redor da mulher, como na sepultura em Edix Hill, em Cambridgeshire. Essa jovem mulher, que tinha entre 17 e 25 anos de idade e tinha lepra, foi sepultada com um conjunto de curiosidades, incluindo espadas, facas, uma fusaiola, um fóssil de ouriço-do-mar e alguns ossos do tornozelo de ovelhas.[41] Uma associação mais explícita entre o cristianismo e sepultamentos de mulheres em camas é encontrada na delicada cruz peitoral descoberta junto a cunhos de ferro em Ixworth. Uma das peças mais impressionantes da coleção do início da Idade Média do Museu Ashmolean, essa cruz exibe toda a maestria técnica dos achados de Sutton Hoo e do Tesouro de Staffordshire, mas não poderia ser mais clara em seu simbolismo cristão. Trata-se de uma cruz de braços iguais, e a mulher foi sepultada com ela ao redor do pescoço para mostrar que se alinhava explicitamente com a nova religião.

Uma empolgante escavação em 2011 no vilarejo de Trumpington, Cambridge, tirou mais uma cruz de ouro e granada do solo. Novamente, tratava-se de um sepultamento em cama de uma nobre do século VII. Alison Dickens liderou a equipe de arqueólogos da Universidade de Cambridge. A princípio, a equipe esperava encontrar um sítio com vestígios pré-históricos, mas acabou descobrindo um assentamento do início do período medieval. Entre contornos de edifícios do século VII estavam quatro sepulturas e, como em Loftus, a paisagem em Trumpington mostrava séculos de uso em atividades da vida cotidiana, atividades ritualísticas e sepultamentos. A equipe primeiro descobriu cunhos de ferro, antes de encontrar os vestígios humanos de uma mulher de cerca de 16 anos de idade. Aninhada em seu peito estava uma refinada cruz peitoral de ouro e granada. Essa foi uma enorme descoberta, que acrescentou mais uma camada à nossa compreensão dos sepultamentos da Fase Final.

Voltando para o norte, tanto a cruz de Ixworth quanto a de Trumpington têm muitas semelhanças com outro objeto funerário oculto, sepultado com um dos santos mais aclamados da Inglaterra. Poucas pessoas são tão aduladas na *História eclesiástica do povo inglês*, de Beda, quanto São Cuteberto (*c.* 634–687). Na verdade, o historiador escreveu duas obras diferentes, uma em prosa e outra em poesia, sobre a vida desse famoso bispo da Nortúmbria. Para Beda, Cuteberto uniu os mais importantes elementos do cristianismo no norte durante o tumultuado século VII. Os dois homens estão hoje sepultados juntos na catedral de Durham, os vestígios do mais famoso bispo da Nortúmbria do início da Idade Média amontoados com os do historiador na sepultura.[42] Era o compromisso de Cuteberto com a conversão dos ingleses o que Beda mais admirava:

> Pois ele [Cuteberto] não apenas ofereceu um exemplo para seus irmãos de mosteiro, mas também procurou conduzir a mente das pessoas vizinhas ao amor pelas coisas celestiais. Muitas delas, de fato, desonraram a fé que professavam por meio de atos profanos; e algumas delas, no tempo da mortalidade, negligenciando o sacramento de seu credo, recorreram a remédios idólatras, como se, por meio de encantos ou amuletos, ou quaisquer outros mistérios da arte mágica, pudessem evitar um golpe infligido a elas pelo Senhor.[43]

O alerta de Beda contra os "amuletos" é irônico, já que aninhado no caixão de Cuteberto, sob muitas camadas de mortalha, um desses objetos

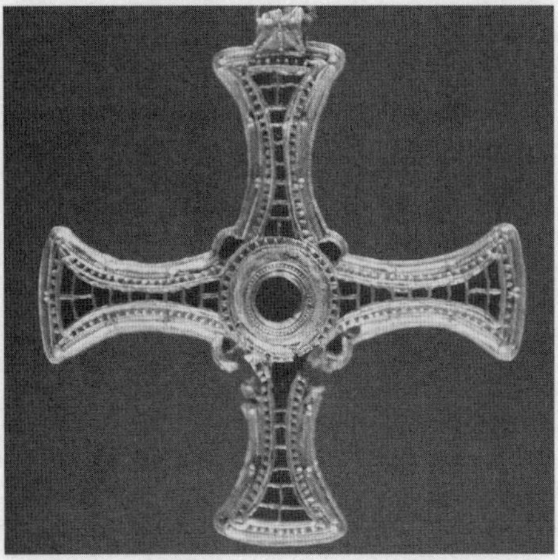

Cruz peitoral de São Cuteberto, sepultada em seu caixão, c. 687 d.C., catedral de Durham.

talismânicos foi encontrado. No século IX, seu corpo, escondido em seu caixão de madeira, coberto de entalhes cristãos, inscrições latinas e runas, foi levado da terra de Cuteberto – o mosteiro de Lindisfarne – para Chester-le-Street a fim de escapar dos ataques de invasores vikings.[44] Quando Chester-le-Street também se viu ameaçada por invasores daneses no início do século XI, o caixão foi firmemente entrincheirado em Durham, de onde nunca mais saiu. A enorme catedral normanda que cresceu ao redor de seu santuário atesta a veneração que ainda se prestava a ele após a Conquista, e muitos peregrinos visitavam o santo. Essas dezenas de milhares de visitantes mal sabiam que, durante todo esse tempo, Cuteberto guardou consigo um objeto secreto.

Em 1827, o caixão, àquela altura protegido como uma boneca russa dentro de gerações subsequentes de camadas de madeira, foi finalmente removido, aberto e analisado. Os melhores tecidos ainda existentes do início da Idade Média foram encontrados lá dentro, além do Evangelho de Stonyhurst e de um pente sagrado. Esse pode muito bem ser o pente usado pelo padre Alfredo Westou, que, durante o início do século XI, repetidamente penteava os cabelos do cadáver incrivelmente bem conservado de Cuteberto.[45] Estava claro que o caixão fora aberto muitas vezes, e a incorruptibilidade do corpo do santo foi tomada como um sinal de sua divindade. Mas a cada ocasião eles parecem ter deixado passar a pequena peça de ouro pendurada em seu pescoço. Só quando os ossos foram tirados de sua mortalha ela apareceu. Já velha e tendo passado por reparos quando foi levada ao solo, a cruz peitoral de Cuteberto se parece com aquelas sepultadas com mulheres em Ixworth e Trumpington. A primeira onda de convertidos ao cristianismo expressou sua nova fé por meio dessas posses pessoais. A exemplo das moedas antigas encontradas na sepultura da outra mulher em Loftus e do pendente da princesa, parece que esses objetos podiam ao mesmo tempo esconder e revelar. Cuteberto viveu como eremita e monge, mas escondeu sua suntuosa joia germânica dentro de suas vestes.

A Nortúmbria era um caldeirão particularmente interessante em termos de cristianismo. A missão de Paulino procurou trazer o cristianismo romano para a casa real da Nortúmbria por meio da conversão de Eduíno. Mas, algum tempo antes disso, missionários irlandeses vinham tentando cruzar as fronteiras ao norte, estabelecendo instituições celtas e exercendo uma influência considerável sobre alguns governantes. O próprio mosteiro de Cuteberto, Lindisfarne, foi fundado como um satélite de Iona na costa oeste. Esse importante mosteiro foi estabelecido por São Columba em 563 – décadas antes de Agostinho chegar em Kent. Ao longo de todo o norte da Inglaterra, missionários irlandeses estavam fazendo incursões e estabelecendo mosteiros diferentes dos mosteiros beneditinos disseminados pelo papado. Eles eram barris de pólvora com práticas aparentemente não ortodoxas, e diferiam até mesmo na forma de calcular a data da Páscoa.

Nascido da onda anterior de cristianismo que tomou conta das margens celtas quando os romanos partiram no século V, o poder da influência celta no norte explica por que Eduíno, sua esposa Etelburga de Kent e o bispo Paulino se empenharam em converter a região ao cristianismo romano. Os diferentes mundos se reconciliaram na pessoa de Cuteberto. Ele combinava uma juventude guerreira germânica com uma carreira religiosa pregressa no mosteiro celta de Melrose, e mais tarde um compromisso com o cristianismo romano durante seu tempo como bispo de Lindisfarne. Mas seria necessário uma mulher – Hilda de Whitby – para finalmente estabelecer o cristianismo romano no norte.

A mentora Hilda

Como o de Clotilde, a grande rainha dos francos responsável por tantas conversões, o nome de Hilda de Whitby significa "lutadora". Ela nasceu por volta de 614, em uma família real da Nortúmbria. Seu tio-avô e sua tia-avó eram o rei Eduíno e Etelburga, a filha de Berta, e ela foi criada na corte deles. Ela era uma princesa, e teria sido uma peça útil nos planos matrimoniais das casas reais da Nortúmbria. Para entender o mundo no qual Hilda cresceu, podemos explorar o sítio de Yeavering, em Northumberland. Descoberto somente em 1949, quando um verão particularmente duro tostou os campos e revelou os contornos de um complexo do início da Idade Média, ele é muito provavelmente o sítio de Ad Gefrin, o palácio real onde, de acordo com Beda, Paulino pregava e batizava em 627.[46] Dois enormes salões de madeira formam o centro do sítio, com um grande espaço fechado com paredes a leste (provavelmente para coletar gado em troca de comida ou como pagamento de impostos) e uma plataforma com assento elevado a oeste. Parece ser algum tipo de auditório onde o próprio Paulino pregava o cristianismo para os povos do norte, e as evidências arqueológicas sustentam o relato escrito por Beda. Yeavering é perto do rio Glen, onde Beda diz que Paulino batizou muitas pessoas – mais uma vez, texto e arqueologia se unem para iluminar esse momento intrigante de conversão de massa.

O sítio de Yeavering, como Loftus, usava antigos vestígios mesolíticos, neolíticos e das Idades do Bronze e do Ferro na paisagem. No topo de Yeavering Bell, uma grande fortaleza revelou um assentamento com mais de cem casas redondas do primeiro século.[47] Esse era um lugar na Nortúmbria onde um líder inglês com raízes germânicas, como Eduíno, encontraria pessoas de diferentes origens étnicas.[48] Poderia ouvir as preocupações e coletar os impostos do povo de seu reino, incluindo aqueles com ascendentes romano-britânicos e, mais longe ainda, das tribos celtas. Os edifícios que formavam a corte de Eduíno, no entanto, eram claramente os de reis e rainhas anglo-saxões, e o salão mais amplo teria nos feito lembrar do salão de Hrothgar, Heorot, descrito em *Beowulf*: "O edifício no qual aquele homem poderoso mantinha sua corte era o mais supremo dos salões sob os céus; seu brilho resplandecia sobre muitas terras".[49] Quatro edifícios do complexo tinham áreas de até trezentos metros quadrados. Esses eram chamados de "grandes salões" e, com seus tetos altos de madeira abobadada, eram espaços enormes e impressionantes.

Nesse local, a classe guerreira vivia, jantava, viajava e lutava junta, e, enquanto servos leais dormiam ao redor dos bancos de hidromel, o rei, a rainha e a família real se retiravam para o salão menor. A corte real se deslocava entre centros como aquele de Yeavering, parando para receber impostos em gado e suprimentos da população local, em um ciclo de visitas que mantinha o rei conectado com seus súditos. Como membro de sua corte, Hilda pode muito bem ter viajado com eles. Ela, uma princesa guerreira, pode ter sido criada ouvindo os guerreiros se jactarem, os contos de heróis e os mitos de Odin, Freia e Thor. Entretanto, Beda afirma que, aos 33 anos – a idade com a qual Cristo morreu e na metade de sua própria vida –, Hilda abraçou o cristianismo. Ela queria viajar para o exterior, para um mosteiro na Gália, mas era vista como um trunfo para os esforços de conversão no norte da Inglaterra e foi nomeada abadessa em Hartlepool. Ela seguia grandes passos, pois sua antecessora, Heui, foi a primeira mulher na Nortúmbria a se tornar monja e fundar um mosteiro em 640.[50] Hartlepool era o centro de uma rede de conventos que se espalhava pela paisagem, todos liderados por mulheres nobres e resolutas da Nortúmbria.[51]

Escavações em Hartlepool revelaram detalhes interessantes de como esses primeiros convertidos do norte homenageavam seus mortos. Havia quatro cemitérios em uso simultâneo em Hartlepool, atendendo a diferentes funções e comunidades. O cemitério de Church Walk continha as sepulturas de homens, mulheres e crianças, o que indica que se destinava à população local. Em uma época de grandes mudanças, é compreensível que as comunidades fossem formadas por uma mistura de pessoas, algumas que queriam ser sepultadas de acordo com as tradições mais antigas, enquanto outras queriam adotar as novas. Havia também um fluxo de pessoas vindas de fora do reino: estrangeiros como missionários e membros de comunidades monásticas que às vezes se deslocavam centenas de quilômetros para assumir cargos religiosos em todo o país. Os complexos sepultamentos em Hartlepool refletem comunidades complexas, com pessoas de diferentes origens, classes e crenças, cada uma desejando algo diferente em seu descanso eterno.

Mais perto da face do penhasco, um conjunto de sepulturas femininas foi descoberto. Muito provavelmente, esse foi o primeiro de todos os cemitérios das monjas, chamado Cross Close. Assim como a Princesa de Loftus, as mulheres nobres recém-convertidas de Hartlepool foram sepultadas em uma terra de ventos fortes, cercada pelo mar, e também foram deitadas como se em sono eterno. Algumas tinham travesseiros de pedra sob suas cabeças. No entanto, é significativo que essas monjas fizessem parte de uma comunidade letrada, pois oito das sepulturas tinham lápides inscritas com nomes de mulheres. Pedra e Roma. Letramento e a Igreja. As conexões simbólicas são claras.

Outros achados de Hartlepool sugerem que esse antigo mosteiro, fundado por uma mulher no século VII, era um local de riqueza, privilégio, poder e aprendizado. Um grampo de cabelo dourado pode ter pertencido a uma das monjas. Sua iconografia não é cristã, pois lembra mais os animais entrelaçados e mordendo encontrados nos tesouros de Sutton Hoo. Esse era um item caro, elaborado para ostentar o status do proprietário. Apesar das afirmações de Beda de que ninguém nos mosteiros de Hilda era rico ou pobre, e que lá se mantinham "todas as coisas em comum", os conventos ingleses do início da Idade Média não eram lugares de vida simples e modéstia. Essas convertidas de primeira geração não precisavam abrir mão de todos os luxos de sua vida secular e, como nobres ricas, levavam consigo seus trajes finos. Esse padrão persiste em Whitby, cerca de sessenta quilômetros costa abaixo.

Hilda se mudou de Hartlepool para o local conhecido na época como Strenaeshalch, e agora como Whitby, em 657. Aqui ela recebeu terras para construir um mosteiro duplo onde homens e mulheres poderiam aprender as Escrituras e se dedicar a uma vida monástica. Uma laje de pedra gravada homenageia sua sucessora como abadessa, Elfleda, e o uso da escrita e do alfabeto latinos corrobora a sugestão de Beda de que Whitby era um centro de aprendizado e letramento. Mas, como em Hartlepool, os achados da abadia de Hilda incluem muitos luxos, como grampos de cabelo decorativos, capas de livros douradas e até mesmo um pente com uma inscrição rúnica.[52] As runas eram o alfabeto do inglês pré-cristão, mas a inscrição é claramente cristã: "Meu Deus. Que Deus Todo-poderoso ajude Cy...". Mais uma vez, encontramos um objeto que liga o mundo do guerreiro germânico ao novo mundo cristão. Como a própria Hilda, ele abrange diferentes ideologias e um momento de transição.

Hilda estava no topo da hierarquia em termos de influência na Nortúmbria do século VII. Beda afirma que "até mesmo reis e princesas buscavam e recebiam seus conselhos", e ela atuou como mentora da filha de Osvio, rei dos nortúmbrios de 642 a 670. Além disso, foi sob seu governo, no mosteiro que ela mesma fundou, que os líderes da Igreja inglesa se reuniram para o famoso Sínodo de Whitby em 664. Com Hilda no comando das atividades, as grandes autoridades, representantes de Roma e da Irlanda, discutiram quais tradições a Igreja da Nortúmbria deveria seguir.[53] O resultado foi favorável a Roma. A variedade e a singularidade dos mosteiros celtas se perderam para o rigor e a rotina da Regra beneditina, e o monasticismo no norte se transformou para sempre. Uma mulher envolvida em processos sinodais de tão alto nível é algo extraordinário ainda hoje. Também é significativo o fato de que cinco homens treinados por Hilda foram todos nomeados bispos; se havia "criadores de reis" no mundo medieval, então ela era a criadora de bispos. Whitby foi o campo de treinamento para uma nova Igreja inglesa, cristã romana, cultivada e respeitada. Do promontório de Hilda no norte, homens e mulheres instruídos se espalhariam por todo o país, assumindo os mais altos cargos em igrejas e mosteiros, inclusive o de arcebispo de York.[54] A influência de Hilda permearia o tecido do cristianismo nessa parte do mundo, e seus efeitos foram sentidos ao longo dos séculos.

A proeminência de Hilda nos leva de volta à Princesa de Loftus e ao status representado por seu pendente brilhante. Beda registra que a importância de Hilda dentro da Igreja foi transmitida à mãe dela em um sonho com um colar resplandecente:

> Ela encontrou um colar muito precioso sob sua roupa e, enquanto o olhava com muita atenção, ele pareceu brilhar com tal intensidade que encheu toda a Grã-Bretanha com a glória de seu brilho. Esse sonho foi, sem dúvida, realizado na filha de que falamos, cuja vida foi um exemplo das obras de luz, não apenas abençoada para si mesma, mas para muitos que desejavam viver corretamente.[55]

Que um colar conecte Hilda à Princesa de Loftus é uma feliz coincidência. O cemitério de Loftus fica a apenas dezoito quilômetros de Whitby, ao longo da antiga Cleveland Street. O vilarejo de Easington, a apenas um quilômetro ao sul de Street House, pode ser o local denominado por Beda "Osingadun".[56] Ali, ocorreu um importante encontro entre São Cuteberto de Lindisfarne e a sucessora de Hilda, a abadessa Elfleda de Whitby. Os dois se banquetearam em uma terra que foi descrita como "uma posse de seu mosteiro [de Hilda]". Loftus pode muito bem ter feito parte das terras do mosteiro de Whitby.

É bastante improvável que algum dia saibamos com certeza se a comunidade satélite governada pela Princesa de Loftus estava ligada a Hilda e Whitby. De toda forma, o que essas mulheres do norte do século VII revelam é que aderir à Igreja romana na primeira onda de conversões era uma forma de ganhar poder e influência. Essas mulheres nobres podiam escapar de casamentos arranjados cujo propósito era assegurar lealdades e criar herdeiros e, em vez disso, formar seus próprios centros de aprendizado, onde poderiam ser ricas, respeitadas e lembradas, com as mesmas oportunidades que os homens ao seu redor. Elas poderiam moldar seu futuro e o de suas comunidades. Essa foi uma época singularmente positiva para as mulheres na Igreja, e a Princesa Loftus, Hilda, Elfleda e outras colheram os frutos da nova fé.

O legado da Princesa de Loftus

A sepultura da Princesa de Loftus foi intencionalmente situada como ponto focal do cemitério. Ela foi enterrada em uma área designada como "santuário", com uma rota processional que fazia os enlutados e os peregrinos passarem por seu monte funerário e depois os conduzia para uma saída pelos fundos – uma forma medieval de controle de multidões. Seu sepultamento teria envolvido diversos rituais e cerimônias, enquanto primeiro a cama, e depois a mulher, eram colocados no solo. Lascas de cerâmica e vidro eram então dispostos ao redor de sua cabeça, e, por fim, um monte que pudesse ser visto de longe foi formado sobre ela. É evidente que sua comunidade a venerava. Da mesma forma que, mais tarde, peregrinos visitariam locais sagrados deixando velas votivas para um santo, ao que parece, as pessoas que visitavam sua sepultura em Loftus deixavam pedaços de relíquias de família ao redor da cabeça da princesa.[57]

Mas os campos de Loftus, cultivados por humanos por mais de 4 mil anos, foram abandonados pouco depois de a princesa e sua comunidade serem enterrados lá. Como vimos, o período no qual ela viveu e morreu foi de mudanças religiosas, culturais e sociais. Os "antigos deuses" ficavam sob ameaça conforme um novo sistema de crenças vindo do continente avançava sobre a paisagem. Sepultar cristãos recém-convertidos nos limites e ao longo de monumentos pré-históricos e romanos mais antigos não foi um acidente.[58] Era um ato que intencionalmente unia essa mulher e sua comunidade à paisagem. Permanência e mudança estão ambas em evidência em Loftus. Embora não disponhamos de muitas evidências escritas, a mulher no centro desse sítio é um portal através do qual, séculos mais tarde, podemos vislumbrar esse momento de transição.

Mas as evidências escritas nos permitem, sim, afirmar com certeza que o local onde as pessoas eram sepultadas tinha importância. Beda descreve uma comunidade de monjas do século VII escolhendo seu cemitério após serem guiadas por uma luz miraculosa:

> Mas aquela luz resplandecente, em comparação à qual o sol ao meio-dia pareceria escuro, pouco depois, ascendendo daquele lugar, deslocou-se para o lado sul do mosteiro, isto é, a oeste da capela, e tendo continuado lá por algum tempo, e permanecendo por aquelas partes, à vista de todas elas se recolheu aos céus, não deixando dúvidas nas mentes de todas de que aquela mesma luz, que conduziria ou receberia as almas daquelas servas de Cristo no Paraíso, também mostrara o lugar no qual seus corpos deveriam repousar e aguardar o dia da ressurreição.[59]

O Venerável Beda foi citado ao longo de todo este capítulo como a principal fonte para os eventos do século VII na Grã-Bretanha. Ele é um escritor especialmente importante, e muitas de suas afirmações foram mais tarde corroboradas por outras descobertas, tanto pela arqueologia como por outros documentos. Beda era monge, estudioso e professor. Tradicionalmente, sua *História eclesiástica* tem sido vista como preocupada com as vidas dos "grandes homens" – bispos, guerreiros, reis. Mas, de fato, do começo ao fim ele fala de mulheres poderosas, influentes, significativas e importantes. Se, ao ler Beda, nós ignorarmos essas mulheres medievais, perderemos uma importante camada de detalhe, pois o seu era um mundo no qual elas importavam.

Ele inclui hinos à rainha Eteldreda, atribui milagres à monja Eadgyth e declara Hilda "a mais religiosa serva de Cristo". As mulheres de seu mundo eram dignas de nota, e algumas mudaram o curso da história. Os textos de Beda combinados às ricas descobertas arqueológicas de sítios do século VII como Loftus, Hartlepool e Whitby deixam claro que este século foi um momento de poder para as mulheres. Embora muito tenha sido perdido, saqueado ou ainda permaneça sob camadas de solo, as evidências arqueológicas dão voz e identidade àquelas inúmeras mulheres por tanto tempo ignoradas. Os homens têm sido procurados nos registros arqueológicos, mas as mulheres não. Agora que as estamos encontrando podemos compor uma nova imagem desse período e apresentar diversas mulheres letradas, influentes e importantes que tiveram impacto nas comunidades ao seu redor.

Mulheres como Hilda escolheram entrar para mosteiros, alcançando posições de grande poder como abadessas, adquirindo sabedoria e influenciando a tomada de decisões dentro da Igreja que havia acabado de surgir. Elas tiveram uma escolha e abraçaram vidas que lhes puseram em contato com o continente cristão, como novas ideias, com belas obras de arte e de arquitetura, e com um mundo de histórias, santos e pecadores que transformariam a paisagem ideológica da Grã-Bretanha no longo prazo. Foi só nas últimas décadas que as mulheres conseguiram assumir esses papéis na Igreja moderna, mas por um curto período do século VII elas foram inovadoras e agitadoras. Apesar de não ter deixado registro na história, a Princesa de Loftus foi mais uma dessas mulheres poderosas, e por meio dela ganhamos uma visão surpreendente da vida no norte da Inglaterra no século VII. Ainda que algumas mulheres não tenham deixado sua marca nos registros escritos, sua verdade ainda está lá, à espera de ser descoberta. Nós só precisamos procurá-la.

2. TOMADORAS DE DECISÕES

Descoberta!

Agosto de 2021 – Cookham, Berkshire, Inglaterra

Nas margens frondosas de um trecho particularmente pitoresco do rio Tâmisa, no vilarejo sonolento de Cookham, a equipe de arqueólogos, com o apoio de habitantes locais bem-dispostos, peneira carrinhos inteiros de solo, trabalhando contra o relógio. O dr. Gabor Thomas, que instigou e agora lidera a escavação, resolveu seguir um palpite. Textos medievais relatam que uma das mulheres mais influentes do século VIII, Cinetrida, se tornou abadessa de um mosteiro em algum ponto ao longo do rio que ladeia a fronteira entre os reinos da Mércia e Wessex, fronteira sobre a qual não há consenso. Foi lá que ela viveu seus anos finais e muito provavelmente foi sepultada. Mas acredita-se que o mosteiro tenha se "perdido". Agora o dr. Thomas quer "resolver esse mistério de uma vez por todas".[1] Eles só têm duas semanas para escavar e restaurar o sítio ao seu estado original. Precisam ser rápidos.

Dois dias depois, as máquinas fizeram seu trabalho, tirando a grama e as camadas superficiais do solo. Agora chegou a vez das escovas e colheres. Os achados começam a surgir rapidamente e em grande volume das trincheiras retangulares espalhadas pelo campo com vista para a igreja da Santíssima Trindade, a apenas cinquenta metros de distância da trincheira maior. Foi esse edifício que trouxe a equipe a Cookham. Uma parede atrás do altar é feita de pedras saxãs reutilizadas, e está claro que o lugar serviu a uma função religiosa durante mais de mil anos. Mas como sugerem os buracos de estacas que surgem como manchas pretas no solo, os primeiros edifícios aqui não eram de pedra, mas de madeira. O meticuloso processo de raspagem e escovação continua, e os contornos de edifícios de madeira há muito perdidos começam a surgir. Há também tesouros, não na forma de ouro reluzente e joias em *cloisonné*, mas tesouros arqueológicos que compõem a imagem de um ambiente real do século VIII.

Um arqueólogo tira do chão um delicado bracelete de liga de cobre que um dia recobriu o pulso de uma dama nobre no mosteiro, ou talvez de uma criança, antes de cair no chão e ficar escondido por mais de um milênio. Um alfinete de vestido, agora dobrado e deformado, deve ter prendido a capa de outra mulher, seu vestido colorido em agudo contraste com os hábitos simples das monjas da Baixa Idade Média. Lascas de cerâmica quebrada passam uma impressão fragmentária de elaboradas canecas e taças que um dia armazenaram comidas e bebidas, compartilhadas pelos convidados ao redor de uma mesa. Os ossos de grandes animais, incluindo vacas e ovelhas, são o eco dos grandes banquetes que um dia foram oferecidos no salão, e pequenos pontos verdes em montes de materiais triviais são evidências de escória resultante do trabalho com cobre. Outro importante achado, uma pequena cabeça de machado feita de ferro, sugere que esse não era simplesmente um retiro para homens e mulheres devotos, mas sim um local de produção, de importância estratégica política e militar.

Conforme o quebra-cabeça de trincheiras é mapeado cuidadosamente em laptops e os achados são reunidos em sacos plásticos, fica claro que, no século VIII, um conjunto de edifícios se espalhava pelo campo hoje vazio. No centro, um grande salão de madeira presidia o sítio, com um telhado alto de carvalho e muito espaço para comer, dormir e rezar. Ao redor dele, estruturas menores de madeira se destacam, cada uma separada das outras por fossos. Alguns dos edifícios menores contêm evidências de lareiras e podem ter sido usados para derreter metal, enquanto outros podem ter sido *scriptoria* para escrever, cabanas para trabalhar o couro ou tecer, alas para tratar doentes ou acomodar hóspedes. Essa é uma cidade em miniatura que revela as capacidades produtivas plenas de um mosteiro da Alta Idade Média.

Mosteiros, conventos e mosteiros duplos como o de Cookham, onde homens e mulheres viviam e rezavam juntos, eram centros políticos, sociais, artísticos e culturais. Eram administrados pelas pessoas mais poderosas do país, e eram redes de educação, medicina, ciência, tecnologia, escrita e de influência tanto secular como religiosa. Esse estabelecimento, supervisionado pela abadessa Cinetrida no final do século VIII, teria rivalizado com a corte real em luxo e riqueza.

Quando a curta escavação termina e os voluntários se apressam a devolver a grama ao seu lugar, para passar a impressão de que nunca estiveram por lá, o detector de metais Jim Mather faz uma última descoberta: uma pequena moeda anglo-saxã, chamada esceta.[2] Cunhada entre 680 e 760, durante alguma das primeiras cunhagens realizadas no início do período medieval, a esceta dá à equipe um "*terminus post quem*" – uma data de início. Essa é apenas uma investigação inicial, mas Thomas tem confiança naquilo que descobriram. "Estamos empolgados por termos encontrado evidências físicas do mosteiro sobre o qual Cinetrida presidiu, que muito provavelmente também é seu local de repouso final." Um pensamento tentador. Em algum lugar desse sítio podem estar os ossos de uma das mulheres mais influentes da Inglaterra do século VIII. Se descobertos, uma análise de DNA poderia ser realizada para revelar informações sobre sua dieta, saúde e estilo de vida. Talvez seja possível até mesmo reconstruir sua aparência. Mas todos esses "ses" vão precisar esperar. Mais escavações serão feitas nos próximos anos. Uma imagem mais clara do mosteiro de Cinetrida vai surgir, e, com ela, uma visão do mundo medieval que pode continuar a desafiar suposições. Esse é só o começo.[3]

Bem-vindo à Mércia do século VIII

Uma ilha, construída sobre camadas de cascalho, emerge do rio em uma curva do Tâmisa. Nas margens, as pessoas enxáguam suas roupas, pegam água com baldes e carregam bens em pequenos barcos. Fumaça sobe de fogos acesos por todo o lugar, e a batida da bigorna no metal ressoa por trás de paredes de pau a pique. O salão de madeira que domina a paisagem é decorado com animais entrelaçados esculpidos nas cristas de carvalho. O edifício lembra aqueles cantados pelos poetas. Como Heorot, o lendário salão de Hrothgar em *Beowulf*, este é:

> Um grande salão de hidromel, mais poderoso do que qualquer um de que já se tenha ouvido falar na terra [...] artesãos vieram de toda parte de muitas tribos para trabalhar no salão.*

Caminhando em direção às portas amplas, a promessa de um senhor para seus serviçais atrai os visitantes para a luz quente do interior:

> Lá, como prometera, ele oferecia banquetes ao seu povo, distribuía anéis de ouro e outros presentes. Poetas cantavam ao som da harpa. O teto do salão pairava bem alto sobre as cabeças dos convivas.

Esse salão, nos limites dos reinos da Mércia e Wessex, também ressoa com o barulho dos banquetes e o canto de poetas. Mas, em vez das provações de cavaleiros e batalhas contra dragões, as palavras compartilhadas ao redor do fogo dessa lareira falam de um senhor diferente – o senhor dos céus. Em vez de batalhas contra inimigos, histórias de santos contra demônios entretêm as pessoas reunidas. Em vez do *berserker*** Beowulf arrancando o braço de Grendel, a plateia ouve enlevada sobre como Santa Judite cortou a cabeça de Holofernes. Porque esse é um mosteiro, não um salão de hidromel.

As paredes são revestidas de gesso e pintadas em cores vivas, com anjos que seguram bandeirolas e santos portando seus símbolos. Santa Catarina se agarra à sua roda, Helena segura a cruz verdadeira e Margarida de Antioquia reprime o diabo. Seus milagres e martírios se espalham pelos painéis bordados que isolam o salão e seus fios dourados brilham à luz bruxuleante. Esses super-heróis santos tomaram o lugar dos guerreiros, e um número surpreendente de mulheres é representado nesse novo universo espiritual.[4] No centro do salão, uma dama finamente vestida preside. Joias reluzem sobre seu peito, e tecidos requintados de muitas cores se agarram ao seu corpo idoso.

Ela é o foco das atenções. Homens de túnica apresentam tiras de velino que ela lê cuidadosamente antes de assinar em tinta preta de galha com uma pena: "Cinetrida, pela graça de Deus, Rainha dos Mércios". Mensageiros

---

* *Beowulf*, I, v. 68-70, 75-76. (N.E.)

** *Berserkers* eram guerreiros nórdicos que lutavam em um estado de fúria semelhante a um transe. (N.T.)

enrolam os pergaminhos prontos para montar em seus cavalos e cavalgar para oeste ao longo do rio, rumo aos outros mosteiros que pontilham as margens do Tâmisa. Cinetrida está chegando aos 50 anos, e suas décadas como corregente junto ao poderoso Ofa da Mércia deixaram marcas em seu rosto. Agora viúva, ela é dona deste microvilarejo de Cookham e coordena tudo, desde os cultos religiosos até o comércio feito a jusante e a montante desse trecho do rio.[5]

Chamada de "abadessa" pelos homens e mulheres ao seu redor, ela tem poderes redobrados nesse mosteiro duplo. Ela é tanto líder espiritual como senhora das terras. Embora esteja se aproximando do fim de sua vida, ela ainda tem trabalho a fazer, decisões a tomar e vidas a influenciar. Seu eco ressoará pelos séculos num mero punhado de moedas, umas poucas referências e a marca na terra de seu grande salão. Mas a partir desses fragmentos podemos descobrir não só essa mulher, mas aquelas mulheres da Mércia que determinavam o formato das nações.

As mulheres da Mércia

Um dos poucos estudiosos a se concentrar constantemente em Cinetrida diz: "Se as mulheres políticas da Alta Idade Média exigem nossa atenção em todos os lugares, elas certamente merecem recebê-la na história do reino mércio".[6] O maior dos quatro reinos anglo-saxões do século VIII, a Mércia abordava a questão de mulheres no poder de forma diferente da dos reinos vizinhos de Wessex, Nortúmbria e Ânglia Oriental. Na enorme faixa de terra entre Humber, no norte, e a fronteira galesa com o Tâmisa, as mulheres podiam assinar cartas,* possuir terras em seu próprio nome e cogovernar com seus maridos. Além disso, por meio do alcance cada vez maior dos mosteiros fundados por membros mulheres da família real, as mulheres mércias conseguiam assumir cargos politicamente vantajosos como proeminentes tomadoras de decisões.

---

* Aqui, como em vários outros momentos do livro, o termo "cartas" não apresenta o sentido de epístolas, e sim de documentos, como em "cartas de doação" ou "cartas de privilégio". (N.R.)

Pêni de prata da rainha Cinetrida, c. 790.

Apesar de ter tido uma influência enorme durante sua vida, hoje Cinetrida é relativamente desconhecida. Lembrada como a esposa de Ofa (ainda famoso pela enorme barreira erguida em seu nome ao longo da fronteira da Inglaterra com Gales), ela governou junto com ele por mais de 25 anos. O legado de Ofa está registrado nas sofisticadas moedas que sobrevivem de seu reinado. Sua esposa é a única mulher da Alta Idade Média ocidental a ter sua própria moeda cunhada. Nesses artefatos incrivelmente raros encontrados por toda a Inglaterra, sua imagem de perfil apresenta uma versão estilizada de sua aparência, e não uma reprodução fiel. Apesar disso, elas ainda são as representações mais antigas de uma rainha inglesa.

Ao lado de sua imagem, lê-se em letras latinas "Eoba", o nome do artesão que cunhou a moeda. Ele ficava na Cantuária, em Kent, que havia acabado de ser anexada à Mércia em 764. Sua influência chegou aos novos cantos do reino rapidamente. É possível que as moedas tenham sido cunhadas para seu próprio uso, embora o fato de serem encontradas por todo o país em cada reino sugira que elas tiveram uma ampla circulação. Mais provavelmente, a opção de retratar Cinetrida em vez de Ofa foi uma jogada estratégica para distanciar o povo recém-subjugado do indivíduo responsável por sua subserviência. Retratar a rainha e não o rei nas cunhagens era uma forma de apaziguar um reino recém-conquistado. "*Cynethryth Regina M.*" está escrito no anverso – o mesmo título que ela usava para assinar cartas: "Cinetrida Rainha dos Mércios".

A mais de 3 mil quilômetros de distância, uma outra mulher poderosa também cunhava moedas com sua imagem impressa no metal. Em

Constantinopla (hoje Istambul), a imperatriz Irene havia, ao longo de um período de trinta anos, de 775 a 802, progredido de rainha consorte a regente no lugar de seu filho e, finalmente, governante única. Ofa e Cinetrida, nos limites do mundo conhecido, tinham pleno conhecimento de que havia uma mulher bem no centro do poder no Oriente. Os apoiadores de Irene haviam arrancado os olhos do filho dela para assegurar sua posição como governante única e, com seus rivais fora do caminho, Irene exigiu governar não como imperatriz, mas como imperador. Ela assinava suas cartas com esse título e até mesmo mandou cunhar moedas que se referiam à governante como "Imperador de Roma".[7]

Solidus de ouro da imperatriz Irene, *c.* 800.

Nas moedas de Irene, sua pose fontal direta, coroa de joias, orbe e cetro são distintamente bizantinos. Mas Cinetrida e Ofa usaram como modelo para suas moedas uma imagem diferente: os governantes imperiais romanos do Ocidente.[8] Apesar de essa ideia de "*Romanitas*" – vincular uma dinastia à imagética e ao poder de Roma – ser uma técnica empregada por muitos governantes medievais, a elegância e a qualidade artística dos retratos das moedas de Cinetrida e Ofa fazem com que elas se destaquem.[9]

A visão da própria Roma nada tinha de ambígua: essa controversa mulher bizantina definitivamente não representava o Império Romano e nem os novos detentores do poder de Roma, os papas do Vaticano. Ameaçado pela influência dela, o papa Leão III ofereceu seu apoio a Carlos Magno como imperador do Ocidente, e no dia de Natal de 800 o declarou sacro imperador romano. A ameaça dessa poderosa mulher no Oriente precisava ser subjugada a todo custo.

Assim como a Mércia, o novo Império Carolíngio sob Carlos Magno se definia em relação ao antigo Império Romano.[10] Textos clássicos, obras de arte e arquitetura foram abraçados e emulados durante esse Renascimento do século VIII. Para fortalecer a resistência a Irene, Carlos Magno contatou Ofa e Cinetrida por cartas, chegando a oferecer seu filho Carlos em casamento à filha deles. Numa tentativa descarada de se manter um passo à frente, Ofa exibiu toda sua arrogância no cenário mundial sugerindo que seu filho Egfrido também deveria se casar com a filha de Carlos Magno, Berta. Isso levou a uma ruptura nas relações de amizade entre o Sacro Império Romano e a Mércia, embora o braço direito de Carlos Magno, Alcuíno, tenha continuado a demonstrar afeição e respeito por Cinetrida, descrevendo-a como "controladora da casa real" e se referindo a ela como "cara senhora".[11] Ele sugere até mesmo que ela se ocuparia tanto "com os assuntos do rei" que mal teria tempo de ler as cartas dele.[12] Cinetrida era respeitada em escala internacional.

As moedas não só nos dizem da influência de alguém: são alguns dos mais fascinantes e úteis artefatos históricos. Se descobertos em um sítio arqueológico, oferecem evidências de data, e as matérias-primas e ligas usadas revelam informações sobre metalurgia e sistemas de troca. Sua imagética é uma mina de ouro para a história da arte, pois seus símbolos e estilos indicam laços culturais. E a combinação de texto e imagem pode revelar questões ideológicas de importância para reinos, Estados e nações. Uma moeda cunhada durante o reinado de Ofa e Cinetrida é mais reveladora que a maioria delas. Realizado em 774, seu molde são os dinares de ouro produzidos sob o poderoso califa abássida Al-Mansur no mesmo período.

Essa moeda aponta que a corte mércia estava em contato com terras islâmicas e buscou copiar diretamente seu estilo de inscrição, mesmo que a versão inglesa indique conhecimentos parcos do árabe escrito. O texto tem pequenos erros, como "*Offa Rex*" inserido de cabeça para baixo em relação aos dísticos. Registrada pela primeira vez em um leilão em Roma, ela pode ter sido cunhada para o comércio com a Espanha islâmica, ou talvez como uma oferta ao papa de Ofa, abertamente cristão. Como Carlos Magno, Ofa queria o apoio do papado para seu reino e seu reinado. Esse pequeno objeto abre uma janela para um mundo do século VIII que interconectava diferentes religiões e ostentava ligações comerciais de milhares de quilômetros de extensão.[13]

Dinar omíada de ouro do rei Ofa, c. 790.

Embora a corte de Cinetrida tivesse conexões com locais distantes, mais perto de casa ela representa um momento importante na fundação de uma nação inglesa.[14] O nome Cinetrida (Cynethryth) é revelador em si mesmo: o primeiro elemento, "Cyne", significa "régio" ou "governante". Sua situação era diferente daquela da esposa e das filhas do último rei pagão da Mércia, Penda, que governou de 626 a 655.[15] Ele se manteve pagão em um momento em que outros reinos, incluindo a Nortúmbria, estavam se convertendo para o cristianismo. Isso significa que seu tratamento pelas fontes escritas, particularmente por autores cristãos como Beda, é condenatório.[16] Apesar disso, foi sua vitória sobre o rei Osvaldo da Nortúmbria que deu origem ao super-reino da Mércia. A exemplo de sua esposa, Ofa também afirmava descender de Penda, de modo que se casar com alguém ligado à casa real mércia reforçaria sua posição. Além disso, ao consistentemente elevar sua esposa e ao permitir que ela também tivesse poder por direito próprio, Ofa estava criando uma dinastia mércia. Empoderá-la equivalia a fortalecer sua própria posição.

O papel de Cinetrida como mãe também era crucial para sua influência crescente. Com o nascimento de um herdeiro – seu filho Egfrido –, ela entrou na esfera política, coassinando documentos como rainha e assinando como testemunha. Embora Egfrido mais tarde tenha sucedido seu pai como rei da Mércia, ele morreu após meros cinco meses de governo, e Cinetrida viveria mais do que tanto seu marido como seu filho. Foram possivelmente suas filhas que tiveram uma participação mais importante na construção da nação. Cinetrida negociou matrimônios e cargos como líderes monásticas para suas quatro filhas. Com essas ações, ela vinculou sua família aos governantes de diferentes reinos e assegurou a posição delas como rainhas santas.

Etelburga se tornou abadessa de Fladbury, dando prosseguimento ao exemplo de sua mãe na posse de terras e administração de uma comunidade religiosa. Adbura se casou com o rei de Wessex, enquanto outra filha se tornou rainha da Nortúmbria por meio de seu casamento. Essas mulheres foram a cola que ajudou a manter unidas relações regionais sempre fragmentárias.

É um sinal de quanto as mulheres eram valorizadas na Mércia que as quatro filhas de Cinetrida também aparecessem relacionadas como testemunhas em cartas de doação – algo quase inédito na Inglaterra alto-medieval. O papel de Cinetrida não tinha paralelo na época, e sua assinatura – "Rainha dos Mércios pela graça de Deus" – sugere uma autoridade divina, uma ideia ainda embrionária no Ocidente naquele período. Nenhuma outra mulher não bizantina desde o governo do imperador Constantino no século IV até o século IX portou esse título.[17] O casal real trabalhava em conjunto, fundando mosteiros para explorar as novas oportunidades abertas a eles. Estabeleceram comunidades religiosas, consagradas a São Pedro, em diversos lugares. Entre estes estavam sítios em Bedford, Bath, Northampton, Westminster, Peterborough, além de outros.[18] A disseminação de mosteiros por toda a Mércia no século VIII não foi um mero ato de devoção e religiosidade, mas um ato conveniente também do ponto de vista financeiro e político. No decorrer da vida de Cinetrida, a Mércia se expandiu para se tornar não só o reino dominante na Grã-Bretanha, mas um sério ator no palco mundial.

Senhorio geral mércio

Pode parecer uma coisa simples, mas nossa forma de conceber as nações é relativamente recente. O mapeamento preciso do globo só passou a ser possível após a Era das Descobertas, no século XVI.[19] Então mapas foram desenvolvidos para representar a geografia, limites e fronteiras dos países pictoricamente de uma vista aérea. Antes disso, identidades nacionais eram forjadas de acordo com linhas diferentes.[20] Fatores como a língua, religião, paisagem e história compartilhada eram, assim como hoje, formas de desenvolver um senso comum de pertencimento. Mas, no início do período medieval, a lealdade era para com um governante, e não um país, e as fronteiras dos reinos mudavam regularmente. Aquilo que chamamos de Reino Unido era, no século VI, um aglomerado de muitos grupos, cada um definindo a si mesmo em oposição àqueles do outro lado de seus limites. Estes haviam se fundido nos reinos da Nortúmbria, Mércia, Ânglia Oriental, Kent, Essex, Sussex e Wessex quando Berta desembarcou no litoral de Thanet, do *bretwalda* Etelberto, em 580.

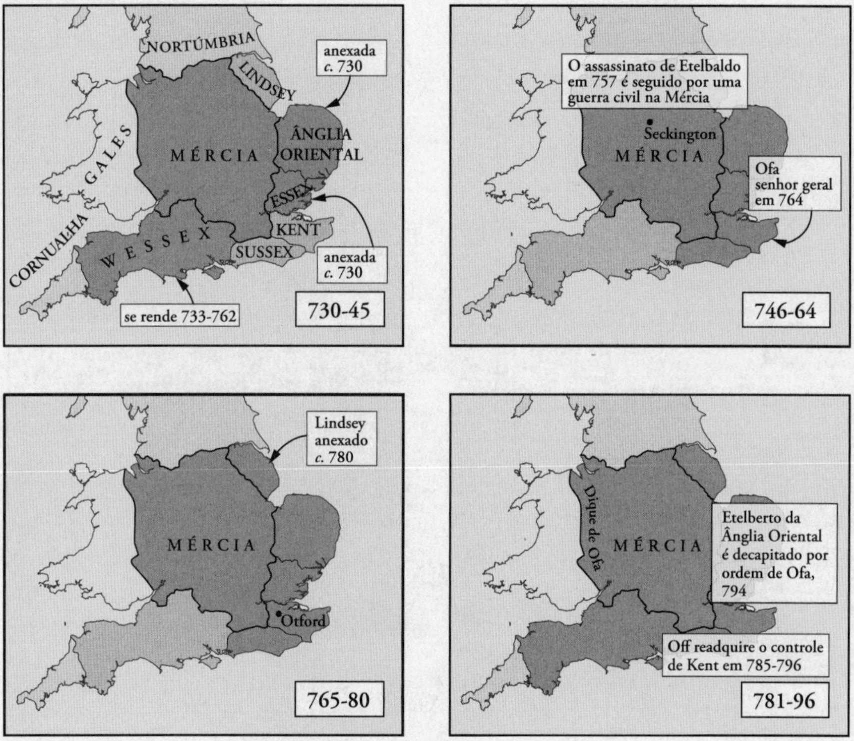

Expansão do reino da Mércia durante o século VIII.

Mais de um século após a chegada de Berta, o historiador Beda pinta uma imagem do "senhorio geral" seguindo o caminho para o cristianismo, com Etelberto em Kent cedendo aos reis recém-convertidos da Nortúmbria.[21] Ele teve seus motivos para promover essa narrativa; afinal de contas, estava escrevendo uma *História eclesiástica do povo inglês* focada na influência da Igreja. Sob essa agenda, o domínio do enormemente poderoso Penda da Mércia é minimizado, já que ele era um pagão que matava cristãos. Mas outras fontes de evidências arqueológicas e de história da arte sugerem que a Mércia foi realmente o reino mais poderoso da Grã-Bretanha dos tempos de Penda até o século IX.

Maiores reinos na Inglaterra no momento da chegada de Berta, *c.* 580.

O Tesouro de Staffordshire oferece uma imagem clara da proeza militar do reino mércio no século VII. As 4,6 mil peças, que juntas somam mais de cinco quilos de ouro e 1,5 quilo de prata, são todas de caráter marcial e incluem acessórios para armas. Um único elmo era composto de mais de mil peças do tesouro, e uma reconstrução recente revela um objeto híbrido.

Os painéis laterais são distintamente escandinavos, mas a crista no topo erguida para cima, que pode ter incluído pelo de cavalo, lembra os elmos romanos.[22] A elite militar da Mércia era claramente abastada e participava de batalhas regularmente, a despeito da versão da história na qual Beda insistia. Seus objetos de alto status fazem eco ao poder de Roma e são um sinal da riqueza de seu reino. Durante o oitavo século, Ofa e Cinetrida dariam continuidade ao processo, iniciado por Penda, de enriquecimento e ampliação da Mércia.

A capital da Mércia, Tamworth, havia crescido de um pequeno assentamento para uma cidade próspera quando Ofa e Cinetrida construíram seu palácio nela. Embora deveres reais fizessem o rei e rainha viajarem constantemente pelo reino – defendendo territórios, recolhendo impostos, atendendo às necessidades das comunidades e pernoitando em propriedades reais –, eles passavam mais tempo em Tamworth do que em qualquer outro lugar.[23] A maioria das cartas mércias foi assinada lá, e os anais registram que a família real sempre comemorava a Páscoa e o Natal em um palácio com estrutura de madeira no centro da cidade bem guarnecida.[24] Em seu centro ficava o moinho de água mais antigo de que se tem notícia na Grã-Bretanha desde os romanos. Ele provavelmente serviu uma função importante para os habitantes de Tamworth, que levavam seus grãos ao moinho para transformá-los em farinha. As enormes mós também tinham um significado simbólico: foram um presente do imperador Carlos Magno em troca de um conjunto de belos mantos de lã ingleses.[25] A lã das ovelhas inglesas e os tecelões que lá trabalhavam eram motivo de inveja em toda a Europa.

Se Tamworth era o centro régio do reino, a cidade próxima de Lichfield era seu centro espiritual. Até Ofa colocar Kent sob seu controle, ele se ressentia do fato de a arquidiocese se basear na Cantuária. Com a anuência do papa, ele alçou Lichfield ao posto de igreja mais importante da Inglaterra. O novo arcebispo, Higberto, recebeu o pálio – uma faixa de lã vestida sobre a casula – diretamente do papa Adriano. Em troca, Ofa prometeu enviar a ele uma moeda de ouro para cada dia do ano. Foi sugerido que as moedas de estilo islâmico cunhadas em 774 podem ter feito parte dessa oferenda, que foi usada para comprar velas para São Pedro, a principal igreja do papado no Vaticano. A influência inglesa sobre a Igreja chegava até o próprio centro da Europa Ocidental. Lichfield só deteve a arquidiocese por dezesseis anos antes de ela voltar para a Cantuária. Mas durante esse período Ofa e Cinetrida enriqueceram substancialmente a igreja, preenchendo-a com obras de arte e relíquias que a tornariam digna de ser o edifício eclesiástico central do país.[26] O Evangelho de São Chad, que permanece na catedral para a qual foi feito, é uma das muitas riquezas da igreja Mércia.

Escrito em meados do século VIII, e, portanto, não durante a vida de São Chad (*c.* 634–672), o manuscrito tem 236 páginas. Oito delas são iluminadas, e seu estilo é bastante revelador quanto à ascensão da Igreja cristã no reino da Mércia.[27] A Igreja na Nortúmbria, que no século VII já exibia diversos mosteiros e um bispado em York, fez tentativas de enviar padres e bispos para a pagã Mércia. No entanto, sob Penda, o reino permaneceu um lugar hostil para missionários. Beda relata que muitos foram malsucedidos antes de Chad, que havia sido bispo na Nortúmbria e desde então estava aposentado. Um homem idoso em busca de uma vida tranquila, ele foi chamado de volta às suas funções e enviado a Lichfield em 669, encarregado da tarefa nada invejável de enraizar o cristianismo na Mércia pagã.

Uma praga havia dizimado a Igreja inglesa, ocasionando uma escassez de sacerdotes, de modo que o tempo de Chad na Mércia foi gasto viajando pelo vasto reino para ordenar novos ministros.[28] Ele morreu depois de apenas dois anos, mas seu sepultamento em Lichfield e sua reputação como um cristão notável fizeram com que a Igreja pudesse exibir as relíquias de seu próprio santo mércio. Detalhes da vida de Chad sobrevivem principalmente

Página de Chi-Ro do Evangelho de Lichfield, século VIII (esq.), e dos Evangelhos de Lindisfarne, *c.* 720 (dir.).

nos escritos de Beda, mas os Evangelhos de São Chad apoiam algumas de suas informações biográficas.[29] Beda disse que Chad havia sido educado por Aidan em Lindisfarne, e está claro que os escribas responsáveis pelo Evangelho de São Chad foram influenciados pelo estilo de iluminuras do mosteiro da Nortúmbria. As páginas de Chi-Rho dos Evangelhos de Lindisfarne e de São Chad são notavelmente semelhantes: apresentam padrões circulares e espirais, cabeças de animais e o mesmo diminuendo da escrita, com iniciais grandes que gradualmente reduzem de tamanho para um texto menor.

É impossível determinar se essas semelhanças indicam que o manuscrito atualmente guardado na catedral de Lichfield foi originalmente feito em Lindisfarne ou se o indivíduo responsável por ele foi treinado lá. Mas isso mostra que, no século VIII, o cristianismo ainda estava lutando para se estabelecer em certas regiões, e foi a atividade missionária de algumas poucas pessoas do norte que o levou à região da Mércia. O estilo em comum é um reflexo de como o próprio Chad deixou a Nortúmbria para levar o cristianismo à Mércia. Com poucos padres e bispos, a Igreja em seu início estava vulnerável a desastres como a peste, e a maneira mais segura de a Igreja se expandir era encontrar governantes seculares poderosos que a apoiassem. Ofa e Cinetrida aproveitaram essa oportunidade.

Com as relíquias de seu próprio santo mércio na figura de Chad, o casal régio fez uma dotação generosa a Lichfield e uma nova igreja foi consagrada a São Pedro. Aqui, os ossos de Chad eram exibidos no que Beda descreve como "um monumento de madeira, feito como uma pequena casa, coberto, com um pequeno buraco na parede".[30] Os visitantes podiam colocar a mão por esse buraco e pegar um punhado do pó milagroso do santo, que então misturavam com água para dar de beber aos doentes. Poucas evidências da igreja do século VIII sobrevivem, mas uma descoberta em 2003 abriu uma janela para essa catedral perdida. Uma nova plataforma estava para ser instalada na catedral existente, então o arqueólogo Warwick Rodwell aproveitou a oportunidade para explorar a parte de baixo da nave atual.[31] Ele encontrou evidências do contorno da igreja do século VIII, além de pedras das fundações. Uma área afundada e uma base de coluna sugerem que essa pode ter sido a extremidade leste original da igreja e o local onde a sepultura de Chad era exibida. O mais empolgante de tudo foram três fragmentos de calcário esculpido que provavelmente faziam parte da cobertura original do túmulo sobre o caixão do santo. Agora conhecido como o Anjo de Lichfield, esse baixo-relevo revela quão sofisticada era a arte da Mércia de Cynethryth e até onde chegava a interação com o mundo carolíngio.

O Anjo de Lichfield esculpido em pedra e pintado, final do século VIII ou início do IX.

O que resta do Anjo de Lichfield é apenas metade do que originalmente teria sido uma representação do anjo Gabriel anunciando a notícia da encarnação de Jesus à Virgem Maria. Apenas Gabriel permanece, mas a escultura é quase sem paralelos em sua preservação, já que suas placas passaram os séculos "cobertas", em condições favoráveis. Ela é hoje reconhecida como uma das mais importantes peças de escultura inglesa alto-medieval a sobreviver.[32] Duas coisas a tornam única. Em primeiro lugar, há indícios de tinta em toda a escultura, de modo que sabemos que a placa original teria sido colorida com cores vivas. O fundo era branco, a auréola, dourada, e as penas mostram uma pintura delicada, com áreas vermelhas, delineadas em preto, que vão até o rosa. Pequenas pinceladas diagonais de vermelho percorrem o comprimento de cada pena. O Anjo de Lichfield nos lembra que grande parte da arte e da arquitetura do período medieval sobrevive sem suas cores originais. Vemos apenas os ossos, e não a peça acabada.

Em segundo lugar, o estilo é claramente carolíngio. O anjo é belamente modelado, e os cachos do cabelo, as pregas da roupa e a delicadeza dos traços faciais são todos reconhecidamente clássicos.[33] Nas representações carolíngias da Anunciação, como um marfim de Aachen que data de cerca de 800, o tecido esvoaçante e a elevação do pé traseiro dão dramaticidade e movimento ao evento, como se o anjo estivesse correndo em direção a Maria.[34] Ofa e Cinetrida se esforçavam para competir com Carlos Magno, e objetos sobreviventes como o Anjo de Lichfield sugerem que ambas as cortes valorizavam modelos clássicos para reforçar sua associação com o Império Romano da Antiguidade.[35] Cinetrida era rainha de um reino poderoso, caracterizado pelas mais refinadas obras de arte e por uma igreja muito enriquecida.

A queda da Mércia: a ascensão dos vikings

O reino da Mércia atingiu seu apogeu durante o reinado de Cinetrida e Off. Mas apenas alguns anos antes da morte de Ofa, em 793, na fronteira com a Nortúmbria, uma nova ameaça chegou à Inglaterra: drácares vikings estavam chegando às margens de Lindisfarne, e um bando de nórdicos invadiu o rico e histórico mosteiro. Notícias sobre o ataque chegaram a Alcuíno no centro do Império Carolíngio em Aachen, e ele escreveu emotivamente sobre como

> pagãos profanaram os santuários de Deus e derramaram o sangue dos santos na área do altar, destruíram a casa de nossa esperança, pisotearam os corpos dos santos no templo de Deus como esterco de animais na rua.[36]

O evento também parece ter sido capturado em pedra. Em uma pedra tumular esculpida, um grupo de homens é mostrado correndo, com as pernas dianteiras levantadas para indicar movimento. Eles usam cota de malha e empunham espadas e machados sobre suas cabeças. O verso da pedra não poderia ser mais enfático sobre como os monges de Lindisfarne viram o ataque viking. Aqui, dois monges se curvam diante de uma cruz, acompanhados pelo sol e pela lua. É o Dia do Juízo, e as implicações são claras. Novas frentes de batalha foram traçadas entre os pagãos sedentos de sangue de além-mar e os cristãos tementes a Deus. O ataque a Lindisfarne foi apenas o começo, e o reino da Mércia se tornaria uma vítima de décadas de incursões vikings.

Pedra tumular exibindo ataques vikings (esquerda) e o Dia do Juízo, Lindisfarne, *c.* 793 (direita).

Em um monte despretensioso no jardim do vicariato da igreja de São Wystan, em Repton, os arqueólogos Martin Biddle e Birthe Kjølbye-Biddle descobriram evidências dos traumas que a Inglaterra enfrentou ao longo do século IX, e que desafiaram as rainhas mércias de maneiras novas e devastadoras.[37] Formando um triângulo com Tamworth a oeste e Lichfield ao sul, a cidade mércia de Repton era de igual importância por seu mosteiro duplo, santo local e cripta funerária real. Embora Tamworth fosse o centro secular, com foco no palácio real, e Lichfield fosse o bispado, Repton combinava funções religiosas e seculares. Fundado no início do século VII, o mosteiro duplo de Repton era dirigido por uma abadessa, que geralmente era membro da família real da Mércia. Ele serviu como sede do bispado na Mércia até Chad transferi-lo para Lichfield em 669. Repton era famosa por São Guthlac, que entrou no mosteiro de lá, mas abandonou sua vida de monge para se tornar um eremita. Ele viveu o resto de seus anos nos pântanos, coberto apenas por peles de animais, lutando contra os demônios que ele dizia que o assaltavam constantemente. Hoje poderíamos considerar que Guthlac era perturbado por problemas de saúde mental, mas, para os mércios do século VIII, ele era visto como um santo e era visitado por pessoas, até mesmo da realeza, em busca de conselhos e orientações.[38]

Uma fonte natural corria sob a abadia original de Repton, e um batistério foi construído sobre ela em meados do século VIII. Mais tarde, ele foi transformado em uma cripta e passou a funcionar como mausoléu real. O primeiro rei mércio a ser sepultado ali foi Etelbaldo, que governou por mais de cinquenta anos, de 716 a 757. Sua liderança estabeleceu os alicerces para a ascensão da Mércia como o reino mais poderoso da Inglaterra durante o século VIII, antes de seu sucessor Ofa assumir o controle. É surpreendente, portanto, que Ofa não tenha sido sepultado ao lado de seu influente predecessor em Repton. Podemos supor que foi a própria Cinetrida que escolheu Bedford como local de sepultamento de Ofa, já que ela possuía terras lá.[39] Estaria ela tentando desenvolver um culto em torno do marido nesse local estratégico ao norte de Londres? Talvez ela esperasse que a criação de um local de poder régio mércio longe do coração do reino, em sua extremidade mais ao leste, consolidasse o legado de seu filho como o novo governante até essa fronteira estendida.

A tumba de Ofa em Bedford foi perdida, supostamente levada pelo rio, e o local de sepultamento de seu filho Egfrido é desconhecido, mas sabemos que muitos outros governantes mércios escolheram ser enterrados em Repton. O rei Wiglaf (827–829) e seu neto, que ficou conhecido como São Wigstan, foram ambos colocados na cripta, transformando a igreja em um local de peregrinação.[40] Assim como Lindisfarne, o mosteiro de Repton era repleto de tesouros, próximo à água e mal defendido. Era uma escolha óbvia para os invasores vikings.

Entretanto, embora os primeiros anos após o saque de Lindisfarne tenham sido caracterizados por rápidos ataques – drácares chegavam com a maré, saqueavam e iam embora com a maré –, uma mudança crucial aconteceu em 865. Uma coalizão de tropas escandinavas lançou um esforço coordenado para ocupar e conquistar os principais reinos da Inglaterra. A frota de navios, que podem ter transportado milhares de guerreiros, primeiro aportou na Ânglia Oriental, onde negociou a aquisição de cavalos em troca de paz.[41] Com a capacidade de se mover mais rapidamente por terra, o exército começou seu ataque à Nortúmbria. Ao longo dos anos seguintes, os vikings não deixaram mais o país, e sim atravessaram os invernos em acampamentos, consolidando suas tropas com recém-chegados e se aproveitando dos recursos locais para sustentar seus soldados.[42] Foi uma invasão traumática, que impactaria todos os reinos ingleses e todas as pessoas, desde a realeza até os mais empobrecidos. Os sítios desses acampamentos são mencionados em fontes escritas, mas nenhuma evidência física deles havia sido descoberta até os Biddles darem início às suas escavações em Repton durante as décadas de 1970 e 1980. O que eles encontraram foi "um dos sítios vikings mais significativos dos últimos quarenta anos".[43]

Repton era uma oportunidade tentadora de descobrir um acampamento viking, já que a *Crônica anglo-saxã*, que registrou eventos de importância nacional e local a partir do século VIII, menciona que o exército passou o inverno lá de 873 a 874. As primeiras trincheiras revelaram evidências de um fosso que partia do rio Trent em um arco, com a igreja o intersectando em seu centro. Esse layout transformou o propósito desse edifício de pedra de igreja para portão, e sugere que a área interna às fortificações foi projetada como um último refúgio defensivo. Em vez de simplesmente atacar o mosteiro de Repton, as tropas recém-chegadas tomaram o edifício da igreja e adaptaram o espaço às suas necessidades. Escavações posteriores revelaram evidências de um campo maior fora desse cercamento anelar. Aqui o exército teria vivido e treinado. Uma escavação mais recente no acampamento de inverno viking de Torksey sugere que esses acampamentos teriam servido a diversas funções, com artesãos e oficinas oferecendo tudo de que um exército de milhares de guerreiros poderia precisar.

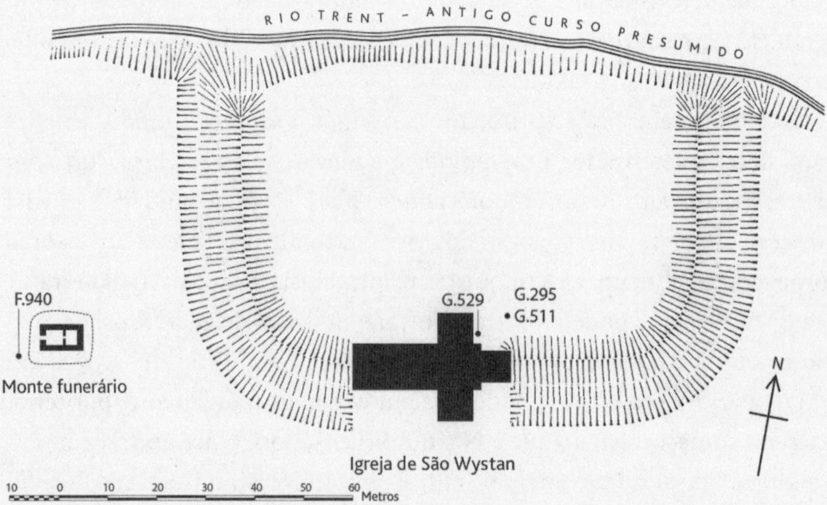

Planta do cercamento viking com a igreja no centro, em Repton.

Quando sepulturas começaram a aparecer na escavação em Repton, mais evidências de um acampamento viking de inverno vieram à luz.[44] Uma sepultura continha cinco moedas, convenientemente oferecendo uma data entre os anos nos quais se diz que o exército viking esteve em Repton, de 872 a 874. Uma sepultura dupla a leste da igreja também era interessante, pois um dos dois corpos mostrava sinais de grande violência. O esqueleto masculino estava cegado e castrado, como demonstravam lacerações no crânio e no osso do quadril. Ele foi então sepultado junto a um parente próximo (mais provavelmente seu filho), com um martelo de Thor amarrado em torno do pescoço, uma espada ao seu lado e uma presa de javali entre as pernas substituindo o pênis faltante. A sepultura continha elementos ritualísticos, sugerindo que os indivíduos estariam sendo preparados para se banquetear e lutar por toda a eternidade em Valhala. Esse não foi um sepultamento cristão, de modo que sua presença próximo da igreja em Repton é uma evidência convincente de que os Biddles haviam descoberto o acampamento viking de inverno.

Mas o argumento decisivo ainda estava por vir. A uma pequena distância da igreja, no jardim da casa paroquial, havia um monte baixo que supostamente teria sido aberto por um jardineiro no século XIX. Ao encontrar "centenas de corpos" dentro, ele foi orientado pela esposa do pároco a cobri-lo e a plantar, sobre ele, um sicômoro. Quando a equipe de arqueólogos começou a trabalhar no sítio um século mais tarde, procurou o tronco da árvore e cavou embaixo para descobrir um edifício de pedras do início da Idade Média. Dentro dos dois cômodos de pedra, agora parcialmente demolidos, pilhas de ossos estavam distribuídas ao redor de uma única sepultura em uma câmara separada – muito provavelmente os de um líder guerreiro viking de especial importância. Já se levantou a hipótese de que os restos pertençam a Ivar, o Desossado, filho do lendário Ragnar Lothbrok, que certamente atuou no Grande Exército Pagão e morreu por volta de 873. Mas a coleção de ossos em torno dele se mostraria ainda mais reveladora.

Análises por isótopos na sepultura de massa foram conduzidas pela arqueóloga dra. Cat Jarman ao longo de cinco anos, e suas descobertas jogaram uma nova luz sobre as pessoas que compunham o Grande Exército Pagão.[45] Os ossos principais (crânios e fêmures) de 264 indivíduos haviam sido empilhados em um ossuário, sugerindo que foram trazidos de outra localização, muito provavelmente de um campo de batalha na Mércia. A maioria dos esqueletos era de homens e de idades entre 18 e 45 anos, em consonância com o que seria de se esperar de um exército viking. Os ossos revelam que eles se alimentavam de uma dieta estrangeira, sugerindo que eram originários da Escandinávia. Entretanto, surpreendentes 20% dos ossos eram femininos. Podemos depreender disso que mulheres viajavam com o exército e viviam com eles no acampamento. Isso reforça a ideia de que o objetivo do Grande Exército Pagão não era apenas atacar e pilhar, mas sim conquistar e colonizar. Essas mulheres podem ter sido esposas, escravizadas, serviçais, parentes ou mesmo guerreiras, mas em seu estado fragmentário é difícil saber mais sobre o papel que elas desempenhavam.

Os achados de Repton pintam uma imagem dramática. O coração da Mércia havia sido ocupado por forças hostis, e sua igreja adaptada para um outro uso por um exército invasor. A grandeza da Mércia sob Ofa e Cinetrida se tornaria um eco distante. Os anos de 865 a 879 seriam alguns dos mais tumultuados da história inglesa, com a queda de reino após reino para as forças vikings. Uma decisão crucial foi tomada pelo exército viking em Repton: metade seguiria para o norte para consolidar o governo lá, enquanto a outra pressionaria ao sul para tomar Wessex, o único reino independente restante. Se as tropas não tivessem se dividido nesse ponto, os livros talvez contassem uma história muito diferente. A Inglaterra pode ter se tornado um território dominado pelos dinamarqueses. Da forma como as coisas se deram, houve um indivíduo que fez mais do que qualquer outro para impedir a conquista completa da Inglaterra pelos vikings e, ao compreender seu domínio, nossos olhos também se abrem para uma mulher notável.

Alfredo, o Grande, e a Guerra dos Tronos

É da natureza da história da Alta Idade Média que a reformulação das narrativas com o objetivo de incluir as mulheres muitas vezes signifique situá-las em cenários que são em grande medida dominados por homens. Uma das governantes mais negligenciadas do século X ecoa apenas tenuemente no registro histórico, ofuscada pelos parentes masculinos que vieram antes e depois dela. Para compreender o significado de Etelfleda, Senhora dos Mércios, ela deve ser posicionada ao lado dos homens de seu tempo, que são muito mais bem documentados. Só então seus feitos ficam claros. E um homem em particular ofusca todos os outros: seu pai Alfredo, o único governante inglês a receber o título de "Grande".

Alfredo governou como rei dos saxões ocidentais de 871 a 886 e como rei dos anglo-saxões até sua morte em 899. Seu longo reinado foi pontuado por algumas das pressões sociais e militares mais hostis do período medieval na Inglaterra. Com quatro irmãos mais velhos, ele jamais esteve destinado ao trono – mas cada um deles morreu, e restou apenas Alfredo. A sorte de Wessex, seu reino, era sempre incerta, pois, diferentemente da Mércia, a possibilidade de garantir influência por meio do casamento não havia sido explorada tão intensamente. Nos dois séculos anteriores, a coroa não havia sido passada de pai para filho (ou, de fato, para filha), mas sim disputada por três famílias poderosas e rivais.[46] Com o avô de Alfredo, Egberto, uma nova dinastia surgiu, mas ela permanecia em solo movediço.

Forças vikings varreram a Inglaterra, derrotando um reino por vez. Governantes foram derrubados e reis fantoches, leais a senhores daneses, foram colocados em seus lugares. Na Mércia, o exército que passou o inverno em Repton levou o rei, Burgredo, ao exílio. Ele governou com sucesso de 852 a 874 e trouxe relativa estabilidade ao reino, mas foi substituído por Ceolwulf, que se tornaria o último governante independente do outrora poderoso reino de Cinetrida. A Mércia agora pertencia aos vikings. Em 875, apenas Wessex sobrevivia como uma força para deter a conquista completa do Grande Exército Pagão. Quando as tropas se dividiram em Repton, a metade sul passou a ser liderada pelo governante dinamarquês Gutrum.[47] Embora estivessem reduzidos em número de soldados, continuaram a obter vitórias em todo o sul.

O irmão mais velho de Alfredo morreu em 871 e deixou o trono a ele. As tropas vikings inicialmente aproveitaram esse momento de mudança, atacando Alfredo enquanto ele preparava o funeral de seu irmão. Incapaz de lutar, ele fez acordos com o exército viking para que cessassem os ataques, estabelecendo o pagamento de um "danigeldo".* Uma grande quantidade de moedas cunhadas em Wessex foi descoberta em Croydon, Gravesend, e na ponte de Waterloo, um indício do enorme valor exigido pelos daneses. Os primeiros anos do reinado de Alfredo foram caracterizados pelo gerenciamento de crises e por batalhas. Quando o exército de Gutrum o surpreendeu após o Natal de 878 e atacou sua fortaleza real de Cippenham, ele se tornou um homem caçado, tentando fugir do inimigo por meio de uma guerra de guerrilha e o apoio de uma pequena tropa de seguidores leais.

* Tradução de "*danegeld*", tributo pago aos invasores dinamarqueses para evitar saque. (N.R.)

Sua família também foi ameaçada, e sua primogênita, Etelfleda, certamente tinha idade suficiente para ser afetada por esse período de vida em fuga. Eles foram empurrados para os limites de Wessex e forçados a criar um forte nos pântanos de Somerset, em Athelney. O mundo de Alfredo e Etelfleda foi ficando cada vez menor, à medida que, cidade por cidade, vilarejo por vilarejo, o Grande Exército se infiltrava no reino.

A história mais conhecida sobre Alfredo é a de como ele queimou os bolos.[48] Uma camponesa supostamente pediu a ele que vigiasse seu forno enquanto ela ia ao poço. Distraído com assuntos de Estado, ele negligenciou o trabalho. Essa lenda não data do tempo de vida de Alfredo e, muito provavelmente, é uma invenção tardia criada para ressaltar tanto a humildade do rei como seu compromisso de salvar a nação. Embora fantasiosa, ela corroborava a ideia de um grande homem com a mente voltada para coisas importantes. Alfredo examinou o comportamento das forças vikings e mudou suas táticas de acordo com suas observações. Em vez da tradicional muralha de escudos, em que os soldados ingleses se pressionavam uns contra os outros para formar uma barreira defensiva, ele fez experimentos com pequenos ataques a partir de bases seguras. Isso acabaria levando à criação de *burhs* – cidades fortificadas – em todo o reino de Wessex, que protegeriam as populações contra ataques futuros.[49] As cidades de Winchester, Worcester e Malmesbury devem suas dimensões ao sistema de *burghal* de Alfredo.

Após reunir em Athelney soldados dos condados adjacentes, Alfredo finalmente conseguiu uma vitória na Batalha de Edington. Os daneses recuaram até um local seguro, mas as tropas de Alfredo conseguiram sua rendição fazendo-os passar fome. Uma trégua foi acordada, e Gutrum deu um passo a mais ao concordar em ser batizado, tendo Alfredo como padrinho. O assentamento efetivamente dividiu a Inglaterra em dois reinos ao longo de uma linha que ia do Tâmisa ao Humber. A área ao norte era Danelaw, enquanto o sul era inglês e governado por Wessex. A divisão também era ideológica, com Wessex se definindo como uma potência cristã em oposição aos pagãos que governavam ao norte da fronteira. Uma paz relativa permitiu a Alfredo dar continuidade aos seus êxitos militares e garantir o futuro de seu reino.[50]

Ele é celebrado por suas muitas vitórias em batalhas, mas talvez tão importantes quanto seus sucessos militares tenham sido seus investimentos em arte, cultura e educação. Alfredo gastava metade da renda do reino em governança e renovação social, e a outra metade ia para a Igreja. Isso não equivale a dizer que ele estava meramente aprimorando o sistema estabelecido. Era nos mosteiros, igrejas e catedrais que se dava a maior parte do aprendizado, da reunião de conhecimentos e da administração de Wessex. Décadas de ataques vikings haviam destruído séculos de feitos cristãos e exterminado uma geração de professores. Em suas próprias palavras:

> Então, quando me lembrei de tudo isso, então lembrei-me também de como vi, antes de tudo ter sido devastado e queimado, como as igrejas de toda a Inglaterra estavam cheias de tesouros e livros, e havia também muitos servos de Deus. E eles pouco se beneficiavam daqueles livros, pois não conseguiam entender nada do que havia neles, porque não estavam escritos em seu próprio idioma.[51]

Ele se dedicou a traduzir do latim para o inglês antigo os livros que considerava "mais necessário que todos conheçam" – um feito notável, em vista dos muitos desafios que enfrentou durante seu reinado – e providenciou a distribuição de cópias dos textos para todo o país.[52] Além dos manuscritos, ele encomendou *aestels* (ponteiras usadas para acompanhar o texto durante a leitura) para serem enviados com cada conjunto de livros. As alças de seis desses *aestels* sobrevivem, um reflexo da abrangência e, em última análise, do êxito de Alfredo nessa empreitada. A mais famosa é conhecida como "Joia de Alfredo", e ao redor de sua borda se lê a inscrição: "*Aelfred mec heht gewyrcan*", ou "Alfredo ordenou que eu fosse feita". Sob uma grande

Joia de Alfredo, feita de ouro, esmalte e cristal de rocha, Museu Ashmolean, c. 871–899.

Broche Fuller, chapa metálica martelada com nielo, Museu Britânico, final do século IX.

peça de cristal de quartzo transparente, um indivíduo observa de uma placa traseira esmaltada, segurando dois cetros floridos. Há semelhanças com o broche Fuller, do século IX, que mostra os cinco sentidos, com a visão no centro. A Joia de Alfredo, destinada a acompanhar livros que disseminavam a sabedoria, talvez represente não a visão enquanto aquilo que se vê com os olhos, mas sim a visão enquanto percepção, a busca do conhecimento.[53]

Alfredo não recebeu o título de "Grande" de seus contemporâneos, mas de autores a partir do século XVI. Por ter incentivado a tradução de textos religiosos do latim para o inglês, os teólogos pós-Reforma o viram (erroneamente) como a origem da ruptura com Roma.[54] O epíteto "Grande" foi reforçado por autores que vieram mais tarde, que viram na resistência de Alfredo às incursões vikings a criação de uma nação inglesa cristã. Com a evolução de uma marinha para se defender dos daneses, ele era um herói digno de ser celebrado por um império comprometido com o "domínio das ondas". Um historiador do século XVIII o declarou "o personagem mais perfeito da história".[55] No século XIX, a vida de Alfredo já havia se tornado "a história preferida nas escolas inglesas".[56] Para as comemorações (erroneamente calculadas) do milênio de sua morte em 1901, foi realizado um evento de quatro dias em Winchester, organizado por um comitê que contava com Thomas Hardy, Rudyard Kipling e Arthur Conan Doyle. Uma estátua de bronze de cerca de cinco metros de altura de Alfredo foi inaugurada na extremidade leste da Broadway. Em vez de uma representação fiel, ele é retratado com uma barba encaracolada e cheia – a leitura vitoriana de um herói arturiano.

A apresentação de Alfredo como um dos "grandes homens" da história é difícil de evitar. A biografia escrita por Asser, seu amigo, o representa como um santo, assumindo divinamente o papel de rei apenas após a morte de todos os seus irmãos, como se esse fosse seu destino. Outro "grande" da história, Carlos Magno também percebeu a importância de um bom biógrafo e encomendou a seu dedicado servo Einhard a escrita de sua vida. Seu reinado foi assolado pelo genocídio, um governo ditatorial e lutas internas. Mas ele sabia que, com o apoio da Igreja e daqueles que seguravam a pena, a história se lembraria bem dele. Mesmo em 2021, um livro best-seller sobre os anglo-saxões determinou que Alfredo foi o mais importante dos reis, bispos e senhores guerreiros da Inglaterra: "corajoso, inteligente, inovador, piedoso, resoluto e perspicaz".[57]

Alfredo é um dos poucos indivíduos do período medieval que foi reimaginado e se tornou relevante para a era moderna. Mas enquanto sua luz brilhava cada vez mais forte, as chamas dos que o cercavam vacilavam ou eram apagadas. Há uma mulher em particular, no entanto, que merece ser reconhecida ao lado dele: sua filha Etelfleda.

A Última Senhora dos Mércios

É claro que Etelfleda faz parte do legado de Alfredo, mas, para pintar o quadro mais completo possível, ela também deve ser vista ao lado das fortes mulheres da Mércia que vieram antes dela. A mãe de Etelfleda, Elesvita, era uma nobre mércia descendente da realeza por sua mãe. Entretanto, em Wessex ela não era chamada de rainha, apesar de ser casada com o rei. A razão para isso tem raízes no reinado de outra importante mulher da Mércia: a filha de Ofa e Cinetrida, Adbura.

Assim como sua mãe, Adbura se tornou uma governante incrivelmente poderosa e influente por meio de seu casamento com Beortrico de Wessex. Ela assinou duas cartas em 801 como "*Regina*" (rainha). Mas sua vida é registrada pelo biógrafo de Alfredo, Asser, como uma história triste que serve de lição. Seu jeito "obstinado e malévolo" é explicado como a razão pela qual, no século IX, nenhuma outra esposa do rei de Wessex teve permissão para usar o título de "rainha" ou mesmo se sentar ao lado do marido.[58] Segundo Asser, Adbura era tão influente que tomou "todo o poder do reino e começou a governar tiranicamente". Adbura controlava os homens da corte e, quando queria removê-los, os despojava de suas funções ou de suas vidas. Asser diz que ela usava veneno, mas que essa técnica saiu pela culatra quando, por acidente, ela matou o próprio marido. Expulsa de Wessex por regicídio, ela se refugiou com Carlos Magno. Mas quando ela rejeitou seus avanços, ele também a baniu. Assim como sua mãe, ela recebeu um grande mosteiro na Frância, que ela controlava como abadessa.

O relato de Asser compromete ainda mais Adbura, sugerindo que sua queda em desgraça após ser exilada por Carlos Magno ainda não estava completa. Em vez disso, diz-se que ela foi pega mantendo relações sexuais com um inglês e expulsa de seu mosteiro:

> Daí em diante, ela viveu uma vida de vergonha, na pobreza e na miséria até sua morte; de modo que, por fim, acompanhada apenas por uma escravizada, como ouvi de muitos que a viram, ela mendigava seu pão diariamente em Pavia, e assim miseravelmente morreu.

Esse relato pode conter exageros e inverdades, apesar do fato de Asser garantir aos leitores que foi o próprio rei quem contou essa história muitas vezes. Mas sua inclusão na "Vida" de Alfredo é estratégica, para explicar por que a corte de Wessex mantinha tradições tão rígidas em relação à esposa do rei. O próprio Asser lamenta que sua corte em Winchester tenha dado continuidade ao "costume perverso e detestável" de degradar a esposa do rei, mas essa história coloca a culpa nas próprias mulheres fortes da Mércia. É um atestado de como o papel das mulheres era diferente nesses dois reinos que, apesar de a esposa de Alfredo ser da realeza mércia, ela não tenha assinado uma única carta e nem sequer seja nomeada em sua biografia.

Etelfleda foi criada na corte de Wessex, era filha do rei e educada pelas mentes mais brilhantes do reino. Mas, por sua mãe, ela também era metade mércia. Saber quão diferente era o papel das mulheres da realeza ao norte do Tâmisa – e ver sua própria mãe tendo que assumir um papel de subserviência – talvez tenha aumentado seu desejo de assumir uma posição no reino de sua mãe, onde ela poderia governar como igual aos homens. Seu casamento com o muito mais velho Etelredo da Mércia foi politicamente conveniente para seu pai, mas é possível que também tenha sido uma proposta atraente para Etelfleda. O reino da Mércia havia se aliado a Wessex após a Batalha de Elledun, em 825, pondo fim à supremacia de Ofa e Cinetrida.[59] Etelredo era conhecido como "Senhor dos Mércios" e governava um território reduzido, já que metade da Mércia ficava no que era então Danelaw. Ele também havia reconhecido o senhorio geral de Alfredo, e o casamento com sua filha foi uma forma de consolidar sua lealdade.[60] Em troca, Alfredo deu Londres a seu genro, já que tradicionalmente esta era uma cidade mércia, e ampliou seu sistema de *burhs*, fornecendo a Etelredo fortes bases de poder em todo o reino.[61]

Etelfleda provavelmente ainda era adolescente quando se casou com Etelredo em 886.[62] A essa altura, ele já era um guerreiro bem-sucedido e governante da Mércia havia alguns anos, o que sugere que era pelo menos uma década mais velho que ela. Enquanto seu pai ainda estava vivo, Etelfleda é praticamente invisível nos registros, pois seu marido assinava cartas com o apoio do rei. Mas ela emergiria como governante por direito próprio primeiro após a morte de Alfredo, em 899, e depois quando a saúde de seu marido começou a se deteriorar, alguns anos depois. Em 902, ela já tomava decisões importantes em nome do reino da Mércia. A expulsão dos nórdicos de Dublin deixou um grupo de vikings desterrados, sem ter onde se estabelecer. Eles apelaram para Etelfleda, solicitando permissão para estabelecer um local de cultivo perto de Chester. Sua resposta revela uma clara capacidade para a diplomacia e o planejamento futuro, mesmo quando ainda era uma jovem mulher.

Ela lhes deu terras em Wirral e, por algum tempo, eles viveram em paz. Mas, ao mesmo tempo, ela começou estrategicamente a fortificar a cidade de Chester, para o caso de eles decidirem invadi-la. Ela seguiu o exemplo de seu pai, reforçando muralhas romanas e criando um *burh* defensivo.[63] Os Anais Irlandeses dão detalhes de como Etelfleda protegeu a cidade quando, em 907, os vikings de Wirral se uniram às tropas dinamarquesas para atacar Chester. Ela "reuniu um grande exército em torno de si, vindo das regiões adjacentes". Após uma primeira batalha, Etelfleda enviou mensageiros para as tropas inimigas. Ela declarou que era "a rainha que detém toda a autoridade sobre os saxões". Por meio de pedidos de lealdade e da promessa de recompensas, ela convenceu os vikings do Wirral, que ela tratara tão generosamente, a trocarem de lealdade e a se juntarem às suas forças, e juntos eles repeliram os invasores. O povo de Chester usou todos os meios possíveis para derrotar os daneses, entre eles derramar cerveja fervente sobre os homens embaixo e até mesmo jogar "todas as colmeias que havia na cidade sobre os sitiadores".[64] Etelfleda agora era mais do que apenas uma esposa e dama; era uma estrategista militar, uma diplomata e uma defensora da Mércia.

Rival de reis

Embora existam muitas evidências que dão substância ao governo de seu pai Alfredo, restam, comparativamente, poucas informações sobre Etelfleda. A situação piorou durante o governo de seu irmão, Eduardo, que suprimiu ativamente a reputação dela para fortalecer sua posição como rei de Wessex. Era importante para a corte de Wessex enfatizar que a Mércia não era um reino independente governado por uma mulher forte, mas sim parte do domínio expandido que, sob o rei Eduardo, constituía a Inglaterra. A história de Etelfleda foi reescrita e seu nome, removido dos registros, para dar estofo aos legados de seus parentes homens.

Mas há uma importante fonte que inverte o padrão de tantos documentos históricos: um texto em que ela é mencionada repetidamente, enquanto seu marido é nomeado apenas duas vezes (na morte dele e no nascimento da filha deles).[65] A principal fonte para os eventos que cobrem sua vida é a *Crônica anglo-saxã*. O título sugere um livro, mas na verdade se tratava de um conjunto de anais, cada um mantido por escribas nos mosteiros mais importantes do país. O texto original, que traçava a história da Inglaterra até o ano 60, foi provavelmente instigado pelo rei Alfredo. O texto foi então expandido à medida que outros "memorandos" eram enviados aos diferentes cronistas para serem incluídos em suas cópias. Com isso, Alfredo sem dúvida pretendia criar uma forma de documentar uma história nacional autorizada da Inglaterra. Mas os monges continuaram a acrescentar mais informações às suas versões, e assim questões locais ganharam o primeiro plano em diferentes áreas. Um conjunto específico de anais adicionado em algum lugar da Mércia (provavelmente Worcester) abrange os anos de 909 a 927. É possível que Etelfleda, vendo a importância que seu pai deu às *Crônicas* durante seu reinado, tenha participado da encomenda da versão mércia, agora conhecida como Anais de Etelfleda. Essa fonte oferece vislumbres de seu reinado que não fazem parte das outras versões da *Crônica*, que reforçam as conquistas de Eduardo em detrimento das de sua irmã.[66]

Ela também é mencionada em outras fontes, especialmente pelos cronistas normandos, que foram surpreendentemente favoráveis a ela em relatos posteriores. No século XII, Henrique de Huntingdon a declarou "tão poderosa que, em louvor e exaltação de seus maravilhosos dons, alguns a chamam não apenas de senhora, mas até mesmo de rei". Em um poema, ele a elogiou como "digna de um nome de homem" e "mais ilustre que César". Fontes do oeste celta mostram que Etelfleda era reconhecida como rainha e governante.[67] Os Anais de Úlster se referem a ela como "*famosissima regina saxonum*" (a mais famosa rainha dos saxões). Mesmo em Wessex, onde ela permaneceu consistentemente subserviente ao irmão, o rei, as fontes descrevem que ela testemunhava cartas sob um título elevado: "Senhora dos mércios pela virtude da graça divina". Senhora era o título que sua mãe detinha, portanto, poderia ser considerado equivalente a rainha. E mesmo que ela não fosse abertamente referida como "*regina*", suas ações revelam que seu comportamento era o de uma.

Etelfleda sabia da importância de reforçar seu reinado por meio do patrocínio da Igreja. Ela também compreendia o poder dos santos. Quando seu irmão Eduardo invadiu Danelaw e atacou a abadia de Bardney, ela conseguiu adquirir as relíquias do rei-santo anglo-saxão Osvaldo, com o objetivo de oferecê-las a um novo mosteiro que estava construindo em Gloucester. Ela estava estabelecendo essa cidade como o novo coração de sua Mércia, com a igreja funcionando como um mausoléu real para substituir Repton, devastada pelos vikings.[68] Colocar as relíquias de santos em *burhs* recém-fundados foi uma tática comum de Etelfleda. Em 907, tendo reconstruído a cidade de Chester, ela transferiu as relíquias da princesa mércia Verburga de Hanbury, em Staffordshire, para um mosteiro recém-fundado.[69] Guthlac, o célebre santo dos pântanos, também foi transferido de Crowland para Hereford. Os grandes santos mércios estavam sendo reunidos e seus ossos redistribuídos para imbuir os novos *burhs* de Etelfleda de sua potência regional.[70]

Santo Osvaldo foi particularmente importante.[71] Rei da Nortúmbria de 634 a 642, ele foi morto pelo grande senhor mércio Penda no século VII, na Batalha de Maserfield. Para piorar o insulto, o rei teve a cabeça e os braços cortados e exibidos em estacas de madeira. Osvaldo era um rei cristão, ao passo que Penda era pagão. Sua morte foi vista como uma forma de martírio, e as partes de seu corpo foram protegidas como relíquias. Seu crânio ainda se encontra dentro de um caixão na catedral de Durham, ao lado do crânio do famoso santo nórdico Cuteberto de Lindisfarne (embora existam outras quatro relíquias que também professam ser a "Cabeça de Osvaldo" em igrejas de toda a Europa). Seu corpo foi reivindicado por sua sobrinha Ostrida, que, embora fosse da Nortúmbria, era casada com o rei da Mércia. Ela o levou para a abadia de Bardney, em Lindsey, localizada em seu novo reino da Mércia, e nas décadas seguintes a comunidade local relatou muitos milagres.

Beda escreveu extensivamente sobre os milagres associados às relíquias de Osvaldo. Para o historiador da Nortúmbria do século VIII, Osvaldo foi um herói cristão da altura do imperador Constantino, trazendo o cristianismo para sua nação. Quando Etelfleda entrou nas partes da Mércia dominadas pelos vikings e retirou o corpo de Lindsey, ela não estava apenas agindo como as poderosas rainhas da Mércia antes dela. Estava também fazendo eco à mãe de Constantino, Santa Helena, que viajou para a Terra Santa e trouxe de volta a Cruz Verdadeira. Para Etelfleda, o resgate dessas relíquias era um símbolo de seu governo divino, e colocar esse santo-rei inglês cristão no coração de seu novo mosteiro em Gloucester foi um importante ato simbólico.

Gloucester havia sido danificada quando o Grande Exército Pagão lá acampou durante o inverno de 877. Seu acampamento, que pode ter sido protegido por uma fortificação em arco a partir do rio, como em Repton, foi o local escolhido por Etelfleda para sua nova igreja. Há evidências da destruição causada pelos vikings por toda a cidade, e as igrejas parecem ter sido particularmente atacadas. Cruzes de pedra, os painéis publicitários da Igreja cristã primitiva na Inglaterra, foram quebradas e seus fragmentos, espalhados. A igreja de Etelfleda era uma fênix ressurgindo das cinzas da guerra, e ela baseou seu projeto na de Repton.[72] As escavações revelaram uma capela oriental com uma cripta rebaixada, e o uso de quatro pilares para sustentar o piso reproduz exatamente o mausoléu real de Repton. Etelfleda pretendia que essa igreja em Gloucester fosse seu local de sepultamento dinástico. Lá ela e seu marido repousariam ao lado dos mais importantes santos da Inglaterra.

Os vikings do outro lado da fronteira com Danelaw viram o resgate das relíquias como uma provocação. Em 910 eles entraram na Mércia, atacando e saqueando, avançando até Shropshire, até que Etelfleda liderou uma força contra eles. Com a ajuda de tropas enviadas de Wessex por seu irmão, os mércios obtiveram uma vitória surpreendente na Batalha de Tettenhall. Embora Etelfleda provavelmente não tenha pegado em armas, é provável que a liderança estratégica tenha sido dela. Três reis vikings foram mortos na batalha, e Etelfleda provou que podia comandar um exército.

No ano seguinte, seu marido morreu. Etelfleda já era a principal tomadora de decisões na Mércia havia quase uma década, seguindo o exemplo de outras rainhas mércias influentes, mas, em uma jogada sem precedentes, os nobres da Mércia a elegeram como governante – uma ocorrência realmente rara na história da Alta Idade Média.[73] A escolha deles foi sábia, pois ela continuou a ser uma governante astuta que se pôs a ampliar o trabalho de seu pai, especialmente no que diz respeito à construção de *burhs*. Ela fortaleceu a antiga capital real de Tamworth e lançou as bases para Stafford, Hereford, Shrewsbury e Warwick. Muitas dessas cidades devem sua existência aos esforços de Etelfleda.

É difícil saber se, como seu pai, ela investiu em educação – afinal, ela não dispunha de um velho amigo como Asser registrando e modelando retoricamente sua vida para a posteridade. A própria Etelfleda era bem-educada, tendo sido ensinada na escola da corte em Winchester, e está claro que durante todo o seu reinado ela enriqueceu um centro de conhecimento em Worcester. Quatro livros de orações datados do século IX foram escritos por e para mulheres nessa cidade, sendo que um deles continha uma oração ginecológica. Mas as evidências que sobrevivem da vida de Alfredo não sobreviveram da de Etelfleda. São suas façanhas militares, registradas pelos cronistas, que mais deixaram marcas. Com o apoio de seu irmão, ela obteve algumas das vitórias mais significativas em batalhas no início do século X. Em 917, ela liderou tropas na reconquista da cidade viking de Derby, um dos "Cinco Distritos de Danelaw". Ela claramente liderava com o mesmo senso de "*commitatus*" (lealdade ao seu senhor) que os guerreiros homens, e a Crônica Mércia registra que ela perdeu em Derby quatro de seus tainos* "que ela amava especialmente".

---

* No original, "thegn", ou "thane", termo anglo-saxão por vezes traduzido nas fontes em latim como "miles", podendo designar uma pessoa a serviço de um rei ou rainha, em geral com funções militares e pertencendo à pequena aristocracia. Simon Keynes, Thegn, *in*: Michael Lapidge *et al. The Wiley Blackwell Encyclopedia of Anglo-Saxon England*. 2. ed. Chichester: Blackwell, 2014, p. 459-461. (N.R.)

No ano seguinte, ela conquistou Leicester e se dirigiu para a prestigiosa cidade de York, dominada pelos vikings. O reino da Ânglia Oriental já havia se submetido a Eduardo, de modo que conquistar York significaria unir novamente os territórios ingleses. Ela conseguira até mesmo garantir uma aliança com os escoceses e os maiores territórios de Gales estavam sob seu "senhorio", de modo que o Reino Unido, como o conhecemos hoje, estava tomando forma por meio de sua diplomacia.[74] Os dinamarqueses estavam prontos para oferecer sua submissão a ela, não a seu irmão. Mas ela morreu em 12 de junho e foi levada para ser enterrada com o marido no priorado de Santo Osvaldo, em Gloucester. Garantir a lealdade dos daneses de York teria sido seu principal feito e, se tivesse conseguido, ela seria lembrada como a unificadora da Grã-Bretanha.

Em vez disso, a geração seguinte assumiu o manto. Etelfleda deu à luz apenas uma filha. Isso era incomum em um período em que prover um herdeiro do sexo masculino era a principal função de uma esposa real. O historiador Guilherme de Malmesbury, do século XII, registra que Etelfleda se recusou a manter relações sexuais depois de ter uma filha porque era "inadequado para a filha de um rei ceder a um prazer que, depois de algum tempo, produzia consequências tão dolorosas". Ele também sugere que ela se esquivou de suas "obrigações matrimoniais" por causa dos riscos que elas representavam para sua vida. É possível que Etelfleda tenha sofrido dificuldades físicas durante a gestação e o parto. No entanto, fiel às rainhas da Mércia que a precederam, ela acreditava que uma herdeira era tão capaz de governar quanto um herdeiro. Ela instaurou garantias, conseguindo dos senhores da Mércia a promessa de que sua filha, Elfuína, a sucederia.

Elfuína provavelmente foi bem-educada e preparada para a liderança. Como as mulheres mércias antes dela, ela assinava cartas como testemunha e possuía terras. Sua conquista é notável, pois sua ascensão como governante da Mércia após a morte de Etelfleda é a única ocasião em que o governo passou de uma mulher para outra no início da Idade Média na Inglaterra. Mas ela não estava destinada a conseguir os mesmos êxitos de sua mãe como Senhora dos Mércios. Depois de alguns meses, seu tio, o rei Eduardo, retirou-a da Mércia e, assim como a rainha Cinetrida, ela provavelmente viveu o resto de sua vida em um mosteiro. Se ela não tinha a força de caráter de sua mãe ou se foi uma mera vítima dos estratagemas de Eduardo para expandir o reino de Wessex, o fato é que ela não conseguiu governar como sua mãe.

Essa honra recairia sobre seu primo Etelstano, que foi criado junto com Elfuína. Depois de ser declarado "Rei dos Ingleses" em sua coroação em 925, ele conquistou a Escócia e uniu todos os reinos da Inglaterra sob um único governante. Mas, como diz o ditado, por trás de todo homem há uma grande mulher. Eduardo havia enviado seu filho Etelstano para ser criado na corte de Etelfleda, talvez como uma forma de prepará-lo para sua sucessão e aceitação pela Mércia no futuro. Ele recebeu sua educação e seu treinamento militar na Mércia e não se esqueceu disso, concedendo uma carta de privilégios à igreja de Santo Osvaldo, em Gloucester, assim que assumiu o trono. O legado de Etelfleda prosseguiu em seu sobrinho.

Como seria a Inglaterra hoje se as rainhas da Mércia não tivessem exercido tal poder como tomadoras de decisão? Cinetrida teve mais influência do que quase todas as outras mulheres do século VI ao IX, e esse manto foi levado adiante pela Senhora dos Mércios, Etelfleda. Com o conhecimento de que as mulheres haviam conquistado muita coisa por direito próprio antes dela, Etelfleda conseguiu governar com "força de caráter" por duas décadas na virada do século X, um ponto crucial na história inglesa. A história de como, no espaço de apenas duas gerações, a Inglaterra passou de uma única ilha pantanosa em Athelney sob Alfredo para o que é hoje tem sido repetida ao longo dos séculos. Ela também está no centro de uma narrativa histórica imperialista na qual a Inglaterra se tornou Mestre dos Mares. Mas os homens desse período sempre ofuscaram a influência de Etelfleda. Ela foi esposa, filha, irmã e tia dos homens mais importantes dos séculos IX e X, mas também foi ela mesma uma governante, cujas decisões moldaram a sorte de reinos. Ela merece reconhecimento, não apenas como filha de Alfredo e tia de Etelstano, mas em direito próprio.

Ela ganhou respeito na Mércia durante sua vida, ainda que a versão de Wessex da história tenha sido a que se espalhou mais amplamente. Um cronista de Worcester registra que ela era "*merciorum domina, insignis prudentiae, et iustitiae virtutique eximiae femina*" (uma mulher de prudência, justiça e extraordinária força de caráter). Essa reputação perdurou pelos séculos imediatamente seguintes, sendo este poema do século XII um testemunho de como ela era percebida um quarto de milênio após sua morte:

Heroica Etelfleda! Grande em fama marcial,
Um homem em valor, embora uma mulher em seu nome:
Suas hostes guerreiras pela natureza você obedecia,
Conquistou a ambos, embora pelo sexo tenha nascido uma donzela.*

Para os escritores normandos que vieram depois, ela era como uma Joana d'Arc inglesa, uma mulher guerreira merecedora de fama. Mas, quando sua história deixou de servir à narrativa dominante, sua reputação foi eclipsada. Nos últimos três séculos, foi seu pai, Alfredo, que se tornou um ponto de encontro para o orgulho nacional, considerado o exemplo de um grande inglês. Mas, durante o reinado dela e por séculos após sua morte, muitos reconheceram em Etelfleda alguém "mais ilustre que César". Ela foi vítima não do preconceito medieval, mas das atitudes modernas para com a liderança feminina. Vê-la como seus contemporâneos a viam nos mostra que as mulheres podiam exercer influência, e suas vozes, agora excluídas dos registros, ainda podem ser ouvidas. Certamente é chegada a hora de ela ser reconhecida como "Etelfleda, a Grande".

* A autora utilizou, modernizando a linguagem, uma tradução livre feita por Thomas Foerster do poema de Henrique de Huntingdon, cônego de Lincoln e cronista do século XII. Cf. Thomas Foerster (trad.), *The Chronicle of Henry of Huntingdon*. Londres: Henry G. Bohn, 1853, p. 168. (N.R.)

3. GUERREIRAS E LÍDERES

Descoberta!

2017 – Universidade de Estocolmo, Estocolmo, Suécia

Dentro do Laboratório de Pesquisa Arqueológica da Universidade de Estocolmo, um cientista paramentado com lupas e luvas de látex segura delicadamente um frágil pedaço de dente antigo em uma das mãos. Com cuidado, usando a outra mão, ele aplica pressão sobre o dente com uma broca vibratória, e, zumbindo, o metal penetra no esmalte envelhecido.[1] As minúsculas lascas são cuidadosamente depositadas em um frasco com gotas já medidas de fenol-clorofórmio. Então, após o acréscimo de etanol, o tubinho de plástico é colocado em uma incubadora centrífuga.[2] O processo de extração de DNA antigo é trabalhoso, meticuloso, estéril e lento.

As informações surgem na tela de um computador como linhas e pontos, mas faltam alguns pedaços. O DNA extraído desse dente passou mais de um milênio no solo, resultando em uma cobertura genômica incompleta.[3] Ele não mostra a cor dos olhos do indivíduo nem dá informações sobre sua aparência. Entretanto, ainda que as diminutas sequências de DNA se mostrem difíceis de decifrar, os cromossomos são claros. Os membros da equipe procuram repetidas vezes, mas em cada uma das amostras não encontram evidências de um cromossomo Y em lugar nenhum. Em vez disso, há um claro padrão de dois cromossomos X.

Finalmente se comprovou que a osteoarqueóloga Anna Kjellström estava certa. Um ano antes, ela dispôs o conjunto completo de 42 ossos sobreviventes, cada um deles com a marcação "Bj 581" em nanquim. A exemplo de Berit Vilkens, outra especialista mulher que examinou os ossos na década de 1970, ela notou problemas na atribuição do sexo masculino a esse esqueleto. Ela estava de acordo que a tíbia era longa, sugerindo um indivíduo de cerca de 170 centímetros de altura, altura média do homem do início da Idade Média. Mas os ossos do antebraço eram mais delgados e mais típicos de um esqueleto feminino. O osso pélvico também apresentava alguns indícios: nas mulheres, a abertura é mais ampla e mais circular para permitir o parto, e o ílio (o arco curvado do osso pélvico) é mais largo. O que restava da pelve desse esqueleto seguia esses traços. Mas há mais de um século esse indivíduo é conhecido como "Guerreiro de Birka". Encontrado com um machado, uma aljava de flechas, lanças e uma espada, o esqueleto estava cercado de objetos "masculinos", de modo que os arqueólogos presumiram que os ossos deviam ser masculinos também. Agora, os cromossomos XX desbancavam essas suposições. O guerreiro era uma mulher.

Pela primeira vez desde sua descoberta no século XIX, uma das mais conhecidas sepulturas vikings já descobertas na Suécia revelava novos segredos. A Universidade de Estocolmo publicou esses achados em setembro de 2017, e alguns dias depois a descoberta já havia se tornado viral. Mais de 130 artigos de notícias em todo o mundo e mais de 2 mil contas

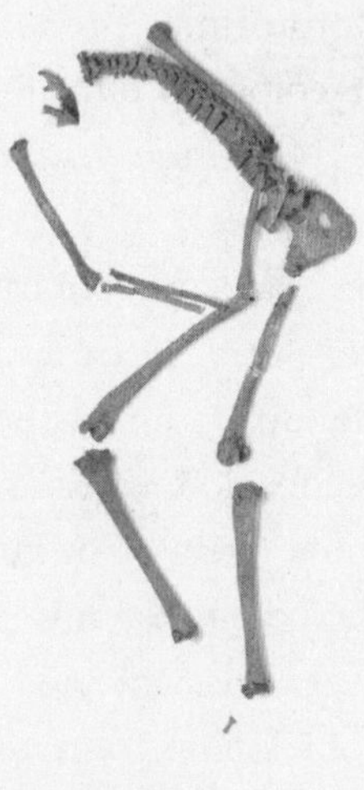

Ossos recuperados da sepultura Bj 581, Birka.

on-line espalharam os achados com uma grande velocidade.[4] A reação que prevaleceu foi a incredulidade. Como podia essa pessoa, sepultada com tantos acessórios usados em guerras, invasões e pilhagens, ser uma mulher? Era algo que não se encaixava na visão tradicional dos vikings, e a reação reforçou pressuposições patriarcais que ainda persistem, o que é frustrante. As mulheres podiam fazer muitas coisas, mas imaginá-las como participantes dos embates da cultura guerreira do início da Idade Média era ir longe demais.

A equipe sueca que fez a descoberta enfrentou de pronto reações negativas, e acadêmicos passaram a escrutinar cada aspecto da investigação. Argumentou-se que os ossos talvez nem mesmo pertencessem ao indivíduo encontrado na sepultura Bj 581, já que poderia ter ocorrido algum erro na sua identificação ou disposição. A equipe refutou esse argumento, mostrando que cada osso havia sido inscrito com a referência da sepultura quando foram escavados, mas todas as dúvidas imagináveis foram lançadas. Eles foram criticados por não ter consultado especialistas textuais, sugerindo que, na sua busca por uma guerreira mulher, uma equipe em grande parte científica havia deixado passar detalhes de evidências históricas, literárias e culturais.[5] Assim, no ano seguinte eles expandiram seus achados originais para que incluíssem evidências de outras áreas disciplinares em apoio à ideia de que uma mulher viking poderia ser enterrada como uma guerreira.[6] Ainda assim, tanto especialistas como céticos continuaram a lançar calúnias. E, pior ainda, a equipe de especialistas em sua maioria mulheres acabou recebendo ameaças e ataques pela internet.

O que não deixa dúvida é que a descoberta de 2017 levou a uma reavaliação do que achávamos que sabíamos sobre a cultura viking. O fato de uma mulher poder ser enterrada assim – como uma líder e uma guerreira – vai contra a forma como os vikings têm sido apresentados desde a era vitoriana. A análise dos achados em conjunto com o sítio arqueológico e evidências mais amplas relativas às mulheres vikings revela uma imagem mais nuançada. Longe de uma rígida sociedade patriarcal, o mundo do século X de Birka era um lugar onde o gênero era mais fluido do que podemos imaginar, e as mulheres podiam assumir um amplo espectro de papéis. Talvez uma guerreira, e certamente importante e influente, o indivíduo enterrado na sepultura número Bj 581 nos proporciona um vislumbre das mulheres da Era Viking em toda sua variedade e complexidade.

Bem-vindo à Birka do século X

O lago Mälaren se estende para oeste a partir da Estocolmo moderna, uma reserva de água doce com 190 quilômetros de extensão crivada de ilhas. Contornando-as de barco é possível entrar e sair do Mar Báltico, e então navega-se ao longo de um aro que atravessa o coração da Suécia. Ao emergir do emaranhado de ilhas, pode-se rumar para o sul, na direção de Constantinopla e do califado islâmico, para oeste, contornando a França e a Espanha até o Mediterrâneo, ou então para o norte, para a Grã-Bretanha, atravessando o Círculo Ártico. No século X, esse é o epicentro da Suécia, o coração de uma rede viking de viagem e comércio internacionais. A ilha de Björkö é uma entre muitas, apenas distinguida por seu nome – "bétula" em sueco –, sugerindo uma boa reserva de madeira. Durante a maior parte de sua história, ela foi esparsamente povoada, tendo os primeiros colonos deixado suas marcas na paisagem em algumas dezenas de sepultamentos da Idade do Ferro na região nordeste. Mas algo dramático aconteceu aqui em meados do século VIII. À maneira de Dubai, que cresceu para cima e para fora nos anos 1990, um grande assentamento surgiu e se espalhou subitamente pela parte sul da ilha. Esse assentamento era Birka.

A cidade de Birka é diversa e animada, com um porto movimentado. As proas de dezenas de barcos estão presas a enormes postes de madeira enfiados na água, e pequenas embarcações fluviais ombreiam drácares com dragões na proa. O porto envolve a linha costeira e avança sobre a água. Ali fica um mercado aberto flutuante, conectado por pontes com mais de cem metros de comprimento. Comerciantes descarregam mercadorias volumosas de navios de transporte, enquanto redes repletas de peixes são tiradas da água e trazidas para uma faixa litorânea abarrotada de pessoas e edifícios. Casas de madeira ficam coladas umas às outras, e pranchas de madeira interligam pátios movimentados, oficinas e latrinas. Essa é uma experiência sensorial: o cheiro dos excrementos briga com os ricos perfumes que exalam das panelas cheias de ingredientes frescos, temperados com especiarias exóticas, enquanto o tilintar rítmico da carpintaria, os urros dos marinheiros e o barulho dos animais de fazenda assaltam os ouvidos. Essa é a primeira cidade da Suécia, e ela está repleta de vistas, sons e sensações.

Cerca de mil pessoas habitam essa cidade animada, e muitas mais chegam e partem pelas rotas comerciais que ligam Moscou à Finlândia.[7] Assim como ideias, culturas e pessoas se deslocam por essas águas, também mercadorias vindas do final da Rota da Seda, como barris de vinho, objetos de vidro e moedas árabes de prata, são trocadas por joias escandinavas ou peles de animais.[8] Trigo, lã e estanho são colocados em grandes quantidades em navios cargueiros de fundo plano chamados *knarrs*, dotados de quilhas estreitas e cascos largos que permitem que eles naveguem por águas rasas, mas também cubram grandes distâncias pelo mar. As enormes velas desses navios lhes permitiam percorrer até 110 quilômetros por dia levando vinte toneladas de mercadorias, além de animais e uma tripulação de vinte homens. Um dos quatro principais centros comerciais marítimos escandinavos do século X, Birka era um porto fundamental para quem quer que estivesse interessado em ampliar suas riquezas.

Todos os tipos de comerciantes vendem suas mercadorias ao longo da faixa costeira. As pessoas regateiam o valor do metal, avaliando sua qualidade com pedras de toque que trazem penduradas no pescoço e pesando-o em balanças de tamanhos diferentes.[9] Os vikings fazem o "*prima signatio*", isto é, o sinal da cruz, para indicar aos compradores cristãos que estão livres para fazer negócios.[10] Assim como na Inglaterra do século VI, o cristianismo está exercendo influência sobre essa cidade viking, e há uma pequena igreja do século IX escondida mais ao sul. Homens e mulheres usam pendentes em volta do pescoço, alternando entre martelos de Thor e cruzes com diferentes formatos. O mundo muçulmano também é visível em Birka, graças às moedas islâmicas que oferecem uma rica fonte de prata. Representantes do califado chegam com tecidos exóticos e partem com carregamentos de artigos suecos. Ideologias, assim como mercadorias, passam por essa ilha.

Birka já goza de defesas naturais, com uma massa rochosa de trinta metros se erguendo sobre a cidade a oeste.[11] Esta foi estendida pela construção de uma muralha de pedra e terra que chega a doze metros de altura e envolve a cidade de norte a leste. Barricadas recém-criadas protegem a região central, com passarelas dotadas de paliçadas e uma série de torres de guarda oferecendo a posição perfeita para o lançamento de investidas defensivas. A enorme quantidade de riquezas portáteis entrando e saindo da cidade, combinada com a localização costeira, tornam Birka vulnerável. Um porto tão rico é um alvo fácil para invasões piratas rápidas, do tipo "atacar e pilhar", e proteções são essenciais para garantir que a cidade continue a prosperar e a comercializar. Guerreiros carregando armas brilhantes, com arcos a tiracolo e aljavas de flechas nas costas, andam de um lado para o outro sobre as muralhas, olhando de cima para baixo os habitantes que estão protegendo.

Pouco depois da extremidade sul da cidade, os guerreiros residem em um alojamento próprio. Dentro desse salão abobadado, feito de carvalho, soldados altamente habilidosos comem, bebem e dormem juntos. Do lado de fora eles treinam e aprimoram sua forma física, praticando combates homem a homem com o uso de machados, lanças, espadas e facas. Mais afastada dos alojamentos está uma série de montes, cada um uma lembrança de um morador de Birka que já partiu. Nesse cemitério, as sepulturas amontoam seus habitantes na morte, exceto por uma, que fica separada do resto. Com vista para o mar, no alto da encosta, encimada por uma enorme pedra, essa sepultura é nova. É um memorial para um grande líder, reverenciado pelos guerreiros que treinam nas proximidades. Seu morador dormirá em paz por mais de oitocentos anos, mas, quando ressurgir do solo, vai fazer história pela segunda vez.

Perdido e encontrado

O sítio de Birka é uma fonte única para os arqueólogos da Era Viking. Ocupado por uma população de cerca de mil pessoas por apenas duzentos anos (750–950 d.C.) antes de ser abandonado, ele oferece uma janela para dois séculos de vida, comércio, morte e memórias do apogeu da expansão

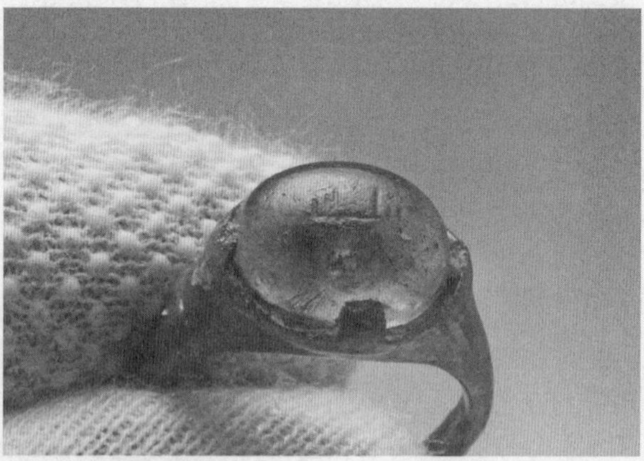

Anel descoberto em Birka, feito de prata e vidro colorido, gravado com uma inscrição em árabe, século X.

viking. O dente e os ossos analisados em 2017 eram parte de um esqueleto descoberto no curso de escavações realizadas em 1878 pelo etnógrafo e arqueólogo Knut Hjalmar Stolpe, que fora atraído pela natureza única da área.[12] Suas escavações por toda a ilha duraram mais de vinte anos e descobriram mais de mil sepulturas. Felizmente, ele empregou técnicas arqueológicas avançadas, como mapear os achados em papel milimetrado e registrar meticulosamente seu trabalho em uma série de cadernos. Ele não foi simplesmente um cavalheiro responsável por supervisionar a escavação; mostrou dedicação ao sítio, retornando ano após ano para aperfeiçoar seu entendimento da cidade viking de Birka.

Suas escavações recuperaram muitos achados notáveis, entre eles um anel de prata de uma sepultura feminina, com uma grande pedra. Stolpe achou que era uma ametista, mas análises recentes descobriram que se tratava de vidro colorido, um material mais raro, que no século X era produzido no Oriente. Esculpido no vidro em escrita árabe antiga estão as palavras "por Alá" ou "para Alá". É impossível agora dizer com qualquer certeza por

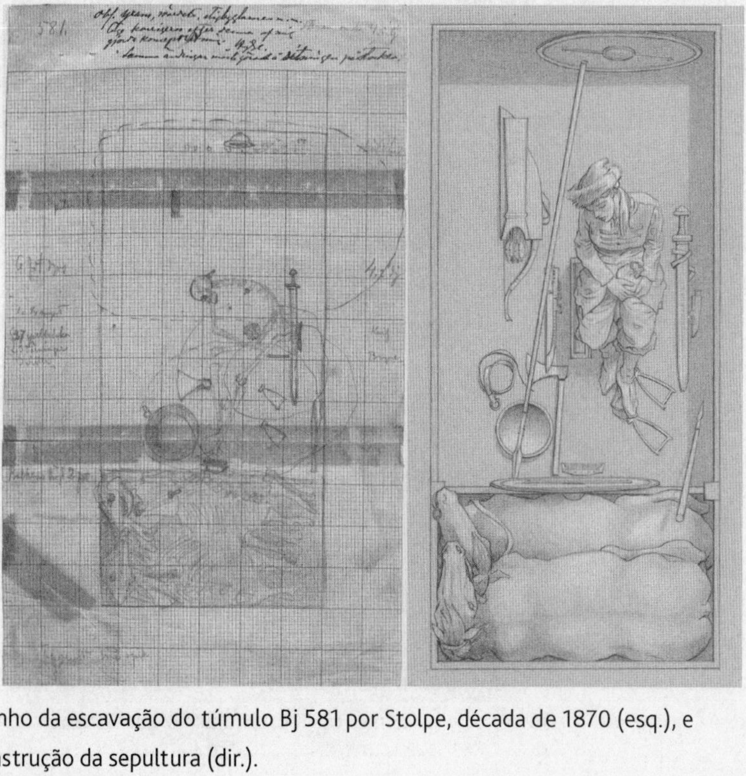

Desenho da escavação do túmulo Bj 581 por Stolpe, década de 1870 (esq.), e reconstrução da sepultura (dir.).

que essa mulher foi sepultada com ele no dedo. Teria o anel sido adquirido durante uma viagem pelo mundo islâmico? Teria sido comprado em Birka ou dado como presente? Seria a própria mulher muçulmana? O fato de ter sido escolhido para acompanhá-la na vida após a morte sugere que significava algo para ela e para aqueles que a sepultaram, e também é um indicador de quão cosmopolita e internacional era essa cidade medieval.[13] Mas todo o resto permanece desesperadoramente fora de alcance.

Os enterros de Birka permitem que se vislumbre um mundo viking mais equilibrado do que a sociedade dominada por homens frequentemente imaginada por nós. As sepulturas de mulheres são mais numerosas que as de homens, e pessoas de todas as idades, classes e origens se amontoam nelas.[14] Mas uma em particular era "talvez a mais notável de todas as sepulturas do campo", como rabiscou Stolpe em um relatório da Academia Real. Ela se destacava graças à riqueza de achados que acompanhavam o esqueleto, e ele a chamou de Bj 581. Os desenhos de Stolpe mostram a posição dos itens dispostos ao redor do corpo que originalmente estava sentado, em uma cadeira, banco ou sela. Dois cavalos, uma égua e um garanhão, um deles com um conjunto completo de montaria, também foram colocados na sepultura em uma saliência. A figura, sentada com as costas eretas, olhava para eles dentro da câmara de madeira e estava cercada por um arsenal de armas dispostas sobre o piso e nas paredes. Entre elas estavam um machado, dois escudos, uma lança e uma espada. Um arco e uma aljava de flechas sugerem que o indivíduo pode ter sido um guerreiro de elite, capaz de lutar e disparar flechas montado a cavalo. Das mais de mil sepulturas escavadas por Stolpe, só setenta e cinco continham armas, e apenas duas tinham um conjunto completo.

A sepultura Bj 581 também foi considerada extraordinária no momento de sua descoberta por um outro motivo. Algo incomum foi encontrado no colo do indivíduo morto: um conjunto completo de peças de jogo feitas de chifre de alce.[15] As regras do jogo escandinavo *hnefatafl* não sobreviveram, mas tabuleiros com marcas e poemas que se referem ao jogo ajudam a reconstruí-lo. O *hnefatafl* envolve dois exércitos: um na defensiva e um no ataque. Uma peça que representa o rei é disposta centralmente, e o objetivo é alcançar em segurança a extremidade do tabuleiro. O *hnefatafl* significa "jogo do punho", e ele exige concentração e planejamento dos passos seguintes.

De naufrágios a Jorvik (atual York), peças de jogo têm sido descobertas por todo o mundo viking. Os jogos tinham várias funções: aliviar o tédio, possibilitar a formação de vínculos sociais e incentivar a diplomacia.[16] Dois homens jogando *tafl* e bebendo de chifres estão pintados na Pedra Rúnica de Ockelbo sueca, sugerindo que esse era um passatempo comum. Ricos sepultamentos em navios, como aquele nos sítios régios de Vendel e Välsgarde, também continham jogos de tabuleiro com as peças dispostas como se ainda estivessem sendo jogadas, intencionalmente colocadas na sepultura para projetar algo simbólico em relação à pessoa morta.[17] Se esses indivíduos podiam se dar ao luxo de participar de uma atividade não produtiva, então daí se segue que jogos de tabuleiro em sepulturas podem ser indicativos de alto status, riqueza e tempo de lazer.

Mas as peças de jogos colocadas nas sepulturas de guerreiros talvez simbolizem algo mais além de alto status. Podem também refletir as capacidades estratégicas que um indivíduo precisava ter em vida para coordenar batalhas e organizar exércitos. Embora jogos de tabuleiro sejam encontrados com frequência em sepulturas masculinas da elite, a Bj 581 é a única sepultura feminina da Era Viking a contar com um. Colocadas no colo da Guerreira de Birka, as peças de jogo dispostas junto a uma gama tão ampla de armas podem sugerir que ela era uma estrategista militar. Enterrada tão perto dos alojamentos das tropas, é possível que ela estivesse envolvida no tipo de empreendimento tático militar que costuma ser atribuído aos homens. Essa mulher apresenta uma imagem do mundo viking que coloca em questão nossas normas de gênero mais recentes.[18] Mas essa época e essas pessoas foram compreendidas equivocadamente por tempo demais. A versão que os quadrinhos apresentam dos vikings, como bárbaros selvagens e ignorantes, tem suas raízes não nos fatos do passado distante, mas na propaganda dos últimos 150 anos.

Reescrevendo os "vikings"

Muitas falsidades permeiam e modelam nossa compreensão da história. Alfredo, o Grande, queimou os bolos. Canuto fez o mar recuar.[19] E os vikings eram homens barbados que vestiam elmos com chifres e matavam indiscriminadamente. Todas essas afirmações se baseiam em imprecisões.

Ainda hoje, se você entrar em uma loja de fantasias e pedir uma de viking, vão lhe dar um elmo com chifres.[20] Mas nunca um único elmo viking com chifres foi descoberto.[21] Existem muitas razões pelas quais não é nada prático ter chifres em um elmo, mas as principais são porque eles oferecem um alvo visual, são pesados e seriam um estorvo nas batalhas. É verdade que os primeiros relatos sobre os aparatos gauleses para a cabeça, como o da *História universal* de Diodoro Sículo, do século I a.C., dão conta de que eles usavam "elmos de bronze com altas protrusões" (Livro 5, 30.2). Existem, no entanto, sete séculos e milhares de quilômetros entre esse relato e os vikings. Apenas protetores de cabeça de metal já foram encontrados em contextos vikings.

Figuras guerreiras das placas do elmo de Sutton Hoo, século VII.

É verdade que já se sugeriu que as placas de elmos, como aquelas encontradas tanto na Inglaterra, no elmo de Sutton Hoo, quanto nas placas suecas de Torslunda, mostram guerreiros com chifres nos elmos. Mas uma investigação mais cuidadosa revela que esses "chifres" têm forma de gancho. Trata-se de algo encontrado na arte do início da Idade Média como um todo, e é muito mais provável que os "chifres" sejam, na verdade, dois pássaros, uma representação simbólica dos corvos de Odin Hugin e Munin (Pensamento e Memória). Existe uma grande diferença entre um elmo usado para proteção durante as batalhas e um aparato cerimonial de cabeça portado com motivos simbólicos.

Longe de ser antigo, o elmo viking com chifres tem só 150 anos de idade. Em 1876, o desenhista alemão Carl Emil Doepler criou os figurinos para uma produção do ciclo do *Anel* de Wagner. Desejando conferir aos personagens da Era Viking uma aparência mais marcante no palco, ele colocou chifres nos adereços de cabeça dos personagens maus, ao passo que os heróis usavam adereços de cabeça com asas. A popularidade dessa imagem – ancestrais utilizando a força de animais numa espécie de metamorfose sobrenatural – fez com que essa se tornasse uma forma de celebrar tudo que fosse "germânico". O sequestro da cultura viking pelos nacionalistas alemães foi uma estratégia intencional, e em apenas vinte anos o elmo com chifre já era reproduzido em todos os lugares, de cardápios de cruzeiros a livros infantis. A união da Alemanha a uma ancestralidade vista como viking se intensificou ainda mais sob os nazistas.[22] O símbolo rúnico Sowilo inspirou a insígnia do relâmpago da SS, e a Ahnenerbe,* o *think tank* de Heinrich Himmler, buscou provas da superioridade racial dos alemães através de elos arianos e nórdicos.[23] A versão "elmo com chifres" da história viking não é simplesmente uma coisa da qual se pode rir ou ignorar. Ela vem sendo apropriada e usada indevidamente das maneiras mais danosas.

Frank Bernard Dicksee, *O funeral de um viking*, Galeria de Arte de Manchester, 1893.

Os alemães não estão sozinhos na criação de uma versão mítica dos vikings que se encaixa em suas agendas ideológicas. Quando o século XX se aproximava, britânicos e alemães disputavam o controle dos mares e o direito de reivindicar seus mais famosos navegadores históricos. A pintura do

* Seu nome completo era Ahnenerbe Forschungs- und Lehrgemeinschaft, "Sociedade para a Investigação e Ensino da Herança Ancestral Alemã", departamento da SS. (N.R.)

inglês Frank Dicksee de 1893, chamada *O funeral de um viking*, apresenta uma visão que ainda está firmemente cravada nas consciências modernas. Dois brutamontes usam elmos com chifres, e, valorosamente, um deles consegue até mesmo manter o seu na cabeça enquanto empurra o navio para o mar. Conforme os textos das sagas escandinavas eram rapidamente traduzidos para o inglês e devorados por um público ávido por aventuras e histórias de conquistas, surgia uma imagem de guerreiros imbatíveis, desenfreados. O Império Britânico ainda era o "senhor dos mares", e havia uma potência simbólica em remontar às origens vikings. Arqueólogos, linguistas e especialistas em topônimos jogaram combustível na fogueira, descobrindo evidências de que a história das Ilhas Britânicas conduzia aos vikings. Eles não estavam errados, mas o teor dessa apropriação indevida e nacionalista fica claro na pintura de Dicksee.

Vemos nela homens fisicamente fortes, seus músculos inchados com o esforço, numa batalha elemental contra a água e o fogo. A imagem é emoldurada pela água, as chamas e as montanhas, sugerindo que os ancestrais vikings tinham uma conexão íntima com o mundo natural. Armas e corpos se estendem pela tela em diagonais, dando a ela um impulso dinâmico e uma energia vigorosa. Há uma incontida alteridade romântica nos homens – esses não são os dignos cavalheiros vitorianos; esses são seus ancestrais pagãos. Somos levados a acreditar que dentro do homem vitoriano refinado e sofisticado existem a paixão e o poder de seus ancestrais primevos. Mas essa é uma fantasia alimentada pelo império. O mundo real dos vikings era muito diferente, assim como a ideia de que os homens oitocentistas eram contidos e íntegros.

A visão de Dicksee, a criação de Doepler do elmo com chifres e as tirinhas cômicas que vieram depois, como *Hagar, o Horrível*, da década de 1970, representam uma visão da cultura viking mais moderna e nacionalista.[24] Uma visão que elimina as mulheres da narrativa. A descoberta baseada em análises de DNA de 2017 finalmente as devolve à imagem, ao mesmo tempo que joga luz sobre o fato de que muitos outros mitos vikings têm suas origens nos últimos dois séculos. Os "vikings" não foram simplesmente uma raça de guerreiros bárbaros que invadiam, estupravam e roubavam aonde quer que fossem. Não eram homens pagãos, ignorantes e sem higiene. Essas suposições precisam ser contestadas para conseguirmos uma visão mais verdadeira do mundo que a Guerreira de Birka habitou.

Verdades ou mentiras?

A própria ideia de que os vikings eram uma raça unificada, ou mesmo um grupo diferenciado, é problemática. A expressão "Era Viking" só é usada a partir de 1873. Nos textos do início da Idade Média, a palavra em nórdico antigo "*víking*" descreve uma atividade que um grupo de "*víkingr*" (exploradores, mercadores, viajantes) realizaria ao partir para o mar em expedições. Essas atividades podiam incluir invasões, comércio, diplomacia, assentamentos e casamentos mistos. E, quando seus ataques violentos eram registrados, suas vítimas nunca os chamavam de "vikings". Em vez disso, eles eram nórdicos, suecos ou daneses. Se descritos em tom de condenação, eram "pagãos", "selvagens" ou "lobos".[25]

Longe de serem uma raça unificada, os vikings são originários de regiões diferentes da Escandinávia, e combatiam entre si com a mesma intensidade que combatiam grupos externos. Algumas características uniam o mundo viking. Sua religião era politeísta, e os deuses e deusas exibiam vícios e virtudes em alinhamento com uma sociedade de guerreiros. Seu idioma, estrutura social e códigos legais eram ligeiramente parecidos, e seu legado em cultura material – arte zoomórfica, metalurgia e arsenal – pode ser visto como um fator unificador. Mas eles não eram uma raça distinta, e seus deslocamentos desde os confins da Terra Nova até as extremidades da Rota da Seda não eram, de forma geral, parte de uma missão coordenada, mas sim o resultado de viagens, assentamentos e integração.

A impressão que temos dos vikings tem sido condicionada parcialmente por lugares-comuns repetidos ao longo dos séculos. Existe a suposição de que eles eram bárbaros imundos e barbados. Notavelmente, a evidência para isso se resume a um único relato, distintamente desfavorável, do escritor árabe do século X Ahmad ibn Fadlan. Ele descreve que os "rus" (vikings que criaram assentamentos ao longo das rotas fluviais entre o Mar Báltico e o Negro) eram "as criaturas mais imundas de Deus". Ele então se deleita com a extensão de sua má higiene: "Eles não têm vergonha em esvaziar seus intestinos e bexiga, e não se lavam quando conspurcados pela emissão de sêmen, e não lavam as mãos depois de comer". Ele prossegue, dizendo que todos os rus cospem e assoam os narizes em uma bacia usada como lavatório comunal. O relato de Ibn Fadlan foi criado para chocar seu público árabe civilizado, e seus escritos estão repletos de espalhafatosos "contos de aventura", provavelmente exagerados, tendo seu público-alvo em vista. Os escritores de viagem são conhecidos por carregar nas tintas do sensacionalismo ao descrever o que encontram para fins de entretenimento. Ainda assim, esses relatos têm sido isolados e repetidos pelos historiadores ao longo dos séculos, dando forma às nossas percepções de todos os grupos escandinavos da Era Viking.

Outras fontes foram pilhadas pelos historiadores a partir do século XVII em busca de evidências das atrocidades dos vikings. Relatos de barbáries foram exagerados, com um deles sugerindo que eles bebiam de crânios humanos. Mais uma vez, essa afirmação hoje infame resultou de um único relato, uma tradução equivocada de um *kenning* (termo poético para a combinação de duas palavras que dá origem a significados novos e metafóricos) do nórdico antigo na década de 1630. O estudioso Magnus Ólafsson traduziu a frase "drekkum bjór af bragði / ór bjúgviðum hausa" como "logo beberemos cerveja dos crânios daqueles que eles mataram". No entanto, a tradução deveria ser "logo beberemos cerveja das árvores curvadas de crânios", em alusão a um chifre de madeira para beber.[26]

Dito isso, é possível que os vikings tenham testemunhado essas práticas por meio de suas interações com tribos nômades da Ásia Central, que realmente bebiam de crânios. (Agradeço a Peter Frankopan por seu insight sobre esse ponto!)

Um erro similar de compreensão está por trás da lendária "águia de sangue" – que durante muito tempo se acreditou ser uma forma de execução viking. Ela é mencionada em duas fontes, e Ivar, o Desossado, supostamente a usou para castigar o rei da Nortúmbria. "Eles fizeram a águia sangrenta ser entalhada nas costas de Ela [Ælla], e cortaram todas as costelas da coluna vertebral, e então arrancaram seus pulmões." No entanto, as sagas nas quais essas referências são feitas foram escritas após o século XII em uma sociedade cristã. Os países escandinavos haviam aceitado o cristianismo, junto com sua miríade de mártires. Assim como São Sebastião foi acertado por flechas até seus órgãos ficarem à mostra, também a águia de sangue parece ter sido uma criação literária posterior fabricada para harmonizar com um público recém-cristianizado.[27] É uma leitura equivocada, mas o legado dos erros históricos pode durar por muitos séculos.

Até os relatos contemporâneos aparentemente mais autênticos foram em sua ampla maioria compostos por monges que tinham uma agenda própria: seus mosteiros haviam sido atacados e saqueados. Esses relatos foram escritos para incitar uma ampla condenação. Por exemplo, Alcuíno de York disse dos primeiros ataques a Lindisfarne: "A igreja de São Cuteberto está respingada com o sangue dos padres de Deus, despojada de toda a sua mobília, exposta aos saques dos pagãos". Esses "pagãos" que conduziram o primeiro ataque viking registrado eram um grupo de marinheiros nórdicos, e a versão de Alcuíno de seu ataque à ilha de Lindisfarne em 793 vem sendo regularmente citada por historiadores como o anúncio do início da Era Viking.

Está claro que o mosteiro anglo-saxão sofreu terrivelmente nas mãos deles. Como uma ilha de maré, desprovida de defesas e usada como um esconderijo para boa parte das riquezas do reino da Nortúmbria, Lindisfarne era um alvo fácil para os vikings.[28] Eles precisavam levar para casa riquezas suficientes durante os meses de navegação, mais clementes, para conseguir atravessar os duros invernos com suas comunidades. Uma viagem relativamente curta através do Mar do Norte para atacar um local sem fortificações com um amontoado de riquezas portáteis era uma tentação. O fato de que os habitantes eram monges não seria um problema, já que os nórdicos do século VIII não partilhavam do arcabouço moral cristão que designava os mosteiros como locais sagrados. Nesse evento duas visões de mundo colidiram, e a história o registrou decretando todos os "vikings" selvagens, oportunistas, pagãos e sedentos de sangue.

A história é escrita pelos vencedores, diz o ditado, mas, apesar disso, no caso da reputação histórica dos vikings, a história foi escrita pelas vítimas. Os monges britânicos podiam registrar seus relatos dos ataques, mas os vikings eram uma sociedade letrada oralmente e não escreviam suas próprias histórias, ficções, tradições, leis e ideias. Eles tinham a escrita rúnica, mas ela só era usada em inscrições, e não em passagens extensas de textos. Foi só no início do segundo milênio, quando o cristianismo estava se espalhando pela Dinamarca, Suécia, Noruega e Islândia, que os escandinavos começaram a usar a escrita como um meio de documentação e registro. A preservação de relatos mais antigos dos seus antecessores dos séculos VIII, IX e X deixou para trás uma versão do seu passado vista pelo prisma moral do cristianismo. Autores dos séculos XII e XIII como Snorri Sturluson, que oferecem os relatos mais antigos em existência da mitologia viking, tinham ideias religiosas diferentes das dos ancestrais sobre os quais escreveram.

Textos podem se mostrar não confiáveis para a tentativa de obter acesso a fatos históricos sobre a Era Viking, mas a arqueologia pinta uma imagem diferente. Em vez de sujos, violentos e bárbaros, os achados funerários mostram consistentemente que o povo viking era exigente com sua aparência. Pinças, pentes e colheres de orelha para remover cera eram muitas vezes colocados nas sepulturas.[29] A importância de se limpar regularmente é até mesmo preservada no termo do nórdico antigo para sábado: "*laugardagr*", ou "dia de se banhar". Quando indivíduos vikings chegavam a lugares novos ou encontravam pessoas de outras culturas, para a maioria eles pareciam asseados, viajados e exóticos. Essa impressão era reforçada pelas modas preferidas tanto por homens como por mulheres.

Bens funerários indicam que homens e mulheres se adornavam com contas e joias vindas de todo o mundo conhecido. Achados como um Buda de bronze feito na Caxemira e uma concha batismal egípcia foram transportados para o cosmopolita centro comercial de Helgo, perto de Estocolmo, e enterrados lá. Podemos deduzir que os objetos e ideias estrangeiros que eles encontravam em suas viagens eram valorizados, exibidos e estimados. Essas descobertas arqueológicas apresentam um mundo viking curioso, poderoso e de amplo alcance.

Buda de bronze, provavelmente feito na Caxemira, enterrado em Helgo, século VI.

Mulheres vikings

A descoberta de DNA de 2017 levou a um crescimento do interesse nas mulheres vikings. Mesmo os críticos mais diretos dos geneticistas concluíram que "o apelo emocional da guerreira mulher, especialmente na Era Viking, é forte demais para uma argumentação ponderada".[30] Cercada por armas, com um par de cavalos aos seus pés e um enorme rochedo erguido sobre seu túmulo, a Guerreira de Birka alimenta um fascínio cada vez maior por mulheres fantásticas que desafiam estereótipos.[31] Da Mulher-Maravilha à Lagertha da série *Vikings*, do History Channel, a quebra do tabu das mulheres como o sexo mais fraco, por meio de uma combinação de arqueologia e investigação forense, é distintamente um fenômeno do século XXI.[32] Nos últimos tempos, estudiosos têm voltado a fontes como as sagas, examinado mitos e vasculhado registros históricos em busca de evidências da vida cotidiana das mulheres escandinavas no início da Idade Média.[33] Mas isso é tão redutor quanto definir como é a vida para "uma mulher britânica" no século XXI. A imagem que surge é tão variada, única e dependente de circunstâncias individuais quanto é hoje. Todo tipo de fator afetava como as mulheres viviam na Era Viking, e as experiências não eram universais, mas sim sujeitas a classe, idade, origem, família, saúde e riqueza.

Em muitos aspectos, a vida para as mulheres vikings era assolada pelos mesmos problemas que têm afetado as mulheres através dos tempos.[34] Elas eram usadas como peões diplomáticos por meio de casamentos arranjados, tinham que resistir às provações do parto, eram responsáveis pela criação das crianças e encarregadas das tarefas domésticas. Também podiam ser um peso para suas famílias, já que precisavam de dote quando se casavam. Já se sugeriu que o infanticídio feminino, para evitar a necessidade de sustentar filhas demais, era praticado em algumas partes da Escandinávia no início da Idade Média.[35] Bebês indesejados podiam ser "*bera út*" (levados para fora) e deixados para morrer, expostos aos elementos.[36] Quando a Noruega se converteu ao cristianismo, era frequente a aprovação de leis para evitar o infanticídio, o que sugere que esse era realmente um problema que precisava ser erradicado. Mas tanto bebês meninos como bebês meninas eram "levados para fora". Dadas as condições ameaçadoras dos invernos rigorosos enfrentados por muitos na Escandinávia, um bebê indesejado a mais poderia significar a diferença entre sobrevivência e morte para uma família.

O infanticídio é um reflexo sombrio de uma existência difícil, não só o resultado de um desequilíbrio de gêneros.

Estudos recentes descobriram que o movimento e os assentamentos tão característicos da Era Viking talvez tenham sido uma necessidade devido à disparidade entre as populações masculina e feminina.[37] Os homens podiam tomar mais de uma mulher como esposa, deixando muitos homens solteiros sem mulheres suficientes com as quais se casar. É possível que a competição por esposas tenha levado homens jovens a viajar, dar provas de suas façanhas militares e arrebanhar riquezas capazes de elevar sua posição. Embora todas essas evidências pareçam apoiar uma imagem das mulheres na sociedade viking como privadas de direitos, oprimidas e controladas, lidando com a vida dentro dos limites da casa enquanto os homens tratavam do mundo exterior, existem evidências que apontam na direção oposta.[38]

Descobertas frequentes de chaves em sepulturas femininas sugerem que as mulheres eram responsáveis pelas propriedades da família, podiam se envolver em atividades comerciais e conseguiam administrar negócios. Códigos legais sobreviventes, criados para oferecer orientação moral e jurídica, também indicam que muitas mulheres vikings podiam viver bem e possivelmente tinham mais direitos que as mulheres do sul da Europa. Também podiam possuir propriedades, se divorciar de seus parceiros se fossem maltratadas e administrar suas próprias terras. Se o marido batesse nela, uma mulher podia exigir o pagamento de uma multa. Se ele fizesse isso diante de testemunhas, ela recebia um pagamento e podia se divorciar dele depois do terceiro golpe. Há também casos nos quais mulheres pediam o divórcio porque seus maridos se vestiam "de modo feminino", como na *Laxdaela Saga*, na qual Guthrum faz para Thorvald uma camisa de gola larga para conseguir metade das propriedades dele e sua liberdade.[39] Em relações mais amorosas, os maridos também homenageavam suas esposas. Na Pedra Rúnica de Odendisa, de Hassmyra, na Suécia, existe uma inscrição na qual o marido lamenta: "Nenhuma esposa melhor virá a Hassmyra para administrar as terras". O nome da mulher – Odendisa – é bastante raro e sua tradução é "Deusa de Odin".

De fato, é no domínio dos deuses vikings que o papel das mulheres é ainda mais proeminente. Uma mulher – Freia – possivelmente detém a segunda posição mais importante no panteão de deuses, após Odin, o Pai de Todos. Ela é comumente conhecida como uma deusa do amor, da morte, do sexo, da beleza e da guerra, e tinha o direito de levar metade dos mortos para seu reino, Folkvangr, enquanto Odin recebia a outra metade em Valhala. Seu salão é visto como um lugar de descanso digno das mulheres que viveram uma vida exemplar, mas também para guerreiros homens mortos em batalha. Ao lado de Freia, as nornas, que tecem os fios do destino, e as valquírias aladas têm um papel essencial na vida espiritual da Era Viking. Essas mulheres sobrenaturais estavam inseridas nos contos mitológicos de guerras e batalhas em todas as sagas vikings. Em um poema do século IX atribuído a Thórbiorn Hornklofi, uma valquíria conversa com um corvo sobre o ato de levar os guerreiros tombados do campo de batalha:

> Uma donzela de nobres princípios falando, de cabelos dourados, de braços brancos, com um corvo de bico brilhante. Sábia era considerada a valquíria; homens nunca eram bem-vindos àquela de olhos brilhantes, ela que a língua dos pássaros sabia muito bem.[40]

Kennings que descrevem as valquírias reforçam sua sede por sangue, e um deles as descreve como "as deusas desejantes de veias demasiadamente secas".[41] Elas são mulheres sedentas por se alimentar das ruínas da guerra; elas fazem rasantes sobre os campos de batalha como as bestas carniceiras de Odin, bicando seus despojos. Essas histórias não são para os fracos de coração, e colocam seres espirituais femininos na vanguarda das guerras. É importante notar que nossa própria noção de guerra moderna está em desacordo com a da Era Viking. Hoje, vemos a guerra como um momento no qual duas forças distintas se envolvem em batalha. A cultura guerreira para os vikings era um modo de vida que alimentava suas práticas espirituais – e era alimentado por elas. Em vez de pensar em termos de nossas religiões modernas, os vikings tinham um sistema de crenças que estava ligado e adaptado às suas práticas sociais e culturais. Uma vez que a guerra era um componente essencial, não surpreende que encontremos homens e mulheres refletindo aspectos da cultura guerreira em seus rituais e atitudes para com o mundo sobrenatural.[42]

As mulheres tinham um papel essencial na vida espiritual das comunidades vikings. Textos registram que algumas mulheres atuavam como videntes, conhecidas como "*völva*" (que significa "detentoras do cajado mágico"). *Völvas* buscavam "*seiðr*", que era uma forma de mágica ligada a Freia e Odin (as divindades feminina e masculina) capaz de prever e moldar o futuro.[43] Mais uma vez, a arqueologia apoia as evidências textuais, com a descoberta de sepulturas com objetos que talvez fossem usados na prática de *seiðr*. O mais comum é o fuso, usado para fiar, que pode ter emulado a ação das nornas ao fiar os fios do destino.[44] *A saga de Erik, o Vermelho*, descreve uma *völva* chamada Thorbjórg, que significa "protegida por Thor". Ela foi enterrada com "um cajado nas mãos, com uma protuberância na ponta; ele era ornamentado com latão e incrustrado com pedras ao redor da protuberância".

Um bastão com essa descrição foi encontrado em uma sepultura da Era Viking em Fyrkat, na Dinamarca. Uma mulher foi enterrada em roupas azuis e vermelhas ornamentadas com fios dourados. Após ser colocada em uma carruagem, objetos foram dispostos ao seu redor, entre eles raros anéis de prata para os dedos dos pés e tigelas de bronze da Ásia Central. Sementes da planta venenosa meimendro foram incluídas na sepultura, colocadas dentro de uma bolsa. Quando jogadas no fogo, elas produzem uma fumaça com resultados alucinógenos, de modo que podem ter sido usadas em práticas ritualísticas para induzir transes xamânicos. Aos seus pés foi colocada uma caixa que também continha objetos incomuns: egregófitos de coruja ao lado dos ossos de pequenos pássaros e mamíferos. Essa mulher talvez tenha sido uma *völva*, e certamente foi homenageada após a morte com uma sepultura contendo objetos que sugerem que ela realizava atos ritualísticos.

Como no mundo mitológico da Era Viking as mulheres desempenhavam papéis poderosos e ativos em todas as áreas, até mesmo na guerra, parece óbvio que elas pudessem realizar tais ações em vida. Nas comunidades escandinavas, nas quais grupos familiares (que talvez não tivessem homens jovens fortes e treinados para protegê-los) ficavam isolados uns dos outros, é perfeitamente plausível imaginar que uma mulher pudesse pegar uma arma e ser treinada para usá-la. Quando os invernos eram brutais e aldeias inteiras corriam o risco de ser dizimadas por doenças ou pela fome, cada indivíduo contava, e designar papéis "masculinos" ou "femininos" teria sido prejudicial. As mulheres precisavam fazer tudo o que os homens faziam. O mesmo ocorria com grupos de viajantes e colonos: cada pessoa precisava dar sua contribuição. Nós já sabemos que as mulheres viajavam com os homens nas expedições vikings, especialmente quando se assentavam em áreas novas, como revela o grande número de esqueletos femininos no fosso funerário de Repton.[45] Quando lutavam pela sobrevivência, as mulheres eram (e ainda são) tão hábeis quanto os homens, e certamente eram capazes de defender a si mesmas e às suas comunidades.

Senhoras dos mares

Existem mulheres vikings identificáveis, com nomes conhecidos, cujos feitos são celebrados e registrados nas sagas e em monumentos rúnicos. Elas conquistaram grandes coisas e são lembradas por isso. O texto islandês *Laxdaela Saga*, do século XIII, trata da colonizadora da Islândia Unn, a da Mente Profunda, do século IX. Esposa do autoproclamado "Rei de Dublin", Olaf, o Branco, ela viajou extensivamente com sua família, seguindo seu filho para viver com ele nas ilhas Hébridas.[46] Quando ele morreu, ela encomendou em segredo um grande navio *knarr*, que ela capitaneou até Orkney. No controle de uma tripulação de vinte, Unn agiu como comandante. Ela casou sua jovem neta com um estrangeiro e atravessou o mar levando prisioneiros e escravizados.

Quando chegou ao oeste da Islândia, reivindicando as terras para si, ela estabeleceu uma comunidade e deu aos escravizados terras e o status de libertos. Ela sabia que, após a morte do filho, sua posição social futura estaria sob ameaça. Sua decisão de agir como líder, reunindo sua família, escravizados e posses em busca de um lugar onde passar o resto de sua velhice, foi uma decisão de sobrevivência.[47] Sua vida é recontada em muitas sagas. Uma história fundacional centrada em uma mulher poderosa foi celebrada e relembrada através dos séculos. Estudos recentes de DNA na Islândia mostram que os primeiros colonos eram de fato da Irlanda, da Escócia e da Escandinávia, de modo que o legado de Unn continua até hoje.[48]

Os relatos das vítimas dos exércitos vikings sugerem que entre os guerreiros havia mulheres. O texto do século XII *Cogadh Gaedhel re Gallaibh* ("A guerra dos irlandeses contra os estrangeiros") afirma que durante um ataque a Munster, em meados do século X, uma das dezesseis flotilhas era comandada pela "frota de Inghen Ruiadh", cuja tradução é "Garota Vermelha". Essa referência casual deixa implícito que uma mulher podia ser a comandante de uma frota.[49] Subitamente, a sepultura em Birka parece menos uma anomalia, e em vez disso passa a revelar uma janela instigante para um grupo seleto de mulheres vikings que podiam lutar e liderar.

Então por que ainda ficamos tão chocados ao encontrar evidências arqueológicas de guerreiras mulheres? No caso da Noruega, o maior navio do país foi descoberto em Gokstad em 1880. Destinado à guerra, ao comércio e ao transporte de pessoas e também de mercadorias, ele levava 32 remadores e tinha um mastro capaz de sustentar uma vela de 110 metros quadrados. Seu desenho era engenhoso, mas a execução era simples, com poucos entalhes e ornamentos. Enterrado sob um enorme monte, o navio continha o corpo de um homem. Com cerca de 40 anos, 1,80 metro de altura e uma constituição robusta, era um verdadeiro "viking".

Pouco mais de duas décadas mais tarde, em 1904, Gabriel Gustafson liderou uma equipe na descoberta de um outro navio enorme, dessa vez em Tønsberg, na fronteira da Suécia com a Noruega. Conhecido como navio de Oseberg, ele agora está ao lado de seu antecessor no Museu do Navio Viking, e as diferenças são notáveis. Ligeiramente menor que o navio de Gokstad, ele possui entalhes elaborados na proa e na popa, e a gama de objetos colocados dentro dele no sepultamento é simplesmente chocante. De baldes esmaltados a coleiras de cachorro, de fragmentos de tapeçarias à única cadeira da Era Viking a ter sobrevivido, os achados do navio de Oseberg oferecem um microcosmo de como era a vida no século IX para as famílias vikings mais luxuosas e poderosas.

Há uma outra diferença crucial entre os navios. O navio de Oseberg era uma homenagem a dois indivíduos, e não um. E a descoberta de que ambos os esqueletos eram femininos levou a uma grande confusão. Enquanto o esqueleto de Gokstad se encaixava nas noções preconcebidas de um guerreiro viking, os acadêmicos procuravam bravamente algo que explicasse por que uma mulher idosa e outra de meia-idade seriam dignas de uma sepultura tão extraordinária quanto o navio de Oseberg. Chegou-se até mesmo a sugerir que um terceiro corpo, de um homem, devia ter sido enterrado como o foco de um monumento funerário tão elaborado – com as mulheres sacrificadas para acompanhar esse homem, muito mais importante que elas, na vida após a morte.[50] Mas nada do tipo jamais foi descoberto. Em vez disso, o sepultamento no navio, que ainda continha quatro trenós, uma grande carruagem, mobília, objetos domésticos e tecidos, teve como foco essas duas mulheres, com cerca de 50 e 80 anos de idade.[51] Houve tentativas de determinar quem foram elas, e uma sugestão popular é que uma delas foi a rainha Åsa, avó do primeiro rei da Noruega. Independentemente de um dia conseguirmos confirmar suas identidades, o fato é que a escala dos seus sepultamentos sugere que elas tinham a posição social mais alta possível e foram homenageadas por sua comunidade.

Ademais, os ossos no navio de Oseberg mostram claros sinais de que foram perturbados alguns séculos após seu sepultamento original. Essa não é uma característica incomum nos montes funerários vikings. Parece que frequentemente, em algum momento após o sepultamento, túneis eram escavados no solo no ponto onde o corpo estava localizado e parte do esqueleto era removido. É difícil imaginar o propósito disso. Uma sugestão é que os ossos podem ter sido triturados e usados para fazer armas que preservavam a memória e a força de grandes ancestrais em sua manufatura.[52] O processo de forja das armas exigia que o ferro fosse queimado com carbono, e como ossos foram encontrados em panelas em cemitérios, é possível que restos humanos tenham sido usados para criar carvão de ossos para o processo de endurecimento. "Nascidas" das fornalhas, as armas então recebiam nomes como Gram, Bastard e Tyrving. Ao forjar o metal com ossos humanos, as experiências de vida de grandes ancestrais podiam ser magicamente subsumidas nos objetos.

Outra teoria para os esqueletos de Oseberg terem sido remexidos tem como centro a disseminação do cristianismo na Escandinávia. Entre os rus, existem registros de governantes que desenterraram os ossos de familiares para que eles fossem batizados. Em meados do século XI, Jaroslau, o Sábio, fez seus dois tios pagãos, Olaf e Yaropolk, serem exumados, abençoados e novamente sepultados em sua igreja recém-estabelecida. Haroldo Dente-Azul, o primeiro governante cristão da Dinamarca, ordenou que seus pais pagãos fossem reenterrados em uma câmara sob o piso de sua igreja em Jellinge. As igrejas na Escandinávia eram muitas vezes construídas perto de cemitérios pré-cristãos ou sobre eles, e a famosa *Laxdaela Saga*, do século XIII, descreve como uma bruxa pagã enterrada sob uma das primeiras igrejas da Islândia aparece em um sonho e pede para ser reenterrada em algum lugar distante das lágrimas e das preces cristãs.[53]

Os esqueletos das mulheres enterradas em Oseberg estão incompletos, e está claro que alguns ossos foram removidos por meio de túneis. Se esses ossos faltantes foram reenterrados ou usados para imbuir as armas da proteção de antigos ancestrais é impossível de determinar. Mas a perturbação de suas sepulturas sugere que sua localização foi recordada por séculos, e seus nomes, reputações e importância foram passados de geração em geração. Elas provam que as mulheres podiam ser homenageadas por muito tempo após suas mortes como guerreiras vikings fortes e ousadas.

Normas de gênero?

A inversão das nossas expectativas quanto à ordem social dos vikings ultrapassa a vida após a morte e se estende para outras áreas da vida, como o comércio. Hoje, ainda falamos em "*tradesmen*"* e presumimos que viagens, negociações e o trabalho envolvido na movimentação de bens pertencem em grande medida à esfera masculina. Entretanto, em Birka, os pesos e balanças que costumam estar associados aos comerciantes são encontrados em 32% das sepulturas femininas, em comparação com apenas 28% das sepulturas masculinas.[54] Birka é um lugar onde as presunções de gênero são continuamente contestadas, e o exame de achados similares por toda a Noruega mostra um padrão semelhante. O comércio não é um domínio exclusivo dos homens.

Talvez não surpreenda que, ao longo de todas as evidências escritas, o indivíduo ideal celebrado pela sociedade viking e pelos deuses demonstre características que seriam descritas como "masculinas". A classe guerreira compunha a elite social, destinada a ser celebrada na vida após a morte, de modo que a força física e a habilidade no manejo das armas eram valorizadas. Mas essas características não são um marcador definitivo de sexo biológico. A fluidez podia existir em ambas as direções: rumo a esse ideal e para longe dele.

A ambiguidade de gênero, baseada nas vestimentas, cabelos, atributos e comportamento, é comumente expressa na arte e na literatura da Era Viking. E por meio da religião, que com frequência reflete questões sociais e culturais mais amplas, conseguimos obter ainda mais insights.[55] O famoso relato do casamento de Thor sobrevive no *Þrymskviða*, um dos poemas mais célebres da série anônima de relatos conhecida como *Edda poética*.[56] O martelo mágico de Thor, Mjolnir, é roubado pelo rei dos gigantes, Þrymr.

---

* A palavra *tradesmen* significa "comerciantes" e é formada por *trade* (comércio) e *men* (homens), implicando, portanto, que o comércio seria uma atividade masculina. (N.T.)

Então Loki, deus da trapaça, pega emprestado o manto voador de Freia e descobre que Þrymr só devolverá o martelo em troca da mão da deusa em casamento. Os irmãos Thor e Loki pedem a Freia que se vista para o casamento, mas ela fica furiosa e se recusa categoricamente a fazê-lo. Essa mulher não será dada em matrimônio contra sua vontade, então os deuses se reúnem e decidem que Thor deve ir em seu lugar.

Eles tomam providências específicas: o deus do trovão deveria usar um vestido até os joelhos, um véu de noiva e o precioso e reconhecível colar da deusa, Brísingamen. Loki também se veste de criada de Thor. Os dois chegam à corte dos gigantes e, quando o baquete é apresentado, Thor começa a se comportar de maneira suspeita aos olhos de Þrymr, consumindo animais inteiros e bebendo três barris de hidromel. Loki justifica isso alegando que Freia havia passado oito dias sem comer, de maneira que até esse comportamento aparentemente "masculino" é aceito. Pronto para consolidar seu matrimônio, Þrymr dá à noiva seu presente de casamento: o martelo Mjolnir. Novamente de posse de sua arma mágica, Thor se livra de seu disfarce e mata todos ao seu redor.

A estátua de Thor de Eyrarland, bronze, Museu Nacional da Islândia, c. 1000 (esq.), e Odin de Lejre, prata fundida, Museu Nacional da Dinamarca, c. 900 (dir.).

Porque esse relato foi registrado no século XIII, lançaram-se dúvidas sobre se essa é uma história bastante antiga ou uma paródia tardia cuja intenção é mostrar os deuses pagãos em uma luz desfavorável. No entanto, a estátua Eyrarland, uma escultura do século X encontrada na Islândia e firmemente datada da Era Viking, parece mostrar o momento em que Thor é presenteado com o martelo em seu colo. Isso sugere que essa é uma história antiga e bem estabelecida.

Outra representação da fluidez de gênero divina foi descoberta por um arqueólogo amador em 2009 e é hoje conhecida como Odin de Lejre, Dinamarca.[57] Ela data de cerca de 900, é de prata fundida e tem apenas dezoito milímetros de altura, e parece retratar o chefe dos deuses. A minúscula escultura contém todos os atributos reconhecíveis de Odin. Ele está sentado em seu alto trono, Hliðskjálf, de onde consegue ver os nove reinos. Seus dois corvos, Hugin e Munin, são representados nos braços do trono, enquanto seus lobos, Geri e Freki, estão sentados atrás. A ambiguidade, no entanto, está em seus trajes. A figura usa um vestido que chega ao chão, um avental e quatro voltas de contas ao redor do pescoço. Ela também parece ter um bigode, de modo que está usando roupas reconhecidamente femininas, com pelos faciais que são masculinos. Diversos acadêmicos assumiram uma postura rígida: se as vestimentas são femininas, então a figura não pode ser Odin, e, portanto, deve ser Freia ou a esposa dele, Frigga. Mesmo assim, o simbolismo é claro. Talvez nesse objeto minúsculo possamos perceber como eram fluidas as atitudes escandinavas no século X em relação ao gênero. Se o principal deus pode se vestir como uma mulher, e o deus do trovão pode se vestir como uma mulher, poderiam também os outros homens?

Outros artefatos reforçam a ideia de que as pessoas de um sexo podiam se apresentar como de outro. Os cabelos e as vestimentas de figuras pintadas em pedras rúnicas, esculpidas em joias e tramadas em tapeçarias demonstram a fluidez de gênero na Era Viking. O cabelo permanece hoje uma forma de expressar identidade. É uma parte definidora de um ser humano, algo que cresce continuamente ao longo de nossas vidas, pode ser cortado sem dor e dolorosamente arrancado do corpo. Sua cor, textura, comprimento, estilo e sua falta, no caso de calvície, sem falar nos pelos faciais e corporais, são todos elementos significativos para aqueles que nos cercam. Assim como hoje, na sociedade viking o cabelo era usado para expressar identidade.[58] A célebre história de Loki cortando os cabelos de Sif, esposa de Thor, joga com tabus relativos aos cabelos. Na *Edda em prosa*, de Snorri Sturluson, do século XIII, Sif é descrita como "a mais adorável das mulheres, com cabelos de ouro". Numa travessura, Loki corta os cabelos dourados de Sif. Thor se sente tão insultado por isso que captura o irmão e o obriga a providenciar um adorno de cabeça feito de ouro sólido pelos anões para substituir os cabelos de sua esposa. E a afronta de Loki é tão severa que ele ainda fica devendo outras compensações. Ele termina por oferecer a cada deus e deusa seu atributo mais precioso: Odin recebe sua lança mágica; Thor, seu martelo Mjolnir; e Frey, seu javali de ouro. Que um castigo tão severo tenha resultado do corte dos cabelos de Sif sugere que violar uma pessoa dessa maneira era inaceitável. Os cabelos de uma pessoa eram parte dela; cortá-los sem permissão equivalia a um ataque e exigia indenização.

Representações artísticas dos cabelos vikings também sugerem que eles carregavam significado simbólico. As famosas estelas com imagens de Gotland, das quais quatrocentas datam dos séculos V a XII, oferecem um registro visual de penteados.[59] As que foram erigidas durante a Era Viking mostram que as mulheres na maioria das vezes usavam seus cabelos em um rabo de cavalo enrolado em um nó no topo. Os homens são representados usualmente com cabelos curtos, embora um terço tenha cabelos mais compridos em uma trança. Muitos têm barba, mas existe um grupo interessante que parece subverter essas presunções. Alguns são mostrados de barba, mas usando vestido, enquanto outros têm barba e rabo de cavalo. Os textos, artefatos e imagens contribuem para as evidências de que homens de fato subvertiam as normas de gênero vestindo-se ou usando seus cabelos de maneiras reconhecidamente femininas.

Como os códigos legais, as sagas e os textos religiosos da Era Viking discutem o que aconteceria se as mulheres andassem vestidas como homens, podemos presumir que as mulheres também subvertiam as normas de gênero na vida cotidiana. Um homem se divorcia de sua esposa "sob a justificativa de que ela criou o hábito de usar calças [...] como uma mulher masculina". Que as mulheres estivessem recebendo ordens para não usar roupas masculinas implica que elas o faziam em número suficiente para exigir a criação de estruturas legais que evitassem isso.

De volta à Birka

Em sepulturas de toda Birka, descobriram-se artefatos provenientes de locais a muitos quilômetros de distância. Tecidos bizantinos tramados com fios dourados eram enterrados ao lado de sedas trazidas do Extremo

Oriente. Cerâmicas vinham da Renânia, enquanto moedas da Inglaterra, da Gália carolíngia e de Constantinopla revelam uma rede comercial diversificada e com um alto grau de sofisticação. A sepultura número Bj 581 também estava repleta de achados exóticos, sugerindo que a mulher lá enterrada ou era muito viajada ou tinha chegado à Birka vinda de algum outro lugar. Já se defendeu que ela não seria descendente de escandinavos, mas teria vindo para a Suécia de terras eslavas. O DNA é inconclusivo a esse respeito, mas nós sabemos que os mortos não se enterram sozinhos. O sepultamento guerreiro que ela recebeu foi criado para ela pela comunidade sueca que a enterrou. Eles queriam honrá-la após a morte da maneira mais suntuosa possível.

Existem alguns fatos sobre os quais temos certeza nesse sepultamento. A pessoa na sepultura Bj 581 era uma mulher. Ela foi enterrada com armas, cavalos e peças de jogo, em uma ampla câmara de madeira fora das fortificações da cidade. Ela estava sentada ou entronada, talvez até escarranchada numa sela de cavalo, vestida em trajes caros tecidos com fios de seda e prata. Ela é apresentada na morte como uma pessoa abastada, poderosa e envolvida de alguma maneira em guerras. Ao longo dos últimos dois séculos, milhares de sepulturas da Era Viking foram escavadas e seus conteúdos identificados como "masculinos" ou "femininos" a depender dos objetos encontrados junto aos ossos. Esse exemplo funciona como um lembrete de que precisamos reavaliar essa prática e voltar às evidências. Análises do DNA de muitos outros ossos estão acontecendo, e muitos mais indivíduos como a Mulher Guerreira de Birka já vêm surgindo.

Em 2019, o rosto reconstruído de uma mulher enterrada na fazenda Nordre Kjølen em Solør, na Noruega, foi revelado ao público. Seu esqueleto indica que ela foi ferida por uma espada que atravessou sua testa, mas não foi isso que a matou. Essa ferida se fechou, deixando uma cicatriz. Ela foi enterrada com uma espada, lança, machado de guerra e flechas, com a cabeça descansando sobre um escudo e um cavalo com rédeas no pé da sepultura. Ela tinha cerca de 18 ou 19 anos quando morreu e sua altura era de 155 centímetros. Esse arranjo poderia representar sua posição no âmbito de uma família militar, ou poderia ser um reflexo do papel que ela assumiu na vida – isto é, o de guerreira. O ferimento é revelador, e mostra que ela experienciou a violência e se feriu como resultado. Outro sepultamento intrigante de Aunvollen em Nord-Trøndelag também vem colocando novas questões. A mulher de 20 anos desse sepultamento estava disposta sobre uma colcha, com a espada, oito peças de jogo, um pente, tesouras e uma caixa pequena. A combinação de achados tradicionalmente vistos como "masculinos" e "femininos" sugere, mais uma vez, que devemos reavaliar nossas preconcepções e ver as pessoas desse período como capazes de atitudes em relação a sexo e gênero que desafiam nossas presunções dos tempos modernos.

As evidências permanecerão fragmentárias, mas essas descobertas recentes estão fazendo os estudiosos voltarem aos achados da Era Viking com um olhar renovado. Em vez de simplesmente interpretar as evidências à nossa disposição com técnicas herdadas de tradições mais antigas, imbuídas de concepções equivocadas, agora existem novas maneiras de olhar. Quando buscamos representações de fluidez de gênero, um novo ângulo surge. Isso não equivale a dizer que todas as mulheres vikings eram as donzelas munidas de escudos da lenda, ou mesmo que um grande número fosse. A Mulher Guerreira de Birka pode ser uma exceção. Mas por meio do excepcional podemos encontrar inspiração, e por meio da história dela somos lembrados de manter a mente aberta quando olhamos para o passado. Ele foi tão complexo e tão contraditório quanto nosso presente.

Não é só porque conseguimos imaginar a Mulher Guerreira de Birka lutando com a força física e a habilidade de homens que sua sepultura é significativa. Ela também nos mostra um mundo viking com conexões a milhares de quilômetros; uma cidade transbordando de ideias e influências; um ambiente cosmopolita, complexo e fascinante que desafia as representações tradicionais dos vikings. Além disso, ela nos apresenta uma visão diferente da violência no período medieval. É importante separar as invasões do tipo atacar e roubar e as pilhagens atribuídas a saqueadores da Era Viking do trabalho militar no qual ela talvez estivesse empenhada em Birka. Se liderava e era capaz de usar armas, ela provavelmente tinha uma alta posição social e muito treinamento. Ela pode ter feito parte de uma tropa cujo objetivo era defender Birka de ataques, de modo que é possível que não tenha entrado em ação em invasões ou batalhas em locais mais distantes.

Seus ossos não mostram sinais de terem participado de combates braçais. Isso não é incomum, já que alguns ferimentos podem não deixar marcas no esqueleto. Mas as análises conduzidas no esqueleto da Guerreira de Birka são insuficientes para determinar se havia mudanças características no físico do indivíduo sugestivas do envolvimento em atividades guerreiras. Ações repetidas, como puxar a corda de um pesado arco longo centenas de vezes, resultam em mudanças no esqueleto.[60] Os ossos de arqueiros do século XIV mostram defeitos nas escápulas, punhos e cotovelos. Mas nenhum defeito desse tipo foi ainda determinado em relação à Mulher Guerreira de Birka. Sem essas evidências, é impossível dizer que essa pessoa realmente pegava as armas com as quais foi enterrada e as usava para lutar.

Existem, então, nossas pressuposições modernas sobre os aspectos da violência mais ligados ao gênero. Homens envolvidos em atividades militares continuam sendo impelidos na direção de um certo tipo de "masculinidade", e a violência contra as mulheres pressupõe uma passividade que reforça as conexões entre a guerra ser uma ocupação masculina e a condição de vítima, algo do domínio feminino.[61] O clichê moderno de que "mulheres e crianças" são inocentes e não poderiam tomar parte na violência ainda é uma suposição com raízes profundas. Mas hoje em dia isso é continuamente subvertido, assim como foi mil anos atrás. Quando homens e mulheres existem no âmbito de "civilizações" estruturadas e podem contar com mecanismos de classe para manter o verniz da distinção de gênero, demarcações do que se espera de um "homem" e de uma "mulher" são mais facilmente implementadas. Mas nos ambientes desafiadores da Era Viking na Escandinávia, em comunidades nas quais a contribuição de cada pessoa

Molde de argila usado na produção de pendentes, Ribe, Dinamarca, século IX.

era determinante para o sucesso e a sobrevivência do grupo, um indivíduo se comportaria de acordo com a necessidade. Uma cidade comercial escandinava do século IX como Birka estaria aberta a todo tipo de gente, com todo tipo de formação. É provável que algumas mulheres já tivessem enfrentado conflitos e ameaças, e desenvolvido os meios para se defender em resposta. Não existe uma narrativa única, e o esqueleto no túmulo Bj 581 nos lembra de não procurar uma "mulher" coletiva do passado, mas sim examinar indivíduos, e o que eles podem nos contar a respeito do tempo e do lugar específicos nos quais viveram.

No mesmo ano em que o DNA da Mulher Guerreira de Birka foi revelado, um conjunto de 7 mil fragmentos de argila foi recuperado na cidade comercial dinamarquesa de Ribe.[62] A exemplo de Birka, esse era um assentamento viking costeiro ao qual mercadorias, pessoas e ideologias chegavam e do qual partiam ao sabor das ondas.[63] Partindo desse local vibrante e cosmopolita, artefatos viajavam pelas estradas aquáticas da Escandinávia. Quando foram unidos, descobriu-se que os milhares de pedaços de fragmentos de argila eram moldes, usados originalmente na produção de pendentes de metal. Produzidos em massa, e um dos primeiros exemplos de "*fast fashion*" ("moda rápida"), os pendentes – e as figuras e símbolos neles – eram populares. É interessante, então, que dois dos moldes apoiem a ideia de fluidez de gênero no mundo viking. Em um deles, um homem barbado puxa os próprios cabelos, um gesto usualmente realizado por mulheres, enquanto em outro uma mulher usa um traje longo, carregando espada e escudo. Mas ela não é uma guerreira, já que seu longo vestido e cauda teriam dificultado sua atuação em combate.

É possível que as mulheres que carregavam essas armas representassem uma valquíria. Essa é uma interpretação comum para estatuetas de metal, incluindo a descoberta em 2013 em Hårby, Dinamarca, que também está de vestido, mas empunha uma espada.

Mas pode ser que os fragmentos de argila, pendentes e esculturas de metal façam referência a um outro domínio da vida viking no qual as mulheres talvez tenham subvertido as normas de gênero. Os rituais e cerimônias da Era Viking eram ocasiões especiais, e representações dessas procissões podem ser vistas em fragmentos de materiais tecidos descobertos no navio de Oseberg. Por meio de reconstruções, as tapeçarias originais parecem mostrar homens e mulheres se comportando de maneiras não convencionais.

Uma figura estranha usa um elmo com chifres (o que apoia a ideia de que eles eram usados em rituais, não em batalhas), enquanto muitas mulheres empunham armas. Ainda existem hoje comemorações de Primeiro de Maio, dias festivos e festivais nos quais os membros de uma comunidade se vestem de maneira a subverter as normas. Essas imagens sugerem que as cerimônias durante a Era Viking eram igualmente subversivas.

A Mulher Guerreira de Birka e as "valquírias" de Ribe oferecem duas visões diferentes das mulheres durante a Era Viking. De um lado, pode ter havido algumas mulheres notáveis que participavam de batalhas e eram guerreiras. De outro, mulheres podem ter assumido papéis e atributos masculinos, como o uso de armas, em contextos ritualísticos e cerimoniais. Ambas as descobertas reforçam a ideia de que, em vez de simplesmente designar um indivíduo do passado como "masculino" ou "feminino", nós precisamos considerar o contexto cultural. O DNA pode determinar uma configuração cromossômica XY ou XX, mas a forma como a pessoa vivia, se vestia, se comportava, como se autoidentificava e os papéis que assumiu em suas sociedades são muito mais difíceis de reconstruir mais de mil anos depois. Ao menos agora, graças em parte à Mulher Guerreira de Birka, existem novas formas de olhar e pensar sobre gênero, as quais estão dando forma à nossa relação com o passado. Como restaram apenas ossos e bens funerários, boa parte da sua história se perdeu. Mas avanços na tecnologia estão começando a permitir que essas mulheres perdidas, excluídas durante séculos dos registros históricos, falem conosco uma vez mais.

4. ARTISTAS E PATRONAS

Descoberta!

Janeiro de 1983 – Bayeux, Normandia, França

Oficiais franceses estão diante de um desafio. A Tapeçaria de Bayeux, um dos artefatos mais famosos do país, está de mudança para um novo museu. Ela não é limpa ou restaurada há décadas e está coberta de poeira acumulada. Como farão para limpá-la, onde isso acontecerá e quem conseguirá o contrato são questões que ficarão sob o escrutínio da imprensa, de especialistas e de espectadores de todo o mundo. O que quer que venham a fazer, precisará ser feito com muito cuidado, para proteger esse sobrevivente medieval delicado e único.

Do outro lado dos 35 quilômetros de água que separam a Inglaterra da Normandia, na capital inglesa – Londres –, o controverso crítico de arte Brian Sewell está escrevendo um texto duro, ainda que divertido, chamado "Tapestry and Swimming Pools" [Tapeçaria e piscinas].[1] Expressando sua consternação com o boato de que o bordado mais famoso do mundo será mergulhado em uma piscina olímpica em Paris, ele apresenta um cenário absurdo. Cem mulheres locais serão treinadas para segurar fisicamente a peça por cinco dias e cinco noites, a fim de limpar o tecido hoje imundo.

O método não convencional pode muito bem ser uma brincadeira, ou um boato espalhado por uma empresa suíça em uma tentativa desonesta de levar o serviço de limpeza, mas a imprensa francesa logo veio em seu auxílio. Afirmam que a tarefa é impossível, pois a enorme piscina é vinte metros pequena demais para acomodar a extraordinária obra-prima medieval. Mas ela ainda suscita protestos do outro lado do canal da Mancha. Sewell afirma que a obra é "muito mais nossa que deles", e outros se juntam a ele, descrevendo os franceses como "cuidadores inadequados de um tesouro nacional inestimável que jamais deveria ter deixado a Inglaterra".[2] Como a preparação para a guerra representada na Tapeçaria de Bayeux, novas linhas de batalha se formam, e as tensões se aproximam de um ponto de ruptura.

Em Bayeux, uma equipe de conservadores está levando a questão muito a sério. O prefeito pôs um ponto-final em qualquer conversa sobre piscinas, e os habitantes dessa cidadezinha sentem sobre si a intensa pressão para tomarem os maiores cuidados com esse artefato frágil e inestimável. Os procedimentos são realizados com cautela, já que eles não desejam que nada aconteça com seu ativo mais lucrativo. Vale notar que a Tapeçaria de Bayeux nem deveria ter esse nome. Em primeiro lugar, trata-se de um bordado mais que de uma tapeçaria, feita de linho e costurada com pontos individuais, e não trabalhada em um tear. Em segundo lugar, embora haja registros de que estava em Bayeux no século XV, é muito provável que ela tenha sido feita na Cantuária, na Inglaterra. A peça já teve outros nomes no passado, como Tapeçaria da Rainha Matilda e Grande Tecido de Guilherme [William's Great Cloth, no original], de modo que existem argumentos para que seu nome seja novamente mudado. Mas se ela se chamasse, digamos, "Bordado da Cantuária", então essa bela cidadezinha da Normandia perderia uma parte substancial de sua receita turística. O prefeito é claro: sem mudanças no nome e ela não sai de Bayeux.

A obra é uma extraordinária sobrevivente medieval, figurando os eventos que levaram à Batalha de Hastings em 1066, que culminou na derrota do rei Haroldo por Guilherme, o Conquistador. A empolgação aumenta à medida que a pequena equipe de conservadores estende a peça para uma inspeção. Essa é a primeira oportunidade de se aplicar métodos científicos modernos, examinar a frente e a parte de trás da Tapeçaria de Bayeux, fazer observações microscópicas, tirar fotografias detalhadas e garantir sua preservação por meio de uma conservação cuidadosa. Ela foi removida do Hôtel du Doyen, seu lar nos últimos quarenta anos, e um museu sob medida está sendo construído no interior destruído do antigo Grande Seminário. Aqui, o linho de novecentos anos terá um lar seguro de longo prazo, protegido por um vidro, para ser exibido a 400 mil turistas ao ano – visitantes que desejam ver um tesouro adorado não só na Normandia, mas em toda a França e também na Inglaterra.

As primeiras impressões sugerem que a tapeçaria está imunda e danificada, e fede a inseticida. Não chega a surpreender, considerando o tratamento grosseiro que ela experimentou no passado. Durante a Revolução Francesa, a peça foi confiscada como propriedade pública e usada para cobrir carregamentos de munição.[3] Napoleão a transferiu para Paris, mas ela finalmente voltou para Bayeux em um dispositivo de bobinagem que causou danos terríveis às cenas finais. A maior ameaça à sua sobrevivência veio com a Segunda Guerra Mundial, quando Himmler requisitou sua remoção para a Alemanha como um exemplo de "Arte Germânica". O grupo de pesquisa Ahnenerbe, liderado pela SS, a levou para o Louvre. Mas uma mensagem interceptada pela equipe de codificação em Bletchley Park revelou que ela seria levada para um bunker em Berlim. Se isso tivesse acontecido, não há dúvida de que a tapeçaria teria sido destruída ou perdida, como ocorreu com tantas obras de arte irreplicáveis no pós-guerra. Quando Himmler fez sua tentativa desesperada de levar a Tapeçaria de Bayeux, as forças Aliadas já haviam invadido as praias da Normandia, e o Louvre estava novamente sob controle francês. A tapeçaria foi encontrada em segurança no porão do museu e devolvida a Bayeux.

Cerca de quarenta anos depois, essa equipe pode agora ver que suas impressões iniciais foram excessivamente críticas: a Tapeçaria de Bayeux está em condições bastante boas. Ela precisa de uma limpeza suave, mas quaisquer ideias sobre a piscina são inteiramente dispensadas. Um grupo de especialistas escolhidos a dedo espia ambiciosamente por trás do forro de linho do século XVII, removido pela primeira vez. Que segredos esse

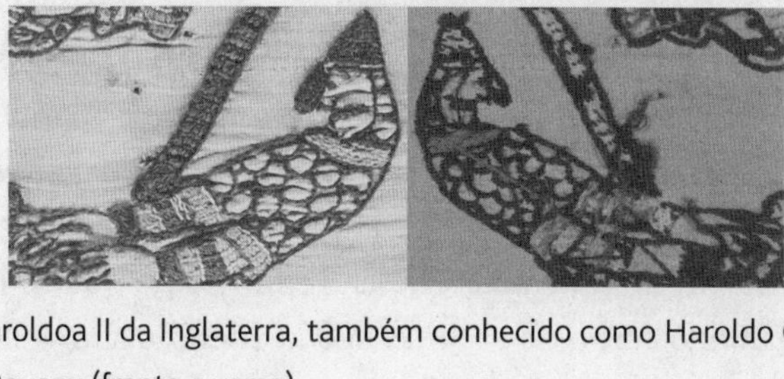

Detalhe de Haroldoa II da Inglaterra, também conhecido como Haroldo Godwinson, Tapeçaria de Bayeux (frente e verso).

lado oculto pode revelar?[4] Fatos novos começam a surgir; dez cores de lã foram usadas, as seções unidas por costura eram nove, e não oito, e a tapeçaria só foi reparada uma vez, no século XIX. Mas um mistério é desvendado quando se examina a parte de trás. Ele diz respeito à cena mais famosa da tapeçaria: a morte do rei Haroldo e se ele levou ou não uma flechada no olho.

É uma imagem que as crianças conhecem da escola, reproduzida em panos de prato, cartões comemorativos e *mouse pads*. A ideia de que Haroldo morreu devido a uma flecha que atravessou seu olho era registrada pelos livros de história como um fato – até recentemente.[5] Mas a observação minuciosa da Tapeçaria de Bayeux no inverno de 1982–1983 revela indícios de que a figura que sempre se acreditou ser Haroldo – esticando o braço para pegar uma flecha que sai de seu elmo num ângulo estranho – na verdade não é o rei.[6] As inscrições em latim, localizadas acima das imagens, contextualizando o que as cenas representam, oferecem um bom ponto de partida para desfazer esse mito. Em geral, a pessoa mencionada no texto explicativo surge em forma visual no final da linha. Se for isso mesmo, então a pessoa que reconhecemos como Haroldo não é o personagem de pé com a flecha no olho, mas sim o indivíduo deitado no final da cena, com um homem pairando sobre ele, prestes a acertar sua perna. Na parte de trás dessa seção da tapeçaria, dezessete furinhos são revelados, sugerindo que em algum momento esse personagem também pode ter tido uma flecha bordada em seu olho.[7] Embora o simbolismo tenha se perdido ou sido removido, esses furinhos minúsculos mostram que esse homem no chão também um dia foi considerado o rei Haroldo. Mas seria a flecha parte do desenho original ou um acréscimo tardio? E quanto ao outro personagem que tão frequentemente é tomado como sendo ele? Só o exame atento da equipe de conservadores, que tem somente dez dias para avaliar a parte de trás da obra, identifica a evidência crucial.[8]

As referências mais antigas à morte do rei Haroldo nem sequer mencionam uma flecha. A *Crônica anglo-saxã* afirma simplesmente que ele caiu e foi morto. O texto mais significativo datado de alguns anos depois dos eventos, "The Song of the Battle of Hastings" [A canção da Batalha de Hastings], entra em mais detalhes, descrevendo como quatro homens cortaram e mutilaram o corpo do rei, mas não há menção a uma flecha. É uma leitura sombria:

> O primeiro dos quatro, perfurando o escudo e o peito do rei com sua lança, encharcou o chão com um jorro de sangue. O segundo com sua espada cortou a cabeça abaixo da proteção de seu elmo. O terceiro liquefez suas entranhas com sua lança. E o quarto cortou fora sua coxa e a levou para longe.[9]

As implicações são claras: os normandos venceram não por causa de uma flechada fortuita, mas sim pela força e habilidade de seus cavaleiros.

Em textos medievais posteriores, uma flechada no olho era simbolicamente a morte adequada a um perjuro, isto é, alguém que quebrou um juramento. Haroldo é mostrado anteriormente na tapeçaria jurando pelas relíquias, de modo que a flecha sempre foi interpretada como um castigo merecido. A punição certa pelo crime. Um punhado de fontes do século XII menciona uma flecha, mas talvez estejam empregando uma dose de licença poética, como um retrato do que "deveria" ter acontecido. A reescrita seletiva da história para dar forma a interpretações morais posteriores do passado não é nada nova. Haroldo teve uma morte terrível, mas a flecha pode não ter feito parte dela. Os pontos quase invisíveis que levam ao olho da figura no chão podem ter sido acrescentados por um bordador posterior com uma agenda própria.

Tapeçaria de Bayeux, ilustrado por Antoine Benoît, publicado em 1729, por Bernard de Montfaucon.

Além disso, as investigações de 1982–1983 revelaram algo mais. Olhando mais de perto para o homem de pé (que sempre se presumiu ser Haroldo), há uma outra linha de furinhos minúsculos, dessa vez se estendendo a partir da flecha em seu olho. Ainda mais chocante, a lã dessa flecha era do século XIX, e não do século XI. Alguém retrabalhou o desenho. Um esboço anterior, feito na década de 1720, mostra não uma flecha em seu olho, mas uma lança em sua mão. Isso faz muito mais sentido. O ângulo da flecha sempre foi problemático, já que ela se curva estranhamente na direção do elmo. Um personagem à sua frente carrega uma bandeira, enquanto os outros seguram sua mão, agarrando uma lança. Sua pose é quase idêntica à do indivíduo comumente identificado como Haroldo. Os pontos, perdidos durante séculos, mas revelados nessas investigações, provam que a figura não é o rei Haroldo, mas um outro soldado na última linha de defesa do rei. A flecha um dia foi uma lança, mas o desenho retrabalhado é o que foi reproduzido por mais de um século. A figura no chão é de fato o rei, ferido na coxa, como afirmam as fontes mais antigas. Se suposições incorretas foram feitas sobre a imagem mais famosa e reproduzida da morte do rei, então é provável que existam outras questões que também necessitam de correção. Para olharmos para a Tapeçaria de Bayeux com novos olhos, é importante entender como ela foi criada e desvendar o grupo de mulheres que a criou.

Bem-vindo à Normandia do século XI

Estamos em uma abafada manhã de verão em julho de 1077. Viajamos por cerca de dez quilômetros do litoral da Normandia para a cidade de Bayeux. A paisagem plana tem um brilho verde à luz do sol: uma miríade de campos férteis, aldeias movimentadas e pináculos de igrejas modestas refletem a prosperidade dos tempos, e os estragos feitos pelos vikings no século anterior são apenas uma memória distante. Chegando ao portão norte, atravessamos as extensas fortificações para entrar na segunda cidade da Normandia. Essa estrada principal é usada há mais de um milênio, e as pedras antigas reutilizadas em muros e no calçamento servem de lembrete de que Bayeux foi um dia um importante assentamento romano, cheio de santuários a deuses antigos.[10] Um imponente novo edifício se eleva do coração da cidade. Castelos e catedrais se espalham como urticária de ambos os lados do canal da Mancha, e essa resplandecente nova igreja em Bayeux segue o estilo deles. É austera, simples e construída em uma enorme escala. Um par de torres robustas ladeia um arco com fileiras concêntricas de pedras trabalhadas. Trata-se de uma interpretação medieval do arco do triunfo romano, celebrando o poder da nova ordem mundial normanda.

Reconstrução de como a tapeçaria pode ter sido exposta na nave da catedral de Bayeux.

Centenas de pessoas se reúnem no exterior da catedral, todas vestidas em seus melhores trajes. Os traços da herança viking da região são vistos nos soldados que circulam pela praça do mercado, em armaduras completas, de escudos na mão e espadas ao lado do corpo. Mas enquanto seus ancestrais, que vieram do norte da Escandinávia e se assentaram na Normandia, usavam o martelo de Thor, esses guerreiros cristianizados trazem em volta do pescoço o sinal da cruz. Os homens usam túnicas coloridas sobre culotes, com grandes mantos de lã atravessados sobre os ombros. Alguns homens ingleses estão espalhados em meio à multidão, e se distinguem dos normandos pelos seus bigodes e cabelos longos, em vez de presos atrás do pescoço.[11]

As mulheres usam vestidos esvoaçantes ajustados ao corpo, tingidos com pastel-dos-tintureiros, garança ou gonda em tons vibrantes de vermelho, azul, verde e amarelo. Alguns contêm também fragmentos de um tecido exótico – seda – trançado aos seus adornos. Fios dourados cintilam nos pespontos das damas mais ricas, nas joias que pendem de seus pescoços e nos penteados influenciados pelas modas da corte imperial bizantina. Alguns dos homens regressaram de campanhas na Sicília, trazendo bens luxuosos e escravizados estrangeiros para Bayeux. Todos os setores da sociedade foram reunidos para um evento especial: a vinda do duque Guilherme.

Dirigindo-nos à nave da catedral, vemos um alto teto abobadado, sustentado por pilares em forma de cruz tão grandes que três homens teriam dificuldade para dar as mãos em torno da base. As colunas, porém, são ocas, projetadas para dar a impressão de volume. Elas foram erguidas rapidamente por pedreiros, empilhadas tambor após tambor com entulho no centro, a fim de criar espaços maiores, com tetos mais altos que as igrejas mais modestas das décadas anteriores. Esse novo tipo de arquitetura permite que afirmações poderosas em pedra sejam erguidas rapidamente: Igreja e Estado agora regem todos os aspectos da vida, e uma nova era começou. À frente dessa nova potência está um homem: Guilherme, o Conquistador. Ele perdeu a primeira batalha de seu reinado no ano anterior, mas seus muitos feitos superam seus fracassos. Ele conduziu tropas através da Europa, atacando violentamente territórios desde o dedo do pé da Itália até a ponta das Ilhas Britânicas. À medida que esse personagem lendário se aproxima da escadaria da catedral, ele parece forte e severo, coberto pela regalia de duque da Normandia e rei da Inglaterra. Com ele caminha seu irmão Odo, bispo de Bayeux. Ele se porta menos como um clérigo e mais como um guerreiro, mais feliz manejando uma clava do que um báculo.

Pendurado por cordas e estendido ao redor do espaço central, um rolo de tecido percorre todo o comprimento da nave. À distância, as bordas sugerem as luxuosas vestimentas importadas de terras exóticas pela Rota da Seda. Os pares de animais e pássaros são motivos familiares nas estampas de roupas e bens de luxo, que chegam aos mercados da Normandia pelo leste do Mediterrâneo.[12] Mas uma inspeção mais cuidadosa revela que esse tecido não é seda, e sim linho bordado com lã. Ele explode com cores, linhas e palavras pouco visíveis acima de centenas de figuras – algumas a cavalo, outras em navios, homens em tronos e guerreiros presos em batalhas. Passando o olho pelas cenas, fica claro que não se trata de uma obra de arte sacra – aqui não aparecem Jesus, Maria e os santos –, e sim algo mais próprio deste mundo. As canções da Batalha de Hastings foram cantadas nas cortes e repetidas nas cervejarias desde aquele célebre dia de outubro de 1066, quando as tropas normandas derrotaram o rei Haroldo e seu exército inglês, e o duque Guilherme tomou o trono. Dezenas de milhares de pontos diminutos capturaram aquele momento histórico, orgulhosamente exibido na catedral de Bayeux.[13]

A peça cabe exatamente na nave.[14] Figurando uma narrativa contínua, ela começa com as primeiras ações de Haroldo Godwinson, suas incursões pela Normandia, o apoio a Guilherme e o juramento hesitante sobre as relíquias – esses eventos ocupam o lado sul. A ação prossegue: o rei Eduardo da Inglaterra morre e Haroldo é eleito seu sucessor; sua coroação é dirigida pelo controverso bispo Stigand. Conforme o tecido faz a curva e continua sobre a entrada da catedral, o duque Guilherme se prepara para a guerra, e uma cruz minúscula posicionada exatamente acima da porta de entrada marca a metade dos eventos. Então se desdobram as preparações para a batalha, com a construção de navios, a forja de armas e o preparo das tropas. Cavalos e guerreiros cruzam o canal em uma fila de barcos, antes de desembarcarem em Pevensey. À medida que as cenas se estendem pelo lado norte da nave, voltando ao altar, surgem as imagens da batalha. Corpos se chocam uns contra os outros, cadáveres decapitados invadem as bordas decorativas, e finalmente o rei Haroldo encontra sua morte. O duque Guilherme sai vitorioso, e agora é declarado rei da Inglaterra e cabeça de uma poderosa dinastia.

De pé abaixo dessas imagens, Guilherme abraça seu irmão em frente à cruz do altar e a catedral recém-concluída é consagrada. Os eventos do bordado recordam a todos dentro da igreja que essa vitória anunciou uma nova era, que unirá a França e a Inglaterra durante séculos. Um grupo de bordadeiras inglesas garantiu a essas imagens imortais um lugar central nas páginas da história.[15]

As mulheres por trás da Tapeçaria de Bayeux

Poucos objetos medievais foram tão escrupulosamente estudados, e mesmo assim permanecem com tantas perguntas não respondidas, como a Tapeçaria de Bayeux. Até mesmo por que ela acabou recebendo o nome de "tapeçaria", quando é claramente um bordado, é um mistério. Apesar das centenas de livros, milhares de artigos e numerosos estudos sobre o original, discussões sobre questões centrais persistem.[16] Quem a encomendou? Quem a executou? Onde ela foi feita? Onde deveria ser exibida? Parece haver algum consenso de que ela provavelmente foi encomendada por Odo de Bayeux, irmão de Guilherme, embora o papel potencial de Edite, esposa de Eduardo, o Confessor, seja digno de nota, e outras diversas sugestões existam.[17] Odo foi feito conde de Kent por Guilherme após a Batalha de Hastings, e evidências da história da arte apontam para o principal mosteiro de seu reino na Cantuária como o lugar mais provável para o desenvolvimento das ideias e ilustrações da tapeçaria. São fortes os argumentos de que a peça sempre foi destinada à nave do outro principal bispado de Odo e à consagração de sua nova catedral em Bayeux, com as seções de linho cuidadosamente medidas e planejadas para que a ação coincida com locais específicos ao redor do espaço.[18] Existe algum acordo sobre essas questões. Mas e sobre quem fez a tapeçaria?

Na verdade, a Tapeçaria de Bayeux deveria ser descrita como uma "*mistresspiece*", em vez de uma "*masterpiece*",* já que foi criada por um grupo de bordadeiras.[19] Ninguém pensaria em discutir a *Noite estrelada* sem mencionar o artista Van Gogh, ou a *Mona Lisa* sem uma extensa investigação da vida e da época de Leonardo da Vinci, mas, mesmo assim, poucas pessoas começam as discussões sobre a Tapeçaria de Bayeux pensando sobre as mulheres que a realizaram. É uma assombrosa obra de arte, cheia de drama, simbolismo, imagens de batalhas, da vida cotidiana, da política de corte, e um elenco emocionante de indivíduos do século XI.[20]

É importante considerar suas enormes dimensões, já que ela costuma ser reproduzida em cenas recortadas para facilitar a impressão em camisetas, cartões e panos de prato. A peça tem quase setenta metros de comprimento e, como um rolo de filme, é longa e estreita: apenas cerca de cinquenta centímetros de largura. O friso é uma narrativa contínua, como uma tirinha cômica, com árvores ou estruturas dividindo seções separadas, mas sem perturbar o fluxo da ação. Os espectadores de hoje considerariam cinemático

---

* A autora brinca com a composição da palavra *masterpiece*, em português "obra-prima", cuja tradução literal seria "obra de mestre". Ela sugere que Tapeçaria de Bayeux deveria ser considerada uma *mistresspiece*, "obra de mestra". (N.E.)

o efeito causado pela visão de drácares agrupados, galgando ondas agitadas, ou de cavalos virados de lado, com cavaleiros voando de suas costas. A Tapeçaria de Bayeux, esse sobrevivente extraordinário do que deve ter sido um enorme conjunto de tecidos que não chegou aos dias de hoje, oferece evidências de uma área da arte medieval na qual as mulheres se destacavam.

O próprio conceito de um artista que cria "arte em nome da arte" é uma noção relativamente moderna. A expressão foi usada pela primeira vez em meados do século XIX, registrada na obra do poeta e crítico francês Théophile Gautier. Tornou-se então um credo boêmio repetido por Edgar Allan Poe, John Ruskin e artistas vitorianos como Dante Gabriel Rossetti.[21] Mas a arte medieval raramente tinha essa proposta. Mesmo ao longo do Renascimento e até o século XIX, a maioria da criatividade artística resultava do trabalho de artesãs e artesãos habilidosos que criavam exemplares refinados de objetos úteis. Em vez de um museu ou de uma galeria, esses artefatos funcionavam em contextos específicos, como uma igreja ou uma casa, e existiam como parte de um cenário ao lado de outras decorações e artigos dotados de funções práticas. Por que algumas obras de arte sobreviveram enquanto outras pereceram é algo que pode ser atribuído em grande medida à sorte, assim como às mudanças no gosto, ao valor monetário e ao significado histórico. Mas hoje em dia, quando vemos um pente cerimonial da Idade Média ou uma página de um manuscrito iluminado em um expositor de vidro, estamos vendo-os fora de contexto.

As obras de arte medievais desempenhavam papéis em ambientes sensoriais ou cerimoniais, onde o odor do incenso e das ervas maceradas, a luz vacilante das velas, o som dos cantos e a sensação da pedra fria sob os pés criavam momentos de drama.[22] Para efeito de comparação, pense na tocha olímpica. Sozinha em um armário é um belo objeto, bem-feito, desenhado e executado pelos principais artesãos de seu tempo. Mas imagine-a acesa, carregada pelas celebridades do momento, entrando em um estádio lotado enquanto fogos de artifício explodem acima, a música toca nos alto-falantes e um mar de corpos se une na empolgação. Artefatos precisam de contexto para cumprir o papel pretendido para eles.

A Tapeçaria de Bayeux era funcional. Ela pode ter sido estendida para celebrar os dias de festa, e podemos imaginar junto a ela pinturas, vitrais, efígies de bronze, esculturas de pedra e cálices dourados. Talvez ela tenha viajado para ser revelada em um salão imponente ou mesmo exposta antes de uma batalha. Quem sabe as versões cantadas ou faladas dos eventos de 1066 fossem recitadas junto dela, criando momentos dramáticos capazes de colocar os espectadores na ação. Agora ela costuma ser citada como um texto histórico; um documento fixado passível de ser comparado a outros relatos escritos como uma versão dos eventos baseada em fatos. Mas quando consideramos as mulheres que a fizeram, e as poucas mulheres que aparecem nela, uma visão diferente da tapeçaria emerge.

Antes de mais nada, um ponto importante: mulheres fizeram a Tapeçaria de Bayeux. Exatamente quem eram essas mulheres, onde elas viviam e trabalhavam são questões às quais talvez nunca consigamos responder. O que sabemos é que, no século XI, as artistas mulheres eram melhores que os homens no campo do bordado. As mulheres se destacam nos trabalhos com agulha e na produção têxtil desde a Antiguidade. Enquanto as três graças artísticas da pintura, escultura e arquitetura haviam sido dominadas pelos homens, a criação de tecidos, desde a fiação da lã até a decoração de têxteis, foi amplamente um domínio feminino.[23] Do século VII ao século X, mulheres foram individualmente reconhecidas por sua habilidade na costura. Hoje, algumas delas são conhecidas como santas, incluindo Edburga e Etelreda de Ely.[24] O tipo de bordados que elas criavam ficou conhecido como "*opus anglicanum*" (trabalho inglês). Eles se destinavam usualmente a vestimentas eclesiásticas – tecidos decorativos, tramados com seda, ouro e joias – e eram os bens de luxo mais desejados da Europa. Os papas se tornaram patronos dessas artistas inglesas, e vestimentas em *opus anglicanus* estão listadas nos inventários do Vaticano.[25] O próprio cronista de Guilherme, o Conquistador, Guilherme de Poitiers, chegou até a escrever: "Todos são testemunhas da grande habilidade das mulheres inglesas com a agulha no bordado em ouro".[26]

Ao longo dos dois últimos séculos, as mulheres tanto combateram como se valeram da conexão entre feminilidade e bordado. A ideia de que uma mulher bordando é um ato virtuoso tem uma longa história, pois, enquanto ela está parada, em silêncio e submissa, não pode desafiar ou se corromper.[27] No século XVIII, mulheres tenazes como Mary Wollstonecraft viam o processo de bordar como restritivo. Em seu *Uma reivindicação pelos direitos da mulher*, ela escreve que bordar "confina seus pensamentos à sua pessoa" e o rejeita em favor de atividades menos sedentárias, como a jardinagem, a filosofia experimental e a literatura.[28] Mas também houve movimentos que reclamaram o tecido como um meio de celebrar as contribuições femininas à arte. A famosa tenda bordada de Tracey Emin, *Everyone I Have Ever Slept With* [Todo mundo com quem eu já dormi, 1995], contava com 102 nomes em *appliqué* costurados no interior. A citação no centro – "Comigo mesma, sempre eu mesma, sem nunca esquecer"* – não apenas sugere que o foco da peça são as batalhas pessoais de Emin, mas também reitera a sugestão de Wollstonecraft de que o processo de bordar é pessoal, privado e desempenha um papel na memorialização.[29]

Está claro com base nas referências históricas que as mulheres inglesas do início da Idade Média eram particularmente notadas por suas habilidades com a agulha, mas quase toda sua extensa produção se perdeu. Embora muitos milhares de fragmentos de tecido tenham sido recuperados de sítios e sepulturas medievais como retalhos milimétricos ou erodidos na superfície de objetos de metal, apenas duas peças são grandes e suntuosas o suficiente para oferecer qualquer vislumbre das habilidades que teriam sido necessárias para que as bordadeiras inglesas fizessem a Tapeçaria de Bayeux.[30] Acredita-se que a primeira, *Os bordados de Maaseik*, seja a mais antiga peça concluída de tecido bordado a sobreviver na Europa Ocidental. Esses bordados formavam parte de uma casula, os mantos sem manga usados pelos

Os bordados de Maaseik, base de linho com fios de seda, muito provavelmente do século IX. © KIK-IRPA, Bruxelas.

* No original em inglês, "With myself, always myself, never forgetting". (N.T.)

padres. Os fragmentos parecem bastante imprestáveis hoje, já que a seda, as pérolas e parte dos fios dourados foram danificados ou retirados. Mas a característica paleta de cores com vermelhos, verdes e azuis ainda está clara, e os detalhados desenhos bordados de pássaros e animais são um eco do que deve ter sido um trabalho muito sofisticado. Eles datam do século IX e parecem ter sido feitos por mulheres inglesas.[31]

Talvez um precursor visualmente mais impressionante da Tapeçaria de Bayeux sobreviva em Durham. As relíquias de São Cuteberto são um tesouro de obras de arte de alto status do início da Idade Média. Junto com sua famosa cruz de ouro e granada, o evangelho pessoal e o pente cerimonial de marfim, um conjunto de bordados sobreviveu intacto dentro de seu caixão. Formando parte de uma estola e manípulo – as longas faixas de tecido bordado usadas pelo padre ao redor do pescoço e sobre o braço durante a missa –, eles não datam do século VII, quando Cuteberto morreu. Mas ainda são do início da Idade Média, feitos no século X e colocados no caixão do santo quando o rei Etelstano visitou o santuário em 934.[32] Eles são trabalhados com fios de ouro e seda, com a estola representando profetas do Velho Testamento e o manípulo, os santos e apóstolos. Feitos provavelmente em Winchester, seu estilo e desenho espelham as ilustrações dos manuscritos produzidos ali naquela época.

Inscrito no verso de ambos os bordados se lê "Elfleda ordenou que isto fosse feito para o piedoso bispo Frithstan". Elfleda foi a segunda esposa do rei Eduardo, o Velho (irmão de Etelfleda), e ela ordenou que eles

Santos e profetas da estola e do manípulo de São Cuteberto, catedral de Durham, início do século X.

fossem feitos por volta de 915 para o bispo de Winchester. Os Bordados de Cuteberto oferecem evidência de uma mulher conhecida e identificada encomendando e possivelmente criando uma dispendiosa e importante peça bordada para um patrono específico; uma mulher que usou os volumes de uma biblioteca monástica como inspiração para o desenho e o estilo. Embora esses exemplos tragam à memória elementos da Tapeçaria de Bayeux, eles também reforçam que a sobrevivência de um bordado com setenta metros de comprimento é um evento extremamente raro.

O trabalho desta mulher

Um projeto tão exigente necessitou de uma equipe formada apenas por mulheres, que pudesse trabalhar em confinamento, colaborando durante longos períodos de tempo. É muito provável que as bordadeiras tenham trabalhado juntas na abadia de Barking para criar a tapeçaria. A abadia de Barking se tornou a segunda abadia mais rica do país após conseguir o patronato real do rei Edgar nos anos 970, e, como o próprio rei tinha o direito de escolher a abadessa de Barking, uma sequência de rainhas e mulheres reais ocupou a posição, incluindo as esposas de Henrique I e do rei Estêvão. Achados do local, como pentes de osso, moedas e raros vidros coloridos, sugerem que esse relacionamento real enriqueceu grandemente a abadia. As religiosas em Barking recebiam a melhor educação disponível às mulheres do século XI, o que incluía aulas de estudos bíblicos, direito antigo, história, gramática e ortografia, e hospedaram Guilherme, o Conquistador, enquanto sua Torre Branca era concluída em Londres. Como a abadessa recebia sua função e responsabilidades diretamente do rei, a produção da Tapeçaria de Bayeux pode ter sido um presente em retribuição, usado para garantir a continuidade do relacionamento entre Barking e a nova família real normanda.

As mulheres – uma equipe de bordadeiras altamente treinadas – devem ter precisado de bastante espaço e recursos para criá-la. As primeiras duas seções da tapeçaria têm quase catorze metros – e manejar esse volume de linho simultaneamente é um processo complicado. A partir da análise das diferentes mãos que trabalharam na Tapeçaria de Bayeux, parece que as mulheres trabalharam uma ao lado da outra, com bastante proximidade, algumas ajudando a manter no lugar as seções individuais enquanto outras bordavam. O restante do linho ficava amontoado ou preso a uma bobina.

Embora não tenhamos uma imagem completa de como exatamente ela foi criada, um grupo de mulheres de Leek fez uma réplica nos anos de 1880, permitindo alguns vislumbres de sua produção. Sob a orientação de Elizabeth Wardle, amiga de William Morris, uma equipe de ao menos 37 "associadas" (mulheres associadas à escola de bordado artístico de Elizabeth que dedicaram tempo ao projeto) foi organizada sistematicamente. Elizabeth tinha uma agenda própria: ela queria que artistas mulheres fossem identificadas e reconhecidas. Ela enviou tiras de tecido a cada uma delas com instruções para bordarem seus nomes sob as cenas nas quais tivessem trabalhado. Não foi assim que o original foi feito, mas, a exemplo das bordadeiras medievais, a própria Elizabeth trabalhou junto com membros de sua família, unidas ombro a ombro. As mulheres vitorianas perceberam que a maneira mais eficaz de completar o projeto seria criar seções menores que pudessem depois ser unidas por costura. Aparentemente, as bordadeiras originais começaram a perceber algo semelhante conforme trabalhavam na Tapeçaria de Bayeux.

A unidade padrão para se medir materiais na Inglaterra do início do período medieval era o *ell*, que equivale a cerca de 114 centímetros.[33] A tapeçaria tem aproximadamente meio *ell* de largura ao longo de todo seu comprimento, e as seções principais foram cortadas de rolos de linho que, antes de serem cortados na metade da largura, tinham 24 *ells* de comprimento. Quando as bordadeiras começaram a trabalhar nas duas primeiras partes, elas dividiram ao meio essa peça de 24 × ½ *ells* de tecido, de modo que as mulheres passaram a trabalhar em peças com um comprimento de 12 *ells*. É um volume muito grande de pano para se manipular, e, ao que parece, quando as mulheres completaram as seções um e dois, elas adotaram seções menores, novamente de cerca de metade do tamanho. À medida que a tapeçaria se aproximava da conclusão e o prazo final sem dúvida se aproximava, o linho foi cortado em partes ainda menores, permitindo a cada mulher maior controle pessoal sobre o material.

É possível que esse tenha sido um projeto incomum, e que nem as comissionadas nem as bordadeiras já tivessem trabalhado em algo dessa escala antes. As seções de tamanhos diferentes mostram que elas descobriram como bordar em equipe com mais eficácia e modificaram suas práticas durante o processo.[34] A adaptabilidade das bordadeiras também fica clara nas emendas entre seções diferentes. As primeiras duas partes foram unidas de uma maneira mais grosseira, com erros no alinhamento das margens. Mas, conforme o projeto progredia, as costuras foram se tornando mais sofisticadas, algumas parecendo quase invisíveis, já que os bordados continuam por sobre a divisão. O planejamento e a coordenação entre as participantes foi se tornando mais eficiente, e, conforme as bordadeiras foram ganhando confiança com o projeto, a qualidade de seu trabalho melhorou.

O que também torna a tapeçaria excepcional é que, diferentemente de outros exemplos de *opus anglicanum*, ela lida quase exclusivamente com uma temática secular. Quem desviou as habilidades de um grupo de mulheres altamente talentosas das casulas e pluviais dos bispos e as dirigiu ao registro da morte de um exército inglês e à queda do reino inglês?

Conexões com a Cantuária

As monjas de Barking tinham contatos regulares com um grupo de monges da abadia de Santo Agostinho,[35] a mais importante comunidade monástica da Inglaterra e coração da escola de arte da Cantuária. Seu abade, Scolland, ficou responsável por supervisionar os monges da abadia a partir de 1066.[36] As comunidades viviam relativamente próximas uma da outra, e obituários para as abadessas estão entre os documentos remanescentes da abadia, mostrando que os monges rezavam por suas homólogas mulheres.[37]

Anteriormente, Scolland havia estado à frente do *scriptorium* no Monte Saint-Michel, e o destaque que essa ilha e seus edifícios característicos recebem na tapeçaria é muito possivelmente uma referência ao fato de que ele foi o responsável pelo desenho.[38] Há até mesmo um pequeno monge na margem, apontando para a abadia normanda no topo da colina, que pode ser o próprio Scolland. Então os monges podem ter desenhado as ilustrações, que então viajariam da Cantuária para Barking, onde a abadessa supervisionaria a execução dos esboços no linho.

Scolland era um homem viajado e havia visitado Roma, onde teria visto a Coluna de Marco Aurélio, erguida em cerca de 180 para celebrar as vitórias do imperador em batalhas. Existem muitas semelhanças entre a composição dos grandes frisos da vitória na escultura imperial romana e na

Tapeçaria de Bayeux, o que sugere que Scolland pode tê-la utilizado como fonte de inspiração artística, talvez até esboçando-a durante sua estadia em Roma.[39] Imagens de soldados se preparando para a batalha, viajando em navios e acampando juntos são comuns às duas, e uma cena figurando uma mulher e uma criança fugindo pode ser uma cópia direta da coluna. Uma das únicas três mulheres retratadas na narrativa principal da tapeçaria agarra a mão de um menino enquanto um edifício arde em chamas atrás deles.

Tapeçaria de Bayeux, Scolland apontando para a ilha do Monte Saint-Michel, fotografia da reprodução de Reading.

A mulher estende sua outra mão na direção de um dos homens que seguram uma tocha, como se o estivesse chamando. A cena muito provavelmente representa os atos de invasão e destruição conduzidos pelos normandos ao longo do litoral inglês, quando eles saquearam as aldeias do entorno em busca de comida e suprimentos para sustentar o exército. No caso, a mulher e a criança são vítimas da guerra, e essa cena trágica mostra a vulnerabilidade e o sofrimento que tantas pessoas de toda a Inglaterra experienciaram em face da invasão. Esse tom diverge do humor comemorativo de todo o restante da tapeçaria, mas a comparação com a Coluna de Marco Aurélio apresenta mais uma camada de simbolismo. Na versão romana da fuga de uma mulher e de uma criança, a mulher tem o seio exposto, sugerindo violência sexual, uma vez que ela escapa dos avanços de um guerreiro em armadura completa.[40] Na imagem de Bayeux, a mulher está vestida e velada, enquanto os dois homens não estão pesadamente armados. As diferenças são sutis, mas revelam as origens cristãs da Tapeçaria de Bayeux. Embora haja nudez nas margens da tapeçaria, todos os personagens na narrativa principal estão apropriadamente vestidos de acordo com sua posição social: soldados em armaduras, a nobreza em trajes refinados e as mulheres veladas e cobertas.

Relevo mostrando uma mulher sendo atacada por um guerreiro, Coluna de Marco Aurélio, Roma, *c.* 180 (esquerda). Mulher e criança fugindo de um edifício em chamas, Tapeçaria de Bayeux, fotografia da reprodução de Reading (direita).

Ainda assim, ao evocar o exemplo romano, a intenção do desenhista pode ter sido que um senso de "*Romanitas*" permeasse a tapeçaria. Guilherme é representado ao longo de toda a obra como um governante legítimo, com a aparência dos antigos imperadores romanos.[41] Isso talvez explique uma cena que, de outra maneira, faz o exército normando invasor parecer destrutivo e cruel. Ela evoca a glória de Roma.[42] O próprio formato da coluna pode ter servido de inspiração para Scolland, e sua continuidade sem rupturas pode tê-lo levado a desenvolver uma estrutura semelhante. Ao empregar as habilidades das renomadas bordadeiras inglesas agora sob seu comando na Cantuária, um meio diferente foi utilizado: não a pedra, mas o valorizado tecido bordado.

Do velino à lã

Até o século XI, a catedral de Winchester e os mosteiros ligados a ela foram o centro artístico mais influente da Inglaterra, graças ao apoio do rei Alfredo e do domínio subsequente de Wessex sobre os outros reinos. Mas, após a virada do milênio, a proeminência da escola da Cantuária aumentou.[43] Quando Scolland se mudou da Normandia para Kent, ele se ocupou de enriquecer a abadia de lá e também de melhorar sua reputação como um centro para a criatividade artística. Embora muitas outras instituições religiosas em todo o país tenham sido destruídas e reconfiguradas de acordo com o estilo normando, a reputação da Cantuária e seu patronato sob Scolland significaram que ela não foi tão negativamente impactada. Os planos de Hitler para Oxford são uma boa comparação. Ao planejar a invasão da Grã-Bretanha como parte da Operação Leão Marinho em 1940, ele esperava basear sua nova sede no Palácio de Blenheim, próximo à cidade, e desejava poupar a cidade universitária da destruição provocada pelos ataques aéreos da Luftwaffe.[44] Assim como os nazistas veriam a importância de preservar a reputação e a história de Oxford para seu futuro, também os normandos recrutaram os hábeis escribas e os talentosos artistas da Cantuária a serviço do novo regime.[45]

Como abade de Santo Agostinho, Scolland tinha acesso a muitos dos manuscritos produzidos e abrigados pelos monges em sua extensa biblioteca, que ele podia consultar quando estivesse em busca de desenhos, padrões e exemplares para a tapeçaria. Além de sua experiência com os muitos manuscritos continentais sob seu controle enquanto esteve à frente do *scriptorium* do Monte Saint-Michel, Scolland estava em uma posição única para desenvolver as sofisticadas e esotéricas imagens da tapeçaria. Ele também tinha alianças em ambos os lados do canal, e pode ter pretendido oferecer a peça concluída como um presente ao bispo Odo. Além de garantir que o conde de Kent continuasse a sustentar financeiramente o mosteiro na Cantuária, ela funcionaria como uma propaganda das habilidades artísticas dos monges de sua casa monástica inglesa, e das bordadeiras ligadas a ela.[46] Ao lado das descrições de almofadas, toalhas de mesa, murais, vestimentas eclesiásticas e as roupas da moda que essas mulheres eram famosas por produzir, a tapeçaria é um tipo de portfólio da habilidade artística dos mosteiros ingleses.[47] Por sua própria existência, a tapeçaria instava os senhores gerais normandos da Inglaterra a considerar como os centros educacionais e criativos do país poderiam ser postos a serviço do novo regime, em vez de saqueados ou desmontados. Era um pedido a Odo para que preferisse reempregar, em vez de destruir. O trabalho contínuo da escola da Cantuária após a Conquista, a exemplo dos ricos manuscritos do século XII e XIII lá produzidos, indica que, longe de ter sido destruída, a instituição foi reforçada e apoiada.

Lar do arcebispo, a cidade exibia algumas das melhores bibliotecas do país, e a abadia de Santo Agostinho possuía manuscritos valiosos. O Saltério de Utrecht, uma obra-prima carolíngia do século IX, passou ao menos dois séculos na Cantuária a partir do ano 1000. Suas ilustrações levemente traçadas eram radicalmente diferentes da arte dos manuscritos feita até então. Trata-se de uma revolução na iluminura: em vez de virem antes do texto ou decorarem as margens, as imagens do Saltério de Utrecht envolvem e ilustram cada um dos salmos. A exemplo da Tapeçaria de Bayeux, essa técnica lembra as histórias em quadrinhos; uma interação dramática entre texto e imagem, entre figuras e frases.

Não há dúvida de que esse manuscrito influenciou os monges na Cantuária. No início do século XI, eles fizeram uma cópia que é hoje conhecida como o Saltério de Harley. As imagens são muito parecidas, mas os escribas ingleses se afastaram da tinta preta do original carolíngio e usaram tons de azul, vermelho, verde e marrom em sua cópia. Mais desenvolvimentos são feitos em uma versão realizada após a Conquista Normanda, conhecida como o Saltério de Eadwine.[48] Este é ainda mais colorido, e as figuras possuem maior solidez. O panejamento fluido e esvoaçante dos desenhos do século IX foi substituído por formas mais estáticas, e a influência da estética artística românica é perceptível na padronagem e na

Saltério de Eadwine, fólio 108v, que figura o salmo 63, Trinity College, Cambridge, c. 1150.

Imagem da Última Ceia, Evangelho de Santo Agostinho, MS. 286, fólio 125r, Corpus Christi College, Cambridge, século VI (esquerda). Bispo Odo durante banquete com seus seguidores na véspera da batalha, Tapeçaria de Bayeux, fotografia da reprodução de Reading (direita).

composição linear.[49] Nessa última cópia, existem três traduções diferentes dos salmos para o latim, e o escribas acrescentaram palavras em inglês antigo e francês anglo-normando entre as linhas. Como a própria abadia de Santo Agostinho, o manuscrito que ela produziu após a Conquista reflete a combinação entre influências antigas e novas, inglesas e normandas.

Ao buscar inspiração para a Tapeçaria de Bayeux, os artistas se voltaram para manuscritos ainda mais antigos guardados na abadia de Santo Agostinho. Uma cena de banquete que mostra Odo em uma mesa semicircular, abençoando os alimentos e a bebida durante a primeira refeição após desembarcarem em Hastings, se baseia diretamente em uma imagem do Evangelho de Santo Agostinho que figura Cristo na Última Ceia. Esse manuscrito já era lendário no momento da Conquista Normanda, tendo sido levado à Inglaterra pela primeira onda de missionários cristãos romanos no final do século VI.[50] O arcebispo da Cantuária ainda hoje é empossado colocando sua mão sobre o livro, um dos mais antigos manuscritos europeus ainda existentes. Os espectadores ingleses da Tapeçaria de Bayeux que tiverem visto o mais famoso manuscrito da Cantuária podem muito bem ter percebido os paralelos entre a versão em velino e aquela bordada em lã. A sugestão de que Odo tomava o lugar de Cristo é bajuladora; uma tentativa dos subjugados de adular o subjugador. Mas o público inglês pode ter percebido outras referências sutis a fontes nativas, especialmente nas margens decorativas. De fato, é nessas margens que a criatividade e a imaginação das bordadeiras ficam mais evidentes.

Nas bordas da ação

Inegavelmente, a Tapeçaria de Bayeux é um assunto de homem. Junto dos 623 homens, 201 dos quais portando armas como machados, espadas, lanças, clavas, arcos e flechas, há 37 navios, 35 cães de caça e 190 cavalos – acessórios típicos de homens cavaleiros e guerreiros. Um impressionante número de 88 desses cavalos são representados com grandes pênis. Existem também quatro homens com ereções, e um pênis flácido é visível na borda, onde um indivíduo está sendo despojado de sua cota de malha.[51] O maior pênis pertence ao belo garanhão com o qual Guilherme é presenteado na véspera da batalha. O homem mais importante da tapeçaria monta o cavalo com o maior falo. O segundo maior pertence ao cavalo montado pelo rei Haroldo; a implicação é que o rei é um oponente digno, ficando atrás apenas do próprio Guilherme. Na Tapeçaria de Bayeux, tamanho é documento.

Quando Elizabeth Wardle e as mulheres de Leek produziram sua cópia, os pênis dos cavalos foram significativamente reduzidos, e os homens nus foram vestidos com pequenas cuecas bordadas. Essas mudanças foram atribuídas às pudicas damas vitorianas bordadeiras, mas os pênis foram na verdade cobertos pelos criadores dos fac-símiles fotográficos produzidos no Victoria and Albert Museum e enviados às bordadeiras como moldes.[52] E não nos esqueçamos que os desenhos explícitos da tapeçaria original foram bordados por religiosas. Essa temática bem masculina não estava fora dos limites, assim como não estavam fora dos limites as brutalidades da guerra, a morte e as decapitações. Os pênis bordados na tapeçaria original nos lembram de não projetar ideias atuais ou recentes sobre pudor ou censura através dos séculos.

Como muitas crianças em idade escolar já devem ter descoberto com divertimento ao olhar para as margens da Tapeçaria de Bayeux, existem várias cenas sexualmente implícitas. A maioria delas faz parte de versões abreviadas de fábulas.[53] Presume-se que o homem nu correndo na direção de uma mulher que cobre suas partes privadas seja uma representação visual de uma das fábulas de Esopo sobre um pai que estupra a filha. Outro conjunto de imagens de pessoas nuas, dessa vez mostrando uma mulher correndo na direção de um homem, ilustra a familiar história de uma prostituta que se apaixona por seu cliente. Essas cenas refletem momentos de traição na narrativa principal, como quando Haroldo é tomado como refém. As cenas abaixo ou acima espelham e reforçam a mensagem das imagens localizadas no centro.

Detalhe mostrando um homem e uma mulher nus nas margens, Tapeçaria de Bayeux, fotografia da reprodução de Reading.

Sexo e escândalo eram tão instigantes para as audiências do século XI quanto são hoje. Assim como consumimos revistas e jornais de fofoca que contam as últimas indiscrições de políticos e celebridades, também os espectadores da Tapeçaria de Bayeux devem ter saboreado os mexericos dessas imagens. Algumas das alusões se perderam para nós ao longo do milênio que nos separa da época. Há uma cena em particular cujo significado escapa aos olhos modernos: ela mostra uma das três mulheres que fazem parte da narrativa principal, e ela faz par com o homem mais explicitamente nu da tapeçaria.

O mistério de Ælfgyva

A própria escassez de personagens femininos naturalmente torna notáveis as três que estão presentes. As mulheres chamam atenção por sua raridade; a presença da não presença. Há a mulher mostrada segurando a criança diante do edifício em chamas. Podemos supor que ela não seja um indivíduo identificável, mas sim um símbolo de um grupo de pessoas: as vítimas da guerra. Nenhuma inscrição nos diz quem é essa mulher, e ela é figurada junto às cenas da reconstrução do castelo em Hastings e às imagens de Guilherme e Haroldo se preparando para a batalha. Na ausência de mais informações, ela parece ser uma representação generalizada das mulheres e crianças que sofreram após a invasão.

As outras duas mulheres na parte central da Tapeçaria de Bayeux são identificadas mais claramente, seja pelo contexto, seja por inscrições. Estudiosos debateram incansavelmente a respeito da identidade da mulher na primeira imagem.[54] Sua cabeça e corpo estão envoltos em tecido, e apenas seu rosto e suas mãos estão expostos. Acima, lê-se em uma inscrição: "Onde um certo clérigo e Ælfgyva". Ela está dentro de um edifício, representado por duas colunas com cabeças de dragão, e um homem estende o braço para esse espaço para tocar sua bochecha.[55] A posição dele é incomum, e um homem nu na margem abaixo espelha exatamente sua postura, com os genitais totalmente à mostra. Outro homem nu surge diante deste, agarrando um machado, e a arma talvez sugira que uma ameaça à vida é iminente. Se considerarmos sua posição na tapeçaria, essa cena com a mulher misteriosa interrompe a narrativa principal. Guilherme levou Haroldo ao seu palácio, onde os dois são mostrados numa conversa animada. Haroldo aponta para a próxima cena com a mão, na qual acompanhará Guilherme em suas campanhas pela Normandia. As promessas de Haroldo ao duque são reforçadas imediatamente antes de encontrarmos Ælfgyva e o clérigo. Nas imagens que seguem a cena de Ælfgyva, Guilherme se dirige ao Monte Saint-Michel na companhia de Haroldo, que acaba salvando heroicamente dois homens da areia movediça. A cena com a mulher ocorre após uma promessa e antes de uma demonstração de serviço leal.

Para as bordadeiras e o público-alvo do século XI, o significado de Ælfgyva e o monge seria claro. Esse público saberia quem ela era e a que relato ou mexerico a imagem se referia. Mas, mesmo sem conhecermos a história da mulher, podemos considerar os temas sugeridos pela cena. Ælfgyva está em um espaço fechado, que está sendo adentrado por um homem vindo de fora. A sugestão de uma ligação sexual ou possível violência vem da figura nua agachada nas margens. Alguns viram aí a imagem de uma mulher sendo perdoada por um encontro sexual passado, enquanto outros interpretaram a cena como a violação do espaço privado de uma mulher. Seria Ælfgyva uma representação de todas as mulheres anglo-saxãs, ameaçadas pelo estupro e com medo de conceber filhos ilegítimos?[56] De qualquer maneira, as conotações são amplamente negativas e criam um senso de mau agouro. O que é perceptível de nosso ponto de vista contemporâneo, no entanto, é que os preconceitos modernos dão cor à interpretação da cena. Um historiador recente afirmou, por exemplo, que "o clérigo pode estar se insinuando, ou então estapeando a mulher por ter pensamentos impuros ou por ser uma bruxa".[57] O clichê da mulher como vítima, bruxa ou prostituta ainda impera.[58]

Ælfgyva e um clérigo, Tapeçaria de Bayeux, fotografia da reprodução de Reading.

Muitas sugestões mirabolantes ou espúrias já foram feitas em relação à identidade de Ælfgyva. Dada sua popularidade como nome na Inglaterra do século XI, as possibilidades são infinitas. Uma teoria é de que a cena representa a irmã de Haroldo, cuja mão em casamento ele prometeu a Guilherme. Mas essa Ælfgyva já tinha morrido em 1066. Outros membros da família de Haroldo também foram aventados, incluindo uma filha imaginada, sua esposa e mesmo sua mãe. Alguns afirmam que a mulher é a abadessa responsável por fazer a tapeçaria, e que ela está recebendo de um monge instruções relativas à sua criação. Mas essa explicação deixa de levar em consideração o gesto de tocar, que teria sido inadequado entre uma religiosa e um monge.[59] Uma sugestão relativamente inovadora é que a mulher é Ælfgyva de Northampton, que foi abadessa de Leominster em 1046 e foi tomada como amante pelo irmão mais velho de Haroldo, Sweyn Godwinson. O local fechado e o hábito implicam que a mulher é uma monja, mas todas essas suposições estão carregadas de incertezas. Alguns nomes, contudo, se destacaram na história e deixaram uma impressão mais forte.

Emma como Ælfgyva

Há quem defenda que Ælfgyva é a primeira esposa do rei Etelredo, o Despreparado, e mais tarde rainha consorte do rei Canuto. Nascida Emma, essa mulher poderosa foi chamada de Ælfgyva durante seu casamento com Etelredo, mas retomou seu nome original depois de alguns anos. Emma da Normandia é de fato uma das mulheres da Alta Idade Média mais representadas visualmente.[60] Seu pai era o conde de Rouen, um importante governante da Normandia, e sua linhagem influenciaria os eventos que desembocaram na Conquista Normanda. Como tia-avó de Guilherme, o Conquistador, ela passou grande parte de sua vida do lado francês do canal da Mancha.

Foi controlando o destino de seus filhos que ela se manteve influente e poderosa durante toda sua vida. Seu primeiro casamento com Etelredo, o Despreparado (1002–1016), foi forjado para garantir as relações entre a Inglaterra e a Normandia em oposição às forças escandinavas. Ela teve dois filhos e uma filha com Etelredo: Eduardo, que se tornaria o rei Eduardo, o Confessor; Alfredo Ætheling, que foi morto em circunstâncias suspeitas; e Goda da Inglaterra, que se casou com o conde de Boulogne. Quando as tropas dinamarquesas conquistaram a Inglaterra em 1013, Emma e sua família fugiram para a Normandia, sua terra natal.

Nos anos controversos entre a morte de Etelredo e a ascensão de Canuto, quando a invasão da Escandinávia criou agitação em relação a quem herdaria o trono, Emma tentou fazer com que seu filho Eduardo fosse reconhecido como herdeiro, embora o filho de Etelredo de seu primeiro casamento, Edmundo, Braço de Ferro, tivesse mais apoio.[61] Mas as coisas mudaram de figura quando Canuto capturou Londres e destruiu todas as ameaças ao seu reinado. Emma concordou em se casar com Canuto, essencialmente para salvar as vidas de sua prole, mas seus filhos homens foram enviados à Normandia para serem criados por seu irmão.[62] As prioridades de Emma mudaram da noite para o dia, pois agora ela precisava se concentrar em oferecer herdeiros ao novo rei e se entrincheirar na governança da Inglaterra. Ela teve dois filhos com Canuto: Gunilda, que se tornou rainha consorte da Alemanha; e Hardacanuto, que reinou após a morte de seu meio-irmão Haroldo, Pé de Lebre, em 1040. O controle de Emma sobre seus filhos, sua lealdade flexível e sua adaptabilidade à mudança tiveram enorme influência sobre a política inglesa do século XI. Esposa de reis, mãe de reis, proprietária de terras e jogadora, Emma incorpora as complexidades das décadas que precederam a Batalha de Hastings.

Dois importantes acontecimentos recentes fizeram os refletores se voltarem para Emma. Primeiro, uma cópia de um texto escrito em sua homenagem, o *Encomium Emmae Reginae*, foi descoberta nos Arquivos de Devon em 2008. Ele esteve definhando na biblioteca do castelo de Powderham durante quinhentos anos, quando os bens do priorado de Breamore foram reivindicados pelo conde de Devon após a Reforma. Ele então foi parar nos Arquivos de Devon na década de 1960, mas foram necessários mais 45 anos para que sua importância viesse à luz. Só mais uma cópia desse texto existe, sob a posse da British Library. Mas os dois textos exibem uma diferença importante: a primeira versão conclui exaltando as virtudes do filho de Emma com Canuto, Hardacanuto, enquanto a segunda elogia seu filho com Etelredo, Eduardo, o Confessor.[63] Emma estava se precavendo, encomendando duas versões do mesmo texto com desfechos diferentes.

O segundo acontecimento importante para o legado de Emma foi a reconstrução de seu esqueleto. Ela foi originalmente sepultada em Old Minster, em Winchester, junto com Canuto e Hardacanuto, e os ossos dos três mais tarde foram transferidos para a nova catedral, construída após a Conquista Normanda. Durante a Guerra Civil Inglesa (1642–1651), as sepulturas reais foram atacadas, os ossos foram espalhados pelo chão da igreja e alguns foram atirados através dos vitrais. Horrorizados, os habitantes locais colocaram os ossos de qualquer jeito em seis arcas mortuárias, que pelos últimos quatro séculos assistiram às congregações a partir de prateleiras elevadas de ambos os lados do altar. Em 2012, uma equipe de osteoarqueólogos da Universidade de Bristol começou a examinar os 1.300 ossos para determinar de quem eram os restos mortais nessas arcas.[64] Eles encontraram evidências para 23 pessoas diferentes, incluindo duas crianças pequenas. Ossos pertencentes a uma mulher madura estavam distribuídos por três das arcas, e, quando reconfigurados, descobriu-se que pertenciam ao mesmo esqueleto. Como a única mulher nomeada das arcas, e considerando que ela morreu com a idade avançada de 67 anos, é altamente provável que esses sejam os ossos de Emma. Curiosamente, amontoados junto aos dela estavam os restos mortais do bispo Stigand, que também aparece na Tapeçaria de Bayeux e foi um influente apoiador de Emma durante seus anos finais.[65]

Surfando as marés da mudança

O impacto de Emma na Inglaterra do século XI pode ser resumido olhando duas imagens lado a lado: uma da New Minster Charter (Carta de New

Minster), do século X, mostrando o rei Edgar, e a outra do *Liber Vitae* (Livro da Vida), do século XI, mostrando o rei Canuto com sua esposa, Emma. É assim que esses livros deveriam ser vistos, os dois abertos nessas páginas no altar da catedral de Winchester, no centro do poder de Wessex. A imagem mais antiga forma o frontispício da New Minster Charter, apresentado pelo rei Edgar em homenagem à comunidade beneditina em 966. Esse manuscrito registra as concessões reais de terra ao mosteiro, e suas imagens capturam o alvorecer de uma nova era.[66] A Reforma Beneditina, que se alastrou pela Europa no século X, foi uma tomada de poder, com o Estado apoiando um grupo unificado de monges sobre todas as demais ordens.[67] Cada vez mais, governantes influentes viam a oportunidade de favorecer um ramo puritano de clérigos e acabar com a diversidade surgida entre as comunidades monásticas. Os novos beneditinos eram um exército espiritual em hábitos pretos, reforçando os poderes do Estado que financiava suas instituições. Na Inglaterra, os principais personagens oferecendo seu apoio ao rei Edgar eram Dunstan, arcebispo da Cantuária; Æthelwold, bispo de Winchester; e Osvaldo, arcebispo de York.[68]

O rei Edgar sentado entre São Æthelwold, bispo de Winchester, e São Dunstan, arcebispo da Cantuária, ***Regularis Concordia***, British Library MS Cotton Tiberius Aiii, fólio 2v, final do século X (esquerda). Entrada em Jerusalém do Sacramentário de São Æthelwold, British Library Add MS 49598, fólio 45v, *c.* 980 (direita).

A Reforma Beneditina do século X foi uma operação de limpeza espiritual, que expulsou clérigos seculares – às vezes à força – e os substituiu por monges. A Coroa apoiava a nova Igreja e vice-versa.[69] Essa dinâmica é visualizada em outra iluminura de um manuscrito da época, a *Regularis Concordia*. Aqui, o rei Edgar aparece sentado no trono no centro, com Æthelwold de um lado e Dunstan do outro, e um monge beneditino abaixo deles. Todas as figuras estão ligadas, segurando o mesmo filactério, representando a Regra de São Bento. Era uma relação de codependência. A New Minster Charter foi provavelmente encomendada por Æthelwold, cujo longo mandato como bispo de Winchester permitiu-lhe enriquecer o mosteiro e desenvolver a escola de iluminuras de Winchester. Seu próprio livro de orações é o mais refinado exemplo remanescente das cores exuberantes, panejamento elaborado, figuras lineares e desenhos de acanto característicos desse estilo.

Na imagem da New Minster Charter, o rei Edgar aparece no centro. De cada lado dele, embora de menor estatura, estão a Virgem Maria e São Pedro. O rei é o elo entre o céu e a terra: seu pé atravessa a borda inferior e seus dedos fazem contato com os anjos que seguram Cristo em uma mandorla acima. Trata-se de uma poderosa peça de propaganda: os monges de Winchester têm direito às terras listadas na carta pela graça do rei, que recebe sua posição diretamente de Deus. Foi tão eficaz que, quatro décadas depois de Edgar, quando o rei Canuto tentou se entrincheirar no coração da Igreja inglesa, ele apelou às suas imagens para compor um outro documento de Winchester: o *Liber Vitae*.[70]

Canuto tomara o trono da Inglaterra em 1016, após as campanhas bem-sucedidas de seu pai. Rei da Inglaterra, da Dinamarca e da Noruega, ele trabalhou para transformar sua reputação, que deixou de ser a de um invasor brutal para se tornar a de um líder legítimo da Igreja e do Estado. Quando o frontispício do *Liber Vitae* de New Minster (que listava todos os indivíduos dos quais a comunidade deveria se lembrar e pelos quais deveria rezar) foi produzido, os escribas basearam sua versão na imagem anterior do rei Edgar. Existem, no entanto, algumas diferenças perceptíveis. A iluminura registra um evento concreto, a apresentação pelo novo casal real de uma cruz preciosa, que seria exibida no altar junto aos dois livros.[71] Em uma metanarrativa, a cruz teria aparecido na realidade e depois nas páginas do manuscrito, transportando o espectador do tempo real para o espiritual e eterno. Mas a outra grande diferença é a inclusão não de uma, mas de duas figuras principais. Canuto está presente, e sua espada atravessa a moldura em reconhecimento ao seu poderio militar. Mas com estatura igual à dele, e um pouco elevada em relação a ele, está a rainha Emma.

O rei Edgar oferece a carta a Cristo, frontispício da New Minster Charter, British Library Cotton Vespasian A. VIII, fólio 2v, 966 (esquerda). O rei Canuto e a rainha Emma oferecem uma cruz a Cristo, frontispício do *Liber Vitae* de New Minster, British Library Stowe MS 944, fólio 6r, 1031 (direita).

A presença dela aqui é essencial para escorar a posição dele na Inglaterra. Eles governam um ao lado do outro; embora o rei ainda porte indubitavelmente a coroa, Emma recebe um véu dos céus. Esse é um símbolo potente, pois evoca o véu da Virgem Maria, traçando uma conexão direta entre a mais importante mulher sagrada e sua homóloga secular. O casal real está de pé sobre um monte, cada um de um lado do altar, e assistindo-os a partir dos arcos abaixo deles está uma sequência de monges beneditinos. A exemplo do rei Edgar antes deles, eles são sustentados e apoiados pela Igreja. Mas seus estilos diferem, e enquanto o mais antigo é colorido, extravagante e floreado, o mais recente reflete o estilo dramático de pluma e tinta dos manuscritos da Cantuária. Emma está presente no momento da mudança política – a ascensão de um governante escandinavo –, mas também da mudança artística. A Tapeçaria de Bayeux e os eventos que ela registra são um produto direto desse período de transição e da influência que as ações de Emma exerceram.

Se Emma não tivesse se casado com Canuto, uma reivindicação dinamarquesa não teria levado ao esgotamento das forças de Haroldo na ponte de Stamford antes da Batalha de Hastings. Se Emma não tivesse enviado seus filhos para serem criados na Normandia, então a reivindicação do trono inglês por Guilherme não teria tanta força. Se Emma não tivesse mudado sua lealdade, a questão da sucessão de Eduardo teria sido mais clara, e poderia ter havido outros aspirantes ao trono. Chegando ao final de sua vida, ela era a mulher mais rica da Inglaterra, dona de vastas extensões de terra em muitos lugares. Além de exercer poder econômico, também tinha peso político, e determinou a natureza da governança durante as décadas de 1030 e 1040.[72] O século XI foi um tempo de mudanças constantes e rápidas, e Emma sobreviveu graças à sua estratégica habilidade de mudar com as marés.

Então, de volta ao tema deste tópico. Embora haja muitas evidências que apontam para Emma como Ælfgyva, existe um furo nessa teoria. Algumas fontes posteriores sugerem que Emma teve um caso amoroso com o bispo de Worcester, e que é a esse escândalo que a cena de "um certo clérigo e Ælfgyva" faz referência, a fim de lembrar aos espectadores da tapeçaria que a mãe de Eduardo, o Confessor, se comportou de maneira pecaminosa.[73] Mas Ælfgyva é tia-avó de Guilherme, e, por extensão, manchar a reputação dela seria manchar a dele. Mais uma vez, nos resta a incerteza. Embora seja improvável que Emma tenha sido representada na Tapeçaria de Bayeux, podemos ter certeza de que poucas outras mulheres tiveram uma influência tão direta sobre os episódios que ela registra.

Edite – Rainha, irmã, filha, patrona?

Emma é uma figura feminina dominante nos eventos do final do século XI, mas há uma outra rainha cuja influência não deve ser subestimada. Ela é também a única mulher na Tapeçaria de Bayeux que pode ser identificada com alguma segurança. A rainha Edite é retratada se lamentando ao pé do leito de morte de seu marido, Eduardo, o Confessor. Ela chora em seu véu dourado e aponta para a direita. Esse gesto muito provavelmente está relacionado à eleição de seu irmão, Haroldo, como rei na cena seguinte, e poderia ser uma maneira de indicar que ele foi escolhido por Eduardo como seu sucessor em seu leito de morte. Sem filhos próprios, essa decisão teria sido, em última instância, benéfica para Edite, e vale a pena enfatizar a justificativa para que a coroa fosse passada para um membro da família dela. Assim como Emma, Edite era esposa e irmã de reis, mas também exercia uma influência considerável.

A rainha Edite no leito de morte de seu marido, Eduardo, o Confessor, Tapeçaria de Bayeux, fotografia da reprodução de Reading.

Novamente fazendo eco ao exemplo de Emma, Edite mudou de nome após se casar.[74] Seu nome de nascimento era Gytha, um aceno para o fato de que sua mãe era da nobreza dinamarquesa. Seu pai era o lorde Godwin, um homem de extrema influência que se tornou conde de Wessex,[75] e seus irmãos ocupavam algumas das posições de autoridade mais importantes do país, como condes da Ânglia Oriental, da Nortúmbria, de Kent, de Sussex, de Surrey e mais. Ela era uma mulher bem-educada e falava muitas línguas, tendo crescido no convento real em Wilton. O cronista normando Guilherme de Poitiers a descreve como tão "inteligente quanto qualquer homem [...] uma mulher em cujo peito havia uma escola de artes liberais".[76] Seu casamento com Eduardo teve motivações políticas, já que, apesar de Edite não ter berço real, suas conexões familiares se mostrariam úteis. E, numa jogada estratégica para manter a família Godwin como aliada, Edite foi coroada rainha em direito próprio, ao contrário da maioria das esposas de reis saxões nos séculos X e XI. Essa coroação levou a acusações de nepotismo, tanto que em 1051 Eduardo pôs em ação um tipo de controle de danos, exilando a família em Flandres e mandando Edite para um convento. Mas a família Godwin, numa demonstração de força, retornou mais poderosa do que partira. A partir de então Edite se tornou não apenas rainha, mas também uma conselheira próxima de seu marido. Sua influência aumentou.

Edite foi patrona da Igreja e das artes. Ela deu terras à abadia em Abingdon e à sé de Wells, e patrocinou artistas em seu papel como responsável pela apresentação régia do rei. Encomendou itens de vestimenta e joias, mantendo um ourives como um de seus arrendatários. Por meio da expansão de suas posses de terras, implacável tomada de decisões e engenharia política, ela ultrapassou Emma, tornando-se no momento da Conquista Normanda a mulher mais rica da Inglaterra e a quarta pessoa mais rica, atrás de seu marido, de seu irmão e do arcebispo da Cantuária.

Mas 1066 foi um ano cruel para Edite. Após a morte de seu marido, o rei Eduardo, em 5 de janeiro e de Haroldo se tornar rei, ela acabou perdendo seu irmão Tostig na Batalha da Ponte de Stamford, em setembro, e depois mais três irmãos – Leofwine, Gyrth e o próprio Haroldo – na Batalha de Hastings, em outubro. Seu último irmão remanescente, Wulfnoth, foi aprisionado por Guilherme, o Conquistador, na Normandia. Quando chegou o Natal, Edite era a única Godwin remanescente na Inglaterra. Apesar de sua vulnerabilidade – uma viúva e irmã de dois reis da Inglaterra tendo de aceitar o governo de um invasor –, ela prosperou sob o novo regime normando. Guilherme percebeu a importância de tratar a viúva de Eduardo com bondade, e enquanto quase todos os outros nobres tiveram suas terras e bens confiscados, há registros no Domesday Book* de que Edite conservou terras em Wessex, Buckinghamshire, Ânglia Oriental e nas Midlands.

---

* Levantamento semelhante a um censo finalizado em 1086. Seu objetivo foi descobrir quantas terras e gado tinham os proprietários, para que uma taxação pudesse ser estabelecida. (N.T.)

Como Emma, ela conhecia a importância de escrever sua própria história, e na época dos dramáticos eventos de 1066 ela encomendou um livro chamado *The Life of King Edward* [A vida do rei Eduardo].[77] Trata-se de uma notável peça de autopromoção, pois, embora relate os eventos da vida de seu marido, Edite paira continuamente em segundo plano.[78] A primeira parte trata do pai e dos irmãos dela, justificando suas ações e reforçando sua influência, enquanto a segunda parte é hagiográfica, escrita para enfatizar a santidade de seu marido. Edite aparentemente teve mais influência sobre a primeira seção, e boa parte dela foi composta enquanto seu marido ainda estava vivo. Ele foi concluído por volta de 1067, quando a sorte de Edite havia se transformado dramaticamente, e é uma fonte incrivelmente importante para o contexto mais amplo da Tapeçaria de Bayeux. Com efeito, sugeriu-se recentemente que Edite pode ter sido o cérebro por trás da própria tapeçaria.[79]

Edite sem dúvida jurou lealdade a Guilherme, pagando a ele um tributo com sua própria fortuna e hospedando-o em seu palácio real em Winchester. A Tapeçaria de Bayeux poderia ser vista como uma extensão desse apoio. Ademais, Edite tinha um motivo, meios e a oportunidade para encomendar a obra. Como rainha, ela estava à frente das comunidades monásticas femininas da Inglaterra, e conheceria os locais adequados onde um tal projeto poderia ser executado. Ela tinha uma boa compreensão da complexidade da situação política após Hastings e teria desejado que ambos os lados – inglês e normando – fossem representados favoravelmente. Isso talvez explique por que Haroldo é retratado com generosidade ao longo de toda a obra, ainda que a ênfase permaneça no triunfo de Guilherme. Ela pode ter investido sua enorme riqueza pessoal no projeto.

Edite passou a maior parte do fim de sua vida na cidade-dote de Winchester, onde tinha acesso à arte de manuscritos, e em Wilton, onde uma equipe de bordadeiras habilidosas pode ter se desenvolvido. Há registros de que ela mesma era uma excelente bordadeira, e com certeza tinha grandes conhecimentos sobre o trabalho em tecidos refinados, já que encomendava e supervisionava a produção dos trajes de alto status de seu marido. Ela também foi uma testemunha das cenas representadas na tapeçaria e conheceria relatos em primeira mão da batalha em que perdeu três irmãos – todos ele eternizados em seus pontos. Os eventos de 1066 foram incrivelmente perturbadores para as mulheres inglesas. Muitas delas perderam parentes homens e passaram a viver com medo de serem casadas à força com os normandos recém-chegados.[80] O número de religiosas explodiu, já que as mulheres buscavam refúgio nos conventos. Isso teria oferecido a Edite um corpo crescente de bordadeiras habilidosas e dedicadas, capazes de concluir um projeto tão exigente quanto a Tapeçaria de Bayeux.

O argumento é atraente, porém, novamente, não é possível dizer com certeza que Edite tenha se envolvido na criação da tapeçaria. É verdade que ela é a única mulher identificável bordada nas cenas, e ela tinha boas razões para produzir a peça. Mas os argumentos em favor de Odo como seu patrono permanecem fortes. Em última análise, tudo o que podemos deduzir com segurança é que sua posição influente significa que ela teria sido capaz de um tal feito, o que nos lembra de que as mulheres do século XI podiam ser patronas e produtoras de arte. Emma, Edite e as mulheres que bordaram a Tapeçaria de Bayeux tiveram um grande papel nos relatos de personagens e feitos masculinos, como duques, reis e batalhas, ainda que quase não recebam créditos por isso. Embora apenas três mulheres apareçam na narrativa principal da tapeçaria, cada uma delas representa as centenas de outras que exerciam poder e influência. Além disso, as imagens de conquista, triunfo e guerra existem graças às agulhas de mulheres medievais. O que nos resta é a sua versão dos eventos, e nessa versão as mulheres tinham agência e bordaram sua existência na tela da história.

5. POLÍMATAS E CIENTISTAS

Descoberta!

11 de março de 1948 – Mosteiro de Eibingen, Wiesbaden, Alemanha

Uma mulher corajosa e apavorada arrisca sua vida em uma ousada missão de resgate. Nesses anos do pós-guerra, a medievalista Margarete Kühn não está lidando com espiões e nazistas: na verdade, ela sequestrou um livro. Com o auxílio de sua amiga Caroline Walsh, esposa de um militar norte-americano, Margarete assegurou a passagem segura do manuscrito por cerca de 650 quilômetros, atravessando as partes mais selvagens e hostis da paisagem alemã arrasada pela guerra, até um mosteiro recluso muito acima das margens do Reno.[1] Além de resgatar as preciosas resmas de velino, as mulheres estão preservando algo ainda mais importante: o legado de uma santa do século XII, cuja reputação é sem igual na Alemanha. Desde sua infância como uma monja enclausurada com poucas companhias até sua ascensão no cenário internacional como acadêmica, teóloga, visionária, musicista, linguista, artista e cientista de destaque, a vida notável de Hildegarda de Bingen (1098–1179) é celebrada há séculos.[2] Mas, com o impacto do fim da Segunda Guerra Mundial sobre a Renânia, sua terra natal, suas obras escritas são destruídas, roubadas, escondidas e perdidas. Esse é um *thriller* pós-guerra com um toque medieval.

Subindo sozinha a ladeira de paralelepípedos rumo aos imponentes portões da abadia de Eibingen, Caroline Walsh sabe que o que está fazendo é extremamente perigoso. Suas conexões conjugais com a força aérea norte--americana, em conjunto com os meses de preparativos de Margarete, permitiram que ela se movesse através dos recém-divididos setores soviético e norte-americano da Alemanha com quinze quilos de manuscritos inestimáveis escondidos com ela. A derrota da Alemanha na guerra resultou na dramática divisão do país em áreas sob o controle de tropas francesas, britânicas, soviéticas e norte-americanas, com Berlim também dividida entre as potências aliadas.

Margarete mora no setor norte-americano da Berlim Ocidental, mas viaja para o Leste Soviético a trabalho, um grande projeto para compilar todos os textos primários alemães desde os romanos até 1500 d.C., chamado *Monumenta Germaniae Historica.* Seu envolvimento na imprudente missão de salvamento do livro de Hildegarda vai transformar todas as suas futuras travessias em uma experiência inquietante, assolada pelo medo de ser descoberta, presa ou coisa pior, porque Margarete enganou as autoridades russas. Catherine também correu o risco de ser presa por levar o manuscrito de trem e depois de carro até as monjas de Hildegarda. Mas quando vê a abadessa de Eibingen apertar os enormes manuscritos contra o peito, ela sabe que as obras de Hildegarda estão em casa. Valeu a pena correr esse risco.

O manuscrito tem um valor inestimável. Conhecido como o *Riesencodex* ("o livro gigante") por causa do seu tamanho, ele é composto de 481 fólios

O *Riesencodex*, coletânea de textos de Hildegarda de Bingen, Hessische Landesbibliothek, Wiesbaden, Hs. 2, c. 1200.

de velino unidos por tábuas de madeira encadernadas em couro suíno, medindo 45 por 30 centímetros. Ainda presa à sua lombada há uma corrente, usada originalmente para prender o volume à biblioteca do mosteiro que Hildegarda fundou em Rupertsberg (hoje chamada Bingen). O livro contém quase todos os seus escritos; uma rara tentativa de criar uma versão única de suas "obras definitivas" ainda durante sua vida. Muitos escribas trabalharam durante anos para reunir suas visões, músicas, escritos linguísticos, homilias, biografia e cartas. Mesmo hoje, muito poucos escritores são tão populares durante suas vidas para que um volume desse tipo seja feito em sua homenagem.

O manuscrito foi compilado perto do fim da vida de Hildegarda, em cerca de 1179, em Rupertsberg. A história de seu resgate envolve um segundo mosteiro fundado por Hildegarda: aquele em Eibingen.[3] Mas muitos dos textos que ele contém foram compostos originalmente no mosteiro onde ela passou as primeiras décadas de sua vida, Disibodenberg. Esses três locais formam a base do "Caminho de Hildegarda" através do coração da Renânia, que ainda hoje pode ser percorrido por peregrinos devotos que desejam se aproximar da mulher e de suas obras.

O *Riesencodex* já tinha participado de uma fuga antes. Durante a Guerra dos Trinta Anos (1618–1648), quando tropas suecas saquearam o mosteiro de Hildegarda em Rupertsberg, as monjas fugiram com o livro, cruzaram o Reno com ele e o esconderam em sua casa-irmã em Eibingen. Duzentos anos depois, quando os estabelecimentos religiosos na Alemanha foram secularizados e suas propriedades tomadas em 1814, o manuscrito fez mais uma curta viagem, de 35 quilômetros, ao longo do rio, até a recém-fundada Biblioteca Estatal de Wiesbaden. Até o início da Segunda Guerra Mundial, o *Riesencodex* permaneceu firme na Renânia-Palatinado ou arredores, onde a própria Hildegarda passou seus 81 anos. Mas com a ameaça de bombardeios aéreos, o diretor da biblioteca, Gustav Struck, o enviou em uma longa viagem até Dresden, centenas de quilômetros para o leste, na companhia de um conjunto de oito livros que também precisavam de proteção. O *Riesencodex* viajou com mais um dos preciosos manuscritos de Hildegarda, uma cópia de valor inestimável de sua principal obra, *Scivias*, contendo iluminuras realizadas com a colaboração da própria Hildegarda.[4] Um relatório do seguro da época declara que: "o valor total dos manuscritos abrigados em Dresden deve somar ao menos 5 milhões de Reichsmarks.

Uma substituição é completamente impossível, uma vez que todos eles são obras únicas".[5]

Mas a sorte não estava com Gustav Struck. As garantias recebidas por ele de conselheiros nazistas dando conta de que Dresden era mais segura que Wiesbaden estavam terrivelmente erradas.[6] Em fevereiro de 1945, a bela cidade foi fustigada pelas bombas dos Aliados, matando milhares e arrasando os edifícios. Notavelmente, o cofre bancário com os manuscritos de Hildegarda resistiu, mas, quando os oficiais chegaram para examinar seu conteúdo, descobriram que ele havia sido pilhado. O único manuscrito ainda no cofre era o *Riesencodex*, provavelmente porque ficou parcialmente escondido e sua caixa de metal, feita sob medida, era pesada demais. Em cumprimento às instruções soviéticas para coletar artefatos de primeira classe encontrados em territórios alemães sob domínio russo, o *Riesencodex* se tornou propriedade do Estado.[7] Estudiosos e devotos de Hildegarda de todo o mundo temiam nunca mais poder consultar livremente suas obras reunidas. Eles precisavam de um plano, no qual Margarete teria um papel crucial.

Margarete não foi o cérebro principal por trás das maquinações para salvar o volume. Antes dela, já haviam sido feitas três tentativas para tirar a obra de Hildegarda das mãos soviéticas. O novo diretor da Biblioteca Estatal de Wiesbaden, Franz Götting, tentou obter o manuscrito de volta por todos os meios legais possíveis, mas não teve sucesso com nenhum deles. Em 1948, ele e Margarete decidiram que o *Riesencodex* deveria ser removido da cidade de Dresden, destruída pela guerra, por quaisquer meios viáveis e devolvido à comunidade de monjas que continuava a cantar, ler, pesquisar e viver seguindo o exemplo de Hildegarda. Um plano foi forjado. Graças à posição de Margarete no projeto do *Monumenta Germaniae Historica*, no setor soviético de Berlim, ela podia requisitar acesso ao manuscrito, que seria então trazido de Dresden. Mas, para Margarete, essa era mais que uma missão acadêmica: era também pessoal.

Recentemente, foram encontradas cartas que mostram que Margarete queria se unir às monjas em Eibingen.[8] O mosteiro atual pode ser visto a quilômetros de distância, com suas torres do século XX em estilo gótico pairando sobre uma colorida paisagem de vinhedos e o Reno resplandecente abaixo. É um local bonito, e Margarete provavelmente sabia que confortos a aguardavam. Além de se dedicar à sua devoção pelos estudos medievais na invejável biblioteca do mosteiro, ela poderia seguir a Regra Beneditina e preencher seus dias com trabalhos cheios de sentido.[9] Fosse produzindo vinho, criando arte cerâmica, trabalhando com ouro ou simplesmente cuidando das necessidades das muitas monjas em Eibingen, ela teria sempre com o que se ocupar. Ao longo de todo o dia e toda a noite, sua vida seria pontuada pela rotina das horas monásticas, que ela recitaria ao lado de suas irmãs na bela igreja da abadia. Pinturas da famosa escola de arte beuronense se elevariam sobre ela, apresentando mulheres icônicas, atemporais, mais reminiscentes dos tempos bizantinos que da Alemanha do século XX.[10] Elas seriam uma lembrança constante dos grandes feitos de suas antepassadas.

Tornar-se monja em Eibingen deve ter parecido uma ideia atraente para a solitária e devota Margarete. Devastada pela morte do irmão e desnorteada com as mudanças que atingiram a Alemanha durante a Segunda Guerra, ela visitou a abadia em 1946 para discutir a possibilidade de se tornar uma noviça. As monjas, no entanto, não ficaram convencidas de que ela estava pronta para o claustro monástico. Em vez de aceitá-la como noviça, elas a colocaram em uma missão bastante mundana, com a ajuda de Götting: usar suas conexões como medievalista para resgatar as obras de Hildegarda. Contra todas as probabilidades, Margarete convenceu as autoridades soviéticas a lhe emprestarem o manuscrito para fotografá-lo. Incapaz de acreditar em sua sorte, ela se pôs a capturar imagens do precioso manuscrito para as futuras gerações. E, assim que completou a tarefa, ela começou a tramar uma maneira de levar o livro para Eibingen. Ele pesava a mesma coisa que um buldogue francês e era propriedade protegida do Estado russo. O plano com Caroline foi elaborado e, após um período de preparativos nervosos e execução tensa, o *Riesencodex* finalmente foi levado a Eibingen. Margarete só se arrependia de que, após todos os seus esforços, não tivesse cabido a ela entregá-lo às monjas. Essa honra foi de Caroline.

Com o objetivo atingido, entretanto, como Margarete poderia despistar as autoridades? Foi Marianne Schrader, uma monja em Eibingen, que propôs algo bastante astuto. Ela perguntou a Götting, o diretor da biblioteca em Wiesbaden, se ele conseguiria encontrar um livro do mesmo tamanho e peso que o *Riesencodex*. A ideia era devolver o exemplar falso e guardar o original em Eibingen. Götting escolheu um livro impresso do século XV de dimensões semelhantes, fixou uma corrente a ele e o guardou de volta na caixa em que o original havia sido entregue. A fraude só foi percebida quando as autoridades abriram a caixa, em 1950. A revelação colocou Margarete em grave perigo, e seus defensores precisaram criar mais um plano para protegê-la. Ela necessitava de cirurgia para remover um olho atingido por um tumor, então Götting disse aos furiosos soviéticos que os problemas de visão de Margarete a fizeram confundir os livros e devolver o errado. Götting foi inabalável em seu apoio a Margarete, e finalmente um acordo foi feito. Se outros livros valiosos fossem dados a Dresden, Wiesbaden poderia ficar com o *Riesencodex*. Após uma estadia com as monjas, o manuscrito regressou à Biblioteca Estatal em Wiesbaden, onde reside até hoje.

O envolvimento de Margarete Kühn no resgate do manuscrito é pouco conhecido. Ela continuou a contribuir para os estudos medievais sem estardalhaço e sobreviveu aos seus colegas, morrendo aos 92 anos de idade, quarenta anos após esses eventos. Seu obituário revela que a sua foi "uma existência quase monástica", algo que ela claramente desejava. Ela é uma heroína não aclamada do sombrio capítulo pós-guerra da história europeia, do qual inúmeros documentos preciosos e obras de arte do passado talvez nunca mais apareçam.[11] Graças a Margarete, esse manuscrito foi recuperado, mas seu companheiro – o livro *Scivias* de Hildegarda, que continha as famosas iluminuras das visões dela – ainda não foi localizado. Felizmente, reproduções das imagens foram feitas antes de o manuscrito se perder, mas o original pode ainda estar por aí, em uma coleção privada ou juntando poeira em algum sótão. Talvez, ao ler estas linhas, alguém possa tomar a decisão de torná-lo público. Por ora, no entanto, nem tudo está perdido. A dedicação de Margarete e Catherine – sua disposição de pôr suas vidas em risco por Hildegarda – permitiu que a reputação de Hildegarda como uma espécie de mulher-maravilha medieval continuasse a se espalhar.

Bem-vindo ao Disibodenberg do século XII

Para chegar ao mosteiro de Disibodenberg, no alto de uma colina, é preciso percorrer um trecho íngreme de florestas acidentadas. Quando alcançamos o topo, sem fôlego e doloridos, uma paisagem deslumbrante se estende abaixo. O horizonte ondulante explode em vagas de cores, onde árvores vermelhas, douradas e laranja, campos verdes exuberantes e pomares maduros se deleitam ao sol do outono. O mosteiro está situado em um ponto estratégico, onde os rios Nahe e Glan convergem e correm rumo à hidrovia do Reno. A paisagem é úmida e fértil, perfeita para o gado e todos os tipos de vegetação. Oficinas ladeiam o rio, prontas para receber matérias-primas e despachar produtos acabados através de barcos que percorrem os milhares de quilômetros do Reno, do coração da Europa até o Mar do Norte. Esse local está ligado ao vasto centro econômico do Sacro Império Romano-Germânico, e o Palácio Imperial de Ingelheim fica a menos de cinquenta quilômetros de distância.[12] Apesar disso, a sensação nesse cume inacessível é de completo isolamento. Apenas as riquezas do mundo natural o cercam, alastrando-se em todas as direções. Esse é um lugar realmente especial, e a escalada fisicamente árdua torna a primeira impressão do cume ainda mais recompensadora.

Ruínas da igreja no complexo monástico de Disibodenberg, Renânia-Palatinado, Alemanha.

Dando as costas à vista impressionante, somos recebidos por uma muralha imponente, e uma guarita de pedra dá acesso a uma construção que poderia ser confundida com uma cidade medieval fortificada.[13] Atravessando-a, vemos de perto a alta torreta que havíamos apenas vislumbrado a distância. Ela se estende para o céu no platô recém-desmatado do monte. As enormes muralhas têm a altura de três andares, e as pedras da igreja reluzem à luz vespertina, recém-cortadas e assentadas. O mosteiro original em Disibodenberg foi fundado por um santo irlandês no século VII.[14] A exemplo de outros missionários irlandeses, Disibod enxergava paralelos entre a floresta montanhosa e os desertos dos antigos eremitas, um lugar inteiramente desconectado das tentações da vida. "Ó primorosa maravilha, uma forma escondida resplandece e se ergue em gloriosa estatura para onde a altura viva revela verdades místicas."[15] A sorte do mosteiro oscilou nos quatro séculos desde sua fundação, mas nas três últimas décadas melhorou significativamente, e um complexo novíssimo está em construção. O homem responsável por esse rápido crescimento é o arcebispo Ruthard, da cidade próxima de Mainz. Desejando manter o mosteiro bem localizado firmemente sob o controle da Igreja, em 1105 ele realocou um grupo de monges beneditinos da cidade para o topo da colina e deu início a um enorme projeto de construção. Agora, no início dos anos 1140, guindastes de madeira e cordas são usados para içar pedras, e andaimes se apoiam contra paredes parcialmente construídas, enquanto cômodos recém-concluídos ainda cheiram a tinta fresca.

No centro do terreno, uma igreja do tipo basílica, com uma ampla nave e abside na extremidade leste, se liga a um grande claustro.[16] Ao redor dessas galerias cobertas e por trás de portas de madeira, outros cômodos se escondem. A sala do capítulo, onde a Regra Beneditina é lida em voz alta, e a sacristia, que abriga vestimentas de seda e taças reluzentes, agrupam-se na extremidade oposta da igreja. Prosseguindo ao redor do claustro, os alojamentos onde os monges dormem e fazem as refeições são cercados de cozinhas e oficinas. Calhas de pedra conduzem chuva e sujeira, e uma grande cisterna fornece água doce potável. Hortas e cercados de animais pontuam o terreno ao redor dos edifícios, garantindo aos monges todo o

Iluminura de manuscrito mostrando Hildegarda recitando suas visões para o monge Volmar, com Richardis atrás. Biblioteca Statale, Lucca, Itália, século XIII.

alimento necessário. Uma área hospitalar cuida dos doentes, e as necessidades intelectuais dos monges são alimentadas pela biblioteca bem guarnecida e pelo movimentado *scriptorium*. Mas há uma seção separada no norte de Disibodenberg: um mosteiro dentro de um mosteiro. Depois do cemitério dos monges, outra muralha circunda um pedaço de terra. Uma igreja menor foi construída aqui por cônegos anteriores, e um tipo de anexo se liga a ela.

Dentro dessa construção está uma mulher de cerca de 40 anos, sentada confortavelmente a uma escrivaninha, com uma grande tabuinha de cera em uma mão e um estilo de metal na outra. Está de frente para uma parede de pedra com um orifício no centro; um pedaço de pano cobre a abertura. Do outro lado dessa janela acortinada senta-se um monge, mais ou menos da mesma idade que a mulher. Ele está cercado por pedaços de velino, potes de tinta feita dos cecídios do carvalho e penas feitas das asas dos gansos.[17] Os dois conversam em voz baixa e com entusiasmo através da parede, a mulher anotando ideias na cera, o homem cuidadosamente traçando letras pretas na pele animal branca. Outra mulher, jovem e bela, está de pé atrás da que está sentada e ouve a conversa. De vez em quando ela se inclina e olha para a tabuinha de cera, contribuindo com uma frase ou fazendo alguma sugestão. Os três estão envolvidos na escrita de um livro que mudará a sorte de todos eles, especialmente a da mulher mais velha, que, nas últimas três décadas, apenas em raras ocasiões deixou esse edifício.

Ela foi dada por seus pais como oblata por volta dos 8 anos, talvez para estudar as Escrituras na nobre casa de sua mentora, Jutta de Sponheim.[18] Desde a infância, essa mulher experiencia visões. De acordo com sua visão da divindade e do amor que fluem através do mundo natural, o mosteiro em Disibodenberg é o mais próximo que uma pessoa pode chegar de experienciar o paraíso. A "Luz Viva" (como ela se referia à inspiração divina que recebia) a conduz a um lugar igualmente celestial em sua mente. Ela o descreve como:

> Uma alta montanha, onde as flores e as caras ervas aromáticas crescem; onde um vento agradável sopra, trazendo suas potentes fragrâncias; onde as rosas e os lírios revelam suas faces brilhantes.[19]

Nesse cume, ela ouve o canto vindo da igreja, segue as horas monásticas, estuda o ambiente natural ao seu redor, absorvendo todo o conhecimento possível. Embora seu entorno seja paradisíaco, desde os 8 anos sua existência cotidiana tem sido árdua, solitária e repetitiva: como ser mandada para um internato e nunca mais sair.

Mas nos últimos tempos as coisas mudaram. Jutta, que presidia o grupo de monjas em Disibodenberg, morreu, e a próspera comunidade feminina declarou essa mulher sua nova abadessa. Ela já discordou do abade de Disibodenberg sobre os planos dela para um novo complexo monástico no coração da Renânia industrial. A mudança proposta vai resolver o problema urgente da falta de espaço: mais e mais mulheres estão se unindo à comunidade na remota localização no alto da colina, e o edifício que as abriga está lotado e não atende ao seu propósito. O abade deseja manter as mulheres, já que perdê-las significaria perder seus generosos dotes. Mas a abadessa quer levar suas monjas para uma sede maior, e, afinal de contas, é antes de mais nada a reputação dela que as está atraindo. Porque essa mulher – Hildegarda – é uma visionária.

São essas visões que ela está descrevendo para o monge Volmar e sua confidente, Richardis. Juntos, eles transformam em obra teológica suas imagens abstratas de luzes intensas, figuras em safira e céus cravados de estrelas. Ela descreve uma visão do divino que é única: o mundo natural mantido em harmonia por meio das figuras femininas do Amor e da Sabedoria Divinas, e a Igreja como uma mãe cuidando de seu filho. O medo de serem declarados hereges nunca se afasta muito de seus pensamentos, mas juntos eles escreverão um livro que vai impressionar toda a cristandade. Hildegarda viverá uma longa vida – o equivalente ao dobro da expectativa média de vida no século XII –, e ao longo desses 81 anos vai gravar seu nome na história. Será confidente de reis, protegida de papas e vai repreender imperadores. Mas, neste exato momento, essa mulher medieval sem paralelos está prestes a descer a colina de Disibodenberg para entrar no palco mundial.

Quem foi Hildegarda?

Ao longo das eras, existe talvez só um punhado de pessoas sobre as quais se pode dizer que conseguiram tantos feitos quanto Hildegarda.[20] Ela escreveu três obras teológicas importantes, a primeira peça moral de que se tem notícia, dois tratados científicos, mais de trezentas cartas e um grande corpo de músicas. Ela inventou até mesmo uma linguagem própria, a *Lingua Ignota*.[21] Fundou dois mosteiros, supervisionando seus projetos, construção, financiamento e atividades diárias. E ofereceu conselhos às maiores mentes de seu tempo. Sua obra escrita assume múltiplas vozes: às vezes profética e aterrorizante, às vezes gentil e compassiva, às vezes prática e analítica. Sua longevidade e produtividade significam que fomos deixados com centenas de milhares de palavras, que juntas apresentam uma mulher complexa, notável, multifacetada. Embora as fortunas de muitas mulheres medievais tenham oscilado ao longo do tempo, seus nomes tenham se perdido e suas reputações tenham sido manchadas, Hildegarda sempre foi reconhecida como extraordinária. Hoje ela é mais popular do que nunca, considerada por feministas, adeptos da Nova Era, músicos e muitos outros uma maravilha medieval.[22]

Sua enorme produção ao longo das oito décadas de sua longa vida significa que sua reputação só encontra rivais em uns poucos indivíduos. Talvez apenas o polímata Leonardo da Vinci, que trabalhou três séculos depois de Hildegarda, possa ser comparado a ela. Mas, como bem se sabe, ele raramente terminava seus projetos,[23] ao passo que Hildegarda sim. E aqueles que vieram depois dela catalogaram, copiaram, distribuíram e protegeram suas obras concluídas. Hildegarda quebrou o molde: ela era parte de uma elite intelectual pan-europeia que incluía homens e mulheres, e teve o apoio daqueles que a circundavam para alçar à fama de uma forma que muitos homens de seu tempo apenas sonhavam.

Hildegarda importa não apenas por suas extensas contribuições para a teologia, ciência, música e arte europeias, mas também pelo que ela revela sobre a cultura vibrante da Alemanha do "Renascimento" do século XII. Essa foi uma época de mudanças intelectuais rápidas e radicais, conduzidas por acontecimentos na ciência e na filosofia, que abriu caminho para o Renascimento mais famoso, o do século XV, e para a Idade da Razão. Considerada o início da Idade Média Central,* foi uma época caracterizada por mudanças políticas, sociais e econômicas.[24] Desde o reinado de Carlos Magno, do final do século VIII ao início do século IX, monarcas de toda a

---

* A classificação mais comum no Brasil identifica o período a partir do século XI como Baixa Idade Média. Mas alguns autores especializados falam também de uma Idade Média Central, entre os séculos XI e XIII, e depois de uma Baixa Idade Média. Para casar com a periodização no mundo anglo-saxão, optamos por Idade Média Central. (N.R.)

Europa consolidaram seu poder e criaram Estados centralizados. Isso perdurou durante todo o século X, quando Oto, o Grande, assumiu o controle da Igreja e estendeu sua influência como Sacro Imperador Romano-Germânico. Alicerçados nessas forças em transformação, os acontecimentos do século XII tiveram raízes mais profundas e foram mais duradouros. As Cruzadas promoveram a diplomacia e a colaboração entre os Estados, pois os reinos precisaram cooperar para reunir forças capazes de atingir os objetivos compartilhados da cristandade. À medida que uma burocracia se desenvolvia por todos os reinos e as línguas vernáculas passavam a ser cada vez mais usadas em textos escritos, ocorria uma evolução nas identidades nacionais. Com a ascensão das universidades, textos clássicos passaram a ser mais usados no direito, na retórica e nas ciências. A reforma monástica e uma Igreja cada vez mais rica estabeleceram potências de criatividade, e o contato mais próximo com os mundos islâmico e bizantino permitiu aos estudiosos ocidentais acesso a ideias inovadoras e a novos conhecimentos científicos.[25]

Hildegarda viveu durante esse período crítico em um local politicamente influente: a Renânia-Palatinado, no coração do Sacro Império Romano-Germânico. Ela testemunhou muitas mudanças, como a Controvérsia das Investiduras, na qual o papado coibiu o imperador ao eleger bispos, abades e o papa. Embora a Concordata de Worms, em 1122, tenha devolvido esse poder aos governantes seculares, o relacionamento entre Igreja e Estado ficou cada vez mais difícil quando o enérgico Frederico Barbarossa foi coroado imperador romano-germânico em 1155. Barbarossa (que significa "barba ruiva" em italiano) foi um governante medieval especialmente dotado, que desejava devolver ao Império a glória dos tempos de Carlos Magno. Sua conquista da Itália e subjugação do papado levaram a um cisma, e Barbarossa passou a eleger seus próprios antipapas. Os conflitos se intensificaram nos anos finais da vida de Hildegarda, quando, a partir de 1160, Barbarossa e o papa Alexandre III passaram a ser duros adversários. Hildegarda sentiu o terror profundamente, pois seu mosteiro em Rupertsberg estava na linha de frente das hostilidades. Ela escreveu pessoalmente ao imperador e também ao papa, dando conselhos e ousando criticar os dois homens mais poderosos de seu tempo. Foi por esse papel de profetisa dos poderosos que ela ganhou o título de "Sibila do Reno". Como uma Cassandra medieval, ela queria influência em um momento que entendia como crucial de transformação moral e social, e não se furtou a gritar para ser ouvida.

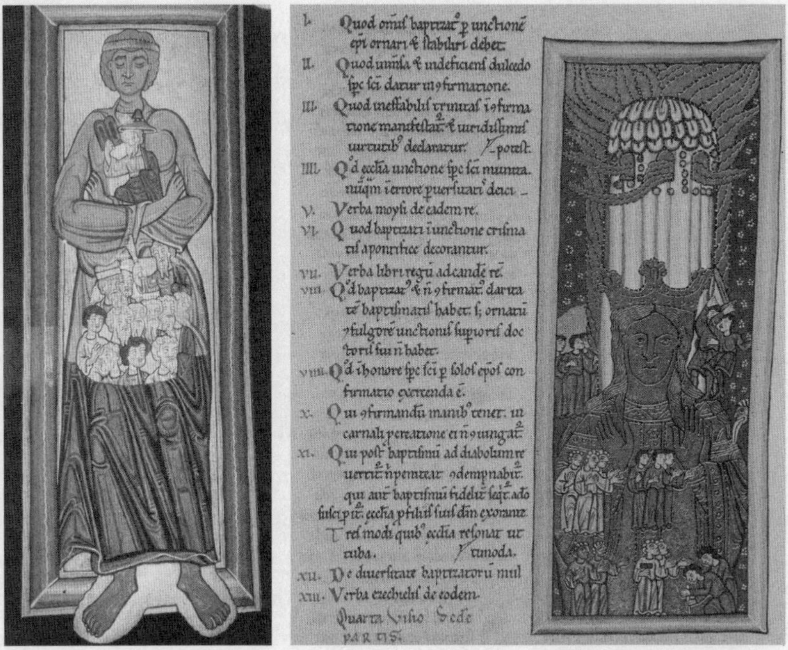

Iluminuras de *Scivias* mostrando a *Synagoga* protegendo os judeus e a *Ecclesia* protegendo os cristãos.

E ela realmente gritou. Em *Scivias*, Hildegarda assumiu um tom profético para censurar os falsos mestres na Igreja:

> Vós, vós malignos enganadores, que trabalhais para subverter a fé católica. Vós sois hesitantes e fracos e, portanto, não podeis evitar as flechas venenosas da corrupção humana [...] E depois de derramar vossa luxúria na semente venenosa da fornicação, vós fingis rezar e assumis falsamente um ar de santidade, que aos meus olhos é mais indigno que um pântano fétido.[26]

A agitação social causada pelas Cruzadas atingiu todas as dimensões da vida do século XII, mas foi particularmente destrutiva para os judeus europeus, com ataques brutais ocorrendo por toda a Europa e Oriente Médio.[27] Hildegarda parece se opor a essa violência. Ela apresenta a *Synagoga* (que representa os judeus) como uma mulher segurando os profetas nos braços. *Synagoga* é homóloga à representação feminina da Igreja cristã, *Ecclesia*, que tem um manto dourado e também segura os fiéis próximos a si.

Essa representação positiva da *Synagoga* em *Scivias* demonstra sua opinião de que os judeus, assim como os cristãos, contribuíam para a Igreja e não deveriam ser perseguidos pelos cruzados. Como uma verdadeira ativista medieval, vivendo em um tempo de medo, Hildegarda empreendeu uma campanha contra a imoralidade e a corrupção.

A heresia também estava em ascensão. Na condição de mulher que tinha visões, escrevia, pregava e detinha poder, a ameaça de ser declarada herética estava sempre presente. Em uma carta ao papa Eugênio, em 1148, ela enfatiza sua vulnerabilidade: "Pois desde que era criança jamais me senti segura, nem por uma única hora". Ela prossegue, dizendo que "há tanta hostilidade nas pessoas" que ela "não se atreve a falar sobre essas coisas". É uma afirmação que soa bastante moderna, considerando o atual clima de uma percebida "cultura do cancelamento". Mas Hildegarda estava diante de uma ameaça maior que qualquer "pária" de hoje: ela poderia ser perseguida como herege e executada. Ela exibe grande delicadeza em sua capacidade de navegar as visões opostas que circulavam em torno dela, sem deixar de se envolver com as questões do momento. Algumas escritoras medievais, como Juliana de Norwich, escaparam da ameaça da acusação permanecendo fechadas em sua célula de anacoreta e evitando o que estava acontecendo no mundo. Mas Hildegarda assumiu o papel de profeta e entrou na política de cabeça. Ela disse ao papa que agisse contra o "urso", o imperador Barbarossa: "Vossa santidade agora, o vice-rei de Cristo, sentado no trono da Igreja, escolha por si mesmo a melhor parte, para que seja a águia a vencer o urso!".[28] Palavras ousadas para qualquer um no século XII, ainda mais para uma mulher.

Hildegarda teria sentido o impacto dessa paisagem em transformação. Ela representava uma classe da nobreza que estava em declínio: a antiga aristocracia. O cisma havia tornado as relações entre a Igreja e o Estado cada vez mais complexas, e um novo grupo – o dos bispos-príncipes – começava a surgir. Os bispos-príncipes cuidavam do bem-estar espiritual dos reinos, mas também detinham todo o poder e riquezas dos líderes mundanos, algo que Hildegarda lamenta reiteradamente em suas obras. Ver os líderes religiosos de seu tempo mergulhados na guerra, na corrupção e nos vícios morais influenciou seu modo de escrever e formou a base de suas obras posteriores, como *Ordem das virtudes* [*Ordo Virtutum*]. Nessa peça moralizante – a primeira desse tipo que sobreviveu –, as mulheres do mosteiro de Hildegarda assumem o disfarce de cada virtude, enquanto o único homem

– o monge Volmar – responde como o Diabo. Mas a vida de Hildegarda também foi uma vida real e bastante mundana, repleta de preocupações cotidianas com rendimentos financeiros, lealdades políticas, preparativos para o futuro e coisas do tipo. Ela era espiritual, mas não estava dissociada do mundo. E estava cercada por um grupo de homens e mulheres de todos os setores do espectro político e religioso, que juntos estavam provocando ondas de mudanças intelectuais e sociais.

Sua lista de correspondências é um tipo de *Who's Who** do período medieval. Ela escreveu, e recebeu cartas, de algumas das estrelas mais brilhantes de sua geração, incluindo três papas, São Bernardo de Claraval, o imperador Frederico Barbarossa, o rei Henrique II da Inglaterra e a rainha Leonor da Aquitânia.[29] Embora isso fosse proibido pela Igreja, ela chegou até mesmo a embarcar em uma "turnê" pela Alemanha para divulgar seu livro e pregar, algo que poucas mulheres até os dias de hoje podem pensar em fazer.[30] Ela foi uma celebridade do século XII. Seu livro *Scivias* era incrivelmente popular e foi amplamente copiado. João de Salisbury, secretário de Thomas Becket durante o reinado de Henrique II, queria consultar sua obra porque "o papa Eugênio gostava dela com um íntimo laço de afeto". Ele escreveu para um escriba no exterior perguntando se este conseguiria encontrar "as visões e profecias da abençoada e muito famosa Hildegarda". Sustentando a ideia de que ela era uma profetisa, ele prossegue: "Examine com cuidado e me diga se alguma coisa foi revelada a ela no final desse cisma".[31]

Os feitos de Hildegarda são ainda mais notáveis quando consideramos que ela estava abrindo caminho como uma das primeiras mulheres visionárias do período medieval. Outras seriam alçadas à fama como místicas no século XIV, mas, durante o século XII, mulheres visionárias não eram algo comum.[32] O Segundo Concílio de Latrão, de 1139, tornou mais problemática a independência das mulheres na Igreja, uma vez que a separação compulsória das comunidades monásticas levou ao enclausuramento estrito das monjas.[33] As pregações monásticas também foram reprimidas, o que teria atingido Hildegarda. Apesar das muitas ameaças que constantemente a rondavam, Hildegarda era determinada em tudo o que fazia, acompanhando

---

* *Who's Who* [Quem é quem] é uma obra de referência publicada anualmente na Inglaterra desde 1849, com informações sobre pessoas de todo o mundo que influenciam a vida no país. (N.T.)

a roda da fortuna em seus altos e baixos. Ela não se furtava a aconselhar e censurar os donos do poder. Suas visões eram tanto micro como macrocósmicas, de longo e de curto prazo. Ela agia para proteger a si mesma e à sua comunidade de irmãs, mas também queria promover mudanças no cenário global. Mas sua vida foi separada em duas metades: a primeira, privada, silenciosa, introspectiva, e a segunda, barulhenta, ousada e impactante.

Tornando-se si mesma

De acordo com a biografia escrita pouco depois de sua morte e também com uma profusão de relatos em primeira mão recolhidos para provar sua santidade, Hildegarda foi uma criança incomum, cujas diferenças ficaram óbvias para seus pais desde muito cedo.[34] Um relato afirma que, aos 5 anos de idade, ela perguntou à sua ama se ela conseguia ver algo além dos objetos externos. Surpresa, a ama respondeu que não conseguia. A pequena Hildegarda passou então a descrever o lindo bezerro que estava dentro de uma das vacas prenhas da família, até suas manchas – "todo branco, com manchas pretas na testa, nos pés e nas costas!". A ama contou isso à mãe de Hildegarda, que pediu para ver o bezerro assim que nascesse. Ao verem que o animal era exatamente como Hildegarda o havia descrito, "perceberam que ela era diferente em caráter das outras pessoas e decidiram enclausurá-la em um mosteiro".[35]

Dada como oblato à Igreja por seus pais, que eram membros da nobreza, enquanto ainda era muito nova, ela foi confiada a uma mulher cinco anos mais velha que ela, com quem compartilhou um único quarto por 24 anos.[36] Jutta de Sponheim era filha de um conde e cresceu em um castelo, mas, enquanto a maioria das mulheres em sua posição teria sido um par desejável para o casamento, Jutta rejeitou todos os pretendentes e insistiu em se tornar monja.[37] Ela era extremamente devota e ascética, e com frequência praticava o jejum e a autoflagelação, rezando descalça durante horas no frio extremo, usando correntes e camisas de pelo de cavalo e recusando qualquer tipo de carne. No momento de sua morte, com apenas 44 anos de idade, essas práticas haviam devastado seu corpo, o que horrorizou Hildegarda. Ela não queria viver uma vida de privação e autopunição como Jutta. Quando as monjas de Disibodenberg a escolheram unanimemente como sua abadessa em 1136, ela as aconselhou a não adotar essas práticas.

Apenas cinco anos depois de assumir seu novo papel, algo de extraordinário aconteceu. Ela tinha visões desde a primeira infância, mas não as compartilhava por medo de que fossem mal interpretadas. Mas suas visões adquiriram uma nova compleição em 1141, aumentando em intensidade e complexidade. Ela descreve ter recebido um "chamado" para contar aos outros sobre elas. Médicos e psiquiatras modernos tentaram determinar de onde se originavam as visões de Hildegarda, que forma tomavam e se indicavam a existência de questões médicas ou de saúde mental subjacentes. Hoje apelamos à ciência em busca de respostas, mas no século XII a principal pergunta que se fazia sobre um místico era: as visões vêm de Deus ou do diabo?

Para todos os místicos, as pressões para provar as origens divinas das visões eram uma preocupação premente. Se alguém colocasse em dúvida a pureza de suas experiências, eles poderiam ser acusados de heresia e sofrer perseguição. Hildegarda enfatizou diversas vezes que suas visões eram boas e experienciadas em estado de vigília, e não durante transes. Ela dizia existir "à sombra da luz viva", mas que quando entrava em uma visão ela a sentia fisicamente, "como uma chama oscilante, ou uma nuvem movida pelo ar

Iluminura do Ovo Cósmico de Hildegarda de Bingen, do Livro I, Visão III de *Scivias*, século XII.

limpo".[38] É muito provável que ela estivesse experienciando enxaquecas. O que ela descreve se assemelha às sensações e auras relatadas por quem sofre desse mal: "Os céus se abriram, e uma luz ofuscante de extremo brilho fluiu por todo meu cérebro. E ela acendeu meu coração e todo o meu peito como um fogo, não queimando, mas aquecendo".[39]

Como Juliana de Norwich, ela voltou repetidas vezes às suas visões em seus livros e, além de extensas descrições daquilo que via, oferecia explicações, comentários e mesmo representações visuais. Imagens da obra *Scivias*, que quase certamente foram compostas com a participação dela, mostram uma profusão de círculos concêntricos, extremidades irregulares e pontos pretos. Uma característica pouco comum de suas iluminuras é o uso concomitante de ouro e prata, criando o efeito de "escotoma" – áreas de luz e sombra brilhantes e cintilantes. O renomado neurologista Oliver Sacks começou a sofrer de enxaquecas durante o início da infância, mais ou menos com a mesma idade de Hildegarda. Sua descrição evoca quase exatamente as visões dela, incluindo a gama de cores, formas e composições que faz parte de *Scivias*:

> Eu estava brincando no jardim quando uma luz brilhante, cintilante, apareceu à minha esquerda – deslumbrantemente brilhante, quase tão brilhante quanto o sol. Ela se expandiu, tornando-se um enorme semicírculo cintilante que ia do chão ao céu, com bordas nítidas em zigue-zague e cores azuis e laranja. Então, de trás do brilho, veio uma cegueira, um vazio do meu campo de visão, e logo eu não conseguia mais ver quase nada do meu lado esquerdo. Foi assustador: o que estava acontecendo? Minha visão voltou ao normal em alguns minutos, mas aqueles foram os minutos mais longos que já experimentei.[40]

A mudança na natureza das visões de Hildegarda após os 40 anos inaugurou uma fase completamente nova de sua vida. Ela registrou: "[eu era]. compelida por uma grande pressão dolorida a tornar conhecido o que vi e ouvi [...] mas então minhas veias e medula se encheram dos poderes que me faltavam na infância e juventude".[41] Todo seu corpo era afetado pelas crises de enxaqueca, e ela sentia sua intensidade aumentar. Estaria Hildegarda passando pela menopausa?[42] Ela teria 43 anos nesse momento, relativamente cedo para se entrar em menopausa hoje em dia, mas era uma idade madura para as mulheres medievais, que raramente chegavam aos 50 anos. Pesquisas atuais sobre os efeitos da menopausa sugerem que o início das ondas de calor, visão borrada e aumento da intensidade de enxaquecas são todos sintomas bastante comuns.[43] Níveis mais altos de estradiol (o hormônio estrógeno mais abundante na menopausa) também poderiam causar desorientação e mesmo delírio.[44] A cronologia faz sentido, e Hildegarda já não conseguia manter essas visões mais intensas para si mesma. Uma voz disse a ela: "Agora grite e escreva!". Foi então que ela procurou o monge Volmar, que se tornaria seu secretário e confidente homem mais próximo, e eles começaram a registrar as visões dela.

Doença ou santidade?

Hildegarda registrou aspectos de suas visões com precisão científica. Ela era fascinada pela medicina e pelo corpo humano, e compôs dois tratados completos sobre esses assuntos: *Physica* e *Causae et Curae*. Ela é considerada por muitos a fundadora das ciências naturais na Alemanha, e seus remédios são conhecidos ainda hoje entre herboristas e adeptos da medicina alternativa.[45] Uma das muitas responsabilidades em um mosteiro era cuidar dos doentes, e é provável que Hildegarda tenha desenvolvido muitas de suas curas enquanto trabalhava na enfermaria de Disibodenberg. Ela demonstra uma compreensão única das necessidades físicas das mulheres, e algumas de suas sugestões não são o que hoje se esperaria de uma monja. Por exemplo, ela lista as plantas que poderiam ser ingeridas para provocar um aborto.[46]

Ela dá instruções muito claras de que a mulher deveria se banhar em água de rio recém-aquecida e acrescentar tanaceto (um abortivo bem conhecido), crisântemo, verbasco e matricária. A água deveria cobrir toda a barriga. Então ela deve:

> Pegar bérberis e um terço dessa quantidade de milefólio, aristolóquia e um nono dessa quantidade de arruda, e macerar essa mistura em um almofariz. Colocar em um saquinho e então cozinhar em vinho; acrescentar cravo e pimenta branca [...] e mel. Beber isso diariamente tanto em jejum como com as refeições [...] durante cinco dias ou quinze ou até a questão ser resolvida.[47]

Embora a Igreja moderna tenha desenvolvido orientações rígidas sobre os abortos em resposta aos avanços na medicina, uma crítica tão clara ao processo não era expressa no período medieval. Como curadora, Hildegarda valorizava acima de tudo a saúde das pessoas que ajudava, e aqui ela trata de uma situação crítica em que uma mulher pode precisar "abortar um bebê que é um risco para o corpo dela". Mesmo hoje essa visão pode parecer radical para alguns.

Hildegarda sabia por experiência própria como a doença podia afetar o corpo feminino. Ela mesma sofria não apenas de enxaquecas, mas também de outras doenças. Existem muitas referências à sua saúde frágil, tanto em suas próprias obras como em relatos de outros.[48] Já se disse que ela usava suas queixas de saúde para manipular situações, visto que regularmente ficava doente quando contestada por outras pessoas. Esse foi certamente o caso quando o abade de Disibodenberg se recusou a dar a ela um mosteiro próprio. Mais tarde ele cedeu, mas só porque lhe disseram que Hildegarda, àquela altura completamente paralisada, corria risco de vida. Mas ela talvez estivesse experimentando sintomas físicos reais como resposta a períodos de intenso estresse. Além dos efeitos da menopausa durante os anos muito ativos do fim de sua vida, é provável que Hildegarda usasse seu próprio corpo para fazer testes, observando o que acontecia com ele em momentos diferentes para melhor entender as mulheres sob seus cuidados.

Ela certamente defendia a manutenção da saúde em suas obras científicas, reiterando continuamente os benefícios de comer e beber bem. Em suas cartas, ela também lembrava aos destinatários a importância de cuidar do corpo humano, já que era ele que cuidava da alma. Ela os alertava contra o jejum, o autoflagelo e a autoprivação praticados por alguns monges e monjas, como Jutta.[49] Em vez disso, incentiva o consumo de cerveja, bebida que "afeta positivamente o corpo quando consumida com moderação [...] a cerveja engorda a carne e [...] dá uma bela cor à face". E, ao contrário de muitos de seus contemporâneos, Hildegarda também se interessava bastante pelo bem-estar ginecológico e sexual das mulheres.[50] Escrevendo em 1150, ela oferece a primeira descrição de que se tem notícia da sensação de um orgasmo feminino:

> Quando uma mulher está fazendo amor com um homem, uma sensação de calor em seu cérebro, que traz consigo o prazer sensual,

> comunica o sabor desse prazer durante o ato e invoca a emissão da semente do homem. E após a semente cair em seu lugar, esse calor veemente que desce de seu cérebro atrai a semente para si e a detém, e logo os órgãos sexuais da mulher se contraem, e todas as partes que estão prontas para se abrir durante o momento da menstruação agora se fecham, da mesma forma como um homem forte é capaz de segurar alguma coisa em seu punho fechado.[51]

É importante reforçar que Hildegarda nunca ultrapassou os limites do debate contemporâneo, e que seus escritos foram endossados pelo próprio papa. Evidentemente, quando Hildegarda escreveu sobre sexo, ela tinha em mente o ato da procriação. Outros autores do século XII também escreveram sobre a sexualidade feminina e ginecologia, mas as discussões de Hildegarda sobre sexualidade e gênero são mais amplas e mais engajadas que as dos escritores homens do seu tempo.[52] Suas obras foram minuciosamente examinadas pouco após sua morte por estudiosos para apoiar a reivindicação por sua canonização, e nenhum desses estudiosos homens achou que ela havia escrito sobre assuntos inadequados.

Suas descrições poderosas revelam uma surpreendente falta de censura exercida sobre Hildegarda pelos leitores e escritores de sua época. Hildegarda estava chamando atenção para as diferenças entre os corpos masculinos e femininos para ressaltar que eles eram únicos, e não um inferior ao outro. Essas descrições também deixam claro que ela compreendia a essência do prazer sexual feminino, apesar de ser uma monja celibatária professa. Ela tinha uma visão positiva das atividades sexuais, vendo nelas uma necessidade e reforçando que era melhor para quase todas as pessoas serem sexualmente ativas do que não serem.[53] O primeiro encontro sexual de Adão e Eva, ela diz, foi doce e amoroso, mas desde a Queda tem se tornado cada vez mais quente e sedento:

> Ele corre rapidamente para a mulher, e ela para ele – e ela é como um chão batido por seus muitos golpes e fica quente quando os grãos são socados dentro dela.[54]

Hildegarda argumentava até mesmo que o temperamento de uma pessoa era afetado pelos sentimentos da mãe e do pai durante a relação sexual

– quanto mais amoroso e prazeroso o encontro sexual, mais feliz a criança. Sua forma de tratar o sexo reflete uma agenda mais ampla, que perpassa todas as suas obras: oferecer uma perspectiva feminina que pudesse ser compartilhada e aprimorada pelas mulheres junto às quais ela morava, trabalhava, rezava e aprendia. Ela colocava o foco na experiência das mulheres – algo que poucos de seus contemporâneos fizeram. Chega até mesmo a dizer que, no que diz respeito ao ato da criação, as mulheres são superiores aos homens: "As mulheres podem ser feitas a partir do homem, mas nenhum homem pode ser feito sem uma mulher".[55] Fosse por meio da medicina, dos textos teológicos, das imagens e das músicas, Hildegarda era uma mulher escrevendo para outras mulheres.

Ícone feminista?

Mas Hildegarda pode ser considerada um ícone feminista? Em suas obras científicas, ela colocou homens e mulheres não em oposição uns aos outros, mas sim exibindo uma ampla gama de características que dependiam de suas naturezas. Desbancou visões misóginas consolidadas sobre a menstruação, enfatizando que ela na verdade faz parte do fluxo natural do sangue em todos os humanos regidos pela lua. Também se opôs a escritores homens da época que consistentemente reforçavam a ideia de que as mulheres são mais dadas à luxúria do que os homens. Sua teologia enfatiza a importância das figuras femininas *Ecclesia*, *Synagoga*, Amor, Sabedoria, Eva e a Virgem Maria como as fundações tanto do espiritual como do universal. Embora o sacerdócio seja masculino, ela argumentava que todos os aspectos da Igreja, e mesmo do próprio Cristo, só existem por meio do feminino.[56]

Apesar disso, existem passagens nas quais ela critica fortemente sua feminilidade, como na primeira carta dela de que se tem registro, astutamente endereçada a um dos homens mais influentes do século XII. Bernardo de Claraval, padre e mentor do papa, ouviu que ela era "miserável e mais que miserável em minha existência feminina".[57] Em sua primeira obra importante, *Scivias,* na qual perpetua o relato do Gênesis de como a primeira mulher foi criada a partir de Adão, ela continua enfatizando sua fraqueza feminina. Como Eva, Hildegarda permaneceu "na fragilidade da costela mais fraca, mas repleta de inspiração mística".[58] Ao apresentar essas visões tradicionais das diferenças de gênero, ela estava jogando de acordo com as normas sociais, criando um espaço de não confrontação onde sua voz pudesse ser ouvida. Filtrada pela pena de seu "secretário", um homem, Volmar, é muito provável que Hildegarda sentisse necessidade de se autocensurar. No início de sua carreira, ela precisava descrever suas experiências, emoções e ideias de maneiras que fossem aceitáveis para o público masculino que iria examiná-las.

Iluminura da manifestação física do Amor de Hildegarda, do Livro I, Visão I do *Livro das obras divinas*, século XII.

Conforme sua confiança e reputação aumentavam, entretanto, o número de referências à sua fraqueza como mulher foi se reduzindo. Em suas últimas obras teológicas, ela troca regularmente de pronomes. Ao descrever suas visões, começa se referindo a um homem "vendo", mas o ponto de vista muda na frase seguinte para o de uma mulher. Essa confusão de gêneros é realizada propositadamente; uma forma de mostrar que o Amor Divino (que ela caracteriza como feminino) flui através de todas as coisas, a despeito de seu sexo biológico percebido. Ela também visualizava conceitos centrais, por exemplo, a manifestação física do Amor, como dotada de elementos masculinos, femininos e animais; uma cabeça barbada de velho sobre uma mulher, com uma águia acima desse conjunto.[59] No processo criativo, ela escreveu que a "esfera escura" só é preenchida com vida ao "nutri-la como uma mãe amamentando um filho". Ligava a palavra em latim "*materia*" (matéria) a "*mater*" (mãe), reforçando novamente que toda a criação só existe porque corpos femininos lhe dão vida.

Essas visões de um universo com homens e mulheres codependentes uns dos outros nem sempre refletia a realidade da existência de Hildegarda. Ela ainda sofria com a misoginia. Em uma carta ao papa Eugênio, ela conta que suas visões foram rejeitadas e criticadas "por muitos homens sábios [...] porque vêm desta pobre figura feminina que foi formada na costela e não instruída por filósofos". Nessa carta ousada, Hildegarda estava pedindo ao papa que desafiasse suas próprias suposições sobre visionárias mulheres. Ela faz um apelo ao líder da Igreja para que ele se comporte como um aliado e não ignore as vozes, visões e opiniões femininas: "Não rejeite esses segredos de Deus, pois eles fazem parte daquela necessidade que está oculta, e que ainda não surgiu abertamente".[60]

É impossível definir uma mulher medieval como uma "feminista", uma vez que o vocabulário e o arcabouço para o termo são invenções modernas. Hildegarda não teria sido capaz de formular sua obra de acordo com abordagens feministas porque não as conhecia, mas certamente colocou as preocupações das mulheres no centro de tudo o que fez. Suas obras públicas apresentam as questões femininas aos principais detentores homens do poder de seu tempo, e seu próprio exemplo teria sido uma inspiração para seus seguidores. Sua influência terrena cresceu junto com sua reputação.

Um santuário para mulheres

Quando Hildegarda começou a compartilhar suas visões com o monge Volmar após 1141, também começou a fazer planos para um mosteiro próprio. Mas só com quase 50 anos de idade ela se tornou influente o bastante para conseguir a aprovação dessa proposta e realizar seu sonho de criar um santuário para monjas nobres no coração da Renânia. Isso foi conseguido graças ao apoio de um papa. Eugênio III foi o primeiro papa oriundo da ordem cisterciense (que ganhou proeminência por causa de Bernardo de Claraval) e sempre usava seu hábito monástico por baixo dos trajes papais. Ele é descrito como "uma pessoa simples, dócil e reservada – nada semelhante, pensavam os homens, à matéria-prima da qual os papas são feitos".[61] Ele só assumiu a posição porque ninguém mais queria um papel de tanto destaque durante um período especialmente perigoso de turbulências políticas. Por causa do cisma na Igreja, não foi possível para ele basear seu papado em Roma, de modo que transferiu o pontificado para diferentes lugares em toda a Europa. Em 1147, ele foi convidado para ir a Trier, perto do mosteiro de Hildegarda em Disibodenberg.

Notícias da existência de uma mística escondida nas colinas da Renânia chegaram ao papa pelo arcebispo de Mainz, e ele enviou uma delegação papal para visitá-la. Hildegarda deve ter sido tomada por uma antecipação temerosa ao ver os mais importantes representantes da Igreja subindo a ladeira íngreme em sua direção, com o objetivo de avaliar se tinham uma herege ou uma profeta entre eles. Ela foi convincente. Os representantes ficaram tão impressionados com ela que levaram a cópia incompleta do livro *Scivias* consigo para Trier. A sorte estava do lado de Hildegarda, pois o próprio Bernardo de Claraval passou o inverno de 1147 na corte papal. Como os dois haviam se correspondido anteriormente, quando o papa Eugênio leu trechos de sua obra para a corte, Bernardo se apressou a defender Hildegarda.[62] Ela conseguiu o apoio de dois dos homens mais influentes da cristandade; havia escolhido seus aliados com evidente cuidado. Conseguira entrar no mundo da teologia, dominado por homens, e contou com a ajuda do papa para fazê-lo.

Com o apoio do papa ao *Scivias*, Hildegarda se tornou uma *superstar* internacional. A comunidade feminina em Disibodenberg já tinha se expandido, com o número de monjas passando de doze para dezoito em seus primeiros dois anos como abadessa.[63] Agora as mulheres queriam estar perto dela para seguir seu exemplo, e o pequeno mosteiro no alto da colina foi inundado de candidatas. O mosteiro não estava equipado para acomodar uma comunidade feminina em expansão, mas o abade Kuno relutava em deixar Hildegarda partir. Mais noviças implicavam mais renda, e ela era a atração principal de Disibodenberg. Os desentendimentos entre abade e abadessa perduraram por algum tempo, mas finalmente, após o episódio da doença que quase a matou, Hildegarda conseguiu o que queria.

Ela disse que o local de seu novo mosteiro, no coração industrial da Renânia, lhe foi revelado durante uma visão na qual ela foi instruída a ir ao lugar onde o bispo-santo Rupert, do século VIII, havia realizado seu trabalho.[64] Divinamente inspirada ou não, essa localização foi uma escolha estratégica. Hoje conhecido como Bingen, o local em Rupertsberg tinha características muito diferentes das do mosteiro onde ela crescera. Rupertsberg já era uma cidade próspera quando Hildegarda e as monjas chegaram. Havia uma estrada do sal, onde os comerciantes vendiam essa valiosa mercadoria, e o mercado era bem servido por ligações comerciais com as principais cidades da Alemanha e da França. A infraestrutura da cidade era sofisticada, gerida por uma corte que taxava a comunidade para fazer a manutenção de instalações como estradas e muralhas.[65]

Hildegarda escolheu um lugar a oeste da cidade, onde uma capela em ruínas e vinhedos ofereciam o espaço para ela concretizar sua visão de um mosteiro perfeito. A construção começou em 1150, mas seriam necessários anos para os edifícios surgirem. Esses foram tempos de provações para Hildegarda, e ela precisou conciliar seu novo status de celebridade com as dificuldades de sustentar as vinte mulheres nobres sob sua responsabilidade. Muitas monjas acabaram indo embora, e as que permaneceram se ressentiam das instalações mal-ajambradas onde se encontravam. Hildegarda escreveu: "monjas me olharam com olhos sombrios e disseram que não conseguiam aguentar as pressões insuportáveis da disciplina e das regras".[66] Ela havia atraído para si as mulheres nobres mais ricas da região com a promessa de que viveriam bem. Cada uma delas havia trazido consigo generosos dotes, e provavelmente se sentiram testadas pelos intermináveis trabalhos de construção e pelas precárias condições de vida.

A situação piorou quando a pessoa mais próxima a ela, Richardis, decidiu partir. O irmão de Richardis era o arcebispo de Bremen, e foi graças à sua alta posição que ele conseguiu para ela a desejada posição de abadessa em Bassum. Hildegarda se opôs a esse movimento a um ponto quase perigoso, se apoiando em todo o potencial de sua "relação pessoal com Deus" para condenar a decisão furiosamente em uma carta para seus superiores homens. Ela evidentemente não teve medo de mostrar a profundidade de seus sentimentos, especialmente em relação a essa monja específica, que havia sido uma companhia constante. Irritada com a partida de sua amada, ela escreveu esta carta contundente ao arcebispo de Mainz em 1151:

> Suas imprecações e suas palavras maliciosas e ameaçadoras não devem ser ouvidas. Sua vara e seu cajado foram erguidos no orgulho, não a serviço de Deus, mas na frágil presunção de seus desejos perversos.[67]

A fúria dessa carta contrasta com a tristeza digna de pena na carta que ela escreve quando percebe que Richardis vai mesmo partir:

> Minha tristeza se ergue. Essa tristeza está obliterando a grande confiança e consolo que eu recebia de outro ser humano [...] eu a amava por sua postura nobre, sua sabedoria, sua pureza, sua alma e toda sua vida! Tanto era assim que muitas pessoas diziam: "O que você está fazendo?".[68]

A paixão exibida nas cartas de Hildegarda a Richardis poderia ser lida como os sinais de uma ligação mais profunda, talvez até mesmo romântica, entre as duas.[69] Mas é necessário lembrar que essas mulheres passaram anos juntas em isolamento e viveram lado a lado durante seu tempo em Disibodenberg. Richardis também trabalhou em proximidade com Hildegarda na composição e criação de seus livros, atuando como uma espécie de editora. A amizade das duas era intensa, e Richardis falece apenas um ano depois de deixar Hildegarda. A tristeza ainda é tangível no texto que Hildegarda escreve décadas depois. Já septuagenária, ela lamenta: "depois que ela se afastou de mim para uma região diferente, longe de nós, ela rapidamente deixou esta vida mundana com seu honroso nome".[70]

Mas, para as monjas que ficaram com Hildegarda, as coisas estavam prestes a melhorar significativamente. Em 1158, ela finalmente conseguiu o apoio do arcebispo de Mainz, e seu luxuoso mosteiro pôde se expandir e prosperar. Elas tinham comida e bebida em abundância, fornecidas pelos campos e vinhedos circundantes. Hildegarda escrevia músicas para suas monjas cantarem juntas, celebrando o poder e a beleza de mulheres como a Virgem Maria. Suas canções são incomuns no volume de atenção que dedicam a Maria. Ela é descrita como "Estrela do Mar", "Mais Esplêndida das Pedras Preciosas", "Autora da Vida", "Remédio Sagrado", "A Brilhante Matéria-prima do Mundo". Se Eva provocou a subserviência das mulheres aos homens, Maria as alça mais alto:

> Porque uma mulher trouxe morte/ Uma Donzela brilhante a superou,/ E então a mais alta bênção/ Em toda a criação/ Tem a forma de uma mulher,/ desde que Deus se tornou homem/ Em uma doce e abençoada Virgem.[71]

Suas canções também estão repletas do sabor da Renânia, e celebram a paisagem dos arredores e o elenco de santos locais. Ela estimava especialmente a mártir Santa Úrsula, cujos ossos – junto com os das supostas 11 mil mulheres com as quais ela morreu – foram desenterrados na cidade próxima de Colônia em 1155.[72] Essa descoberta deve ter sido uma grande notícia no convento de Hildegarda, inspirando-a a promover sua própria agenda para aumentar a agência feminina e promover a história da Renânia.

Relicário com ossos na Câmara Dourada da Basílica de Santa Úrsula, em Colônia, descobertos em 1106 e que se acredita serem das lendárias 11 mil virgens martirizadas com a santa.

Ela fez do horror, da dor, da tortura e do martírio da santa uma experiência real e vívida para as monjas. A potência de versos como "na inocência de sua ignorância de menina, ela não sabe o que está falando" teria ressoado com elas, sublinhando a suposição comum de que as mulheres eram ignorantes, frágeis e insignificantes. Essas canções eram tanto sobre o real e o agora quanto sobre o espiritual e o passado. O ato de cantarem juntas, a uma só voz, sobre uma santa que circulou por aqueles arredores antes delas, com as palavras poéticas e a música arrebatadora de uma santa que se sentava entre elas, era um ato potente de desafio. Hildegarda estava criando uma atmosfera de empoderamento entre suas monjas em Rupertsberg. Cantar juntas reforçava, reiteradamente, ao longo de toda a recitação das horas monásticas, a ideia de um poderoso legado de agência feminina, que remontava a Eva e Maria, passando por santas como Úrsula, até o seu presente. As canções que Hildegarda escreveu para sua comunidade foram criadas para inspirar, transportar e elevar suas irmãs.

Além das inúmeras canções, sua peça *Ordem das virtudes* [*Ordo Virtutum*] deve ter colaborado para a empolgação durante as comemorações dos dias de festa, como uma apresentação escolar de final de ano. Os tempos eram tão prósperos que o mosteiro começou a atrair a reprovação daqueles que achavam que as monjas estavam vivendo um pouco bem demais. A exuberância do evento é descrita por uma monja de nome Tengswich, de um mosteiro próximo. Ela escreveu a Hildegarda criticando suas práticas:

> Nos dias de festa, suas monjas cantam salmos na igreja com os cabelos soltos, e com propósitos decorativos vestem longos véus de seda branca que alcançam o chão. Em suas cabeças elas usam coroas de ouro trançado [...] e enfeitam seus dedos com anéis de ouro. E fazem isso apesar de o primeiro pastor da Igreja [São Paulo] ter proibido essas coisas.[73]

As monjas eram incentivadas a manter a cabeça raspada, enquanto cabelos longos e descobertos eram reservados à aristocracia. As regras monásticas também instruíam especificamente as praticantes religiosas femininas a não usarem joias e a manter seus hábitos simples. Mas as monjas de Hildegarda estavam claramente transgredindo todas essas regras. A resposta dela a Tengswich afirmou que as mulheres de Rupertsberg eram ainda mais dignas de se vestirem com beleza, pois eram virgens e eram as noivas de Cristo. Ela também achava que o equilíbrio precisava ser recalibrado: se os membros homens da Igreja tinham todo tipo de objetos simbólicos, trajes opulentos e uma hierarquia de parafernálias, então certamente as mulheres cristãs mereciam símbolos semelhantes de suas posições. Houve uma crítica de Tengswich, entretanto, que Hildegarda não pôde negar: o processo seletivo em Rupertsberg. Ela diz que não era justo que apenas mulheres nobres por nascimento fossem admitidas no mosteiro. A resposta de Hildegarda é distintamente classista:

> Quem reúne todo seu rebanho em um único estábulo, bois, burros, ovelhas e cabras, sem que eles se desentendam? É por isso que também se deve diferenciá-los em um mosteiro.[74]

Hildegarda era uma monja, uma escritora, uma polímata e uma celebridade, mas também era uma esnobe, nascida e criada em meio à elite. Foi por ter amigos bem posicionados que conseguiu criar um lugar onde o aprendizado e as artes criativas puderam florescer. Sua fortuna e conexões poderosas garantiram seu sucesso e o de seu mosteiro em Rupertsberg.

Rompendo fronteiras

Musicista, linguista, artista, teóloga, cientista, conselheira, administradora e abadessa, Hildegarda cruzou fronteiras disciplinares em busca de maneiras de explorar as verdades mais profundas do universo, que ela sentia lhe terem sido reveladas por meio de suas visões. Ela sempre insistiu no fato de que recebia suas visões através de todos os seus sentidos e em estado de vigília, e são essas descrições de visões, cheiros, sons, toques e gostos que pintam uma imagem tão vívida. Por exemplo, quando ela descreve o paraíso:

> O paraíso é um lugar agradável, florescente no fresco verdor das flores e das ervas e nos deleites de todas as especiarias, repleto de perfumes requintados, enfeitado para as alegrias dos abençoados. Ele dá à terra seca a umidade fortificante e dá sua força vital à terra.[75]

De fato, as cores e especialmente o verdor – "*viriditas*" – estão no centro de muitas de suas visões. Para Hildegarda, é esse verde verdejante que revela como a essência divina se move através de cada parte da natureza. Mas não era avessa ao melodramático e ao terrível, como quando ela descreve os castigos da alma:

> Fui obrigada a pegar todo tipo de verme nocivo e venenoso, como escorpiões e víboras, que me borrifaram toda com seu veneno até que fiquei doente de fraqueza [...] Que olho consegue ver minhas feridas e que nariz é capaz de suportar o fedor dessa aflição?[76]

O estilo de sua escrita é frequentemente direto, fazendo perguntas ao leitor: "O que isso significa?", "Como isso aconteceu?", "Como é isso?". Ela também adapta seu estilo dependendo do tipo de livro que está produzindo. Suas visões estão impregnadas de simbolismo e narrativa, ao passo que seus tratados científicos muitas vezes contêm as mesmas ideias, mas com uma clareza prática. Sua escrita muda com a idade, e falta às suas visões e exposições mais antigas a síntese das posteriores. Hildegarda continuou crescendo e se desenvolvendo durante toda sua longa carreira, e teve o cuidado de diferenciar seu estilo e abordagem daqueles dos teólogos de seu tempo. A diferença em tom poderia ser comparada hoje àquela entre um artigo acadêmico e um livro dirigido ao público geral. Hildegarda não teve aulas em uma universidade e nem se formou em artes liberais como teria sido o caso de um intelectual homem. Mas ela tinha o intelecto e a habilidade necessários para expressar suas ideias de modos distintos, o que permitia que se comunicasse efetivamente.

Suas visões não eram simplesmente teológicas para ela, mas sim uma fonte da qual ela conseguia extrair outros modos de expressão, incluindo a visual e a musical. Para uma mente tão superestimulada e cheia de ideias originais, desesperada para descrever o indescritível, a linguagem talvez tenha parecido uma limitação. Escrevendo para um controverso teólogo da época, Odo de Soissons, ela diz a esse sábio erudito para não usar restrições e linguagem humanas para definir o divino.

> Deus é pleno e total e além do início do tempo e, portanto, não pode ser dividido ou analisado por palavras como um humano pode ser [...]. O raciocínio humano deve encontrar Deus por meio de nomes e conceitos, pois o raciocínio humano é por sua própria natureza cheio de nomes e conceitos.[77]

Nessa mesma veia, ela também usou a arte e a música – o visual e o melódico – para expressar paixão, sentimentos e experiências sensoriais. Sua música é única, marcante, experimental, extraordinária. Suas imagens fascinam, desconcertam e assaltam os olhos com cores, formas e composições psicodélicas. Hildegarda usou todos os modos disponíveis por meio de seus sentidos para explorar sua compreensão da existência.[78]

Só de olhar para a capa deste livro, a relação entre o que ela via e o que ela escrevia, entre texto e imagem, fica clara. Ela é adaptada da terceira ilustração do Livro I de *Scivias*, que Hildegarda concluiu em cerca de 1147, pouco antes de deixar Disibodenberg. A visão começa:

> Depois disso vi um vasto instrumento, redondo e sombreado, no formato de um ovo, pequeno no topo, grande no meio e estreitado na base; fora dele, ao redor de sua circunferência, havia fogo brilhando, com um tipo de zona sombreada sob ele.[79]

Ela explica a visão como uma representação do universo no formato de um ovo, o que remete às ideias dela do feminino dentro do divino; como só as mulheres produzem ovos, então o universo é feito a partir da mulher. O anel de fogo retrata a ira de Deus e a derrota vingativa do diabo. O masculino e o feminino são ambos necessários para a criação. Por meio dessa imagem que ela recebeu como uma visão, ela tenta transformar o impossível, o invisível e o eterno em algo tangível que os outros poderiam compreender. Como estava inteiramente mergulhada na imagética e nos conceitos cristãos, ela formulava essa visão em termos religiosos. Mas o público atual pode ver muitas camadas diferentes de simbolismo e significado na imagem.

A mesma ingenuidade e acessibilidade de suas obras teológicas permeava seus outros projetos. Hildegarda enfatizava que havia aprendido a criar sua incrível música "sem qualquer instrução humana, apesar de eu nunca haver aprendido notação ou canto". Mais uma vez, pode-se fazer uma comparação entre um musicista que estudou o assunto e dedicou dezenas de milhares de horas a aperfeiçoar sua arte e um *virtuoso* autodidata cuja grandiosidade e originalidade naturais permitem que crie músicas dotadas de uma qualidade duradoura. Escritores contemporâneos descrevem a "nova canção" de Hildegarda como completamente diferente das tradições da época. Saltando de oitava em oitava, pulando de notas muito baixas para notas muito altas, sua música é diferente de tudo que sobreviveu do período medieval.[80] Hoje ela é uma das mais célebres compositoras dos primórdios da música, e a originalidade marcante de suas peças tem uma qualidade tão afetiva hoje quanto há novecentos anos.[81]

Sua busca por modos diferentes de expressão se estende para seus experimentos com a linguagem. A *Lingua Ignota* sobrevive como um glossário de cerca de mil palavras, mas não se sabe de que maneira Hildegarda pretendia usá-lo. As monjas em seu mosteiro talvez tenham empregado algumas palavras como um código, ou como um quadro de referência espiritualmente simbólico. Muitas das palavras têm um sabor distintamente germânico, mesclando latim e vernáculo para criar algo específico a Hildegarda e quem a seguia. Existem palavras para conceitos espirituais, como "*Aigonz*" – Deus; "*Aieganz*" – anjo; e "*Sancciuia*" – cripta. Mas também existem palavras mais ligadas ao dia a dia, como "*Zizia*" – bigode; "*Fluanz*" – urina; "*Pusinzia*" – catarro; e "*Bizioliz*" – bêbado. Erudita ou popular, a natureza poética de sua linguagem inventada a percorre de ponta a ponta. Como a poesia em alto-alemão antigo funcionava com base na aliteração, talvez Hildegarda estivesse criando algo semelhante. Suas palavras têm qualidades musicais e rítmicas, especialmente nas duas últimas sílabas, que produzem uma sensação de repique quando faladas em frases. Como sua música, sua arte e sua teologia, a língua de Hildegarda possui uma beleza intrínseca.

A curiosidade infindável e a expansividade da mente de Hildegarda também a levaram a criar seu próprio alfabeto.[82] Existe alguma semelhança com os símbolos do zodíaco, e ainda que as formas sejam claramente influenciadas pelas formas gregas e romanas, as combinações são únicas. Estaria ela tentando algo como o que Leonardo da Vinci produziria mais tarde com sua escrita espelhada? Ou, mais uma vez, talvez ela estivesse criando um roteiro para ser usado pelas monjas em seu mosteiro, reforçando sua originalidade e realçando sua separação do resto do mundo – uma língua e um alfabeto para serem usados apenas pelas mulheres empoderadas de Rupertsberg.

Em termos bíblicos, as línguas são uma lembrança de nossas limitações terrenas.[83] Após o dilúvio, uma humanidade unificada, falando a mesma língua, se reuniu para construir uma torre alta o suficiente para alcançar os céus. Mas Deus se enfureceu com esse desafio, então tornou impossível que um entendesse o outro, o que fez com que a Torre de Babel nunca fosse concluída. Teologicamente, as línguas representam um instrumento falho, que impõe limites à humanidade na sua busca pelo divino. Hildegarda talvez estivesse tentando criar uma nova língua divina que alcançasse a santidade inerente a todas as coisas, até ao catarro e à urina. Ela constantemente buscava novas maneiras de expressar o inexprimível. Sem a retórica e a formação dos escritores homens, ela desenvolveu suas próprias formas de expressão criativa, provenientes de sua feminilidade e de suas visões. Suas paixões eram profundas, e a música, a arte, a literatura visionária e os tratados científicos eram todos maneiras de compreender a natureza inspiradora do universo ao seu redor, do qual ela era testemunha.

Para Hildegarda e suas monjas, a importância da música, em particular, ganhou o primeiro plano durante o último ano de sua vida. Apenas seis meses antes de morrer, ela se viu em uma batalha contra os membros da Igreja em Mainz. Um cavaleiro que havia sido excomungado procurou seu mosteiro em busca de absolvição. Ele se confessou, morreu, e as monjas o enterraram em seu cemitério. No entanto, certos clérigos queriam que ele fosse exumado, pois não acreditavam que merecesse o perdão. Ordenaram que o corpo fosse desenterrado, mas Hildegarda se recusou e apagou todas as evidências do túmulo, para garantir que os restos mortais do cavaleiro não pudessem ser encontrados.[84] Como punição, ela e suas monjas foram colocadas sob um interdito que trouxe consigo consequências terríveis. Elas não poderiam receber os sacramentos ou realizar atos de devoção. Mas, pior de tudo, foram proibidas de cantar.

Agora octogenária, Hildegarda fez o mesmo que tinha feito durante toda a vida: reagiu, escrevendo que "quem quer que imponha silêncio à Igreja no canto dos louvores a Deus não terá comunhão com os louvores dos anjos no paraíso". Ela lutou até o fim, escrevendo diretamente ao arcebispo para pedir o fim do interdito. Finalmente, os privilégios de sua comunidade foram devolvidos, e nos últimos dias antes de sua morte as monjas de Rupertsberg puderam voltar a cantar, unidas na celebração da Virgem Maria e das santas mulheres.

Por que o nome de Hildegarda sobreviveu através dos séculos, enquanto os de tantas outras mulheres medievais desapareceram? Sua longevidade e produtividade tiveram muito a ver com isso. Se ela tivesse morrido aos 50 anos, teria deixado para trás apenas umas poucas canções e um livro. Mas a parte final de sua vida foi de uma criatividade extraordinária e de enorme produtividade. Ela também tinha amigos nos lugares certos. Os homens e as mulheres que a circundavam e a apoiavam eram alguns dos maiores personagens da Europa no século XII, e sua correspondência mostra que ela foi capaz de usar sua reputação para conseguir o que precisava. Claramente, ela foi extraordinária em termos de caráter, intelecto e determinação, mas sua decisão mais importante foi formular suas ideias por escrito. Ela criou seu próprio legado, e as pessoas ao seu redor o asseguraram. Ao criar o

Riesencodex no final de sua vida, seus seguidores produziram um único volume que protegeu suas vastas produções literárias e musicais através dos séculos. A sobrevivência quase milagrosa do manuscrito, graças a Margarete e Caroline na década de 1940, garantiu que sua voz permaneça forte, e como as mulheres continuam a buscar exemplos inspiradores do passado, sua influência continua a crescer.

Hildegarda em seu mundo

Um segundo manuscrito foi enviado a Dresden por motivos de segurança ao lado do *Riesencodex*: uma cópia do século XIII das *Visões* de Isabel de Schönau. Cerca de vinte anos mais nova que Hildegarda, Isabel também ganhou fama enquanto era viva, chegando a aconselhar nobres na Inglaterra e na França. Começou a receber visões em uma espécie de transe um ano depois de Hildegarda lançar seu livro *Scivias*. Essas visões eram registradas por seu irmão, um membro influente da Igreja alemã.[85] Isabel conhecia Hildegarda pessoalmente, e a influência da monja mais velha é inegável, tanto no fato de falar sobre suas visões como na promoção delas por meio da escrita.[86] No entanto, as duas diferiam em suas ideias sobre o sofrimento físico. Isabel praticava a automortificação e o jejum, o que a levou à depressão e a doenças recorrentes. Hildegarda escreveu a ela para incentivá-la a tratar seu corpo com mais gentileza em uma carta cujo tom indulgente revela uma responsabilidade maternal pela mulher mais jovem. As visões de Isabel foram copiadas e distribuídas amplamente, conforme um gosto crescente por mulheres místicas tomava conta da Europa. Hildegarda foi a primeira e abriu caminhos, mas não foi a única mulher extraordinária de seu tempo.

Um dos perigos de escrever sobre indivíduos verdadeiramente excepcionais como Hildegarda é que seu extenso conjunto de obras pode parecer uma anomalia – a produção de um gênio solitário que existia fora da sociedade. Hildegarda escreveu tanto e tinha tantas coisas valiosas a dizer em seu próprio nome que toma o primeiro plano nas discussões sobre as mulheres medievais. Mas existe um conjunto de mulheres importantes, influentes e excepcionais ao seu redor, e, sem reconhecer as contribuições delas, é impossível entender verdadeiramente como essa mulher do século XII pode ter conquistado tudo o que conquistou. Entre essas mulheres estão amigas pessoais e colaboradoras, como sua amada Richardis, e ligações com a imperatriz, rainhas, nobres, abadessas e monjas. Mas havia também outras mulheres percorrendo um caminho semelhante ao de Hildegarda e conseguindo reputações semelhantes, como Herrad de Landsberg.

Nascida quando Hildegarda tinha 32 anos, ela também era monja e escritora, chegando à posição de abadessa da prestigiosa abadia do Monte Sainte-Odile, na Alsácia, em 1167. Com o apoio do imperador Barbarossa, seu mosteiro se tornou um centro de renovação e oferecia a educação mais abrangente para as mulheres da época.[87] O mosteiro, que remonta ao século VII, voltou a receber atenção pública em 2002, quando foi noticiado que 1.100 livros haviam desaparecido misteriosamente da biblioteca trancada.[88] Em um crime que teria intrigado Sherlock Holmes, o ladrão bibliófilo

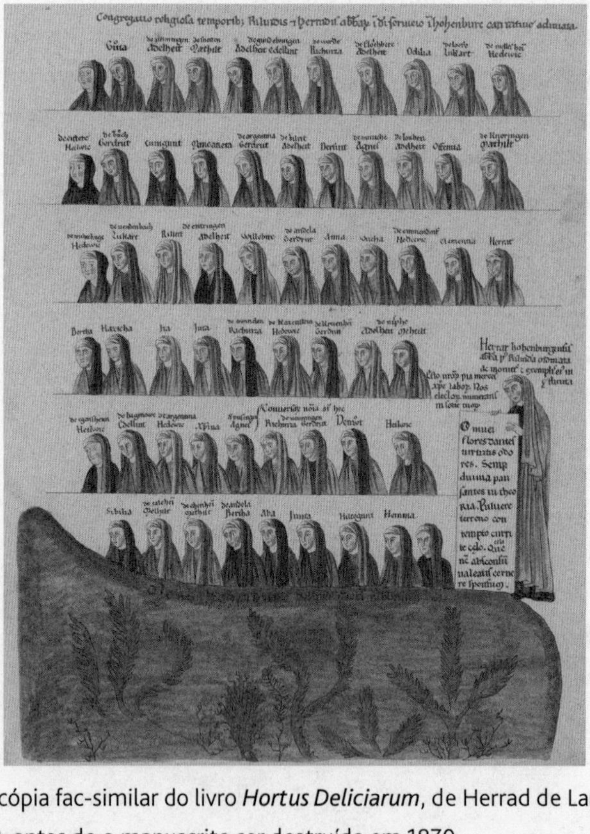

Iluminura da cópia fac-similar do livro *Hortus Deliciarum*, de Herrad de Landsberg, feita em 1818, antes de o manuscrito ser destruído em 1870.

Stanislas Grosse passou algum tempo escalando as paredes da abadia, rastejando pelo sótão e entrando na biblioteca por meio de uma porta secreta escondida atrás de uma estante de livros, após descobrir um mapa do mosteiro nos arquivos públicos. Ele limpou as prateleiras sem ser percebido por mais de dois anos, até que finalmente foi pego pelo circuito interno de televisão. É difícil não lembrar do resgate do *Riesencodex* e da vulnerabilidade de manuscritos preciosos, que continuam sujeitos a serem roubados e a se perder dos registros para sempre.

A única obra registrada da própria Herrad não escapou incólume. Conhecida como *O jardim das delícias* [*Hortus Deliciarum*], ela levou trinta anos para ser concluída, tinha 648 páginas com mais de trezentas iluminuras e era um tipo de enciclopédia destinada a educar e a entreter as monjas de sua abadia. Nele, Herrad exibe um amplo conhecimento de ciências, filosofia, teologia e história.[89] Escrito principalmente em latim, ele tem mais de mil glosas em alemão, demonstrando o forte domínio de Herrad de ambas as línguas. As ilustrações notáveis trazem à vida uma ambiciosa e vibrante comunidade religiosa feminina do século XII, retratando governantes islâmicos, cortes bizantinas e a nobreza indiana. Apesar de vários escribas terem trabalhado no enorme livro, Herrad supervisionou todo o projeto e ela própria pode ter sido responsável pelas ilustrações.[90] O livro também continha hinos escritos por ela mesma e uma ampla gama de informações científicas, exibindo uma abrangência de conhecimentos parecida com a de Hildegarda.

Herrad começou *O jardim das delícias* [*Hortus Deliciarum*] em 1159, quando Hildegarda estava concluindo seu *Livro das recompensas da vida* – o segundo de seus três principais livros visionários. Sabendo ou não de Hildegarda, Herrad era uma mulher brilhante em direito próprio, o que mostra que havia mais de uma mulher no século XII desafiando o *status quo*.[91] Tragicamente, o único manuscrito remanescente dessa obra de extraordinária ambição foi destruído durante a Guerra Franco-Prussiana em 1870. Suas palavras e imagens foram copiadas por antiquários do século XIX, mas se o manuscrito tivesse sido salvo dos estragos da guerra, como o *Riesencodex* foi, então talvez o nome de Herrad poderia ser mais conhecido nos dias de hoje.

Hildegarda provou que as mulheres podiam aprender, escrever, criar e conseguir uma posição de poder para si, inspirando seguidoras devotas.

Uma monja de Stahleck, chamada Gertrud, estava tão tomada pelo amor a Hildegarda que escreveu:

> Não sei o que eu deveria dizer ou escrever para uma tão única mãe em Cristo, pois o poder do amor tirou de mim todo o conhecimento das palavras. De fato, sua divina ausência me embebedou com o vinho da tristeza.[92]

Sua paixão era tão profunda que ela sentia "uma aversão não só a ditar uma carta, mas até mesmo à própria vida" quando contemplava uma existência sem Hildegarda. A visionária teve outras fãs devotas, como a abadessa de Altena, que escreveu que ela era a "mais amada entre todas as mulheres" e lamentou a falta de uma resposta de Hildegarda: "[já que] eu decidi amá-la como à minha própria alma".[93] Essas cartas se parecem com as efusões dos superfãs.

Seu mundo também estava cheio de homens que a apoiavam, homenageavam e admiravam. Uma carta de Henrique, bispo de Liège, mostra a estima que ele tinha por ela, quando implora que ela reze por ele: "Dê-me sua mão enquanto vacilo e me refugio em você. Tome como sua preocupação cuidar de mim". O arcebispo de Colônia, desesperado por uma cópia de suas obras, escreveu: "Não conseguimos e não queremos ficar sem ela". E, sem a devoção do monge Volmar durante todo o curso de sua vida, provavelmente não conheceríamos o nome dela hoje. Ele abandonou sua própria comunidade monástica para seguir Hildegarda e foi inabalável em sua dedicação a ela. Hildegarda viveu em um mundo dividido em gêneros, mas foi célebre não só como uma mulher excepcional, mas como uma pessoa excepcional.

Infelizmente, embora a reputação de Hildegarda tenha sido preservada por meio de suas obras completas colacionadas no *Reisencodex*, sua voz foi manipulada e editada apenas quarenta anos após sua morte por Gebeno de Eberbach.[94] O mosteiro desse escritor era muito próximo ao de Hildegarda em Rupertsberg, e foi aqui que ele escreveu seu best-seller, *Espelho dos tempos futuros.* Em longas passagens, ele cita Hildegarda no decorrer de toda a obra como uma profeta, mas remove todo o contexto de suas palavras. Ela é reduzida a uma sibila furiosa e punitiva, que prevê o apocalipse e oferece alertas terríveis aos homens de poder. Seu livro foi ainda mais popular que o dela, com cem cópias manuscritas remanescentes contra apenas dez do *Scivias* de Hildegarda. Assim, foi sua versão da profetisa Hildegarda que os leitores encontraram com mais frequência ao longo dos séculos. As sutilezas do pensamento de Hildegarda, a abrangência de seus interesses, a amplitude de suas visões e a empatia que permeia toda sua obra se perderam no texto de Gebeno.

Apesar de ter tido tamanho impacto durante sua vida, e apesar dos esforços de inúmeros acadêmicos, monges e monjas para preservar sua produção criativa e reforçar sua santidade, sua canonização foi reiteradamente rejeitada. Mas se hoje Gebeno é lembrado como uma nota de rodapé, a reputação de Hildegarda só tem crescido, conforme suas conquistas em múltiplas disciplinas são compreendidas e apreciadas. Em 2012, ela finalmente foi reconhecida como santa Hildegarda de Bingen e uma de apenas quatro Doutoras da Igreja.

Apesar de Hildegarda ser possivelmente mais lembrada hoje por seus notáveis feitos nas ciências, linguística e composição, é possível argumentar que sua maior conquista foi como teóloga. As mulheres não tinham permissão para escrever sobre questões religiosas. Que ela tenha desenvolvido uma abordagem tão sofisticada e única, em que o amor de Deus é feminino e acolhedor e a criação nasceu do amor divino, é inacreditável. Ela rompeu as barreiras de gênero, mas o incentivo que recebeu dos homens ao seu redor sugere que deveríamos rever não só nossa compreensão de como as mulheres pensavam e sentiam no século XII, mas também voltar nossa atenção para como enxergamos os homens dessa época. Hildegarda foi uma mulher que escreveu em grande parte para mulheres, mas, ao longo de toda a sua vida – desde os comportamentos incomuns exibidos na infância, passando por uma meia-idade assolada por doenças, até o papel exercido nos seus últimos anos de vida como abadessa e fundadora influente –, teve o apoio constante de homens. Seus escritos, e seu estilo distinto, que devem ter parecido tão incomuns para os leitores homens com formação em teologia e artes liberais, foram copiados, admirados, requisitados e amplamente circulados. Ela não existiu em um vácuo.

Uma maravilha medieval

Os feitos de Hildegarda são excepcionais pelos padrões de qualquer era, mas talvez sejam ainda mais surpreendentes para os leitores do século XXI, quando o ambiente no qual foram realizados é tão frequentemente retratado como um tempo de superstição, brutalidade e pobreza intelectual e cultural. Mas a própria existência de Hildegarda contesta essa visão do período. Ela foi um produto de seu tempo; não é simplesmente que ela era extraordinária, mas sim que o mundo onde cresceu era mais hospitaleiro para mulheres extraordinárias do que podemos pensar. Agora que foi canonizada e reconhecida como Doutora da Igreja, Hildegarda está sendo descoberta por leitores de todo o mundo, e tanto ela como os tempos nos quais viveu podem ser mais bem compreendidos.[95]

Os períodos frequentes de doença de Hildegarda eram uma séria preocupação para seu amigo e confidente Volmar. Apesar disso, ela viveria dezesseis anos a mais que ele. O respeito e a admiração dele por ela ficam evidentes no seguinte relato, escrito durante um desses períodos de doença:

> Quem dará respostas a todos os que buscam compreender sua própria condição? Quem vai oferecer interpretações novas das Escrituras? Quem então vai entoar canções nunca antes ouvidas e dar voz àquela língua inédita? Quem vai proferir sermões novos e dos quais nunca se ouviu falar nos dias de festa? Quem então vai oferecer revelações sobre os espíritos dos que já partiram? Quem vai oferecer revelações sobre as coisas passadas, presentes e futuras? Quem vai expor a natureza da criação em toda a sua diversidade?[96]

Ela era amada e celebrada então, e ainda hoje continua sendo uma inspiração. A qualidade de sua escrita resistiu ao teste do tempo. Aqui ela descreve sua compreensão de Deus:

> Sou a vida incandescente de substância divina, ardo sobre a beleza dos campos, brilho nas águas, queimo em sol, lua e estrelas. E desperto a todos para a vida a cada sopro de ar, como com a vida invisível que a tudo sustenta. Pois o ar vive no verdor e na fecundidade. As águas fluem como se estivessem vivas. O sol também vive em sua própria luz, e quando a lua mingua é reacendida pela luz do sol e assim vive novamente; e as estrelas brilham em sua própria luz como se estivessem vivas.

Mosaico mostrando a iluminura da santíssima Trindade de *Scivias*, e relíquias corporais de Hildegarda no altar de santa Hildegarda em Rüdesheim (esquerda). Coleção de relíquias exibidas na nave de santa Hildegarda em Rüdesheim (direita).

Cientistas, pagãos, humanistas e filósofos da Nova Era conseguem se relacionar com as qualidades essenciais que dão vida aqui descritas por Hildegarda. Em vez de Deus, o Pai, como uma presença masculina dominadora e intimidadora, Hildegarda transforma o divino feminino em uma energia viva e onipresente, subsumida no mundo natural. O seu era um universo cheio de sons, cores e alegria, e sua curiosidade insaciável segue transbordando das páginas.

Hoje, as relíquias de Hildegarda, resgatadas da guerra como o *Riesencodex*, estão guardadas em um relicário de ouro na igreja paroquial de Rüdesheim am Rhein, à vista das monjas que dão continuidade ao seu exemplo na abadia de Eibingen. Um enorme mosaico reproduzindo sua famosa imagem da Trindade se ergue sobre seus restos, enquanto as relíquias de outros santos, preservadas após a destruição de seu mosteiro em Rupertsberg, ficam nos corredores laterais. Não posso deixar de sentir que Hildegarda teria ficado encantada com as magníficas instalações que foram construídas para abrigar seus restos mortais. Curiosamente, apenas seu coração e sua língua sobreviveram aos agitados séculos de história nesse recanto da Renânia. Parece correto que essas partes dela continuem a ser veneradas, já que é graças às suas próprias palavras, gravadas em tinta mordente em pergaminho por seu escriba, que sua paixão foi transmitida através dos tempos. Toda coração e toda língua, Hildegarda foi uma mulher cuja voz ainda hoje ressoa tão alto como há novecentos anos.

6. ESPIÃS E FORAS DA LEI

Descoberta!

Outubro de 2018 – Montpellier, Occitânia, França

Uma pequena exposição – "Os cátaros: uma ideia preconcebida?" – foi aberta na Universidade Paul Valéry Montpellier, no sul da França. Sete séculos antes, um grupo de cristãos radicais prosperava nessa região. Conhecidos como cátaros, eles atacavam as estruturas de poder da Igreja e contestavam o primado do papado, propondo um modo alternativo de vida que incluía não comer carne e abraçar a ideia de dois deuses (um bom e um mau). Ainda hoje, as cidades e aldeias da região cultivam a ligação com os cátaros. De Montpellier, a exposição deve viajar para Nîmes, Beziers e Fanjeaux, atravessando o coração do País Cátaro. A exposição não é nenhum terremoto; é mais uma oportunidade para os alunos do mestrado em "Mundos Medievais" da universidade exibirem seus trabalhos, e conta com cartazes, vídeos, uma história em quadrinhos e um jogo de tabuleiro. Mesmo assim, essa exposição modesta fez os centros de informação turística, as salas de aula das faculdades e as salas de conferência de toda a França explodirem em disputas acirradas. Os jornais vociferam manchetes alarmistas: "Os cátaros: eles realmente existiram?". A fama da exposição chega até os Estados Unidos, chamando a atenção de Chris O'Brien, um jornalista do *Los Angeles Times*.[1]

A manchete do *L'Independent* é "A exposição que desbancou o 'mito' dos cátaros", colocando provocativamente em dúvida a existência desse perseguido grupo de hereges, estimado por dezenas de milhares de habitantes na hoje região expandida da Occitânia. A reportagem sugere que quem se apega a locais, edifícios, nomes e histórias sobre os "cátaros" acredita em uma fantasia. A manchete é um *clickbait*, mas os comentários abaixo do artigo revelam preocupações entre os leitores. Um deles escreve: "O que esse ataque às nossas raízes está escondendo? Com todo o respeito a esse historiador questionável, nós somos cátaros e o tesouro deles está em nós".[2] A organizadora da exposição, Alessia Trivellone, responde firmemente em longas entrevistas:

> Essa é a história de uma construção secular. Hoje sabemos que a cruzada contra os albigenses foi lançada por motivos políticos: a heresia, amplamente inventada na Idade Média, foi um pretexto usado pelo papa e pelo rei da França para atacar o poderoso condado de Toulouse.[3]

No centro da questão está a contínua fabricação e comercialização de mitos cátaros. Fato e ficção foram entrelaçados, e separá-los agora é um trabalho complicado. Uma enorme indústria cresceu em torno da ideia dos cátaros. Tudo sobre eles, desde seus castelos e sua resistência à Igreja católica até sua trágica aniquilação nas cruzadas, foi deturpado, reformulado e revendido.[4] Como observa um estudioso, "a distinção entre a história acadêmica e a popular muitas vezes se confunde".

Estudos sobre o Languedoc medieval e o grupo de hereges lá baseados nos séculos XII e XIII vão de pesquisas baseadas em arquivos altamente detalhadas a mirabolantes teorias da conspiração centradas no cálice sagrado e na linhagem de Cristo. É um atoleiro de suposições, o uso e abuso de fatos históricos em benefício de indivíduos, comunidades, organizações e instituições do século XXI. Proprietários de terras, guias turísticos e comércios da região forram os bolsos com o dinheiro de turistas entusiasmados, desesperados para ver onde dois cátaros escalaram os penhascos de Montségur – supostamente levando consigo o cálice sagrado – ou para andar pelas ruas de Béziers, onde dezenas de milhares morreram. Existe até mesmo uma experiência de som e luz em Béziers todo mês de agosto chamada *Os cátaros: o tesouro de Béziers*. A narração se apoia na mitologização dos cátaros: "O que nossa região guardou da tragédia dos cátaros é o gosto pela rebelião. E o gosto pela liberdade".

Para entender por que a questão cátara é tão veementemente contestada, precisamos voltar para a divisão histórica entre o norte e o sul da França. Na França, as tensões entre os que "têm" e os que "não têm" continuam a borbulhar, e os protestos dos "*gilets jaunes*", os "coletes amarelos", contra Emmanuel Macron eclodiram no mesmo ano que a exposição sobre os cátaros. Coletes de alta visibilidade foram escolhidos como o símbolo dos manifestantes por sua disponibilidade e associação com as ocupações da classe trabalhadora. Os coletes amarelos são um movimento preocupado com justiça econômica, de oposição às elites urbanas e à riqueza do *establishment*.

Amarelo também era a cor associada com os hereges conhecidos como cátaros do Languedoc. No século XII, o norte e o sul da França eram reinos diferentes, com culturas, climas, ideologias e até mesmo línguas diferentes. As assim chamadas fortalezas cátaras pontilhavam o sul do país. Mas, no início do século XIII, esses territórios em todo o Languedoc – a região da língua de Oc – foram tomados pela nobreza do norte, e Paris se tornou o centro da França. Seus valores e tradições erodiram os antigos valores e tradições do sul.

Após serem julgados pela Inquisição, os cátaros poderiam evitar a fogueira se concordassem em:

> Portar de agora em diante e para sempre duas cruzes amarelas em todas as suas roupas exceto por suas camisas, e um braço [da cruz] deve ter dois palmos de comprimento, enquanto o outro braço transversal deve ter um palmo e meio de comprimento, e cada um deles deve ter três dedos de largura, sendo um usado na frente sobre o peito e o outro entre os ombros.

As cruzes amarelas de 25 centímetros representavam sua condição de excluídos. Os coletes amarelos de 2018 eram similarmente simbólicos, e questões relativas à identidade nacional ainda despertam paixões na França de hoje. Em resposta à exposição de Montpellier, o escritório de turismo no centro de Béziers – a cidade incendiada pelos cruzados em 1209 – oferece o seguinte resumo contundente: "Para as pessoas daqui a cruzada contra os cátaros assemelha-se muito a uma guerra colonial. É algo ainda presente e vivo na história local".

E, em meio à controvérsia, há um grupo de mulheres medievais cujas experiências extraordinárias lançam uma nova luz sobre o sul da França no início do século XIII. Suas vozes estão presentes sobretudo nos registros – escritos por clérigos homens – dos inquéritos sobre heresia. Como sugere o livro de quadrinhos exibido na exposição "Cátaros: uma ideia preconcebida?", essas vozes podem ter sido abafadas pela dor da tortura, manipuladas pelos inquisidores e erroneamente registradas pelos escribas. Mas os testemunhos pintam uma imagem vívida dos desafios que as mulheres enfrentavam e do perigoso mundo onde viviam. Eles expõem uma sociedade na qual as mulheres podiam ser detentoras de poder, líderes da resistência de guerrilha e guias religiosas. As mulheres cátaras foram foras da lei, espiãs, rebeldes e influenciadoras. Apesar de seus testemunhos serem falhos e de os debates acadêmicos terem obscurecido suas palavras, a existência delas merece atenção. Elas revelam um mundo medieval heterogêneo no qual nem todo mundo estava sob o domínio da Igreja; um mundo caracterizado por uma diversidade de crenças e ideias sobre a organização social e o papel dos indivíduos.

Bem-vindo à Montségur do século XIII

Uma torre de guarda recém-erigida se debruça sobre um duto de pedra calcária que se estende em direção ao céu. É março de 1225, e essa fortaleza no topo de uma agulha de pedra está sitiada há dez meses.[5] Seus habitantes passam fome e temem por suas vidas. Uma força cruzada com cerca de 10 mil soldados aguarda em sua porta. Mas, apesar do perigo sempre presente, uma sensação de paz se instala por um momento. Atrás das três camadas de barricadas que sobem o penhasco na direção de Montségur, cujo próprio nome significa "monte seguro" no dialeto occitano local, um grupo de homens, mulheres e crianças aguarda pacientemente que o bispo, Guilhabert de Castres, execute o ritual conhecido como "*consolamentum*".[6] O que quer que as próximas horas e dias tragam, a imposição de mãos e o proferimento de preces oferecem conforto, prometendo a essas pessoas que, após a morte, elas serão libertadas de seus corpos falhos e imperfeitos e que suas almas regressarão à essência divina. A fortaleza de Montségur é descrita como "a cabeça e o coração" por seus ocupantes, e a "Sinagoga de Satã" por quem está do lado de fora. O cerco que está sendo feito aqui é o ápice de décadas de guerras e brutalidades contra cidades grandes e médias, aldeias e o interior dessa região do sul da França.

Localizada 1.200 metros acima do nível do mar, Montségur está no ponto mais alto do vale do Ariège, ao longo da extremidade norte dos Pireneus. A leste da fortaleza o cume se eleva gradualmente, mas a oeste ele desce abruptamente em um íngreme penhasco. A natureza fez esse castelo quase impenetrável. As fortificações têm apenas vinte anos de idade, e recentemente foram reconstruídas e reforçadas por um dos senhores mais importantes da região, Raymond de Péreille.[7] Ao lado de sua esposa, cunhado e irmã, Raymond criou um porto seguro para os refugiados da Cruzada Albigense, uma campanha militar iniciada pelo papa Inocêncio III para eliminar o catarismo no Languedoc.[8]

Uma aldeia cresceu dentro e no entorno das muralhas do castelo, com pequenas construções e casas amontoadas nas rochas calcárias, e Montségur é a única fortaleza da região que ainda resiste ao exército cruzado. Ela já sobreviveu a quatro cercos em doze anos, e os líderes da cruzada, Guy e Simon de Montfort, não conseguiram transpor suas muralhas. Em 1215, o Concílio de Latrão em Roma declarou o castelo um "antro de hereges", e ele se tornou o último refúgio dos "*faidits*" – homens e mulheres nobres do sul que foram declarados hereges por simpatizar com os despossuídos. Mantida, reforçada e apoiada pelas famílias nobres locais, a aldeia se tornou um santuário para os cátaros.[9] Agora a decisão já foi tomada pelos cavaleiros cruzados: a fortaleza deve cair e seus ocupantes devem ser destruídos de uma vez por todas.

No ápice dos ataques, cerca de quinhentas pessoas se abrigam no castelo. Cem cavaleiros protegem as barricadas e formam a última linha de defesa contra um exército de milhares, mas a maioria das pessoas lá dentro não vai pegar em armas e lutar. São pacifistas autodeclarados. Os cruzados lá fora estão frustrados. Em campanhas anteriores, eles se acostumaram a matar todos que encontravam pelo caminho, mas as coisas em Montségur são diferentes. Como as pessoas lá dentro se defendem em vez de atacar, os cruzados precisam ter paciência. Esforços para interromper o fornecimento de alimentos e água da aldeia não funcionaram – o apoio local aos habitantes é forte, e de alguma forma recursos continuam a ser contrabandeados tanto para dentro como para fora pelo penhasco íngreme. Mercenários bascos atacam a fortaleza diretamente, armando uma catapulta no lado leste do cume e atirando incessantemente rochas contra as fortificações. Seus golpes estão enfraquecendo as muralhas pouco a pouco, e conforme mais gente se amontoa no barbacã, levada para dentro pelos ataques reiterados aos barracos e cavernas ao redor do topo, o espaço vai ficando insuportavelmente lotado. Homens, mulheres e crianças adoentados convivem com o fedor de corpos, excremento e medo. Eles não vão aguentar por muito mais tempo.

Finalmente, condições para a rendição são negociadas, e cerca de metade dos quinhentos habitantes de Montségur recebe permissão para sair, e uma surpreendente leniência lhes é concedida em troca de sua obediência. Se desistirem pacificamente, rejeitarem suas crenças heréticas e se oferecerem para testemunhar contra aqueles que ficarem para trás, poderão sair em segurança. Mesmo assim, muitos escolhem ficar. Passam o dia jejuando, rezando e recebendo o *consolamentum*, que vai preparar suas almas para se aproximar do paraíso. Em 16 de março, seu bispo conduz uma procissão para fora dos portões do barbacã e pelo caminho que leva aos cruzados. Uma enorme pira de lenha, construída bem alta pelos cruzados, foi acesa em um campo na base da colina. Não é preciso subjugar ou amarrar as pessoas, pois, uma após a outra, elas caminham voluntariamente na direção das chamas.[10]

Mais de duzentas pessoas perecem no fogo. Entre elas está uma mulher chamada Esclarmonde, um nome que significa "Luz do Mundo" em seu occitano nativo. Quando seus cabelos pegam fogo e ela é tomada pela fumaça, ela verdadeiramente se acende. Mas não sente medo. Isso é um ritual. Foi para isso que ela preparou seu corpo faminto e emaciado. Esse é seu "*endura*", seu suicídio voluntário, sua chance de deixar para trás seu corpo pecador e ser recebida no divino.[11] Sua carne se transformará em cinzas, que serão espalhadas pelo vento, mas ela e muitas mulheres cátaras que vieram antes dela deixarão para trás os ecos de suas vozes. Algumas são vozes torturadas, aterrorizadas, arrependidas. Outras são orgulhosas, determinadas, comprometidas. Todas terão suas palavras registradas como evidências de sua heresia e das crenças e práticas daqueles ao seu redor.

As crônicas, relatórios inquisitoriais, depoimentos e documentos remanescentes do Languedoc no início do século XIII revelam um tempo e um lugar em que certas mulheres se alinharam a um movimento que desafiou o papado e as famílias mais importantes da Europa. Elas se rebelaram contra cavaleiros cristãos que deixaram os árabes na Terra Santa para redirecionar sua fúria contra os seus. Suas vozes ainda reverberam através das colinas, florestas, aldeias e castelos do País Cátaro, onde muitas delas viveram escondidas como foras da lei, buscando segurança em cavernas e barracos, lançando uma oposição ao estilo guerrilheiro contra as forças destrutivas da Cruzada Albigense. É possível examinar os registros em busca de suas palavras e nomes. Podemos reconstruir a complexa paisagem ideológica pela qual navegaram e iluminar o pano de fundo social, cultural e político de suas vidas. Talvez encontremos só um vislumbre ou vestígios dessas mulheres, mas vale a pena procurar por elas, já que, em seu conjunto, essas evidências ajudam a iluminar um momento de mudanças dramáticas no sul da França do século XIII.

"A Igreja"

Um dos maiores equívocos sobre o período medieval é acreditar que todos os aspectos da vida cotidiana e espiritual eram regidos pela "Igreja". Geralmente, isso se refere à ideia de que a Igreja católica, seu líder (o papa em Roma) e seus representantes (os arcebispos, os bispos e os padres) mantinham uma forma de poder eclesiástico centralizado sobre todas as aldeias, vilas e cidades da Europa Ocidental. Esse entendimento de que havia um controle religioso amplo levou a uma ideia preconcebida da Idade Média segundo a qual todos os indivíduos aderiam plenamente às crenças cristãs; um período no qual o pensamento independente era sufocado pela Igreja, que a tudo permeava; e um período caracterizado por uma atmosfera de medo, superstição e ignorância generalizada.

Um texto escrito em cerca de 1218 por Guilherme de Auxerre, sua *Summa Aurea*, costuma ser citado para diferenciar os intelectuais das "pessoas simples" na religião medieval:

> Os bois são os pregadores ou prelados [...] das jumentas diz-se que são as pessoas simples, que devem confiar no que é dito por seus anciãos. O sentido, portanto, é que os prelados devem instruir os simples, e os simples devem confiar em sua fé [...]. Acreditar implicitamente é acreditar que o que a Igreja ensina é verdade.[12]

A divisão entre os "bois" pensantes e as "jumentas" simples tem suas raízes na Bíblia – e a conexão entre ignorância e feminilidade tem suas raízes na misoginia. Nessa generalização aviltante, pessoas simples são conduzidas como animais estúpidos pela Igreja. Alguns teólogos como Guilherme talvez sentissem que a população geral era bem menos inteligente que eles. Mas, pensando no esnobismo acadêmico, isso hoje é diferente? A verdade é bem mais complexa.

Sim, a maioria das pessoas no Ocidente teria se considerado católica tal como hoje pensamos nessa palavra. O ritmo da vida nas cidades, vilas e aldeias era pontuado pela rotina das missas, dias santos e cerimônias na igreja local. Mas os níveis de devoção e adesão teriam variado dependendo da comunidade. Alguns talvez fossem devotos, mas outros eram mais permissivos. Alguns impunham fanaticamente dogmas religiosos, enquanto outros os contestavam e subvertiam. Alguns professavam uma completa ausência de fé.[13] Em alguns grupos, tradições locais e antigas podem ter tido mais influência que as da Igreja católica. O respeito por antigas deidades, locais sagrados e práticas tradicionais que remontavam a muitas gerações podiam ter mais impacto sobre os indivíduos que as ideias de Deus, Jesus, Paraíso e Inferno. As variações locais eram abundantes.

"A Igreja" em si sempre foi um organismo vivo, transformando-se ano a ano em resposta a novos desafios e acontecimentos. Desde os tempos do Concílio de Niceia de Constantino, em 325, e mesmo antes, houve fluxo e mudança em questões centrais para os próprios princípios da crença cristã. Jesus foi humano ou divino? O pão realmente se transforma em seu corpo durante a comunhão? O papa é o líder da Igreja? Todas essas questões foram debatidas exaustivamente ao longo da Idade Média, com os chamados ortodoxos sendo os que estavam do lado certo da história e os que contestavam essas premissas condenados como hereges. A Igreja ainda hoje é uma entidade em evolução, que reage a eventos como o aumento do controle da natalidade e a crise da aids. Em alguns momentos ela se transforma rapidamente, enquanto em outros o ritmo da mudança parece insuportavelmente conservador e reacionário. Essas atitudes variadas e complexas em relação à religião oferecem uma perspectiva diferente da vida na Europa medieval. Para nós, o mais importante é que elas também colocam a ideia de "heresia" em contexto.

Uma imagem reforçada e transmitida desde a Reforma Protestante é a de uma Igreja medieval comprometida com a Inquisição, a tortura e a fogueira. Pense só em "A Inquisição espanhola", a esquete de Monty Python. Essa ideia comum foi popularizada a partir do século XVIII – ela oferecia um contraste dramático com as ideias de razão e aparente "tolerância" da Idade Moderna. Essa é, evidentemente, uma impressão falsa. As atrocidades religiosas, os genocídios e a opressão colonial em face de crenças opostas nunca abrandaram. Persiste o truísmo, no entanto, de que a abordagem "medieval" era muito pior. *Nós* somos modernos e progressistas. *Eles* eram ignorantes, brutais e cruéis. O que era a heresia, como ela se manifestava e que medidas foram tomadas para combatê-la são questões localizadas e específicas. Em vez de enxergar todos os hereges como de alguma maneira unidos em sua resistência à Igreja, e as respostas do papado como coordenadas e consistentes, cada situação deveria ser examinada em relação aos impactos locais, regionais e nacionais dos grupos rotulados como hereges. Estamos lidando com um indivíduo que suscita descontentamento? Uma família que transmitiu práticas não ortodoxas? Ou uma região inteira unida sob alguma forma de governança religiosa alternativa?[14]

"Os hereges"

Voltemos, então, aos cátaros. Uma das dificuldades que permeiam o estudo do catarismo é que, se a partir do século XIV os "hereges" eram depostos e executados por um grupo inquisitorial relativamente organizado, nos séculos XII e XIII não havia essa coordenação. Além disso, às vezes é difícil determinar a natureza exata das crenças de cada indivíduo. Não apenas os documentos que as registram são complexos e contraditórios, como havia uma gama de diferentes seitas, todas operando nos arredores de locais parecidos, de modo que, apesar de todas elas serem colocadas num mesmo balaio e chamadas de hereges, é possível que tivessem crenças amplamente divergentes.

De acordo com o que é possível determinar, os cátaros acreditavam que os sacramentos que a Igreja administrava eram inúteis, seu clero era corrupto e sua riqueza e poder, espúrios.[15] Os cátaros exerciam uma forma extrema de ascetismo: não comiam carne, evitavam as tentações físicas e sexuais e rejeitavam os prazeres mundanos. Mas era sua sugestão dualista de um Deus "bom" e outro "mau" que atacava os próprios fundamentos da crença cristã. Já se gastou muita tinta discutindo se as crenças dos cátaros foram influenciadas pelas dos hereges búlgaros conhecidos como bogomilos.[16] Eles também tinham crenças dualistas, mas, a exemplo de tantos outros temas no estudo dos hereges, esse também continua aberto a debates.

Os cátaros nem mesmo chamavam a si próprios de cátaros, referindo-se, em vez disso, a "bons homens" e "boas mulheres". Alguns acadêmicos ainda defendem que o termo "cátaro" não passa de uma invenção do século XIX.[17] Em 2013, estudiosos da heresia medieval se encontraram na University College London (UCL) e no Instituto Warburg em Londres para resolver de uma vez por todas o problema de como chamar os cátaros, e para debater se eles tinham mesmo existido.[18] A discussão foi uma sequência de visões altamente conflitantes, descritas por um dos participantes como "intratáveis".[19] Um dos ramos rejeitava inteiramente o termo "cátaro", sugerindo que, embora ele possa ter sido usado ocasionalmente pelos inquisidores, só mais tarde esse rótulo foi imposto sistematicamente pelos historiadores na tentativa de criar uma imagem de um movimento como a Reforma – um ataque organizado e coordenado à Igreja católica. O outro lado argumentava que existem evidências de um conjunto de fontes sugerindo que o termo é aplicável a um grupo com crenças e práticas características. Ambos os lados aceitam que havia grupos heréticos que usavam nomes diferentes e cujos rituais variavam.

Alguns relatos históricos chamavam o grupo de "albigenses", por causa da cidade de Albi, no sul da França. Nem sempre fica claro que grupo de hereges está sendo registrado, mas o que os unia era um sentimento crescente de que a reforma da Igreja não havia ido longe o suficiente. Um sentimento de anticlericalismo borbulhava por toda a Europa. O clero ainda se casava, a Igreja era implacável no recolhimento de taxas e o papado havia se tornado indescritivelmente rico. E então, quando chegaram os anos 1160, os cátaros haviam se organizado em uma estrutura coerente no Languedoc, e estavam realizando concílios, elegendo bispos e disseminando sua influência internacionalmente. A primeira solução buscada pelo papado foi a diplomacia. Mas a despeito de quanto negociassem, suas propostas eram rejeitadas. Então, em 1198, Inocêncio III – um papa novo e avesso a qualquer acordo – decidiu ir em uma outra direção. Assim como a morte de Thomas Becket levou à rebelião contra Henrique II e, séculos depois, o assassinato do arquiduque Franz Ferdinand poderia ser visto como o evento catalisador da Primeira Guerra Mundial, também aqui foi uma morte que acendeu o rastilho que levaria à destruição dos cátaros.[20]

Em 1208, um legado papal na região do Languedoc chamado Pierre de Castelnau foi enviado pelo papa Inocêncio para arrancar os cátaros pela raiz. Enquanto conduzia inquisições na Provença, ele acabou envolvido em um conflito entre os condes de Baux e Toulouse e teve uma morte brutal. Um representante do papa tinha sido assassinado nesse lugar isolado e religioso do sul da França. Que lado ordenou o assassinato e por que não está claro, mas o papa colocou a culpa pela morte de seu representante de confiança em Raymond de Toulouse. A região do Languedoc, decidiu o papa, estava fora de controle, impregnada de heresia e era um perigo para toda a cristandade. Ele ordenou uma cruzada para destruir o catarismo.[21]

A Cruzada Albigense foi um ponto de mutação na história. Como as missões para conquistar a Terra Santa haviam fracassado e os países se afundaram em dívidas por causa de campanhas militares infrutíferas, hordas de cavaleiros em toda a Europa ansiavam por recompensa e propósito. O papado não tinha um exército próprio, e o apelo de Inocêncio III por uma cruzada contra os cristãos na França era pouco sedutor para as casas reais e a nobreza do Ocidente. Embora eles tivessem atendido os chamados anteriores de Urbano II para reprimir os "infiéis" e retomar o local onde Cristo ascendeu ao céu, apontar suas espadas para cristãos como eles, em seu próprio solo, representava um impasse ideológico. Dito isso, a região do Languedoc era rica em recursos e desorganizada quanto à posse das terras. No final das contas, a perspectiva de arrebanhar castelos, campos e florestas de famílias da região foi incentivo o suficiente para arregimentar o apoio de um grande número de voluntários franceses e ingleses. Aqueles que se uniram às forças também receberam do papa a promessa feita a todos os cavaleiros cruzados: "os bens dos hereges serão confiscados [...] e remissão dos pecados que designamos como uma indulgência a todos aqueles que trabalham em auxílio da Terra Santa".[22] Era um bom negócio: terra, riquezas e o perdão dos pecados – tudo sem precisar viajar milhares de quilômetros. Embora os historiadores tenham tomado o cuidado de apresentar a cruzada apenas como uma tentativa de erradicar a heresia, ela rapidamente se tornou um confisco de terras e foi do domínio das preocupações religiosas para o das preocupações seculares. Mas quem estava abanando as chamas era "a Igreja" – o papa Inocêncio III e o papado em Roma.

Essa não foi a única vez que a Igreja usou preocupações religiosas para se voltar contra um grupo de cristãos fora da lei. Os valdenses eram um grupo de resistência totalmente separado, mas decerto eram conhecidos por muitos cátaros. Chamados de "os homens pobres de Lyon", eles surgiram depois de um rico mercador, Pedro Valdo, abrir mão de suas posses em 1173.[23] A maior parte de seus seguidores estava espalhada pelos Alpes cócios, na fronteira da França com a Itália. Os territórios valdenses eram adjacentes aos dos cátaros a oeste, mas, segundo os registros, seus sistemas de crenças eram diferentes.[24]

Ambos rejeitavam a riqueza do papado e abraçavam a pobreza, mas os valdenses também rejeitavam a peregrinação como "só uma forma de gastar dinheiro" e diziam que as relíquias não eram diferentes de outros ossos. Apesar de permitirem que seus seguidores comessem carne, existem relatos de que valdenses extremos sugeriam que o sacerdócio era depravado, declaravam o papado o anticristo e rejeitavam a transubstanciação – a transformação do pão e do vinho da Eucaristia no corpo e sangue de Cristo. A maneira mais fácil de distinguir os valdenses dos cátaros era pelos seus trajes e aparência, que frequentemente é como os sistemas de crença se manifestam abertamente aos outros. Os valdenses, ao que parece, expressavam sua alteridade por meio dos seus calçados.[25] Eles são referidos como "*sandaliati*" em relatórios da Inquisição, sugerindo que as sandálias que escolhiam usar indicavam sua conexão com um grupo herético.[26] Essas microcomunicações muitas vezes acabam escapando aos historiadores e arqueólogos ao olharem para um momento específico, mas teriam sido tão claras para as pessoas de então quanto os olhos pintados com delineador de um gótico ou o penteado de um punk dos dias de hoje.

Embora os valdenses e os cátaros tenham sido punidos como hereges, outros grupos que criticavam o papado surgiam ao longo de todo o século XIII, muitos dos quais acabaram sendo absorvidos como novos ramos da Igreja. Os franciscanos foram fundados por São Francisco de Assis na Itália central em 1209 – mesmo ano em que o papa lançou a Cruzada Albigense e 20 mil pessoas foram supostamente aniquiladas nas ruas de Béziers. Foi o próprio Inocêncio III que concedeu a Francisco o direito de fundar uma ordem que recusava a propriedade privada, abraçava a pobreza e incentivava a pregação nas ruas. Francisco adotou a túnica usada pelos camponeses como o hábito de sua ordem e andava descalço. Em sua rejeição ao excesso papal e o desejo de viver na pobreza como Jesus, os franciscanos eram muito semelhantes aos valdenses. Mas Francisco parece ter provado sua devoção à Igreja e ao clero de uma maneira que Pedro Valdo não conseguiu. Enquanto o primeiro fundou um dos movimentos monásticos mais influentes do cristianismo, o segundo foi excomungado e levado a se esconder.

Além disso, ao lado dos dominicanos, ordem fundada em 1216, os franciscanos receberam a autorização do papado para conduzir as primeiras inquisições oficiais da Igreja. Apoiados em seus esforços para extirpar as crenças heréticas de suas comunidades, esses dois novos ramos da Igreja – ambos abertamente críticos ao papado – foram ativamente incentivados a desenvolver sistemas para obter confissões. A intenção original dos inquisidores era descobrir se alguém tinha crenças incorretas devido a uma educação defeituosa. Os dominicanos e os franciscanos estavam buscando salvar almas, já que sua fé declarava que pessoas que morriam com crenças incorretas, sustentadas intencionalmente, não podiam ir para o paraíso. Eles poderiam dizer que suas intenções eram boas. Mas suas práticas pavimentaram o caminho para as inquisições violentas dos séculos XIV e XV, e sua forma de lidar com a tortura e os interrogatórios foi refinada ao longo dos vinte anos da Cruzada Albigense contra os cátaros. Os cátaros foram as cobaias da Igreja, e os testemunhos resultantes nem sempre são os registros sistemáticos e bem definidos de séculos mais tarde, mas sim a documentação de uma abordagem de tentativa e erro. Ainda assim, é só nos relatórios dessas inquisições que encontramos raros vestígios das muitas mulheres que foram intrínsecas ao catarismo. Seu envolvimento na Igreja foi uma grande preocupação para os clérigos da época, e elas revelam os papéis influentes que algumas mulheres podiam alcançar naquele tempo e lugar.

Os cátaros e a espiritualidade feminina

As crenças cátaras lidam com aquela pergunta crítica com a qual os jovens de fé ainda hoje se deparam: "Se existe um Deus bom e gentil, então por que coisas ruins acontecem?". A Igreja católica desenvolveu os conceitos de livre-arbítrio, autodeterminação e diabo para responder a essas perguntas, endossando a ideia de um Deus singularmente amoroso e benevolente. Mas no pensamento dualista existem dois deuses: um que é perfeito, puro, ideal e responsável por todas as coisas espirituais. E então existe um outro, que é falho, cria a vida na terra e é responsável pelo mundo material.[27]

Se é difícil entender os cátaros em geral, então é ainda mais difícil entender as mulheres cátaras.[28] Os relatos são contraditórios: alguns deles afirmam que elas podiam desempenhar os papéis mais altos em suas comunidades, enquanto outros dizem que "não [havia] grande tolerância às mulheres".[29] Uma lista de indivíduos fascinantes desfila em referências rápidas nos registros inquisitoriais: Bérengère "pôs de lado a seita de hereges, se reconciliou e recebeu um marido".[30] Fabrissa ofereceu abrigo a um grupo de cátaros em seu castelo em Montreal, mas foi obrigada a fugir dos cruzados.[31] Berbeigueira acreditou durante trinta anos e foi obrigada a assistir seu marido, em seu leito de morte, expulsar todos os cátaros de sua casa.[32] Com base nesses registros, podemos ter certeza de que muitas mulheres foram levadas para o catarismo. Por que essa seita perigosa era tão atraente para elas?

Segundo as crenças cátaras, os seres humanos seriam, por natureza, imperfeitos – anjos caídos cujos espírito e alma receberam forma física em corpos frágeis. Eles acreditavam que uma pessoa continuaria a renascer em carne falha até que abraçasse as práticas ascéticas de se abster de comer carne, rejeitar atos pecaminosos e receber o *consolamentum* antes da morte. Os cátaros lutavam por esse momento de *consolamentum*, quando suas almas seriam reunidas com sua forma angelical. Esse foi o ritual que confortou as vítimas do cerco de Montségur enquanto aguardavam para encontrar sua morte. O corpo é preparado por meio do jejum e da abstinência, e é purificado até que as preces finais sejam feitas junto com a imposição de mãos. Tanto homens como mulheres podiam realizar o *consolamentum*, que era essencialmente um exercício de ritos finais, criados para purgar o corpo humano do pecado e do sofrimento. Esse ritual sugere que o catarismo não tinha como foco os indivíduos, já que os anjos não possuíam naturezas ou gêneros distintivos, e sim eram parte da essência divina do "deus" benevolente. Portanto, questões relativas a riqueza, histórico familiar, deficiências e, é claro, gênero não eram objeto de preocupação. Esse pode ter sido um incentivo para as mulheres que abraçaram o catarismo, pois se uma pessoa pudesse romper o ciclo de voltar a nascer na carne, poderia abandonar sua forma física e regressar ao bom espírito essencial.

Porque toda carne humana é fraca e suscetível ao mal, os cátaros rejeitavam a ideia de que Jesus era divino. Por que Deus colocaria a si mesmo em um vaso humano? Ao que parece, eles também rejeitavam o símbolo da cruz. O depoimento contra um Peter Garcia de Bourguet-Nau diz que ele foi ouvido fazendo comentários heréticos durante a procissão da Sexta-Feira Santa. Ele sugeriu que, em vez de falar "Contemplai a madeira da cruz", os fiéis deveriam simplesmente dizer "Contemplai, madeira!".[33] Embora divertidas, essas declarações colocam os cátaros diretamente em desacordo com a Igreja católica. Eles rejeitavam a Eucaristia porque o pão:

> Vem da palha, que passa pelos rabos dos cavalos, isto é, quando a farinha é limpa por uma peneira [de pelo de cavalo]; que, ademais, passa pelo corpo e chega a um vil final, o que, eles dizem, não poderia acontecer se Deus estivesse nele.[34]

Jesus, a cruz, o pão da comunhão; ao rejeitar essas ideias centrais, os cátaros se colocavam consideravelmente fora do controle da Igreja. Eles eram foras da lei que rejeitavam não apenas as crenças fundamentais da fé católica, mas também os impostos, as leis e as ordens dessa autoridade religiosa suprema.

A questão do gênero também claramente os diferencia. Enquanto a Igreja católica podia apresentar inúmeras passagens para mostrar que as mulheres deveriam ser subservientes aos homens, os cátaros adotavam uma outra abordagem da Bíblia como texto sagrado.[35] Bem no início do Livro do Gênesis existem duas passagens que há muito tempo são vistas como incongruentes. O primeiro capítulo do relato da Criação ressalta que homem e mulher foram criados simultaneamente, como iguais com os mesmos direitos de controlar todos os peixes, pássaros e animais. Apesar disso, o segundo capítulo descreve como Eva foi feita da costela de Adão, como sua parceira que deve servi-lo.[36] Elas podem ter sido escritas em momentos diferentes e com intenções diferentes, mas as duas histórias da criação bem no início da Bíblia contradizem uma à outra. A narrativa do Gênesis continua, entretanto, seguindo a linha mais divisionista: quando Deus pune Adão e Eva por comer a fruta da árvore do conhecimento, ela recebe uma dura punição: as mulheres para sempre experimentariam grande dor no parto e seriam dominadas por seus maridos. E assim as sementes da misoginia foram plantadas no próprio coração do cristianismo.

Os cátaros, no entanto, liam a Bíblia de outra maneira. Eles defendiam que tudo nela era "verdadeiro se fosse compreendido em um sentido místico". As histórias, parábolas, leis e declarações eram simbólicas de como a humanidade poderia se livrar do mal e lutar para ascender aos céus em perfeita forma angelical. Nos séculos XII e XIII, ler a Bíblia era um privilégio de poucos, algo fora do alcance da maioria dos leigos. Para os cristãos que entendiam que existia um livro com os segredos da vida, da moralidade e de como chegar ao paraíso, e que ainda assim tinham seu acesso a ele negado, isso provavelmente causava frustração. Somente os "bois" podiam acessar a sabedoria, enquanto às "jumentas" cabia seguir cegamente.

Os cátaros investiam na educação de seus jovens, independentemente de suas origens. Um resultado disso foi terem traduzido a Bíblia para o vernacular do sul da França, o occitano, para possibilitar o acesso àqueles que talvez não tivessem os conhecimentos de latim necessários para compreender as Escrituras. E se um cátaro ou uma cátara abraçava a posição de "*perfecti*" ou "*perfectae*", ele ou ela recebia uma formação teológica mais ampla, e tinha liberdade para ler e interpretar a Bíblia. Aqueles que escolhiam a vida de um "perfeito", ou eram escolhidos para ela, com frequência assumiam as responsabilidades de jejuar e se purificar enquanto ainda bem jovens, mas, como consequência, podiam exercer influência. Livres das instruções literais sobre a subserviência feminina promovidas pela Igreja, as mulheres podiam ser consideradas iguais aos homens. Tanto homens como mulheres tinham que controlar sua carne e evitar tentações. Ambos eram similarmente falhos desde a concepção. Ambos podiam conduzir terceiros no *consolamentum*. Na Igreja cátara as mulheres podiam ler, pregar e salvar.[37] Elas compartilhavam do poder.

Mulheres "perfeitas" eram particularmente desafiadoras para a Igreja católica. Ao receber o *consolamentum* e viver uma vida pura, elas acreditavam haver reconciliado sua alma com seu espírito angelical. Assim, todos os seres humanos que já haviam morrido, incluindo Cristo, a Virgem Maria e os santos, eram simplesmente anjos companheiros. Como todos os seres viventes seriam subsumidos na essência divina lado a lado, não havia necessidade de venerar nenhum indivíduo em particular. Uma perfeita teria dito que ela tinha "maiores poderes para libertar que a Santa Maria" e que a "Santa Virgem Maria e a Santa Inês não tinham méritos maiores que qualquer mulher pecadora recém-consolada". O foco no Espírito Santo, mais do que em Jesus, também era fundamental para o papel das mulheres no catarismo. Diferentemente de Jesus, que nasceu em um corpo masculino, o Espírito Santo visitava a todos igualmente e não tinha forma humana. Com sua ênfase no Espírito e não no homem, o catarismo igualava os sexos em termos de salvação. Eles rejeitavam Jesus, mas podiam aceitar o Espírito Santo.

Também é possível defender que um sistema de crenças que tomava o sofrimento físico e a falibilidade da carne como sua base teria sido atraente para as mulheres, atormentadas que eram desde o nascimento pelos desafios da menstruação e da gestação e os perigos mortais do parto. O catarismo via o funcionamento do útero e o processo de procriação simplesmente como a perpetuação do tempo pecaminoso dos seres humanos na terra. Teria sido tentador se verem livres dessa responsabilidade, livres da perspectiva de serem dadas em casamento e permanecerem sexualmente servis a parceiros homens, e terem alguma agência sobre seus corpos e suas vidas. Não se deve subestimar o peso do fardo das mulheres medievais, que desde a infância sabiam que seu destino seria colocar suas vidas em risco durante o parto. Enquanto a maioria das mulheres era vulnerável ao estupro ou à rejeição por um homem que as havia engravidado, e, portanto, à rejeição pela sociedade, as mulheres cátaras podiam se valer de sua promessa de se absterem de sexo como uma maneira de assumir o controle. Cerca de uma em cada vinte mulheres morria no parto, e muitas mais precisavam lidar com perdas de filhos, dores físicas e problemas persistentes de saúde.[38] Abster-se de atividade sexual por motivos religiosos era uma aposta mais segura para muitas, incluindo as monjas, cujo número explodiu durante o período medieval, e para grupos como os cátaros.

Embora o catarismo permitisse às mulheres um papel mais elevado do que elas poderiam conseguir nas regiões ortodoxas no norte da França, ainda havia algumas questões que as mantinham subservientes aos homens. Como a relação sexual era considerada um ato maligno que vinculava as almas aos corpos na terra, também se exigia que os cátaros evitassem qualquer coisa positiva ligada ao sexo. Assim como os ovos e a carne estavam manchados pela reprodução mamífera e não podiam ser comidos, essa aversão também se estendia às mulheres grávidas. Existem também algumas narrativas cátaras da Queda bíblica que sugerem que o diabo seduziu as almas na forma de uma bela mulher à qual ninguém era capaz de resistir.[39]

A antiga implicação de que as mulheres podiam ser tentadoras continuava presente na Igreja cátara. Mas, de modo geral, é justo dizer que seu modo de enxergar a dualidade, o fato de que viam toda carne humana como falha e sua pregação inclusiva da Bíblia eram mais clementes com as mulheres que as visões da ortodoxia da Igreja. Elas também tinham direitos iguais à propriedade de terras no Languedoc e podiam ser encontradas na liderança de famílias importantes da região, de maneira que, através de seus laços com o catarismo, algumas mulheres conseguiam desfrutar de uma influência que de outra maneira talvez não tivessem conseguido.[40]

Concubinas ou conquistadoras?

Voltando-nos para as fontes em busca de mulheres individuais, as palavras de um erudito cátaro parecem relevantes:

> Elas foram o sexo silencioso nesta era da história humana e, para saber sobre elas, é preciso olhar através dos olhos dos homens, eles próprios nem sempre capazes de ver a verdade.[41]

Quem registra a história, aqui, é uma questão premente. Quem escreveu sobre as mulheres cátaras foram contemporâneos seus que as desprezavam e não as entendiam bem, de modo que às vezes o máximo que podemos determinar com alguma certeza é seus nomes. Como os registros da Inquisição pintam seus interrogados como transgressores e pecadores, as mulheres cátaras são mais comumente referidas como "concubinas" de seus parceiros, por exemplo: "William Raymond de Roqua e Arnauda, sua concubina".[42] No entendimento da Igreja, se uma mulher não era casada através do sacramento do casamento e mesmo assim coabitava com um homem, ela era automaticamente classificada como uma concubina. Mas isso reflete uma falta de compreensão da natureza das parcerias cátaras. As mulheres às quais a Igreja se refere como "concubinas" teriam sido reconhecidas como esposas pela comunidade. Os cátaros rejeitavam os sacramentos e tinham uma hierarquia própria de padres e bispos que realizavam cerimônias equivalentes ao casamento para os homens e mulheres que assim quisessem.

Em contrapartida, muitas mulheres cátaras também são identificadas nos testemunhos por sua virgindade. Ao que parece, ao contrair matrimônio e consumá-lo, entendia-se que a mulher tinha deixado para trás seus costumes heréticos. A união a um homem ortodoxo era uma demonstração de que ela estava preparada para entrar na Igreja católica, ao passo que permanecer solteira e casta poderia ser um sinal de que ela era culpada de heresia. Relatórios da Inquisição afirmam: "Covinens de Fanjeaux abandonou suas heresias e tomou um marido", enquanto "Bernarda viveu três anos como herege, mas depois disso se casou e teve dois filhos".[43] Nesses casos, não se descreve as mulheres como tendo vivido vidas dissolutas antes do casamento, mas sim como virgens. Isso enfraquece sugestões de que as mulheres cátaras eram "concubinas" particularmente licenciosas e indica, em vez disso, que a maioria rejeitava a ideia de sexo em seu conjunto.

Essa rejeição podia causar situações particularmente problemáticas para as mulheres cátaras que se insurgiam contra as autoridades da Igreja. Em um relato sobre uma garota de Reims, o abade de Coggeshall descreve que um cônego da companhia do arcebispo havia visto uma jovem caminhando em um vinhedo. Ele logo foi até ela e a abordou diretamente. A garota, sem nenhuma ilusão a respeito do que o homem queria, respondeu: "Se eu perder minha virgindade, meu corpo será imediatamente corrompido e eu serei irremediavelmente amaldiçoada por toda a eternidade". Ao se salvar do estupro, a menina acabou se condenando como herege. Seu desejo de permanecer virgem revelou suas crenças cátaras, e então ela e sua mentora foram queimadas na fogueira.[44] Esse comportamento moral questionável por parte de um membro do clero, aprovado pelo arcebispo de Reims, também sinaliza a verdade por trás das contestações feitas contra a Igreja por "bons cristãos". Alguns clérigos realmente se comportavam da maneira que os "hereges" repetidamente denunciavam.

Em outra acusação feita contra uma mulher cátara, cartas papais sugeriam que uma atitude mais hesitante em relação ao sexo, à gestação e ao casamento fragilizava a vida familiar cristã tradicional. Mas a genealogia das famílias nobres condenadas pelos inquisidores prova que a procriação e a unidade familiar não eram completamente rejeitadas pelos cátaros. A transmissão de crenças era um assunto de família, e tanto os pais como as mães eram responsáveis por criar fortes laços através das gerações sob um sistema feudal. Se a mulher chefe de uma casa, esposa de um senhor de terras ou mãe de um filho era cátara, ela passaria essa fé para aqueles ao seu redor. Ela tinha a responsabilidade de "salvar as almas" daqueles que amava. Blanche de Laurac, reconhecida como uma importante matriarca, criou muitas filhas, filhos, netas e netos como cátaros devotos. A alegação feita pela Igreja de que o catarismo desintegraria a vida familiar não é sustentada por provas. A rejeição do sexo e a importância da procriação coexistem, e as mulheres são capazes de preencher ambos os papéis em momentos diferentes. Ao que parece, algumas mulheres cátaras realmente se inclinavam para uma vida mais devota na qual rejeitavam o sexo, mas muitas faziam essa escolha após a morte de seus maridos, já tendo parido filhos. Não era uma situação do tipo preto no branco: as mulheres cátaras ocupavam uma série de posições, desde mães e esposas até virgens, conselheiras religiosas, proprietárias de terras e líderes da resistência.

Muitos cátaros eram de famílias nobres da região do Languedoc, mas há registros de pessoas de todas as classes sociais nos julgamentos por heresia. Uma lista de 1.209 simpatizantes cátaros em Béziers contém quatro médicos, cinco fabricantes de artigos de malha, dois ferreiros, dois sapateiros, um comerciante de milho, um taverneiro e uma pessoa que trabalhava com lã.[45] Os trabalhadores da lã contribuíam para um dos setores mais comercialmente ativos da Idade Média. A produção de têxteis podia criar renda e mobilidade social para as pessoas restringidas pela servidão. Além disso, como a Tapeçaria de Bayeux revelou, a tecelagem era dominada pelas mulheres. Embora os cátaros vivessem vidas simples e austeras, ainda necessitavam de dinheiro para comprar alimentos e materiais. A tecelagem era uma maneira popular de ganhá-lo, como atestam as crônicas, depoimentos e outros registros. Em pequena escala, ela podia ser feita no lar, por mulheres.[46] É claro que essa relação não era um fato consumado, mas a conexão entre a indústria têxtil e os cátaros cunhou a expressão "de tecelões a hereges".[47] Era uma opção para que aqueles que viviam fora das normas da sociedade pudessem sustentar a si mesmos e às suas famílias.

A vida como forasteiros e excluídos criou redes de conexões entre as comunidades cátaras, mas essas relações eram frequentemente complexas e dependentes de laços de lealdade e vínculos familiares. Em seu depoimento, Guillemette de Sapiac de Montauban registra que vivia com a tia, que era herege. Ela descreve ter se "vestido como herege" durante dois anos quando menina, mas então se "reconciliado" com a Igreja e se casado. Mesmo assim, ela continuou a dar abrigo a cátaros com seu marido:

> Eles recebiam as hereges Jeanne d'Avignon e suas companheiras hereges na casa dela e as adoravam com frequência [...] Hereges recebiam coisas de sua casa sempre que queriam. Ela acreditava que os hereges eram boas pessoas.[48]

Como compreender Guillemette? Ela foi uma herege praticante durante algum tempo de sua vida, se retratou num momento posterior, mas continuou a simpatizar e a apoiar outros hereges. O julgamento decide que ela deve partir em uma longa peregrinação através da França, para a Cantuária e finalmente para Roma, e que deve "vestir uma cruz por sete anos". A complexidade de seu testemunho demonstra a dificuldade de erradicar a heresia, particularmente em comunidades nas quais ela era incorporada de maneiras diversas.

As mulheres cátaras podiam se esconder à vista de todos, como Raymonda de Mazerac. Prioresa da abadia La Lecune, ela foi denunciada como herege após questionar as monjas sobre a Virgem Maria. O testemunho declara que ela perguntou "se a Virgem Abençoada teria realmente amamentado Jesus fisicamente e sofrido no parto como as outras mulheres".[49] Esse é um testemunho complicado. Ela era uma prioresa rodeada de monjas, que "vestiu o hábito de herege por quatro ou cinco anos antes", segundo o documento. Mas foram as suas perguntas acerca da natureza física de Jesus e Maria que suscitaram os alertas de heresia que resultaram em sua inquisição. Sua punição final – ser obrigada a "entrar em um priorado mais estrito" – revela que ela pôde permanecer na Igreja e continuou sendo considerada ortodoxa, apesar dessas crenças questionáveis.

Talvez a mulher cátara mais célebre seja Esclarmonde de Foix. Ela fazia parte de uma das famílias mais importantes do Languedoc, e governou Foix como regente após a morte de seu marido em 1204. Esclarmonde exerceu um grande poder durante sua vida. Assinava documentos como testemunha junto com seu irmão, como o acordo de março de 1198 entre os cistercienses de Boulbonne e o conde de Foix, de modo que sabemos que ela tinha influência secular suficiente para assinar cartas.[50] Ela também foi responsável, junto com Raymond de Péreille, por reconstruir a fortaleza de Montségur para proteger os cátaros remanescentes da Cruzada Albigense. Embora ela talvez não tenha vivido o suficiente para ver sua queda durante o cerco, suas ações ofereceram abrigo a famílias que foram levadas ao exílio a muitas centenas de quilômetros de distância após décadas de perseguição. Mas é de seu papel nas pregações cátaras que se fala com mais frequência.

Ela foi tornada uma perfeita e dirigia uma casa para cátaros em Pamiers. Nessa mesma cidade, dois anos após a morte de seu marido, Esclarmonde compareceu a um concílio no qual representantes dos católicos, dos cátaros e dos valdenses apresentaram suas crenças. O evento durou um mês e cada orador teve um dia inteiro para defender sua posição. Para desdém do concílio predominantemente masculino, Esclarmonde foi convidada a apresentar as crenças cátaras. Ela tomou a palavra, mas foi interrompida pelo representante católico, o irmão Étienne de Misérichorde: "Vá, senhora, trabalhar sua roca. Não é apropriado que a senhora fale em um debate deste tipo".[51] Essa resposta misógina tem inflamado comentaristas há séculos, que veem em Esclarmonde uma protofeminista. De fato, ela adquiriu um status de lenda no País Cátaro, mesmo sendo difícil obter informações sobre fatos como onde e quando ela morreu. Seu envolvimento em um concílio e o tratamento depreciativo por um membro do clero ressaltam ao mesmo tempo as posições ao alcance das mulheres cátaras e a destruição à qual suas reputações estavam sujeitas nas mãos da ortodoxia da Igreja.

Em fuga

Não foram só as reputações que sofreram nas mãos da Igreja. As provações experimentadas pelas mulheres cátaras podem ser vistas nos registros da vida de Arnaude de Lamothe. Em 1244, no momento de seu julgamento pelo inquisidor dominicano irmão Ferrier, Arnaude era uma frágil mulher de 40 anos.[52] Sua figura esguia era o resultado de décadas vividas em fuga, dependendo da generosidade dos que a escondiam da perseguição. Ela evitara carne e álcool desde a infância, praticando uma dieta vegana com um pouco de peixe quando possível. Andou milhares de quilômetros durante sua vida, mudando de caverna para cabana, de floresta para celeiro, constantemente trocando de lugar para escapar dos cruzados e inquisidores determinados a caçá-la. Sua vida entrou nesse caminho difícil quando, em 1208, aos 7 anos de idade, ela e sua irmã Peironne conheceram duas mulheres em roupas escuras em seu grande castelo de

Montauban. Convidadas pela mãe das duas meninas, essas mulheres falaram em voz alta sobre Deus e exigiram o respeito de todos os presentes na sala. Arnaude se lembrava de sua mãe fazendo três reverências profundas a elas e pedindo que a abençoassem, fizessem dela uma "boa cristã" e a conduzissem a um "bom fim".

Pouco depois de as mulheres de roupas escuras partirem, o parente de Arnaude Bernard de Lamothe e seu acompanhante Raimon Méric (diácono da igreja na cidade próxima de Villemur) chegaram ao castelo. Fizeram longos discursos no grande salão e mais uma vez as mulheres da casa homenagearam os "bons homens" com três reverências e o pedido de bênção. Essa seria a última noite que Arnaude passaria em sua casa familiar. Os homens haviam vindo buscar Peironne e ela. Juntas, as duas andaram por quase quatro quilômetros até a casa de uma mulher chamada Poncia, onde, ao lado de aristocratas, artesãos, nobres e camponeses, as duas meninas abraçaram os ensinamentos da "Igreja de Deus".[53] Arnaude sabia a que estava destinada. Durante sua permanência na casa de Poncia, ela aprendeu sobre a vida de bons cristãos e também que o *consolamentum* lhes traria salvação após a morte. Em seu testemunho, Arnaude recorda ter sido levada à "sala dos perfeitos" em frente a um grupo de testemunhas. Ali, ela e sua irmã tiveram que prometer não comer carne, ovos ou laticínios, jamais blasfemar, viver uma vida celibatária e permanecer fiéis às suas crenças mesmo diante da morte pelo fogo, pela água ou de qualquer outro tipo. Com a imposição de mãos sobre elas, Arnaude e Peironne se tornaram perfeitas.

Por serem ainda muito jovens, elas não podiam realizar os deveres de outros perfeitos, como dar o *consolamentum* às pessoas em seu leito de morte ou pregar para a comunidade. Em vez disso, elas foram mantidas a salvo enquanto uma maré crescente de medo tomava as pessoas do Languedoc. A Cruzada Albigense batia à porta. Assim que o diácono Méric tomou conhecimento do massacre de Béziers, ele orientou todos os perfeitos a se dispersarem e a buscarem refúgio longe do centro da tempestade. Arnaude e Peironne circulavam entre as casas de simpatizantes, ficando um dia aqui e outro ali, enquanto as forças de Inocêncio III e da nobreza francesa derrubavam cidade após cidade. Às vezes as meninas encontravam abrigo em alguma casa, mas outras vezes precisavam se esconder em cavernas úmidas, acendendo fogueiras para afastar os animais selvagens. Foram forçadas a adentrar partes cada vez mais remotas do interior, viajando em dupla para aumentar sua segurança. Exigia-se das mulheres cátaras que sempre viajassem com uma companheira, e se uma das duas caísse doente ou morresse, uma nova mulher precisava ser encontrada antes de a viagem ser retomada. Fugir era uma situação de perigo extremo para Arnaude e Peironne. Com os soldados à procura de sangue e foras da lei tirando vantagem do caos, as necessidades específicas dessas "boas mulheres" veganas, celibatárias e pacifistas as singularizavam como hereges em lares e tribunais. Sua vulnerabilidade era clara.

As meninas conseguiam encontrar refúgio de tempos em tempos. Em Lavaur, elas ficaram durante um ano inteiro na casa da perfeita Azalais. Mas em maio de 1211 as atrocidades voltaram a se aproximar. Na mesma cidade, o castelo local foi atacado. A defesa foi conduzida pela proprietária e senhora do castelo, Giralda, que comandou as tropas e conteve as forças de Simon de Montfort durante dois meses.[54] Quando Giralda e seus soldados finalmente capitularam, o castigo foi extremo. Fontes relatam que oitenta cavaleiros foram enforcados, enquanto quatrocentos hereges foram queimados. A própria Giralda foi atirada em um poço e apedrejada até a morte.[55] Sua irmã, Esclarmonde de Niort, também ganharia notoriedade duradoura por suas ações contra os cruzados. Junto com sua terceira irmã, Navarra de Servain, as três mulheres constituíam os alicerces de uma rede familiar que controlava as principais propriedades em toda a região do Languedoc.[56]

Evitando o derramamento de sangue que se aproximava, Arnaude continuou a evitar a captura por mais dois anos, até 1213, quando ela e sua irmã abandonaram seus votos como perfeitas por medo da perseguição. Mas, quando sua mãe adoeceu, elas retomaram sua criação cátara e pediram ajuda às "boas mulheres de Linars". Essas mulheres eram cátaras que viviam como religiosas, com uma prioresa própria.[57] Desesperadas para que sua mãe estivesse física e emocionalmente pronta e que então recebesse o *consolamentum*, as irmãs retomaram seus velhos costumes em lugar dos novos. Pelos vinte anos seguintes, Arnaude mais uma vez assumiu seu papel de perfeita, vivendo nas casas de outros cátaros ou se escondendo em florestas apenas com sua "*socia*" (parceira de viagem) por companhia. Simpatizantes lhe traziam alimentos, mas era uma vida dura, com a sempre presente ameaça de tortura e inquisição. Arnaude recebera formação em retórica suficiente para fazer sermões em Massac, que ficava fora do

Languedoc, centro de poder cátaro. Era uma atuação missionária, para levar as crenças da comunidade para outras regiões da França e incentivar o repúdio à Igreja católica.

Representante ativa e importante do movimento de resistência contra a Cruzada Albigense, Arnaude acabou sendo capturada na floresta nos arredores de Saint-Foix em 1243. Ameaçada com o fogo, ela voltou a rejeitar seus votos como perfeita e se converteu ao catolicismo alguns meses antes de dar seu testemunho. Embora suas palavras pintem um retrato dramático de mulheres fugindo de seus inimigos, dependendo do ambiente natural e de atos de generosidade para sobreviver, seu testemunho registrado é o de uma católica recém-convertida. Podemos ouvir sua voz, mas só sob coação. Mesmo assim, fica claro que Arnaude foi uma corajosa, tenaz e extraordinária mulher do século XIII.

Histeria de heresia

Em 1220, enquanto a Cruzada Albigense assolava o sul, surgiam manuscritos parisienses apresentando cenas bíblicas com interpretações alegóricas em cenários contemporâneos. Conhecidos como Bíblias Moralizadas, eles exibem uma gama de atos considerados pecaminosos pela Igreja, como o lesbianismo e a sodomia.[58] Eles já foram descritos como "janelas que se abrem para a sociedade medieval da época", mas, em vez de representarem a realidade, fica evidente que eram imagens de alerta, criadas para instilar o medo nos corações da nobreza parisiense de que o mal os estava atacando.[59] Entre os milhares de imagens há as de hereges, que muitas vezes são comparados, de forma negativa, aos judeus e acusados de comportamentos perversos. Em uma representação de Baltazar se banqueteando com os tesouros roubados do templo de Jerusalém, dois casais são mostrados se abraçando. Identificados como "hereges", a mulher se olha em um espelho enquanto se enlaça ao homem. Do lado oposto, um jovem monge abraça um homem mais velho. Os hereges são retratados como pessoas más, exibindo os pecados mortais da vaidade e da luxúria, mas ao longo desses manuscritos existem muitos tipos diferentes de entidades malignas e subversivas. As Bíblias Moralizadas apresentam um mundo do século XIII cheio de desvios, ameaças, ambiguidade moral e pecado.

Iluminuras de Gênesis 3:1-6 na Bíblia Moralizada, Österreichische Nationalbibliothek, Viena, MS 2554, fólio 2r, c. 1220.

Iluminuras mostrando práticas heréticas na Bíblia Moralizada, Österreichische Nationalbibliothek, Viena, MS 1179, fólio 165v, início do século XIII.

Uma representação é particularmente distinta e incomum, representando uma cena em que hereges de rostos escuros beijam a traseira de gatos e veneram as criaturas. Embora bizarra para nós, a origem dessa lenda está nas obras do escritor medieval Gautier Map. Ele descreveu um rito secreto realizado na escuridão, no qual um enorme gato preto é pendurado por uma corda no meio de uma sala e as pessoas ao seu redor precisam colocar a boca no ânus do animal.[60] Map estava sugerindo que hereges realizavam cerimônias desviantes, ou até mesmo diabólicas. Essa acusação foi reiterada por Alain de Lille, um teólogo francês que escreveu no início do século XIII, explicando que o nome "cátaro" vinha da palavra "*chat*" (gato). Ele insinuou que esses hereges adoravam o animal como uma manifestação de Lúcifer. Uma razão mais convincente para o nome "cátaro" talvez consista na palavra grega "*katarus*", que significa "puro". Mas Alain corrompeu o termo com sua manipulação depreciativa.

As Bíblias Moralizadas não usam o termo "cátaro", referindo-se antes a "hereges" de modo mais geral. Os hereges eram os bichos-papões do período medieval. Era impossível saber se você convivia com um herege ou se um deles frequentava sua casa, mas o contato com eles era garantia de morte ou danação. O medo da heresia era uma epidemia crescente no século XIII. Isso fica claro não só pelo surgimento das Bíblias Moralizadas, mas também pelo número crescente de julgamentos e inquisições a partir de 1225. Existe também a sugestão de que espiões estavam sendo usados para se infiltrar em grupos heréticos, de modo que a desconfiança reinava de ambos os lados.

Em meados dos anos 1230, o Mestre Raul de Narbonne, que estava à frente da Inquisição nessa região, recrutou uma mulher chamada Marquesa de Prouille para participar de seus esforços de espionagem. Vinda de uma família local reconhecida como herética, foi fácil para ela se infiltrar nas reuniões cátaras.[61] Raul lhe deu dinheiro para que ela providenciasse alimentos para os cátaros, e sob esse disfarce ela enviava relatórios para o inquisidor. Ele atuou com base nas informações fornecidas por ela três vezes, na tentativa de capturar indivíduos durante a prática de atos heréticos nas casas que Marquesa descrevia.[62] Mas ou ela era uma espiã ruim, ou era uma agente dupla e protegeu aqueles que deveria trair, passando para ele informações incorretas. Ele só conseguiu fazer uma prisão com base nos relatórios dela, apesar de ter lhe dado grandes somas de dinheiro por sua ajuda. Raul esperava que Marquesa fosse útil como espiã por causa do alto status reservado às mulheres nas comunidades cátaras. Que ela tenha se esquivado da missão reitera o fato de que era difícil determinar quem podia ser processado por heresia e quem não podia. Que uma mulher pudesse atuar como espiã para a Inquisição e ao mesmo tempo ser acolhida pelas comunidades cátaras mostra a corda bamba sobre a qual muitas pessoas tiveram de andar nesses anos turbulentos.

Nazistas, tesouro e Montségur

Não é nenhuma surpresa que os estudos cátaros continuem sendo esse atoleiro de controvérsias. Complexo, o tema tem sido ligado a uma dose nada insignificante de obras equivocadas e enganosas, desde as Bíblias Moralizadas até *O código Da Vinci*. Talvez a mais influente delas tenha sido um texto publicado por Otto Rahn, membro da SS e historiador nazista. Citado com frequência como a inspiração para Indiana Jones, Rahn é um personagem histórico muito vilipendiado, mas um de seus legados é a grande quantidade de publicações ligando os cátaros e Montségur às lendas sobre o Santo Graal. Seu livro *Kreuzzug gegen den Gral* [Cruzada contra o Graal], publicado em 1933, atraiu a atenção de Heinrich Himmler.

As ideias de Rahn se baseavam nas de um escritor francês esotérico de nome Joséphin Péladan, fundador da primeira sociedade ocultista da França: a Ordem Cabalística da Rosa-Cruz.[63] Em 1903, Péladan sugeriu que Montségur era "Montsalvat", um castelo mencionado no texto alemão do século XIII *Parzival*. Esse romance medieval conecta este local à busca pelo Santo Graal, e Péladan sugeriu então que esse devia ser o "tesouro" com o qual dois cátaros foram vistos escapando durante o cerco a Montségur.[64] Ao contrário de Péladan, Rahn não acreditava que o Santo Graal era a taça que teria sido usada por Cristo na Última Ceia, mas sim uma pedra que caíra do céu na terra junto com os anjos caídos. Em consonância com a extensa obra de Himmler sobre as origens dos arianos, Rahn usou os cátaros para aprofundar seu trabalho sobre a teoria racial alemã.[65]

Mas, perseguido pelo regime nazista por ser abertamente homossexual, em 1939 Rahn se viu sob a mira da Gestapo por deserção. Ele desapareceu nesse mesmo ano, e seu corpo foi encontrado morto por congelamento nas montanhas austríacas em 13 de março, poucos dias antes do aniversário da queda de Montségur. Foi um fim trágico. Já se disse que ele estaria seguindo o exemplo dos cátaros que tanto admirava ao se submeter à "endura", purgando seu corpo das impurezas para então, à beira da inanição, caminhar por ambientes hostis para receber de bom grado a morte inevitável, como talvez tenham feito aqueles que pereceram em Montségur.

Mais recentemente, *O Santo Graal e a linhagem sagrada*, de Michael Baigent, Richard Leigh e Henry Lincoln, publicado em 1982, foi a inspiração para o romance best-seller multimilionário de Dan Brown, *O código Da Vinci*. Supostamente, *O Santo Graal e a linhagem sagrada* se baseia em fatos: seus autores apoiaram fortemente suas teorias em um documento depositado na Bibliothèque Nationale francesa no final dos anos 1960, sem saber que se tratava de uma falsificação. Eles criaram um argumento ligando uma linhagem de Jesus e Maria Madalena a uma seita secreta da região francesa do Languedoc. Os cátaros são citados como protetores do Graal, detentores de um grande segredo que os tornava vulneráveis aos ataques do papado. Desde seu lançamento, o livro recebeu amplas críticas, sendo reconhecido como uma das origens de teorias da conspiração que ganharam popularidade, além de ser considerado uma das fontes para o romantismo ideológico da extrema direita reacionária.[66]

Ainda assim, os autores de *O Santo Graal e a linhagem sagrada* levantam alguns pontos relevantes. Compreendendo os problemas da terminologia, afirmam que os termos "cátaro" e "albigense" eram nomes genéricos que não faziam referência a uma Igreja específica que rivalizaria com a de Roma.[67] Também apontam as motivações políticas mais do que religiosas para a Cruzada Albigense, em especial o fato de que nobres do norte desejavam as terras e as riquezas do Languedoc. E, com pertinência, a respeito dos relatórios inquisitoriais sobre os cátaros, eles afirmam: "Formar uma imagem deles com base nessas fontes é como tentar formar uma imagem, digamos, da Resistência Francesa a partir dos relatórios da SS e da Gestapo". Na busca por "fatos" relativos aos cátaros, é difícil se livrar das agendas de séculos de autores. De inquisidores dominicanos em busca de confissões e cartas papais justificando o uso de forças armadas contra cristãos até "detetives históricos" modernos convencidos de que descobriram segredos antigos, os textos não são de fácil interpretação. Ao explorar as muitas mulheres ligadas ao catarismo, porém, compreendemos um pouco mais plenamente as experiências de perseguição e acusação de heresia.

Dizimando os cátaros: dizimando as mulheres

A heresia é um crime do pensamento, muitas vezes difícil de discernir, e algumas mulheres no século XIII usaram essa ambiguidade a seu favor. Elas puderam criar centros onde exerceram poderes religiosos e seculares, transmitiram conhecimentos esotéricos para as gerações seguintes e preservaram tradições locais. Mais que uma ameaça direta ao papado, o comportamento dos "bons cristãos" era subversivo no nível local. Mas suas atitudes em relação à Igreja, a doutrinas centrais como os sacramentos e sua elevação das mulheres os deixavam vulneráveis a ataques.

Investigar as vidas de Arnaude, Esclarmonde e Marquesa nos transporta para um tempo e lugar onde famílias e comunidades viviam sob a ameaça do extermínio. Apesar de seus testemunhos serem fragmentários, enviesados e problemáticos, a dura realidade dos julgamentos por heresia, de evadir as tentativas de captura e da proteção de ideologias ainda ecoa séculos depois. Essas mulheres foram vítimas de guerra, justiceiras e foras da lei evitando serem capturadas, e muitas estavam dispostas a morrer por suas crenças. Vimos quão reacionários e supersticiosos podiam ser esses tempos, em que clérigos obtinham confissões de vítimas vulneráveis apelando para a tortura. Ainda assim, apesar das tentativas de censurá-las e oprimi-las, vimos também quão disseminada e poderosa foi a resistência. Nem todo mundo era controlado pela Igreja e pelo Estado. As mulheres cátaras refletem um período de crenças variadas, culturas distintas e comunidades independentes. Em vez de serem simplesmente esquecidas, seus julgamentos garantiram que elas deixassem seus nomes na história, e é por meio deles que conseguimos vislumbrar um tempo e um lugar em toda sua complexidade.

7. REIS E DIPLOMATAS

Descoberta!

8 de junho de 1997 – Parque Błonia, Cracóvia, Polônia

O papa João Paulo II está em um terreno conhecido. Ele cresceu no município de Wadowice, meros cinquenta quilômetros ao sul de Cracóvia, mas foi em Cracóvia que cursou a universidade, tornou-se padre e depois cardeal da cidade. Uma das mais belas cidades da Europa, Cracóvia é um destino turístico animado, popular tanto entre pessoas interessadas nos seus pontos turísticos como entre quem deseja apenas festejar. Seu centro histórico foi um dos primeiros locais a serem declarados Patrimônio Cultural pela Unesco em 1978,* em grande parte graças ao envolvimento do papa.[1] A apenas dois quilômetros e meio das torres e antigas fortificações do castelo na colina Wawel (onde a toca do dragão Smok se esconde entre as camadas de arquitetura de todos os períodos), fica o enorme parque ao ar livre de Błonia. No calor do verão, 1 milhão de pessoas se reúnem aqui. Elas agitam as bandeiras amarelas e brancas do Vaticano, choram, desmaiam e gritam quando o líder da Igreja católica surge rodeado por um cubo de acrílico à prova de bala em seu lendário papamóvel. É um evento arrebatador,

* A declaração ocorreu na segunda reunião do Comitê do Patrimônio Mundial da Unesco, realizada em 1978 nos Estados Unidos. Nessa ocasião, doze locais foram declarados Patrimônio Mundial, oito deles culturais e quatro naturais. (N.T.)

inebriante e exuberante. O mais famoso residente da cidade está de volta, e é tratado como um astro do rock.

Ele veio fazer uma coisa que havia muito tempo deseja fazer. Veio declarar santa uma mulher medieval. Enquanto a multidão ouve atentamente, ele pega o microfone e profere um sermão:

> Devemos nos voltar para a Colina de Wawel, para a Catedral Real, e nos colocarmos lá, diante das relíquias da rainha, a Senhora de Wawel. Agora o grande dia de sua canonização chegou! [...] Edwiges, você esperou por muito tempo esse dia solene.[2]

O papa está falando diretamente com uma mulher que há seiscentos anos jaz em seu túmulo. Ele lutou apaixonada e incansavelmente para que ela recebesse esse tão aguardado "dia solene", e seu Dicastério para as Causas dos Santos passou anos compilando documentos, examinando arquivos e pesquisando a vida dela.[3] Para esse habitante de Cracóvia, ela é um ícone. Ao se dirigir à multidão em júbilo, seus ombros estão curvados, resultado de um de seus muitos encontros de raspão com a morte. Ele é um homem frágil de 77 anos, mas, quando fala sobre Jadwiga (Hedwig ou Edwiges, fora da Polônia), ele fica animado. Insiste em ficar de pé durante seu discurso, e faz isso dentro de seu veículo customizado, para que as pessoas possam vê-lo melhor. Um dos governantes mais viajados da história mundial, ele já visitou 129 países. Mas, além das viagens, sua outra paixão é declarar santos.

Durante seu longo mandato como papa, João Paulo II beatificou 1.340 indivíduos e declarou 483 santos, mais do que todos os papas anteriores somados ao longo dos cinco últimos séculos. Ele era um canonizador em série, mas uma das santas teve especial importância para ele. Durante sua vida pregressa, ele havia rezado no túmulo de Jadwiga na Catedral de Cracóvia, se colocado em adoração diante do crucifixo onde ela também havia se ajoelhado e olhara maravilhado ossos e tesouros serem erguidos de seu túmulo quando ele tinha apenas 19 anos de idade.[4] Essa era uma cerimônia importante não só para esse homem, mas para o povo polonês. Nas palavras dele: "Muitos ansiaram por viver esse momento e não conseguiram. Anos e séculos se passaram, e parecia que sua canonização era impossível".

A própria vida de Jadwiga parece impossível. Ela foi a única "rei" mulher da Polônia. De fato, ela e sua irmã Maria, que foi declarada rei da Hungria, são as únicas duas mulheres na Europa a terem detido o título de "*rex*" em vez do de "*regina*". Mas Jadwiga tem sido mal-entendida, mal representada e mal utilizada há séculos. Pouco conhecida fora da Polônia, sua posição como uma das únicas "reis" mulheres da Europa significa que já é hora de uma reavaliação que retorne aos fatos históricos, às evidências arqueológicas e aos artefatos físicos de seu tempo. Ela tem sido usada como uma ferramenta para agendas nacionalistas, mas agora quero encontrar novamente a verdadeira Jadwiga medieval, pois ela é um exemplo fascinante de quanto poder e influência uma mulher podia exercer.

O túmulo de Jadwiga na Catedral de Wawel é há muito tempo um local de peregrinação para aqueles que desejam celebrar sua curta, mas importante, vida. A Polônia foi riscada do mapa por mais de um século entre 1772 e 1918, quando foi dividida e absorvida pela Prússia, Áustria e Rússia, um período durante o qual seu túmulo se tornou um ponto de encontro nacional, um lugar onde os poloneses podiam se lembrar de que um dia haviam sido uma nação independente e forte. Jadwiga teve importância durante sua vida, e a existência dela ainda hoje é significativa para muitos poloneses. Apesar das diversas tentativas ao longo dos séculos de canonizá-la, foi João Paulo II que finalmente garantiu a ela um assento na primeira fila no paraíso apenas dois anos antes do sexcentésimo aniversário de sua morte. Ela foi canonizada como a santa padroeira das rainhas e, significativamente, de uma Europa unida. Paradigma de cavaleirismo, para aqueles que se lembram dela, Jadwiga é conhecida como alguém que mudou o rumo da história em uma grande faixa da Europa Central e Oriental.

Bem-vindo à Cracóvia do final do século XIV

O barulho enche as agitadas ruas de paralelepípedo, enquanto, das respectivas entradas de seus comércios, um peruqueiro e um alfaiate disputam clientes, tentando atrair os cracovianos abastados que circulam pela praça do mercado.[5] Mercadores se vestem em sedas pálidas, os tecidos belamente ajustados em seus corpos. As capas bordadas das mulheres varrem o chão, juntando lama e poeira, que mais tarde precisarão ser arduamente esfregadas pelas criadas. Cavaleiros se amontoam em grupos, olhando de lado para aqueles cujos tabardos exibem um símbolo rival, enquanto o carrasco da cidade, vestido de vermelho da cabeça aos pés e com uma enorme espada das mãos, tem uma aparência assustadora. Os ricos estão vestidos de acordo com a moda do Ocidente e não pareceriam fora de lugar nas cidades glamurosas do Sacro Império Romano-Germânico. Mas circulando entre as bancas do mercado movimentado há também pessoas de terras distantes: judeus, muçulmanos, cristãos orientais e ocidentais.

Rynek – a praça principal – ainda parece nova em 1399. A maioria de seus edifícios data de meados do século XIII, quando a cidade foi reconstruída. Há pouco mais de um século, a cidade sofreu um ataque arrasador dos mongóis. Ela foi reconstruída com uma planta quase idêntica, uma fênix surgindo das cinzas. No entanto, marcas de fogo em alguns poucos muros denunciam o fato de que outras invasões mongóis continuaram a deixar marcas em Cracóvia. Seus três quilômetros de muralhas fortificadas, sete portões com guaritas e 46 torres servem de lembrete de que a cidade dá boas-vindas àqueles que lhe trazem riquezas, mas rejeita quem ameaça sua prosperidade. Casas de dois andares com telhados triangulares altos ladeiam a praça do mercado, e mais casas se apertam atrás delas, com um xadrez de pequenos quintais entre elas.[6] Essa é a capital da Polônia, lar de sua recém-fundada universidade e um membro importante da Liga Hanseática – uma poderosa organização de cidades mercantis do norte coordenada por mercadores alemães –, que traz pessoas ligadas ao comércio para suas ruas e barcos para seus rios.

Construções estão em andamento por toda parte. Ao sul, a enorme basílica de Santa Maria se ergue devagar, com torres embrionárias que se lançam para o céu graças aos pedreiros que competem para construir cada vez mais alto. Ao norte, o grande Salão dos Tecidos está quase pronto, e sua fachada italiana e arcos que se repetem ritmicamente abrigam fornecedores de especiarias orientais, sedas, couro e sal recém-colhido nas minas próximas de Wieliczka. Uma fila se forma na frente de um grande edifício de pedra, na esquina da praça. O barulho das negociações e dos metais se chocando escapa pelas portas. Essa é a Casa da Balança, lar das balanças municipais. Aqui os trabalhadores do cobre de Spisz processam seu metal, trocando o minério que será enviado a Flandres e daí para o Mar Negro.[7] Grandes faixas de tecido também são colocadas nas grandes balanças enquanto os comerciantes aguardam ansiosamente para ver quanto dinheiro vão conseguir por sua matéria-prima. O fiscal está alerta, ávido por recolher uma parte dos lucros e fazer cumprir a lei, ditando como os bens podem ser vendidos. Essa casa da balança é uma das maiores de seu gênero: a cidade é um caldeirão de comércio e influência, um lugar onde a Europa encontra o Oriente. Poucas cidades são páreo para a Cracóvia do século XIV em termos de indústria, vibração e cultura cosmopolita.

Afastando-nos do coração econômico da cidade, os poderes da Igreja e do Estado se elevam no horizonte. O relevo pedregoso da colina Wawel está duzentos metros acima do Wisła, o rio mais comprido da Polônia. Sob o rei Casimiro III, o Grande, que reinou de 1333 a 1370 – o último governante da dinastia Piasta –, a corte em Wawel foi extravagantemente expandida. A nova catedral gótica foi ampliada e enriquecida para testemunhar o casamento de Elizabeth, neta de Casimiro, com o sacro imperador romano Carlos IV.

Dentro dessa igreja recém-decorada de forma exuberante e com cores espalhafatosas, uma mulher grávida se ajoelha diante de um crucifixo. As criadas esperam pacientemente, mas ela está em profunda contemplação. A cruz para a qual ela olha atravessou os mares para chegar à Cracóvia. Como a própria mulher, ela é parte da cidade e, ainda assim, estranha a ela. Jadwiga é ainda muito jovem – apenas 25 anos de idade –, mas já viveu uma vida cheia e turbulenta. Sua vida logo chegará a um fim extemporâneo, mas nesse momento ela já conseguiu muita coisa.[8] Por meio de seu casamento, ela assegurou o destino da Polônia e trouxe o cristianismo para o último rincão pagão da Europa. Ao olharmos por cima de seus ombros, o que vemos é um momento muito particular – um momento no qual uma mulher pôde ser rei, e no qual a Polônia era um dos maiores atores no palco mundial.

Quem é Jadwiga?

Como Jadwiga foi declarada santa em um dos países mais católicos da Europa, pode ser difícil ver a mulher real através dos louvores e da hagiografia. Fora da Polônia seu nome é desconhecido, ao passo que no país ela é propriedade sagrada. Para a maioria dos poloneses ela é o paradigma do charme e da beleza feminina, uma criatura divina cujo autossacrifício foi o maior ato de caridade para com o povo polonês. Ela é retratada em cartões, pintada como a rainha medieval perfeita, celebrada com o tom emocionado reservado a santos especiais no paraíso. Mas uma imagem verdadeira só pode surgir se retornarmos às fontes históricas, examinando os objetos reais que ela segurou e vasculhando a arqueologia de sua capital para colocá-la nas ruas e junto aos edifícios que visitou. Jadwiga precisa surgir em seu próprio mundo, livre das agendas nacionalistas, imperialistas e patriarcais.

Nascida nos mais altos escalões da sociedade europeia, ela era filha do rei da Hungria e Polônia, Luís, o Grande, e de Elizabeth da Bósnia. Embora fossem membros da nobreza pan-europeia, os dois tinham laços de sangue diretos com a Polônia. A influente mãe de Luís, também chamada Elizabeth, era filha do famoso rei polonês Ladislau I, o Breve, ou Cotovelo Alto. Sua outra avó era outra princesa polonesa, descendente da dinastia Piasta, que governou a Polônia por quatrocentos anos. Como era comum, no entanto, Jadwiga, predominantemente polonesa, estava ligada por laços conjugais a muitas das famílias governantes de toda a Europa. Ela era conhecida como "Jadwiga de Anjou" porque seu pai descendia da linhagem capetíngia da Casa de Anjou francesa através de seu avô, Carlos Martel. Jadwiga foi criada como parte dessa dinastia, com seus castelos, cavaleiros, cavaleirismo e amor cortês.

Nas coleções reais da Catedral de Wawel há um item raro e lamentavelmente pouco estudado que um dia pertenceu a Jadwiga. Sua bolsa de esmolas, um bem intensamente pessoal, revela muito sobre essa mulher, assim como sobre os valores cavaleirescos de seu tempo. Bolsas de mão ainda hoje continuam sendo bens privados e importantes. Por fora elas podem sinalizar o gosto do dono na moda e no design, ao passo que por dentro escondem pertences pessoais e preciosos. Criada para levar moedas para serem distribuídas aos pobres, a bolsa de esmola sustenta as afirmações de historiadores medievais de que Jadwiga estava empenhada em ajudar os necessitados. A bolsa é um objeto frágil, feita de um pedaço de tecido, dobrada e fechada com tiras de seda. O Inventário da Catedral de Cracóvia de 1563 na Capela de Nossa Senhora lista uma *kalietka cum reliquis* (bolsa pequena com uma relíquia), sugerindo que um dia parte de um santo foi guardada dentro dela. As relíquias corporais não estão mais lá, mas desde então o próprio objeto assumiu qualidades sagradas por sua conexão com Jadwiga. Nem é preciso olhar dentro dela: sua decoração externa deixa ver as questões que a cercaram e preocuparam durante sua vida.

Frente e verso de uma bolsa de esmolas, tecido com fios de seda, Catedral de Wawel, provavelmente feita na França em *c.* 1340.

Muito provavelmente feita na França em meados do século XIV, trata-se de um exemplar deslumbrante de *opus anglicanum*, o trabalho de tapeçaria medieval originário da Inglaterra. A bordadeira usou pontos partidos, longos, curtos e espinha de peixe, com fios dourados em todo o trabalho. As figuras na bolsa estão vestidas à moda da época, a mulher figurada de ambos os lados porta um vestido rosa esvoaçante com mangas em estilo *tippet*, amarrado na frente para mostrar que ela é rica o suficiente para comprar montes de tecidos preciosos. Mas é o tema da imagem que fala mais diretamente das raízes angevinas de Jadwiga e de sua ligação com o amor cortês. Tanto na frente como no verso, são tecidas imagens da história de Tristão e Isolda.[9] Esse romance entre um cavaleiro da Cornualha e uma princesa irlandesa foi incrivelmente popular a partir do século XII. Enviado para buscar Isolda, prometida ao rei Marco da Cornualha, Tristão se apaixona por ela quando ambos ingerem uma poção do amor. Isolda se casa com o rei, mas continua a ansiar por Tristão. Forma-se um triângulo amoroso, e o jovem cavaleiro e a rainha repetidamente enganam Marco em seu desespero para ficarem juntos.[10] Embora ninguém tenha determinado com segurança quais partes da história estão representadas na bolsa de Jadwiga, eu sugiro que ela retrata uma cena menos conhecida, na qual Tristão interpreta o louco.

Apenas dois manuscritos sobrevivem com detalhes desse conto, um em Oxford e outro em Berna, mas suas semelhanças sugerem que originalmente esse episódio fazia parte de versões amplamente disponíveis do romance.[11] Desesperado para ver Isolda, Tristão viaja à Inglaterra, onde o rei e a rainha estão reclusos no Castelo de Tintagel. Ele se disfarça e aparece do lado de fora, delirando e atacando os passantes, a fim de sugerir que perdeu o juízo:

> "Olhe para o louco! Grrr! Grrr!" Os meninos e os escudeiros começaram a cutucá-lo com galhos, seguindo-o pelo pátio como se eles mesmos fossem loucos. Ele se voltou na direção deles algumas vezes para ver um ou outro atacá-lo [...] o rei o viu de pronto.[12]

Ele recebe permissão para entrar no castelo, e então, fingindo ser louco, convence o inadvertido Marco a deixá-lo entretê-lo. Divertindo-se com suas palhaçadas, o rei eventualmente libera Tristão, que então começa a procurar Isolda. Seu disfarce é tão convincente que ele precisa apresentar provas de que é realmente seu amante. Narrativas sobre o longo romance deles são recitadas de forma breve e por fim, quando seu cão fiel começa a pular no Tristão real, Isolda o reconhece e cai em seus braços.

De um dos lados da bolsa de esmolas, um cavaleiro se debate com um outro personagem, enquanto uma mulher nobre assiste em choque, erguendo o dedo para interromper a briga. De cima, um homem de barba olha para a cena. Louco de amor, o casal é parte de um mundo de cabeça para baixo. A história demonstra o engano em nome do amor, que desemboca em violência e perturbação. Do outro lado da bolsa, dois homens idosos de barba conduzem a mulher nobre para uma floresta selvagem, representada por belas árvores estilizadas e uma colina variegada. O homem descalço segurando o braço da mulher é provavelmente o eremita Ogrin, levando Isolda de volta para seu marido após ela perceber que a vida com Tristão, se escondendo na floresta, é miserável.[13] O outro homem segura um livro, que pode representar a carta que o rei Marco envia a Isolda por meio do eremita afirmando que ainda ama a esposa. Essa cena acontece no final do romance, quando a poção do amor entre Tristão e Isolda perde o efeito. Essa imagem retrata o arrependimento, o retorno de Isolda ao marido e a fuga de um lugar selvagem para a segurança da corte.

As duas cenas não estão juntas por uma questão estética: elas teriam sido cuidadosamente escolhidas pela pessoa que encomendou a bolsa. Elas apresentam mensagens complexas que eram transmitidas para aqueles que a viam. Embora os observadores modernos precisem revirar o passado por meio de textos que sobreviveram e fragmentos de manuscritos para alcançar o significado original, os contemporâneos medievais que vissem a bolsa de Jadwiga provavelmente conheceriam essas histórias e compreenderiam as imagens de forma intuitiva. Esse objeto nos mostra não apenas uma governante polonesa impregnada de contos de cavalaria e amor cortês, como, o mais importante, a mensagem geral parece colocar o foco nos deveres de uma rainha. O tema da loucura e do "mundo de cabeça para baixo" do primeiro lado é um alerta para a natureza destrutiva da relação adúltera de Tristão e Isolda. Do outro lado, uma Isolda penitente é tirada da floresta assustadora e devolvida ao conforto de seu marido e a seu casamento legítimo.

É tentador ler nessas imagens aspectos da história da própria Jadwiga, já que sua vida amorosa foi uma questão central, repetidamente mencionada pelos cronistas de seu tempo. Ela também amou e perdeu. Ela também precisou abraçar o papel de esposa de um marido que não foi seu primeiro amor. Sua própria narrativa aparece tecida nos fios dessa bolsa de seiscentos anos.

Amor *versus* dever

Nascida em Buda, na Hungria, Jadwiga foi mandada para a corte em Viena quando ainda era criança, onde viveu sob a proteção do duque Leopoldo III da Áustria e recebeu a melhor das educações.[14] Seu pai, Luís, havia negociado os casamentos de suas filhas com cuidado, garantindo, quando elas eram apenas bebês, a união de cada uma delas com um monarca europeu importante. Aos 5 anos, Jadwiga celebrou sua "*sponsalia de futuro*", ou "casamento provisório", com o filho de Leopoldo, Guilherme.[15] Ele era só alguns anos mais velho que ela. As duas crianças foram prometidas uma à outra em uma luxuosa cerimônia em Hainburg em 15 de junho de 1378. Foi um evento sério, o que significava que o casal poderia legalmente consumar o casamento assim que Jadwiga fizesse 12 anos, sem a necessidade de mais uma cerimônia religiosa. Eles estavam efetivamente casados.

Isso era uma vantagem para a Áustria, já que Luís havia feito extensos preparativos, tratados e acordos para garantir que todas as suas três filhas se tornariam governantes poderosas, influentes e ricas após a morte dele. Em 1374, sem filhos e com um futuro incerto, Luís assinou um tratado com nobres poloneses chamado Privilégio de Kosice. A nobreza ficava liberada de muitas de suas obrigações, incluindo a construção e a manutenção de castelos, o pagamento de tributos, os cuidados com as cidades e as pontes e mesmo o oferecimento de hospitalidade ao rei durante suas viagens, tudo isso com uma única condição: que, após sua morte, eles declarassem como governante da Polônia uma de suas três filhas. A mais velha de Luís, Catarina, era a primeira da linha, mas morreu pouco depois de o tratado ser assinado. A irmã do meio, Maria, foi então nomeada herdeira da Polônia, e Jadwiga herdaria a Hungria, embora ainda fosse só uma criança.

Todos os planos cuidadosos de Luís se desfizeram com sua morte em 1382. A mãe de Jadwiga, Elizabeth, fez sua filha viva mais velha, Maria, ser declarada "rei" da Hungria poucos dias após a morte do marido. Maria, que era apenas três anos mais velha que Jadwiga, tinha só 12 anos, de modo que sua mãe efetivamente tomou o poder, governando como regente.[16] Mas a história na Polônia foi diferente. A nobreza polonesa apenas reconheceria uma das filhas de Luís como "rei" com a condição de que ela vivesse na Polônia e se casasse com um homem que lhe seria apontado.[17] Maria poderia ser rei caso se mudasse para Cracóvia, mas Elizabeth precisaria se mudar para lá também. A rainha-mãe não queria ficar tão longe das pessoas que lhe eram leais em sua corte em Buda, então, em vez disso, ela fez outros planos.

O objetivo de Luís era que seu super-reino da Hungria e Polônia continuasse unido, mas a nobreza de cada um dos territórios não queria isso. Aparentemente honrando a promessa que haviam feito ao rei, a elite polonesa estava na verdade garantindo sua independência. Elizabeth já havia proclamado Maria governante da Hungria, e não se mudaria para a Polônia. Numa tentativa de manter o controle sobre sua terra natal, ela enviou sua outra filha, Jadwiga, no lugar de Maria, e então os laços com a Hungria começaram a se romper.[18] A criança de 9 anos que havia sido empurrada entre a Hungria e a Áustria agora precisaria viver permanentemente na Polônia. Elizabeth retardou a partida de Jadwiga, na esperança de manter a filha junto de si até ela ficar um pouco mais velha. Mas uma guerra civil e a ameaça de um usurpador do trono polonês forçaram sua mão. Em maio de 1374, com apenas 10 anos, Jadwiga disse adeus à mãe pela última vez e entrou em uma terra estranha. No entanto, ela não estava cortando laços apenas com sua família. Ela também perderia seu prometido.

Não surpreende que a vida romântica de Jadwiga tenha se entranhado tão profundamente no imaginário polonês. Dois dos pintores mais influentes da Polônia no século XIX, Jan Matejko e Wojciech Gerson, criaram grandes telas mostrando o momento em que Jadwiga levanta um machado contra Dimitr de Goraj, o Grande Marechal da Corte, em uma tentativa de se reunir a seu amado Guilherme. A força na expressão de Jadwiga, a ansiedade de todos ao redor e o grande machado dão intensidade às cenas, que mostram uma mulher lutando por amor diante da oposição.

Wojciech Gerson, *Dimitri de Goraj e Jadwiga*, óleo sobre tela, 1869.

Mesmo nos relatos mais antigos, a vida amorosa de Jadwiga tem todos os elementos de um romance trágico. Pouco mais velha que um bebê, ela é informada de que se casará com Guilherme, herdeiro da dinastia austríaca. Aos 5 anos, ela participa de uma gloriosa cerimônia cavaleiresca na qual seu noivo de 8 anos declara que se casará com ela diante dos líderes mais importantes do cenário mundial. Essa é sem dúvida uma situação aterrorizante para uma menininha, mas o glamour, a riqueza e o ritual não devem ter passado despercebidos por ela. Saber que um dia ela se casaria com aquele menino ditou seus primeiros anos. Ela viveu na corte dele em Viena, tornando-se uma criança educada e cortês, fluente em muitas línguas e versada em assuntos religiosos e de Estado.[19] Ela lia romances, nos quais belas princesas se apaixonavam por cavaleiros poderosos e perseguiam um amor cortês idealizado que enriquecia moralmente ambas as partes. Mas a morte de seu pai mudou tudo. Ela só poderia se tornar rei da Polônia se passasse a residir em Cracóvia e aceitasse o marido que seus conselheiros escolhessem. E eles estavam de olho em outra pessoa.

Tendo rompido os laços com a Hungria, sua aliada ao sul, os nobres poloneses começaram a olhar para o leste. Lá ficava o enorme reino da Lituânia, que se estendia do Mar Báltico na direção de Moscou e depois para baixo, para o Mar Negro. O grão-duque da Lituânia Jagelão já vinha construindo uma reputação como potencial novo aliado poderoso. Criar um laço com Jagelão garantiria a paz na fronteira ao norte e também acesso às férteis terras do reino de Rus.[20] Ele também permitiria que os nobres aumentassem suas fortunas pessoais e atuaria impedindo a influência austríaca. Mas havia um problema: Jagelão era pagão. A Lituânia era a última parte da Europa a ser cristianizada. Seus conselheiros estavam examinando diferentes possibilidades matrimoniais, talvez unindo o país ao cristianismo ortodoxo oriental por meio de Sofia de Moscou. Mas a promessa de casamento com uma princesa católica e todas as terras que ela traria consigo era tentadora o suficiente para o ambicioso duque. Sem dúvida deve ter ajudado que Jadwiga tenha sido descrita para Jagelão como "tão bela que não possui igual em nenhuma parte do mundo". Ele concordou com os nobres: se casaria com Jadwiga e abraçaria o cristianismo. Ela, no entanto, continuava noiva de outra pessoa.

Finalmente afastada da mãe, a jovem Jadwiga caiu completamente sob o domínio dos nobres poloneses. Mas ela estava, é claro, prometida a Guilherme da Áustria, e ele, por sua vez, ainda queria se casar com ela. O relato canônico da vida de Jadwiga vem do "primeiro historiador" da Polônia, o cronista e padre Jan Długosz.[21] Nos doze volumes dos seus *Anais do famoso Reino da Polônia*, concluídos em 1480, ele estabeleceu um relato da vida dela que tem sido repetido há séculos.[22] Ele narra um evento específico que cairia bem em um romance. Guilherme correu a Cracóvia para reivindicar a mão de Jadwiga em casamento.[23] Embora os senhores tenham

Mapa da Polônia e da Lituânia sob o governo de Jadwiga e Jagelão.

ficado constrangidos com a chegada de Guilherme e temessem que isso atrapalharia as negociações com Jagelão, Długosz escreve que "nenhum dos cavaleiros teve a coragem de se opor ao desejo da rainha Jadwiga". Ele continua empático a Jadwiga, explicando que ela queria se casar com "aquele que já conhecia", e não com "o bárbaro desconhecido, jamais visto".

De acordo com Długosz, era responsabilidade do administrador do castelo, Dobiesław de Kurozwęcki, manter Jadwiga em seus aposentos, longe de Guilherme. Mas, sabendo que seu amado estava na cidade, a jovem supostamente pegou um machado e tentou derrubar os portões do castelo para chegar a ele. Só as palavras do cavaleiro Dimitr de Goraj aparentemente puseram um fim em seu frenesi amoroso. Mas Długosz inclui outras informações sedutoras, descrevendo um último encontro entre os amados. Tendo escapado de seus vigias, a adolescente Jadwiga se encontrou com Guilherme, e o casal dançou junto uma última vez no refeitório do mosteiro de São Francisco, na cidade.[24] Mas Jadwiga por fim o rejeitou, escolhendo seguir os conselhos dos tomadores de decisões da Polônia.

Existe uma sugestão de que Jadwiga teria consumado seu relacionamento com Guilherme, o que teria tornado vinculante seu noivado antecipado: "Muitas pessoas sabiam que [...] por duas semanas ela dividiu seu leito com o duque Guilherme, e que houve consumação física".[25] Decerto houve graves consequências, mesmo depois de Guilherme deixar Cracóvia e ela ter concordado em se casar com Jagelão. Długosz critica os conselheiros dela, afirmando que a decisão deles de escolher um "estranho" e um "rei estrangeiro" em vez de "seus próprios príncipes" foi motivada pela ganância.[26] Mesmo depois de o casamento finalmente acontecer, em janeiro de 1386, o início do relacionamento foi arruinado por controvérsias e supostos encontros espúrios entre Jadwiga e Guilherme, até que o culpado pelos boatos foi preso, julgado e condenado à gravíssima pena de ter que "circular como um cachorro".[27] Levaria algum tempo para o casamento de Jadwiga e Jagelão sair da sombra de seu noivado rompido.

Amor cortês

O romance de Jadwiga teria atraído a imaginação e a paixão medievais pela literatura de amor cortês. Uma pequena caixa de marfim, feita em Paris, mas guardada na Catedral de Wawel, há muito é ligada a Jadwiga e sua corte. Ela foi encontrada dentro de um relicário maior em 1881 e se tornou um dos primeiros objetos exibidos ao público, que no século XIX formava filas nas manhãs das segundas, quartas e sextas-feiras para vê-lo no tesouro da Catedral. Mas, nos últimos 150 anos, ela foi mal compreendida e mal interpretada. Durante as Partilhas da Polônia, objetos preciosos em museus e coleções foram ligados aos grandes monarcas do passado de modo tênue, alimentando o desejo cada vez maior de independência e de um retorno a um Estado polonês soberano. Assim, o nome de Jadwiga foi erroneamente ligado a todo tipo de objeto medieval. Essa caixa, no entanto, realmente parece ter pertencido a sua corte, e a importância dessa peça como um produto da França do século XIV a colocou na cena mundial como um dos melhores exemplares da arte medieval cavaleiresca.

O marfim é entalhado profundamente, com cenas das "*chansons de geste*" (canções de gesta, isto é, de feitos heroicos) e da lenda arturiana gravadas na parte da frente, na parte de trás, nos lados e na tampa. O mais surpreendente de tudo é que a fechadura e os detalhes em metal originais sobreviveram. O buraco da fechadura é cercado por um raro painel esmaltado com imagens, cuja iconografia reúne os temas de toda a caixa – uma

Fechadura mostrando a Torre do Amor, esmalte e prata, de uma caixa de marfim relacionada à corte de Jadwiga, Catedral Real de Wawel, provavelmente feita em Paris, segundo quartel do século XIV.

torre do amor vigiada por uma mulher nobre que segura uma chave, enquanto um cavaleiro se prosterna diante da construção. É uma celebração do "jogo do amor": o cavaleiro cavaleiresco elevado por meio de sua adoração por uma mulher. Na própria caixa, ao lado de imagens de "Lancelot Cruzando a Ponte de Espadas" e "Gawain no Leito Perigoso", existem algumas cenas particularmente pungentes que se assemelham à vida de Jadwiga. Além de Tristão e Isolda surgirem novamente, a trágica história de Píramo e Tisbe é detalhada. Esse conto fazia parte originalmente das *Metamorfoses*, de Ovídio, mas ao longo dos séculos XIII e XIV foi recontado por trovadores – o equivalente medieval de astros do rock em turnê, que se apresentavam em diferentes cortes para entreter a nobreza.

Inspiração para Romeu e Julieta, "Píramo e Tisbe" narra a história dos amantes proibidos separados pela rivalidade de seus pais. Sussurrando seu amor um pelo outro por uma fresta na parede entre suas casas vizinhas, o casal por fim combina de se encontrar em um bosque secretamente. Tisbe chega primeiro e fica esperando sob uma amoreira. Surge, entretanto, uma leoa, coberta pelo sangue de uma presa recente. Assustada, Tisbe foge, deixando para trás seu manto. Quando Píramo chega, ele encontra o manto

Entalhes em marfim da frente da caixa exibem episódios da história de Píramo e Tisbe.

rasgado e coberto de sangue, com pegadas de leão que se afastam dele. Acreditando que seu amor foi devorado por um animal selvagem, ele resolve que não pode viver sem ela e cai sobre sua espada. Tisbe retorna e, ao encontrá-lo já morto, escolhe morrer também, atirando-se sobre a mesma lâmina. A caixa mostra tanto a leoa com o manto como a morte dramática do casal, ambos empalados em uma enorme espada, e Tisbe ativamente empurrando o objeto cortante através do peito. Essa é uma imagem do sacrifício final feito em nome do amor e, ao lado de outras histórias, reforça a mensagem da caixa de que a paixão deve ser contida nos moldes do comportamento moral e do dever cavaleiresco.

Representações visuais do que significa ser um bom governante se repetem nos lados e na tampa da caixa. Na frente, Alexandre, o Grande, recebe conselhos sábios de Aristóteles, lembrando ao espectador que um bom rei é um rei educado. Uma cena da Caça ao Unicórnio, no lado esquerdo da caixa, traz à mente o governo de uma rei mulher, pois é apenas no colo de uma virgem que a criatura mágica pode ser domada. A ideia transmitida por essas imagens, de uma Jadwiga sábia e gentil subjugando ameaças poderosas, não teria passado despercebida em uma corte governada por uma jovem mulher. Se a própria Jadwiga ou uma das damas de sua corte guardava seus pertences nessa caixa, elas teriam entendido o simbolismo de suas imagens. Mas é a complexa cena da tampa que fala mais claramente sobre seus vínculos com a tradição cavaleiresca cortês e os angevinos. Aqui, dois cavaleiros se enfrentam na justa, disputando o favor da mulher nobre que os assiste.

Esta é a essência da cultura feudal do Ocidente medieval: uma classe cavaleiresca apoiando a nobreza, representando o governante tanto na batalha como durante as exibições de proeza nos torneios medievais. Embora fantástico e idealista, era um conceito que estava em voga e que buscava elevar os indivíduos para além das dificuldades da política, da morte e da poeira do campo de batalha, das maquinações dos famintos pelo poder: para algo de outro mundo – uma ideologia baseada no mito e na lenda, em que o bem conquista o mal. Olhar para um objeto assim seria como se perder em um filme de fantasia dos dias de hoje. Jadwiga e sua corte podiam se imaginar moral, intelectual e culturalmente elevados por meio de um objeto como esse. Embora não seja necessariamente um reflexo verdadeiro de seu ambiente, ele nos permite chegar mais perto daquilo com que Jadwiga preenchia sua imaginação.

Tampa esculpida da caixa, com soldados atacando a Torre do Amor, cenas de romances e cavaleiros disputando uma partida de justa em um pátio.

Quando a sepultura de Jadwiga foi aberta em 1949, belos tecidos adamascados foram encontrados envolvendo seu esqueleto. Os trajes do século XIV nos quais ela foi sepultada foram feitos de seda com padrões decorativos que sugerem que foram produzidos ou no Egito ou na Espanha. Duas cartas do papa também foram colocadas dentro do caixão, assim como réplicas douradas de seu orbe e cetro. Os responsáveis por deitar a soberana para a cerimônia escolheram objetos e roupas que atestavam não apenas a riqueza de Jadwiga e as conexões internacionais de Cracóvia, mas também seu status como uma dama de alta moda. Ela foi colocada na sepultura vestindo os tecidos mais refinados e luxuosos como um sinal da posição da Polônia no cenário mundial. Mas, ao lado da caixa de marfim e da bolsa de esmolas bordada, esses fragmentos de tecido ajudam a formar uma imagem de Jadwiga como modelo de feminilidade medieval cavaleiresca. Há, no entanto, uma grande diferença: Jadwiga não foi uma rainha, como Guinevere ou Isolda. Ela foi um rei.

Rei, não rainha

A coroação de Jadwiga aconteceu em 16 de outubro de 1384 na Catedral de Wawel: "*Hedvigis coronatur, in regem Poloniae*" – "Edvige é coroada, rei da Polônia".[28] A lei polonesa não reconhecia a sucessão na linhagem feminina, mas o tratado de Luís garantiu que sua filha fosse declarada rei.[29] Os tumultos cívicos que grassaram nos anos de turbulência entre sua morte e a ascensão de Jadwiga ao trono, durante os quais várias pessoas reivindicaram a coroa da Polônia, significavam que ações drásticas precisariam ser tomadas. Ao nomeá-la "rei", a nobreza estava vinculando o legado de Jadwiga, para além de seu pai capetíngio, aos primeiros governantes Piasta.[30] Ela não era uma rainha deferente a alguém, era a única e legítima governante. Seu selo, que sobrevive em documentos, mostra-a circundada de anjos, entronizada em glória sob um baldaquino gótico, com um brasão – da Polônia e Anjou – de cada lado: uma governante inconteste.

Essa decisão de coroá-la rei ficou nas mãos da nobreza polonesa. No final do século XIV, o conceito de "*corona regni Poloniae*" ("a coroa do reino da Polônia") significava que o país não era simplesmente determinado como um território governado por um indivíduo em particular. Em vez disso, tratava-se de todo um povo – com tradições, culturas, língua e leis que mantinham essas pessoas unidas.[31] Embora o país fosse governado por oficiais, era dever do rei preservar as fronteiras dos territórios poloneses e defender seu povo. Luís fez essa promessa quando foi coroado e a reiterou no Privilégio de Kosice. Ele havia atado sua jovem filha aos nobres controladores que a rodeavam em Cracóvia. Ela seria rei, mas estaria sob a influência direta deles.

Isso não significa que Jadwiga não tenha recebido uma boa orientação. Ela estava cercada de conselheiros inteligentes que tomavam decisões coletivas cujo objetivo era beneficiar a comunidade do reino. Como menor de idade, ela precisaria desenvolver gradualmente seus conhecimentos sobre como melhor governar, e fez isso com o apoio de alguns conselheiros. O principal ponto de mutação de seu reinado ocorreu apenas um ano após sua coroação em 1384, quando Jagelão assinou a "União de Krevo". Esse documento, pequeno e despretensioso, só foi descoberto pouco mais de um século atrás, separado de outros registros do Estado nos arquivos da Catedral da Cracóvia. Isso levou a especulações de que ele talvez fosse uma falsificação,[32] mas agora essa peça rara é aceita como autêntica pelos acadêmicos, e sua sobrevivência ilumina os tensos arranjos para o casamento de Jadwiga.

Jagelão endereça o documento à mãe de Jadwiga, Elizabeth, e à delegação polonesa. Ele concorda que, em retribuição ao casamento com Jadwiga, então menor de idade, e ao título de rei da Polônia "*jure uxoris*" (isto é, pelo direito de sua esposa, que já detém o título), ele converterá todos os pagãos da Lituânia ao catolicismo romano e devolverá terras conseguidas através de guerras com a Polônia, junto com 45 mil prisioneiros de guerra. Ele também se oferece para pagar 200 mil florins para Guilherme da Áustria pelo rompimento de seu noivado com Jadwiga. Trata-se de um valor surpreendente, pois um único florim equivale a cerca de mil dólares hoje.[33] Isso sugere que Jagelão sabia que Jadwiga estava legalmente vinculada a Guilherme. A controvérsia em torno desse "rapto de esposa" teve tanto alcance que de início o próprio papa se recusou a reconhecer o casamento, preocupado com uma possível bigamia de Jadwiga. Esse documento mostra como uma menina de 12 anos foi essencialmente comprada por um homem de 35 anos por motivos políticos. Mas ainda restava a Jadwiga uma forma de exercer influência e deixar um legado duradouro. Isso levou, em última instância, ao batismo de Jagelão e ao casamento dos dois em 1386, quando ele assumiu o nome de Ladislau Jagelão, adotando o nome do bisavô de Jadwiga como sinal de sua conversão ao cristianismo.

Quando Jadwiga se casou com Jagelão, ele não podia se chamar "rei". Em vez disso, ele assinou sua primeira carta como *dominus et tutor regni Poloniae* ("senhor e guardião do Reino da Polônia").[34] Mas em março de 1386 Jagelão também foi coroado rei, colocando a Polônia na rara situação de ser uma diarquia, governada por dois soberanos. Foi Jagelão que mais tarde se tornou o supergovernante dos enormes reinos unidos da Polônia e da Lituânia. Seu nome e suas vitórias é que são o epítome do poder real no século XIV nessa parte do mundo. Mas, até morrer, foi a influência de Jadwiga que deu forma ao futuro da nação. Após um início de casamento difícil, os dois reis governaram juntos, trabalhando como um casal poderoso e que se apoiava mutuamente.

Ela foi uma líder temida e respeitada, que lidou repetidamente com conflitos internacionais e que liderava, ela mesma, seu exército. Foi o destino de sua irmã Maria e de sua mãe, Elizabeth, que a forçaram a tomar medidas militares. As coisas na Hungria eram complexas. Maria também havia recebido o título de "rei", mas, para a nobreza húngara, não desceu muito bem "ela" não ser "ele". Os nobres queriam que Maria governasse ao lado de seu prometido, Sigismundo de Luxemburgo, mas a mãe dela, sempre se intrometendo, confundiu a situação ao cortejar outros possíveis maridos, incluindo Luís, irmão do rei da França. A situação acabou se resolvendo pela violência, com Sigismundo marchando para Buda e exigindo se casar com Maria poucos meses após ela ser prometida a Luís. Ainda assim, a coroa de Maria continuava instável. Em 1385, seu trono foi capturado por Carlos III de Nápoles, que chegou à corte húngara com um exército.

Carlos poupou a vida de Maria, mas, quando seu séquito se dispersou dois meses depois de sua coroação, Elizabeth convidou o novo Rei da Hungria aos seus aposentos, onde instruiu seu "mestre dos copeiros" a esfaqueá-lo. Carlos morreu, levando à prisão de Elizabeth no castelo de Novigrad, na Croácia, junto com Maria. Ela foi julgada pelo assassinato de Carlos e considerada culpada. Sigismundo cavalgou até o castelo para salvar a esposa e a sogra, mas, quando notícias de sua chegada alcançaram os carcereiros de Elizabeth, eles tomaram o assunto em suas próprias mãos.[35] Eles a estrangularam diante de Maria. Nunca mais a irmã de Jadwiga exerceria o poder na Hungria, cedendo toda a autoridade para seu marido quando ele recuperou o controle sobre o reino. Aos 24 anos de idade Maria caiu do cavalo, entrou em trabalho de parto prematuro e morreu junto de seu filho natimorto. Rei no nome, mas não em muito mais, ela foi manipulada pelas pessoas que a cercavam e jamais chegou a governar como sua irmã na Polônia.

Quando notícias do assassinato de sua mãe chegaram a Jadwiga, ela marchou à frente de suas tropas para exigir a submissão dos rebeldes que haviam apoiado Carlos. Todos os governadores a aceitaram sem oposição, exceto por um. Ela foi branda com as pessoas que subjugou, prometendo que seu reino, a Rutênia, na fronteira sul da Polônia, nunca mais se separaria da coroa polonesa. Ela também fez os moradores jurarem apoiar seu marido e também ela, e escreveu aos nobres de Cracóvia que Jagelão também deveria ser reconhecido como "seu senhor natural".[36] Sua diplomacia e capacidade de negociação foram constantemente elogiadas pelos cronistas. Em todas as suas negociações internacionais ela era reconhecida por demonstrar integridade, um desejo de evitar conflitos ou derramamentos de sangue e uma capacidade única de convencer grupos hostis. Viajando por vastas regiões para encontrar governantes e chegar a acordos, ela era enérgica e ousada em seus compromissos políticos.

A presença mais ameaçadora ao longo de todo o seu reinado foram os Cavaleiros Teutônicos. Fundado como uma ordem militar no final do século

XII, o que começou como um exército destinado a proteger peregrinos acabou se tornando um Estado poderoso, que fazia fronteira com a Polônia. Um de seus principais objetivos era a cristianização forçada da Lituânia, e muitas batalhas sangrentas foram lutadas em territórios poloneses. Finalmente, por meio de seu casamento com Jagelão, Jadwiga havia garantido que o cristianismo se estenderia até o último recanto pagão da Europa. Mas, em vez de aplacá-los, isso frustrou os Cavaleiros Teutônicos, e eles deram continuidade às agressões contra Jagelão, que eles consideravam um herege. Em 1396, Jadwiga organizou uma visita do grão-mestre da Ordem. Após hostilidades ligadas a reivindicações de terras nas fronteiras no norte da Polônia, ela conseguiu controlar a ameaça dos Cavaleiros Teutônicos.

Embora as relações tenham permanecido tensas, enquanto ela viveu, graças à sua capacidade de mediação, uma guerra aberta foi evitada. Apenas dois anos após a morte de Jadwiga, Jagelão voltou a lutar com a Ordem, culminando na famosa Batalha de Grunwald em 1410, uma das maiores e mais sangrentas do período medieval. As tropas polaco-lituanas conseguiram a vitória, praticamente aniquilando os Cavaleiros Teutônicos. A diplomacia de Jadwiga deu tempo a Jagelão. Se eles tivessem enfrentado uma guerra mais cedo, quase certamente teriam perdido, mas naquele período Jagelão preparou, treinou e ampliou suas tropas. Sem Jadwiga, a situação poderia ter se invertido, e a história da Europa, reescrita.

Princesa devota, rei inteligente

Jadwiga é lembrada por sua corte culta e por seu tino político, mas igualmente – ou mais – significativa era sua devoção à Igreja católica. Foi uma condição para seu casamento que Jagelão aceitasse sua fé e então rapidamente a introduzisse em seu reino, a Lituânia. Nos primeiros anos de sua campanha, ele nem sempre foi bem-sucedido, mas no momento de sua morte o catolicismo estava firmemente entranhado em todo o reino. Na Polônia, Jadwiga levou a sério seu compromisso com as questões da Igreja.[37] Ela financiou pessoalmente os reparos nas igrejas mais antigas, a construção de novas e o estabelecimento de ordens monásticas em todo o país. Levou os beneditinos eslavos de Praga para Cracóvia, fundando para eles a igreja da Santa Cruz, e também criou enormes igrejas para os carmelitas. A igreja em Posnânia ainda preserva o brasão de Anjou de Jadwiga em sua cantaria. E, em Wawel, sobrevive um objeto que nos leva mais uma vez a Jadwiga e a Cracóvia, cidade que ela adotou como lar: o enorme crucifixo de madeira ainda erguido na catedral.

A escala dessa peça é descomunal – quase quatro metros de altura –, e ela é um exemplo notável da escultura gótica italiana. O sofrimento de Cristo é sugerido pela cabeça inclinada, os joelhos dobrados, com um dos pés dolorosamente pregado sobre o outro, e até mesmo pelas veias que saltam de seus braços e pernas. Cristo está emaciado, e suas costelas delicadamente esculpidas alongam seu torso. O contraste entre a madeira escurecida e os painéis de prata gravados com motivos florais cria um efeito dramático. O uso de tinta vermelha para mostrar um filete de sangue escorrendo pela figura até o crânio na base da cruz (que simboliza os ossos de Adão no monte Gólgota) realça a natureza visceral de sua crucificação. A morte real de Jesus na cruz teria sido um evento em grande parte sem sangue, já que muito provavelmente ele morreu de exaustão e sufocamento devido ao peso de seu corpo pendurado. Mas, como os teólogos dos séculos

Crucifixo de madeira, feito provavelmente na Itália, no século XIII. Catedral de Wawel.

XIII e XIV cada vez mais pediam aos fiéis que sofressem como Cristo e se identificassem com sua dor física, surgiram crucificações cada vez mais contorcidas e sangrentas. Os traços faciais de Jesus sugerem sua agonia, e o efeito geral de um Cristo bastante realista teria sido realçado por uma peruca de cabelos humanos sobre o couro cabeludo de madeira. De pé diante dele, como Jadwiga ficava com regularidade, temos a sensação inquietante de que estamos assistindo um homem real no momento de sua morte.

Relatos anteriores afirmam que Jadwiga ordenou pessoalmente que o crucifixo fosse colocado na igreja, e que ela rezava diante dele diariamente. Proponente da "*devotio moderna*", ela teria meditado na imagem do sofrimento de Cristo e se projetado para o momento de sua paixão como meio de aumentar sua devoção.[38] O significado do crucifixo também não passou despercebido pelo Papa João Paulo II e, em seu discurso de beatificação, ele o relaciona diretamente a Jadwiga:

> Foi com ele, o Cristo de Wawel, o Crucifixo negro ao qual vem o povo de Cracóvia todos os anos em peregrinação na Sexta-feira Santa, que você aprendeu, Rainha Edwiges, a dar sua vida aos irmãos. Sua profunda sabedoria e sua intensa atividade fluíam da contemplação, de sua ligação pessoal com o Crucificado.

Uma lenda cresceu em torno da figura, alimentada pelas primeiras tentativas de declarar Jadwiga santa. Dizia-se que a escultura de Cristo falava com "d'Anjou", lhe dizendo para "fazer o que você vê" e lhe mandando visões. Essa conexão íntima entre objeto e proprietária oferece um raro vislumbre da vida interior de uma governante medieval.

Ela demonstrou seu apoio à Igreja pela doação de outras obras de arte. Uma impressionante pequena taça de cristal de rocha sobrevive no Museu de Dresden, com o brasão dela gravado na base. Consagrada a São Venceslau, a taça tem o nome de Jadwiga ao redor da alça, deixando claro para todos que vissem esse objeto litúrgico que se tratava de uma doação dela para a igreja. O *rationale** ainda hoje vestido pelos bispos de Cracóvia também foi uma doação, encomendado por Jadwiga para seu amigo e

* Também chamada de superumeral, é uma peça da vestimenta litúrgica semelhante a um pálio, mas usada apenas pelos bispos, colocada por cima da casula. (N.R.)

conselheiro Jan Radlica. Coberto de pérolas, com suas armas da Polônia e de Anjou-Hungria bordadas na frente e no verso, ela provavelmente mandou fazê-lo para sua coroação. Uma inscrição posiciona o nome de Jadwiga e o de seu pai, Luís, diretamente sobre o peito do bispo.

Documentos antigos afirmam que o bispo da Polônia recebeu do papa a permissão para usar o *rationale*, de modo que, mais do que simplesmente uma expressão da influência de Jadwiga, ele é também uma expressão do apoio do papa à cidade de Cracóvia. A peça é ainda hoje um objeto poderoso, vista como evidência de que Cracóvia um dia deteve a destacada posição de arquidiocese e abrigava o pálio. Ao encomendar esse impressionante bordado dourado, incrustado com pérolas, Jadwiga declarava pessoalmente a importância de sua cidade e fortalecia a reputação desta como um centro do catolicismo.

O *rationale* continua sendo um artefato potente, mas a dedicação de Jadwiga à cidade se expressou de modo mais visível e talvez mais duradouro em uma contribuição bastante diferente: a primeira universidade da Polônia.

Educação, educação, educação

Jadwiga foi uma monarca medieval com uma educação única. Segundo cronistas da época, ela era fluente em até sete línguas, certamente sabia ler e muito provavelmente também escrever. Isso de fato não era comum entre os governantes medievais. Os relatos dão conta de que seu marido, Jagelão, não sabia nem ler nem escrever. Há registros sobre sua educação refinada na corte austríaca e seu desenvolvimento contínuo sob a orientação dos maiores eruditos de Cracóvia. Não contente em apenas ser sábia, Jadwiga resolveu assegurar as bases intelectuais de seu país com o estabelecimento de uma universidade.

A Cracóvia já era um lugar de cultura quando Jadwiga se mudou para lá em 1384, e seu avô, Casimiro, havia recebido o apoio papal para a fundação de uma universidade vinte anos antes. Mas o estabelecimento embrionário perdera forças e perecera. Jadwiga estava determinada a ressuscitá-lo.[39] Ela adquiriu uma grande propriedade no bairro judeu, chamada "*Domus Maius*" ou "Grande Casa" graças ao seu tamanho. Esse imponente edifício do século XIV garantiu uma presença permanente na cidade e ainda hoje é o coração da universidade. Além de conseguir uma localização central e legar seus bens pessoais à universidade após sua morte, Jadwiga também reuniu as mentes mais brilhantes de todo o país. A intenção dela era desenvolver um sistema educacional que produzisse clérigos instruídos, capazes de conduzir a Igreja na Polônia e influenciar a conversão do povo de seu marido na Lituânia. Essa é uma das universidades mais antigas do mundo, e produziu acadêmicos como Copérnico e o papa João Paulo II. No entanto, a universidade não recebeu o nome de Jadwiga. Jagelão presidiu a abertura oficial da Universidade Jaguelônica meses após a morte dela em 1399. O envolvimento dele na criação da universidade foi mínimo. Foi Jadwiga que dedicou sua energia e bens mundanos à instituição. A história excluiu seu nome de seu maior legado.

Apesar disso, sobrevive um objeto fascinante que aponta quão intelectualmente curiosa e apaixonada por aprender era Jadwiga. O Saltério de São Floriano, um manuscrito medindo cerca de 35 por 25 centímetros e pesando quatro quilos, pode ter sido usado em preces pessoais, mas pode também ter formado a base para celebração coletiva na corte.[40] É altamente provável que esse livro tenha pertencido a Jadwiga e tenha sido encomendado pelo bispo da Cracóvia, Piotr Wysz Radoliński.[41] Os dois eram particularmente próximos: o bispo foi seu chanceler quando ela formou a corte e mais tarde a ajudou a criar o departamento de teologia na universidade. Formado em direito e educado em Praga e em Pádua, Piotr era seu braço direito.[42] É bastante plausível que ele tenha encomendado uma versão em polonês, latim e alemão dos salmos para agradar à sua monarca.

As mulheres são presença constante nas iluminuras. Nas iniciais em todo o saltério, pequenas imagens de mulheres rezam ou olham na direção do texto. O brasão angevino aparece com frequência, e em uma das páginas um anjo carrega um par de letras "M" entrelaçadas.[43] Esse símbolo também foi encontrado pintado nas paredes dos aposentos usados por Jadwiga no Castelo de Wawel e parece ter sido uma referência abreviada ao nome dela, talvez usado em comunicações secretas com o papa. As imagens enigmáticas e exuberantes que pontuam sua primeira metade fazem deste um saltério único. Criaturas sobrenaturais espiam do interior das iniciais – alguns estudiosos já viram nas margens os sósias medievais dos personagens Yoda e Gandalf. Mas, ao lado de figuras curiosas e às vezes frívolas, imagens ligadas à astrologia e à ciência também aparecem entrelaçadas em meio às palavras. Símbolos ligados aos signos do zodíaco sugerem que significados codificados foram incluídos para estimular a curiosidade intelectual de Jadwiga. Que Jadwiga possa ter segurado esse livro, se concentrado em suas imagens e tentado decifrar seus códigos ocultos cria o mais poderoso laço com ela. Podemos espiar por sobre seus ombros o livro que um dia ela leu.

Iluminuras do Saltério de São Floriano mostrando o monograma associado a Jadwiga sustentado por anjos, fólio 53v, muito provavelmente feito em Cracóvia, final do século XIV, Biblioteca Nacional da Polônia, Varsóvia.

A bolsa, a caixa, a cruz e o manuscrito são nossos laços mais próximos com a Jadwiga real. Eles mostram seu amor pelo romance, a devoção e a educação, e também que ela tinha um lado curioso e frívolo. Embora tenha sido vista como uma ferramenta ou um peão, manipulada primeiro pelos

Figuras enigmáticas do Saltério de São Floriano, fólio 28v e fólio 36v.

nobres de Cracóvia e depois pelo marido muito mais velho, a Jadwiga que surge do exame dos itens que ela encomendou e possuiu revela uma mulher forçada a crescer muito cedo, e capaz de garantir mudanças culturais, religiosas e políticas ainda durante a adolescência.

Como sua irmã Maria antes dela, a morte de Jadwiga também teve ligação com o parto. Sem ter tido filhos por mais de uma década após seu casamento com Jagelão, ela finalmente deu à luz uma filha muito aguardada em 22 de junho de 1399. Ela foi chamada de Elżbieta Bonifacja, cumprindo um acordo que Jadwiga tinha feito com o papa Bonifácio. Ele havia concordado em ser o padrinho da criança desde que Jadwiga a nomeasse em homenagem a ele. Mas mãe e filha só conseguiram passar três semanas juntas. Primeiro Elżbieta morreu, seguida quatro dias depois por sua mãe, que tinha apenas 26 anos de idade. As duas foram enterradas juntas na Catedral de Wawel.

Ossos e tesouros

Jadwiga não descansou totalmente em paz em sua sepultura na Catedral de Wawel. Seus ossos foram movidos de seu lugar original, e ela foi exumada em 1886 e depois novamente em 1949. Originalmente, ela ocupava a posição de maior proeminência na catedral de Wawel, bem ao lado do altar principal.[44] Uma placa funerária foi colocada sobre a sepultura, na qual se lê *Sidus Polonorum iacet hic, Hedvigis* ("Aqui jaz a estrela dos poloneses, Edwiges"). A placa também mostrava Jadwiga e Jagelão realizando seus atos mais significativos: a cristianização da Lituânia, a fundação da Universidade Jaguelônica e a eliminação dos Cavaleiros Teutônicos.[45] A localização proeminente de sua sepultura, no estrado setentrional do altar, sugere que mesmo no momento de sua morte já havia tentativas de estabelecer Jadwiga como santa e incentivar a ida de peregrinos a Cracóvia para visitar seu santuário. Sua sepultura era adjacente a altares menores que ela havia criado, um deles consagrado à santa mais mística e popular do século XIV: Santa Brígida da Suécia.[46]

A primeira exumação dos ossos de Jadwiga ocorreu por ocasião do aniversário de quinhentos anos da União de Krevo – o documento no qual Jagelão negociou os termos do casamento entre os dois. Como foi difícil para o povo polonês encontrar uma identidade nacional sob as partilhas do século XVIII, o culto à Jadwiga cresceu, alimentado por artistas que criaram narrativas sobre a grandeza histórica da Polônia para fortalecer um sentimento renovado de orgulho. Jan Matejko, como chefe da Academia de Artes, foi convidado para examinar os ossos de Jadwiga e pintar uma reconstrução dela. Devemos ver essa exumação como produto de uma agenda nacionalista, com Jadwiga apresentada como a personificação dos ideais cristãos e representante do glorioso passado polonês.

Quando seu esqueleto foi medido, determinou-se que, com 1,80 metro de altura, ela foi extraordinariamente alta para uma mulher medieval. Apesar de sua altura, estudos individuais dos ossos, incluindo a clavícula e o esterno, concluíram que o esqueleto era definitivamente feminino. Tufos avermelhados de cabelo foram encontrados na parte de trás do crânio e nas têmporas, e uma análise dos dentes estabeleceu uma idade no momento da morte de cerca de 28 anos, o que não fica longe dos registros oficiais. Relatos históricos populares provavelmente influenciaram a análise, mas, na ausência de qualquer outra causa da morte, notou-se que a pélvis era alta e estreita, o que poderia levar a complicações no momento do parto. Matejko criou um retrato baseado no exame que ele mesmo fez dos ossos de Jadwiga. A pintura parece mais a de uma rainha do século XIX que do século XIV, mas a imagem se tornou poderosa.

Foi feita uma sepultura-monumento dentro da Catedral de Wawel para exibir Jadwiga como a perfeita rainha medieval, mas ela permaneceu vazia por quase cinco décadas. Em 1949, no entanto, o arcebispo da Cracóvia, o franco e controverso cardeal Adam Stefan Sapieha, deu início ao processo para a canonização de Jadwiga. Por isso, ela precisou ser exumada novamente para poder ser reenterrada em seu novo sarcófago. Durante sua vida, Sapieha primeiro vira a Polônia conseguir a independência, depois ser ocupada e destruída pelos nazistas e finalmente ser absorvida pela Rússia soviética. Um antissemita amplamente condenado por não ter feito nada para ajudar os judeus durante o Holocausto, ele formou o futuro papa João Paulo II. Suas tentativas de elevar Jadwiga de governante a santa foram um ato nacionalista. Mas a paisagem política mudou consideravelmente. O fato de que seu sucessor, um jovem católico de uma Polônia arrasada pela guerra, conquistou esse objetivo cerca de cinquenta anos mais tarde atesta a história turbulenta da Polônia. Também explica em parte por que a vida de Jadwiga foi tão ativamente manipulada e microgerenciada por historiadores dos séculos XIX e XX.

Retrato de Jadwiga por Jan Matejko, feito após ele ter examinado o crânio da rainha durante a exumação de 1887.

Legado

Produto da hagiografia dos séculos XIX e XX tanto quanto personagem histórico real do século XIV, é difícil separar Jadwiga da lenda. Quando indivíduos históricos são sequestrados pelas gerações seguintes para fins nacionalistas, pode ser difícil reconstruir o mundo onde viviam. No caso de Jadwiga, são os objetos materiais que ela deixou para trás que permitem ver com mais nitidez esse mundo. Manipulada desde o nascimento, como foram tantas mulheres da nobreza, ela emergiu em seu reinado com qualidades e preocupações que a diferenciam. Como uma princesa angevina, ela permaneceu presa aos códigos do cavaleirismo, e trouxe para sua corte em Cracóvia obras de arte e romance franceses. Como católica, ela enfatizava sua piedade por atos pessoais de oração e também pelo patronato de comunidades da Igreja. Como governante forçada a assumir o poder muito jovem, ela foi capaz de comandar exércitos, subjugar inimigos e forjar alianças políticas duradouras. Como mulher, ela teve uma boa educação, e o fato de ter deixado seus bens para a universidade de Cracóvia indica que ela valorizava a sabedoria, o aprendizado e o conhecimento.

Durante sua curta vida, ela conquistou muitas coisas. Se tivesse vivido mais, teria feito contribuições e construído uma reputação ainda maiores. Se ela não tivesse precisado garantir um herdeiro ao trono, talvez não tivesse arriscado o difícil e perigoso ato de parir, e poderia ter sido longeva. Mas o fato de ela ter morrido em decorrência das pressões sentidas por muitas mulheres da nobreza medieval não deve apagar seus muitos feitos. Ela governou como rei quando era só uma menina, e sua vida mudou o curso da história.[47] Casando-se com Jagelão e trabalhando ao lado dele como governante conjunta, ela garantiu a formação de uma relação dinástica entre a Polônia e a Lituânia que duraria quatro séculos. Também garantiu a conversão do último país pagão da Europa, e muitos lituanos ainda hoje professam essa fé: trata-se do país com a maior densidade de católicos entre todos os Estados bálticos.[48]

É difícil revelar a Jadwiga real quando mesmo durante sua vida se exigia que ela atendesse a padrões impossíveis. Como governante da Polônia, ela precisava ser tudo para todo mundo. Precisava se encaixar no molde de princesa medieval ideal, paradigma de virtude, devota a Cristo. Precisava ser forte, mas também feminina. Educada, mas não inteligente demais. Poderosa, mas não intimidadora. Não surpreende que seu romance com Guilherme seja um dos aspectos mais bem conhecidos de sua vida, já que agrada as sensibilidades modernas combinar o coração partido de Jadwiga e seu senso prevalecente de dever feminino. Mas quando olhamos para o mundo real à sua volta, para os objetos que lhe eram caros, surge uma outra Jadwiga. O Saltério de São Floriano com suas decorações enigmáticas e extravagantes, a bolsa com as imagens românticas e o crucifixo diante do qual ela se ajoelhava nos dizem muita coisa. Ela era uma mulher definida pelas pessoas de seu círculo, e mesmo assim forte o bastante para se revelar uma pessoa culta, educada e perspicaz.

Os maiores louvores vieram daqueles que a conheceram. Seu amigo bispo Piotr Wysz Radoliński proferiu um sermão desolador após sua morte. Já elogiando a mulher como uma santa, ele a descreveu como:

> Uma pedra preciosa do reino da Polônia, uma âncora da ordem do Estado, uma joia extraordinária, conforto das viúvas, consolo dos miseráveis, ajuda para os oprimidos, respeito para os oficiais da Igreja, refúgio para os padres, força de paz e âncora das leis do Senhor.

Revelar essa "joia extraordinária" de mulher por meio dos tesouros que ela deixou para trás parece uma maneira adequada de descobrir a real Jadwiga: uma mulher que mudou o curso da história. Embora seu legado tenha sido excluído da universidade fundada por ela e das vitórias que consolidaram a proeminência da Polônia na Europa do século XIV, ele sobrevive nas obras de arte que encomendou – uma trilha de migalhas de pão que nos leva através do tempo.

8. EMPREENDEDORAS E INFLUENCIADORAS

Descoberta!

Início da década de 1930 – Southgate House, Chesterfield, Inglaterra

O coronel William Erdeswick Ignatius Butler-Bowdon quer jogar pingue-pongue em sua mansão campestre.[1] Revirando um armário lotado em busca de bolas, seu progresso é impedido por uma dúzia de livros velhos e empoeirados. "Vou jogar esses malditos livros na fogueira amanhã, e aí quem sabe conseguiremos encontrar bolas e raquetes de pingue-pongue quando quisermos",[2] ele grita para seu convidado. Este último, um curador do Victoria and Albert Museum [daqui em diante,V&A], diz a ele para não fazer isso, acrescentando que "pode haver algo de interesse real que talvez você não perceba de imediato".[3] E realmente havia.

Entre a bagunça e a poeira havia um pequeno livro, cuja capa media apenas 21 por 14 centímetros. A encadernação externa era claramente medieval – um pergaminho escuro encapando tábuas de madeira – e tinha sido mordiscada por gerações de ratos famintos. No interior o escudo de Henry Bowdon, resplandecente com uma cabeça de garça e uma águia, mostra que o livro pertence à família pelo menos desde a década de 1750. E então outro indício na página seguinte: uma inscrição na qual se lê "Este livro é de Mountgrace". O priorado de Mount Grace, em Yorkshire, lar de místicos medievais, foi destruído na Reforma. O escriba assina como

Salthouse. Ao que parece, o que quer que estivesse dentro do manuscrito atraiu os monges cartuxos do norte da Inglaterra no século XV. A escrita à mão dos monges pontua o texto: eles não só leram esse livro; eles mergulharam nas palavras e fizeram notas nas margens para outros leitores ávidos.

O escudo de Henry Bowden, do século XVIII, dentro da capa de ***The Book of Margery Kempe*** [O livro de Margery Kempe], British Library Add. MS 61823, século XIV.

O livro em si é definitivamente da Ânglia Oriental. Entre os retalhos de velino usados para compor a capa do manuscrito, há uma carta de um Peter de Monte. Ele escreve a William Bogy, de Soham, em Cambridgeshire, e data sua correspondência de 1440. Daí o livro viajou para Mountgrace, ao norte, para depois voltar ao sul, onde foi anotado nos livros de registro do século XVI da Cartuxa de Londres. Depois o volume ficou sob a proteção da família católica Digby – ancestrais dos Butler-Bowdons –, antes de seguir para o norte uma última vez, para acabar nesse armário em Derbyshire. Essa família tinha oferecido um porto seguro para muitas obras de arte e literatura medievais, incluindo a famosa capa Butler-Bowdon, hoje em exibição no V&A, um dos mais deslumbrantes exemplos remanescentes de *opus anglicanum*.[4] Desse tesouro perdido em uma mansão campestre, mais um notável objeto medieval estava prestes a surgir.

Libertado de seu armário, o livro começou uma nova viagem. Sob os cuidados do curador do V&A que o salvou da fogueira, o manuscrito chegou ao coração de Londres, onde uma medievalista independente chamada

Hope Emily Allen pôs os olhos nele e perdeu o fôlego. Esse livro era algo realmente especial. Era sobre a vida de uma mulher medieval que viveu durante os turbulentos anos do fim do século XIV e início do XV na Ânglia Oriental. Hope Emily Allen, ela mesma uma mulher fascinante, inteligente e pioneira do século XX, a havia redescoberto. Os jornais se agarraram à história do tesouro desenterrado. Em 1934, entre notícias sobre as restrições nazistas e os incêndios canadenses, o manuscrito contagiou a imaginação do público. O jornal *Evening Standard* descreveu seu conteúdo como "certamente estranho, mesmo para uma época estranha".[5] Mas o que era esse livro e quem era a mulher estranha de que ele tratava?[6]

Hoje conhecido como *The Book of Margery Kempe* [O livro de Margery Kempe], desde sua descoberta nos anos 1930 o texto se tornou uma espécie de estrela no mundo dos estudos medievais. Existe até mesmo um ramo de estudos chamados "Estudos sobre Kempe". E mesmo assim a mulher que está no centro desse livro – Margery – continua relativamente desconhecida do público geral. Mas esse pequeno manuscrito oferece uma visão de um canto específico do mundo medieval: a cidade de King's Lynn, na Ânglia Oriental, Inglaterra, durante o final do século XIV e início do XV. Margery será nossa guia em sua cidade natal, e através dela vamos descobrir como era a vida para uma mulher medieval comerciante, mística e "louca" autodeclarada. Ao compreender essa mulher extraordinária, autodeterminada, empreendedora e franca de seis séculos atrás, veremos que nossas ideias modernas sobre agência feminina têm raízes muito mais antigas do que imaginamos.

Bem-vindo à King's Lynn medieval

Conhecida como Bishop's Lynn no início do século XV, a cidade estava sob o comando direto do bispo de Norwich. A palavra "*lynn*" possivelmente se refere às piscinas naturais, cujos odores peculiares são a primeira coisa a atingir os sentidos dos visitantes. No movimentado cruzamento da estrada principal que leva à cidade, as torres românicas da igreja de Santa Margarida pairam no horizonte. Ao lado da igreja fica a ruidosa praça do mercado, que acontece aos sábados. De ambos os lados das ruas que se afastam da igreja, casas com empenas projetadas para fora se apoiam umas nas outras, enquanto lojas e pousadas brigam por espaço nas fachadas apertadas que dão para a rua. Cavalos carregados de produtos e carroças pisam os paralelepípedos, desviando dos dejetos e lixo atirados na rua a partir das janelas de cima.

A praça é um amontoado de pessoas de todas as classes, com mendigos, ladrões, marinheiros e vendedores apertados contra ricos mercadores e membros das várias comunidades religiosas da cidade. Sotaques e vozes diferentes se misturam enquanto londrinos conversam com mercadores holandeses, e homens e mulheres em seus melhores trajes de fim de semana circulam entre crianças brincando, cachorros urinando e vendedores gritando.[7] As bancas vendem frutos do mar junto com tecidos refinados, açougueiros cortam carne, e negociantes comercializam suas mais recentes quinquilharias importadas. A latrina geral na esquina da praça confere mais um odor pungente ao ar, e o clangor e estrondo distante dos navios sendo carregados e descarregados dão à cena agitada um ruído de fundo.

Na frente do mosteiro fica o recém-concluído Salão da Guilda da Trindade, o centro simbólico da comunidade mercantil de Lynn. Perto das margens do rio Ouse, sobre o qual a cidade construiu sua riqueza, a impressionante fachada em xadrez do edifício brilha ao sol. Não há mais sinal dos restos carbonizados do edifício anterior, destruído pelo fogo em 1421, e esse novo salão é um acréscimo fabulosamente opulento à cidade de cerca de 6 mil habitantes.[8] Mercadores vestidos com as cores mais vivas e os

Fachada do Salão da Guilda da Trindade, King's Lynn, que permanece quase idêntica a quando o edifício foi concluído, em 1428.

tecidos mais refinados passam pelas grandes portas de carvalho do salão. E é sob seu teto em arco acentuado que encontramos Margery Kempe.

Nascida em 1373, ela se casou com John Kempe em 1393 e se aventurou por diversos empreendimentos comerciais dos 20 aos 40 anos. Com a idade de 40 anos, ela começou a primeira de muitas peregrinações e cultivou uma reputação como mística. Mais tarde, sua vida foi assolada por acusações de heresia e ela chegou a ser presa, mas conseguiu limpar seu nome. Em 1433 ela sofreu uma perda dupla, com a morte de seu filho e de seu pai, e foi mais ou menos então que começou a narrar seu *Livro.* Quando a encontramos em 1437, ela tem 64 anos e é membro registrado da guilda. Está em seus últimos anos, é rica e tem uma situação confortável. Vamos ouvi-la falar. Seu *Livro* conta sua vida tal como ela a narrou, primeiro para seu filho e depois para dois outros escribas. Embora não tenha sido escrito pela mão da própria Margery, isso é o mais próximo que podemos chegar de ouvir a voz de uma mulher medieval de seis séculos atrás.

Um portão de verdade

Ao longo da vida de Margery, Bishop's Lynn se transformou. Cidade de origens humildes, a partir do século XII ela explodiu com ideias e influências que chegavam às ruas através das águas do rio. No século XV, a classe mercantil enriquecia rapidamente, à medida que os contatos com a Liga Hanseática traziam mais negócios para a cidade. O maior indicador do orgulho aspirante dos mercadores de pé ainda hoje é o Portão Sul.[9] Essa enorme entrada em forma de torre foi erguida em 1437, o ano em que Margery aparece listada como membro da Guilda da Trindade.

O prefeito e os mercadores de King's Lynn desejavam impressionar os visitantes da cidade, além de providenciar defesas e uma maneira conveniente de taxar os produtos que entravam e saíam. Contrataram Robert Hertanger, de Londres, para que ele construísse com 200 mil tijolos uma estrutura original, que estivesse à altura do local, para funcionar como entrada para a cidade a partir da estrada principal. Ela teria um arco de seis metros de altura com um teto abobadado em leque e um grande cômodo no andar de cima, onde o prefeito poderia receber convidados importantes. Haveria mais cômodos para os funcionários e até mesmo um banheiro interno.

Fotografia do Portão Sul, King's Lynn, mostrando como os arranques das abóbadas originais, cuja construção começou em 1437, foram completados com arcos simples cerca de oitenta anos depois.

Infelizmente, Robert era um bêbado notório, e o dinheiro acabou antes de o edifício ser concluído. O Portão Sul foi coberto com um telhado temporário, ficou incompleto e nem de longe atendeu às expectativas dos mercadores, que desejavam um edifício deslumbrante. Eles simplesmente aceitaram a situação, decorando o cômodo no andar superior e convivendo com o trabalho malfeito. Uma reforma rápida foi comandada pelo cardeal Wolsey cerca de oitenta anos depois, após visitar a cidade e ver o telhado desleixado. Ele pediu aos construtores locais que o terminassem "gastando o menos possível". Ainda é possível ver onde as sofisticadas abóbadas em leque que originalmente adornariam o teto foram abandonadas e trocadas, pelos construtores do século XVI, por uma simples abóbada de berço. O Portão Sul é um bom lembrete de como vemos o passado. Talvez tenhamos uma versão que foi feita com o objetivo de parecer completa e confiável. Mas um exame mais cuidadoso revela imperfeições e curiosidades que nos deixam ainda mais intrigados. O portão não concluído é a versão do mundo medieval sem retoques. E quando olhamos para ele de um outro ângulo, ele nos traz novas percepções sobre o passado.

Quem é Margery Kempe?

O livro de Margery Kempe sobreviveu por milagre. Conhecido como "a primeira autobiografia escrita em inglês", o livro poderia ter sido perdido ou destruído em inúmeras ocasiões. Durante a vida de Margery, ela foi acusada e presa por heresia, de modo que seu livro místico e às vezes bizarro teria figurado no topo da lista dos reformadores dos livros a serem queimados. Esse livro não é uma hagiografia de um santo reverenciado, mas uma anomalia; um registro da vida de uma mulher casada e comum, mãe de catorze filhos. Escrito em um inglês médio* simples e bastante direto, não teria sido preservado por sua qualidade literária. Mas é a própria simplicidade do estilo da escrita que o torna tão interessante. Ele não foi retrabalhado por escribas fluentes em recursos retóricos e literários: ele conserva uma qualidade direta que fala conosco através dos tempos.

Se esse manuscrito único não tivesse sido passado de mão em mão, e ficado oculto em coleções e escondido em armários, não teríamos essa janela excepcional para o mundo medieval. Só ficaríamos sabendo de uma mulher chamada Margery a partir de sete páginas de texto impresso da obra *A Shorte Treatyse of Contemplacyon* [Um curto tratado de contemplação], do editor e escritor Wynkyn de Worde, produzida em Londres em 1501. Sua versão é só uma fração do que Margery desejou compartilhar – uma vida reduzida, reordenada e transformada. A Margery dele é uma ouvinte passiva e uma contempladora silenciosa, e não a comunicadora extraordinária, barulhenta e estridente que vamos conhecer.[10]

Graças à sobrevivência do manuscrito de Butler-Bowdon, temos acesso a uma voz totalmente diferente. Escrito uma década antes da morte dela, no início do *Livro* de Margery a voz é determinada, mas frágil; exaltada, mas cansada da vida; uma mulher de 50 e poucos anos que quer que sua vida seja registrada. Ele abre com palavras simples: "Aqui começa um pequeno e reconfortante tratado para miseráveis pecadores, no qual eles talvez consigam grande consolo e conforto". Ela está escrevendo para reconfortar

* O "inglês médio" (Middle English) se refere às formas da língua inglesa como era praticada no período que vai aproximadamente da Conquista Normanda da Inglaterra (1066) até fins do século XV – diferenciando-se do "inglês antigo" (Old English), de meados do século VII a meados do século XII, e do "inglês moderno" (Modern English), do século XV em diante. (N.R.)

os outros. No entanto, Margery rapidamente faz dela mesma, de sua vida e experiências o foco total da obra. Ela prossegue descrevendo como ela "por muitos anos saiu do rumo e sempre foi instável". Ela é uma pessoa com sequelas, alguém que teve dificuldades com sua saúde física e mental, e que tem uma vida passada que a atormenta.

Conforme a introdução se desenrola, ela lamenta a forma como tem sido tratada, tendo perdido todos os seus "bens mundanos", excluída pelos outros e objeto de humilhação. Ela então conta ao leitor como, com dificuldades após o parto de seu primeiro filho, ela desenvolveu o que hoje descreveríamos como psicose pós-parto.[11] Ela registra suas experiências na terceira pessoa como forma de indicar que está narrando objetivamente eventos passados. Margery diz que "perdeu a cabeça e foi desconcertantemente perturbada e atormentada por espíritos durante meio ano, oito semanas e alguns dias". Ela foi tão afetada pelas alucinações que precisava ser contida dia e noite. Ela descreve ser atacada por demônios, e ao longo de todo o livro Margery teme constantemente estar presa entre o bem e o mal, com pensamentos enviados por Deus e pelo diabo. Seu atormentado mundo imaginário é descrito com tons vívidos.

Ela relembra seu primeiro parto e como, pensando que iria morrer, sentiu a necessidade de confessar uma coisa que "jamais revelara em sua vida". Estava tão perturbada pela culpa de seu pecado – aprofundada por visões, febre e dor após o nascimento difícil – que pensou em se matar várias vezes. Chegou até mesmo a "morder sua mão tão violentamente que a cicatriz pôde ser vista depois durante toda sua vida". Qual era o segredo que tanto pesava em sua consciência? Seria uma ligação sexual à qual se entregara em tentação, ou teria tido pensamentos heréticos? Ainda que nunca saibamos a natureza desse segredo específico, os vislumbres que Margery nos oferece ao relatar sua própria vida estão entre os mais pessoais, dolorosos, humanos e reveladores de todos os textos medievais. A voz dela soa incrivelmente moderna, e não há dúvidas de que muitas mulheres hoje podem se identificar com suas experiências e traumas.

Se uma autobiografia tão explosiva como a Margery chegasse às prateleiras hoje, provocaria um estardalhaço. Ela era uma mulher conhecida, mundana, de posses e influência e que foi levada presa, julgada e encarcerada diversas vezes, e que acusa membros da Igreja e do Estado de crimes – incluindo abuso sexual – como punição aos seus problemas físicos e mentais. Mas, numa leitura mais cuidadosa, começamos a entender o que é realmente significativo no *Livro.* Não é necessariamente a intriga, e sim os detalhes mais mundanos que ele preserva. Margery está contando uma vida real, com todas as suas adversidades e experiências difíceis. É um verdadeiro presente para os historiadores: repleto de informações incidentais que trazem à vida o final do século XIV e início do XV. Com esse único texto aprendemos sobre a logística das viagens, como os empreendimentos comerciais tinham sucesso ou fracassavam, o significado cultural de diferentes comidas e vestimentas e como era chegar à velhice – incluindo as responsabilidades de cuidado que vinham com ela.

O livro de Margery Kempe não só traz luz à vida de uma mulher medieval. Ao examinar o que ela escreveu e também os edifícios que sabemos que ela frequentou, ao lado da arte medieval que sabemos que ela viu, além dos cortejos e apresentações que sabemos que ela assistiu, e junto com textos de outras mulheres de seu tempo, Margery ajuda a iluminar uma sociedade rica e complexa. Ela é o portão.

Margery: mercadora e mulher de negócios

Margery passou quase toda a sua vida em King's Lynn. Ela veio de uma família rica que detinha considerável poder local. Seu pai, John Brunham, foi prefeito da cidade e membro do Parlamento entre 1365 e 1384 – algo que teria dado a Margery uma criação privilegiada e um sentimento de importância. Os registros parlamentares de John Brunham são uma leitura interessante e documentam sua ascensão e queda, além do revés da fortuna da classe mercantil de King's Lynn.[12] Em certo momento, ele possuiu muitas propriedades adjacentes àquela que deve ter sido a casa da família na Fuller's Row. Ele negociava tecidos e milho, e no inverno de 1405 trouxe 344 barris de vinho pelo porto. Envolveu-se até mesmo em uma ousada apreensão marítima de um navio proveniente de Dieppe. Mas a roda da fortuna que o alçou tão alto também o levou para baixo. Ele foi cada vez mais excluído da política local até que, por fim, seu período como prefeito passou a ser visto como a causa de todos os males da cidade. Ouve-se falar dele pela última vez em 1420, quando Margery tinha quase 50 anos.

Enquanto seu pai ainda estava no auge de sua trajetória, Margery se casou com um outro homem bem relacionado: John Kempe de Lynn.[13] O avô de John era peleteiro e mercador, enquanto seu pai ocupava um posto na administração da cidade. O pai era um homem muito rico, cujos bens, quando confiscados pela Liga Hanseática em 1385, foram avaliados em 300 libras esterlinas – o maior valor do confisco.[14] Como o pai dele, John, o marido de Margery, assumiu um prestigioso cargo de camareiro, recebendo os aluguéis da população. Mas, ao que parece, Margery não dava ao status do marido tanto valor quanto dava ao do seu próprio pai. De fato, ela lembra isso a John no *Livro*, dizendo: "Ele nunca pareceu ser um homem adequado para ter se casado com ela".

Margery continuamente reforça suas credenciais familiares para os outros. Quando o prefeito de Leicester, em cerca de 1416, pede que ela se identifique, ela diz com confiança:

> Senhor, eu sou de Lynn de Norfolk, filha de um bom homem da mesma Lynn, que foi prefeito cinco vezes desse município [borough] respeitável e conselheiro municipal também por muitos anos, e tenho um bom homem, também um burguês dessa cidade, Lynn, como meu marido.

Margery define a si mesma por meio dos homens de sua vida, mas faz isso para se impor. Aqui ela está afirmando sua linhagem, provando ser digna de seu tempo e atenção. Está jogando o jogo do poder.

O livro de Margery documenta suas muitas incursões pelos negócios. Ela tenta repetidamente enriquecer por conta própria, indo de um empreendimento para outro. Ela quer dinheiro e prestígio. Ela teria visto mulheres de seu círculo conseguindo o poder e a reputação pelos quais ela ansiava. Isso fica claro em dois conjuntos de obras de arte que ainda podem ser vistos na igreja de Santa Margarida, no centro de King's Lynn. A igreja é o edifício mais antigo da cidade ainda de pé, com partes que remontam à sua fundação, no início do século XII. Sabemos que Margery estava familiarizada com ela, já que algumas das cenas mais dramáticas do *Livro* se passam ou dentro da igreja ou na praça do mercado em frente.[15]

Um pequeno relevo no remate de um dos bancos medievais da igreja, que pode facilmente passar despercebido, traz à vista Margery, John e os mercadores de Lynn. De um lado está esculpido o rosto energético e barbado de um mercador, com uma expressão concentrada que sua testa franzida realça. Do outro lado há uma mulher, com a cabeça meio coberta e uma faixa de tecido enrolada em seu pescoço. Ela tem olhos grandes, e seus lábios se curvam num sorriso bondoso. Não é uma religiosa nem uma mulher da nobreza, pois esses tipos femininos são retratados com coroas e véus em outros relevos da igreja. É mais provável que ela seja da classe mercantil. Esses dois rostos, há séculos de costas um para o outro, nos permitem olhar nos olhos de pessoas do passado. Para Margery, esses eram reflexos de sua própria realidade. Sobreviventes do tempo, eles mostram claramente o mundo dela.

Remates dos bancos da igreja de Santa Margarida, King's Lynn, mostrando um mercador de um lado e uma mulher do outro, início do século XV.

Duas enormes e impressionantes placas de latão também sobrevivem na igreja de Santa Margarida. Sua inauguração deve ter causado estardalhaço quando Margery era menina. Ambas representam antigos prefeitos de Lynn, e Margery talvez tenha esperado que um dia seu pai tivesse um monumento semelhante para homenagear sua família. A primeira mostra Adam de Walsoken e sua esposa, Margaret. Com 3 metros por 1,7 metro, é a maior placa de latão medieval ainda existente na Inglaterra. De acordo com os registros fiscais nacionais de 1332, Adam e Margaret eram naquela época o casal mais rico de Lynn.[16] Muito provavelmente, essa Margaret é ela própria filha de um antigo prefeito de Lynn – sinal de como eram próximas as relações entre as famílias mercadoras –, e teria trazido prestígio e influência para o casamento.

Efígies de latão mostram Adam e Margaret de Walsoken, igreja de Santa Margarida, King's Lynn, c. 1349.

Os dois são exibidos com a mesma estatura, usando os trajes mais refinados da época, sobre os quais *O livro de Margery Kempe* fornece informações detalhadas. Margery se queixa de ser regularmente insultada pelo caráter espalhafatoso de seu vestido. Ela:

> usava viés dourado em seu ornamento de cabeça, e suas capas eram debruadas com *tippets* [faixas estreitas de tecido]. Seus mantos também eram debruados e forrados com muitas cores entre os debruns, para que fossem mais chamativos aos olhos das pessoas e ela fosse mais admirada.

Se o latão tivesse conservado os preenchimentos coloridos, sem dúvida veríamos esse tipo de detalhe nos trajes de Margaret. Com um cachorrinho aos seus pés, símbolo de fidelidade, suas vestes são mais suntuosas que as da outra figura.

Abaixo do casal, duas pequenas cenas mostram lados divergentes do mundo medieval; um mais enraizado nas preocupações cotidianas que o outro. De um lado, um cavaleiro luta com um caracol, uma imagem surpreendentemente comum que reflete “o mundo de ponta-cabeça”,[17] enquanto do outro lado um grupo de pessoas cuida de um moinho. No início de sua vida de casados, Margery e John estabeleceram seu próprio moinho a cavalo para moer milho, e teriam aguardado ansiosamente a riqueza e o prestígio que ele poderia lhes trazer. As pessoas traziam seus grãos e, mediante uma taxa, poderiam transformá-los em farinha para sustentá-las ao longo do ano. Mas o empreendimento não deu certo. Além de ela ter ficado com a mó encalhada – um item dispendioso que deve ter custado muito a Margery e John –, o livro também descreve como Margery foi enganada e defraudada pelas pessoas de seu convívio. Os donos de moinhos estavam entre as pessoas mais ricas das cidades medievais, de modo que Margery deve ter tido um grave prejuízo com isso. Ver o casal homenageado na placa de latão toda vez que entrava na igreja teria reforçado para Margery como sua vida poderia ter sido se seus primeiros negócios tivessem sido bem-sucedidos.

A segunda placa também é imensa, e seus 2,5 metros por 1,5 metro superam em muito quase todas as outras do período medieval. Ela representa o prefeito da cidade que antecedeu o pai de Margery, Robert Braunche. Por si só, seu formato – uma enorme tira folheada a latão – nos diz muito sobre

Efígies de latão de Robert Braunche, com suas esposas Leticia e Margaret, igreja de Santa Margarida, King's Lynn, c. 1364.

a cidade de King's Lynn em meados do século XIV. Até o século XVI, não havia na Inglaterra fábricas capazes de folhear placas de latão dessas dimensões, de modo que ela deve ter sido importada, provavelmente de Flandres. Ela atesta os laços ultramarinos de Norfolk com os Países Baixos. King's Lynn, na condição de um dos maiores portos do país naqueles tempos, era como Liverpool na era industrial. Tudo chegava pelas suas águas: pessoas, produtos, arte e inspiração.

Aqui, novamente, o prefeito se define em relação às suas esposas e sua comunidade. Suas duas esposas, Leticia e mais uma Margaret, aparecem de ambos os lados dele, os três unidos em uma eterna poligamia. Abaixo das figuras há uma cena fascinante, conhecida como "O banquete do pavão".[18] Ela figura um suntuoso banquete, no qual é servido pavão assado (um símbolo de orgulho e incorruptibilidade), o alimento do amor e da coragem. Apenas damas muito ilustres e virtuosas tinham permissão para carregar a ave, gloriosa com suas penas presas à carcaça assada e revestida com folhas de ouro. Seria esse um banquete real que Robert ofereceu ao rei Eduardo III, mostrando o rei na cabeceira da mesa, cercado de músicos? Seria a mulher que carrega a ave uma das suas esposas? Embora não seja possível conhecer as circunstâncias exatas do banquete, mais uma vez ele nos fala sobre o luxo na King's Lynn do século XIV.

Detalhe da base da efígie de Robert em latão, mostrando "O banquete do pavão".

A segunda esposa de Robert, Margaret, sucumbiu à doença durante um surto de peste em 1361, morrendo antes do marido. Ele já havia escrito seu testamento, no qual deixava todos os seus bens para ela.[19] Se ela tivesse sobrevivido a ele, teria se tornado uma das pessoas mais ricas e influentes de King's Lynn. Fitando essas placas já na meia-idade, Margery deve ter sentido ciúme (ela admite ter "imensa inveja de seus vizinhos") e saudades de sua juventude afluente, além de um desejo de reconhecimento. Ela sabia que o privilégio e o poder estavam ao alcance de quem conseguisse obtê-los, fosse a pessoa homem ou mulher. Ela estava lutando para consegui-los.

Margery queria as melhores coisas da vida: comida, ambiente, moda, companhia. A classe mercantil de King's Lynn teria desfrutado de banquetes à luz de velas, em cômodos decorados com tapeçarias cintilantes e mobília requintada. Os vestidos bordados, as paredes pintadas e as comidas exóticas se perderam ao longo dos séculos, mas resta um objeto que pode nos transportar para a mundo da rica classe mercantil. Uma excepcional taça dourada da qual a própria Margery pode ter bebido ainda sobrevive. Apesar de seu nome, a Taça do Rei João nada tem a ver com o rei do século XII. Ela é, na verdade, uma rara e pouco conhecida sobrevivente de sete séculos.[20] Propriedade do prefeito de King's Lynn desde o século XVI, ela não parece ter viajado muito durante sua longa vida e ainda ocupa um lugar de honra em um armário na sede da prefeitura.

A parte de cima e as laterais da Taça do Rei João, prata e douramento com 31 painéis de esmalte, Prefeitura de King's Lynn, c. 1340.

A Taça do Rei João é um remanescente quase tão raro quanto *O livro de Margery Kempe*. Apesar da aparência de cálice religioso, a elaborada taça, que pesa quase dois quilos, exibe a mais notável habilidade artística na figuração de temas seculares. Em um cálice religioso, esperaríamos ver santos e anjos, mas aqui belos painéis em esmalte mostram homens e mulheres caçando, falcoando e atirando. O objeto foi provavelmente feito na Inglaterra, por encomenda de um rico mercador de King's Lynn como peça festiva suprema. Passar de mão em mão essa taça durante um banquete era uma maneira de exibir riqueza e prestígio.

Todas as figuras trajam roupas da moda do século XIV, amarradas firmemente na cintura. Os homens têm mangas longas erguidas com um botão, além de colarinhos bordados e túnicas que cobrem os joelhos. As senhoras vestem *cotehardies* – trajes abotoados na frente e nas mangas – longos e justos e *tippets*. Nenhuma delas usa ornamentos de cabeça. Seus cabelos são trançados em volta das orelhas. Será que essas figuras nos mostram os personagens que conviveram com Margery em Lynn? As pessoas que manusearam a taça podem ter se visto representadas nela.

Painel de esmalte mostrando uma mulher com um falcão na base da Taça do Rei João.

Na tampa, as mulheres são mais numerosas que os homens, e em volta da borda da taça o artista alternou figuras masculinas e femininas. Quando a taça era finalmente esvaziada de vinho, uma mulher com um falcão no braço se revelava no fundo. Poderíamos supor, então, que essa taça era usada por grupos mistos, nos quais homens e mulheres eram igualmente respeitados.[21]

Um outro conjunto raro remanescente da King's Lynn de Margery traz mais de seu mundo à vida, contrabalançando os feitos dos privilegiados com as atividades do povo. Além do mercado que ocorria aos sábados na frente da igreja de Santa Margarida, havia um outro centro de atividades a norte da cidade. Aqui o mercado de terça-feira vendia produtos frescos do rio, e uma outra comunidade cresceu em torno dele, servida pela capela de São Nicolau. Reconstruída sobre fundações do século XII, a igreja que hoje vemos foi concluída em 1419, quando Margery tinha entre 20 e 30 anos. As duas igrejas competiam por fiéis: o Domingo de Páscoa de 1426 foi um evento excepcionalmente bem-sucedido, com 1.600 participantes na igreja de Santa Margarida e 1.400 na de São Nicolau.[22] Fiéis traziam riquezas, então esses grandes contingentes devem ter reforçado os cofres das igrejas e levantado uma renda que poderia ser investida na decoração luxuosa dos espaços. Margery era uma grande apoiadora da igreja de Santa Margarida e, portanto, deve ter comparecido à cerimônia no centro da cidade. Mas em seu *Livro* ela também menciona as tentativas da igreja de São Nicolau de adquirir uma pia batismal.[23] Se ela visitou o local – o que é provável –, pode muito bem ter passado algum tempo admirando seus ornamentos.

Cuidadosamente esculpido em uma das extremidades do cadeiral da capela de São Nicolau há um magnífico navio de batalha e comércio de dois mastros contra um céu estrelado. Navios como esse chegavam e partiam do movimentado porto dia e noite. É uma peça incrivelmente detalhada, com o cordame realçado e cabeças de pequenos peixes saindo das ondas.

Os acabamentos em madeira nos dão pistas do dia a dia, do fantástico e do divertido. Há um mestre pedreiro trabalhando na resolução de um problema matemático com um esquadro. Em um entalhe, um macaco monta em uma mula ao contrário, recriando o notório "cortejo de zombaria" ("*skimmington ride*") – um desfile satírico cujo objetivo era humilhar indivíduos considerados problemáticos em uma comunidade, assim chamado por causa de um tipo de colher de madeira chamado *skimmington*, que as mulheres ditas "rebeldes" usavam para bater em seus maridos.[24] A própria Margery pode ter visto esses desfiles e se divertido com eles.

Extremidades do cadeiral representando navios mercantis de dois mastros e um mastro, esculpidos em carvalho, igreja de São Nicolau, King's Lynn, *c.* 1419 © Victoria and Albert Museum, Londres.

Outros entalhes mostram o diabo com um javali atravessado sobre as costas, um homem velho pacificamente sentado em uma concha acariciando a barba e – algo especialmente estranho – um médico decidindo que enema inserir no reto de um animal peludo. O mundo humano e o natural são bizarramente unidos. O mundo medieval de Margery era rico, complexo e divertido, assim como nossos tempos modernos. Sem saber a que celebridades ou criminosos locais as imagens se referiam, hoje, muito provavelmente, estamos deixando de entender a piada. O tempo apaga as nuances.

Apesar de engraçados e peculiares, esses entalhes também mostram a abundância de possibilidades em King's Lynn. Havia muitas oportunidades de comércio e negócios, graças aos grandes navios que chegavam e partiam pelo rio, e, como muitos em sua cidade, Margery estava sempre à procura do próximo empreendimento capaz de lhe trazer os luxos com os quais se acostumara desde criança. Antes do moinho, ela havia montado uma cervejaria, que também não deu certo. Mas essas não eram as únicas maneiras de uma mulher conseguir riqueza e reputação no início do século XV. Deixando seus negócios fracassados para trás, Margery se voltou para uma nova carreira. Celebridades como Brígida da Suécia ficaram internacionalmente conhecidas desenvolvendo suas reputações como místicas. Para se tornar uma mística de renome internacional, no entanto, Margery precisaria abrir mão de algo extremamente importante para ela: sexo.

Misericórdia figurando o debulhamento do milho no meio e dois blêmios (criaturas fantásticas), que têm rostos no torso e não têm cabeças, entalhadas em carvalho, feitas na Ânglia Oriental, *c.* 1415.
© Victoria and Albert Museum, Londres.

Sexo e casamento

Apesar de lhe dar dinheiro e um bom nome, o marido de Margery não é de modo nenhum um dos principais personagens do livro dela. Quando ele aparece, é para demover, acalmar ou acompanhar uma Margery determinada. Ele permanece ao lado dela apesar das humilhações e dificuldades, e é perceptível que eles se apoiavam mutuamente. Margery continuou cuidando de John quando os dois se aproximaram da velhice, com a deterioração física e mental que isso implicava. Em uma cena tocante, Margery descreve a terrível queda da escada que John sofreu aos 60 anos e como ela cuidou dele durante sua convalescença.[25]

A essa altura eles não moravam mais juntos, já que em seus últimos anos ela passou a morar sozinha, enquanto John morava perto sozinho. Ela conseguira a independência pela qual claramente ansiou durante toda a sua vida pregressa. Não era incomum no período medieval que marido e esposa vivessem separados, mas, como ela narra no livro, algumas pessoas criticaram sua decisão por acharem que ela deveria viver sob o mesmo teto que John. Ainda assim, quando a saúde dele piorou, ela o trouxe para sua casa para poder cuidar dele durante seus últimos anos. Há detalhes comoventes sobre os cuidados com um ente querido que está se tornando cada vez mais "infantil", sujando os lençóis e lutando com a dor.

Margery reforça que John sempre sentiu "ternura e compaixão por ela". Eles trabalharam juntos, abrindo negócios em sociedade, e, ao que parece, ele a sustentou financeiramente ao longo de todas as suas incursões empresariais e, mais tarde, suas dispendiosas viagens para a Terra Santa e pela Europa. Eles também tiveram catorze filhos juntos. No entanto, mesmo durante os primeiros anos de seu casamento, quando ela tinha cerca de 30 anos de idade, Margery registra ter dito ao marido que não queria mais fazer sexo com ele; na verdade, que o próprio Jesus lhe dissera que não o fizesse. Em uma cena bastante triste e humilhante, vemos o casal comemorando a véspera do solstício de verão em 1413. O marido pergunta:

> "Margery, se viesse um homem com uma espada para cortar fora minha cabeça a não ser que eu fizesse sexo com você como antes, me diga a verdade segundo sua consciência – pois você diz que não mente –, se você permitiria que minha cabeça fosse cortada fora ou me deixaria ter intimidade com você, como no passado." Ela responde: "Verdadeiramente, eu preferiria ver você morto do que retomarmos a impureza da atividade sexual".

Ela o provoca mais, perguntando por que ele não tenta fazer sexo com ela, apesar de os dois dormirem na mesma cama. Ele diz: "Ele se tornou tão temeroso quando a tocava que não ousava mais fazê-lo". Bem distante do marido dominador que esperaríamos em um casamento medieval. Margery piora ainda mais a situação, dizendo que ainda sente desejo por outros homens, mas tem nojo do próprio marido. O sexo e o prazer físico são um tema constante ao longo de todo o livro. Margery, diferentemente de muitas de suas contemporâneas místicas, pensa, fala e se preocupa com sexo o tempo todo.

Algumas passagens do *Livro* exibem uma sexualidade crua que raramente é encontrada em textos medievais.[26] Margery descreve um homem que ela "amava" aproximando-se dela durante o *evensong** na igreja e pedin-

* Serviço religioso vespertino com preces, salmos e cânticos, conduzido segundo um modelo estabelecido, especialmente o da Igreja anglicana. (N.T.)

do por sexo. Ela é atormentada pela luxúria, de modo que, naquela noite, volta para casa para se deitar ao lado do marido. Ela contempla a ideia de manter relações sexuais com ele para aplacar o desejo, mas não consegue. Está tão inflamada de paixão por esse outro homem que o procura e se oferece para dormir com ele. Mas ele a manda embora, dizendo que não o faria nem "por toda a riqueza do mundo". A passagem é sensual e intensa, sugerindo que no mundo medieval habitado por ela era possível falar sobre sexo de uma maneira aberta e reveladora. Afinal de contas, ela narrou esse episódio para seu próprio filho e para pelo menos outros dois escritores.

A paixão intensa que Margery descreve ao se debater com seu desejo por homens é transferida para a visão de Jesus que ela repetidamente tem. Ela descreve como ele "assola sua alma", a chama de sua esposa, cônjuge, "uma amante única", e que quando ela recebe o corpo dele durante a comunhão, ela fica "preenchida com ele". Ela usa até mesmo um anel gravado com as palavras "Jesus é meu amor".[27] Embora isso possa parecer surpreendente hoje, a sexualização da relação entre Cristo e suas devotas não era um fenômeno inédito. A *Ancrene Riwle* (a regra monástica para as mulheres anacoretas), do século XIII, incentivava as mulheres a verem Cristo como seu cavaleiro perfeito, seu objeto de desejo, seu amante.[28] Mas o *Livro* de Margery vai mais longe que qualquer outro texto medieval sobrevivente ao sexualizar a relação entre a protagonista feminina e Jesus.

Ele está sempre com ela – um substituto para seu marido –, e esse "belo homem" traz a satisfação pela qual ela anseia. Ele a preenche de êxtase e paixão. Ela descreve até mesmo sua participação em uma cerimônia de casamento com Jesus, com uma lista de convidados que incluía Maria, os doze Apóstolos e os santos.[29] Ele insiste que os dois devem ser íntimos um do outro, e a partir desse ponto Margery começa a experimentar um calor extremo propiciado por intensas sensações físicas que se parecem muito com orgasmos: "uma chama do fogo do amor, maravilhosamente quente e deliciosa e reconfortante, que nunca amaina, mas sempre cresce".[30]

Margery ouve vozes e tem companhias (Jesus entre elas) que só ela consegue ver e ouvir. Também sofre do que parecem ser convulsões, nas quais ela "se contorcia e lutava com seu corpo". Quando ela está prestes a ter uma convulsão, ela descreve sua pele mudando de cor, ficando "roxa como o chumbo".[31] Ela ouve e vê melodias celestiais e luzes brancas que brilham ao seu redor dia e noite. Ela também descreve ser assolada com a visão repetida de genitais masculinos, que desfilam diante dela como tentações.[32] Hoje poderíamos diagnosticá-la como esquizofrênica, epiléptica (alguns de seus contemporâneos também sugerem isso)[33] ou psicótica, mas para aqueles ao seu redor ela estava ou possuída pelo diabo ou talvez pudesse oferecer uma ligação direta com Deus.[34] Realmente parece que muita gente estava interessada nas preces e na intercessão de Margery: ela era muito bem paga para comungar com Jesus em nome de outras pessoas. Estaria Margery explorando essa ligação direta com Cristo para reforçar sua carreira de mística? Ela se esforça bastante em seu *Livro* para explicar que é mais próxima de Jesus, Maria e dos santos que qualquer outra pessoa. Para uma elite abastada, preocupada com o destino de suas almas, as preces de Margery seriam um bom investimento, uma ideia que ela reforçava com a excentricidade de seu comportamento, aparência e aventuras.

Vestir-se em branco virginal (apesar de ter filhos), chorar em público e se recusar a fazer sexo com o marido são todos atos usados como evidência da "estranheza" de Margery. Já se sugeriu que Margery está constantemente em conflito com as "expectativas heterossexuais normativas de sua comunidade em Lynn".[35] Quando seu comportamento se torna cada vez mais extremo, ela passa a usar uma camisa de cilício, faz jejum às sextas-feiras e pede para viajar sozinha. O marido de Margery continua leal a ela: ele "estava sempre pronto quando todos os outros falhavam".[36]

Apesar de exigir de seu marido que não façam mais sexo, Margery teve impressionantes catorze filhos. Se todos passaram da infância, nós não sabemos. Se ela dá pouca atenção ao marido no *Livro*, praticamente ignora seus muitos filhos. Margery conta que viajou grávida e que um dos partos foi muito difícil, mas pouco além disso, o que poderia ser visto como mais uma evidência de seu egocentrismo, ou como uma escolha autoral consciente. Essa última opção parece mais provável: ao omitir qualquer menção a seus filhos, ela está emulando o estilo dos textos de outras místicas, como Hildegarda de Bingen. O *Livro* é realmente "o show da Margery". Há pouco lugar para sua família nele, exceto para realçar o quanto ela sofreu na busca por aceitação.

De fato, sabemos mais sobre um de seus filhos do que sobre os outros.[37] Há um filho que parece ser o "jovem" que primeiro tentou escrever a história de sua mãe, mas fracassou. Ele transferiu sua jovem família de seu novo lar em Gdansk, na Polônia, de volta para Lynn, e deve ter passado muitas horas sentado, tentando dar aos pensamentos da mãe alguma aparência de ordem.[38] Caberia a outros assistentes homens com disposição a tarefa de transpor a vida de Margery para a página. Como já vimos com outras mulheres neste livro, quando procuramos Margery encontramos um grupo de homens solidários e um ambiente cosmopolita que desafia nossas ideias feitas sobre o período medieval. Mas também encontramos misoginia.

Misoginia e heresia

Ao longo de todo o *Livro* existem situações em que Margery é criticada, questionada e ameaçada por homens. Ela tinha extrema consciência da misoginia. Quando discute suas ideias sobre o amor a Deus com Richard Caistor, o padre local, o tom condescendente deste último é muito familiar:

> Ele, erguendo as mãos e benzendo-se, disse: "Deus a abençoe! Como pode uma mulher ocupar uma ou duas horas [falando] sobre o amor de Deus! Não voltarei a comer carne até saber o que você pode dizer sobre Nosso Senhor Deus que levará uma hora".[39]

A recepção que ela recebe dos homens vai do apoio e da devoção totais, passando por comentários maldosos e condescendentes até o ódio e o mais completo escárnio. Ela experimenta o rancor de um homem específico, dizendo que "o motivo de sua malícia é que ela se recusava a obedecer-lhe". Ela fala com franqueza, contundência e determinação, características que ainda irritam as pessoas hoje em dia. A ameaça bastante real de violência física contra as mulheres também aparece em todo o *Livro.* Margery é sexualmente abusada durante o período que passou na prisão, é agarrada e apalpada por homens, acorrentada e vive com o medo constante de ser estuprada.[40]

Além da misoginia e do medo de violência, Margery sofreu nas mãos daqueles que a consideravam herege. As acusações feitas contra ela eram particularmente preocupantes, uma vez que esse crime de pensamento era comum no início do século XV e, se considerada culpada, Margery teria sido executada. A igreja paroquial de Santa Margarida em King's Lynn oferece um lembrete duradouro da crescente perseguição aos hereges durante a vida de Margery. O primeiro mártir lollardo, William Sawtrey – queimado na fogueira em Londres em 1401 –, foi padre aqui.[41] Durante o final do século XIV e início do XV, após John Wycliffe fazer suas primeiras críticas à Igreja católica, o lollardismo, movimento cuja criação é atribuída a ele, se espalhou pela Inglaterra. Ele se exacerbou em cidades que, como Lynn, tinham contato regular com os Países Baixos e seus movimentos reformistas. O lollardismo acreditava que a Igreja era corrupta, rejeitava a transubstanciação (a transformação do pão e do vinho no corpo e no sangue de Cristo durante a Eucaristia) e defendia que a Bíblia deveria ser disponibilizada em inglês.

O rosto de Henrique Despenser, um dos inimigos mais barulhentos da heresia – bispo de Norwich e antigo senhor de Lynn –, está esculpido na própria estrutura da igreja de Margery. Ele olha ameaçadoramente do coro. Conhecido como o "Bispo Lutador", Henrique liderou um exército de homens no Grande Cisma e contra apoiadores da Revolta Camponesa. Ele supervisionou pessoalmente a execução do rebelde Geoffrey Litster, que foi enforcado, arrastado e esquartejado. Ao ver o rosto dele esculpido em sua igreja, Margery teria sido lembrada de que homens em posições de poder podiam tratar os demais, especialmente aqueles que se comportavam de maneiras pouco ortodoxas, com extrema brutalidade.

O prefeito de Leicester é um dos piores críticos de Margery em todo o *Livro.* Ele a acusa de ser uma prostituta, uma mentirosa e, o que era mais preocupante, uma lollarda. As "Doze Conclusões dos Lollardistas" foram pregadas às portas da abadia de Westminster e da catedral de São Paulo em 1395.[42] A heresia, por ser um crime de pensamento, era difícil de policiar e de exterminar. Caso fosse condenada por lollardismo, Margery poderia ter sido queimada na fogueira, como o padre anterior de sua paróquia.[43] Ela certamente se encontrou com um simpatizante do lollardismo, Philip Repingdon, e seu comportamento incomum pode tê-la tornado vulnerável àqueles que desejavam atribuí-lo à heresia. Nas muitas ocasiões em que ela é chamada a se defender, com frequência a acusam de ser uma mulher que prega. Isso era proibido pela Igreja, mas os lollardos incentivavam as mulheres a falar em público sobre questões religiosas. Apesar disso, Margery não era lollarda. Ela afirma reiteradas vezes que acredita na transubstanciação, e suas peregrinações regulares aos lugares santos e sua veneração de relíquias atestam sua fé católica. Mas ela era uma mulher com opiniões, determinada a ser ouvida.

Misericórdia mostrando o brasão e a cabeça do bispo Henrique Despenser, igreja de Santa Margarida, King's Lynn. O bispo se refugiou na igreja durante os tumultos de 1377, de modo que provavelmente o relevo data dessa época.

Repetidas vezes ela é questionada sobre sua fé. E repetidas vezes é absolvida, chegando a receber uma carta de apoio do arcebispo da Cantuária. Ao protestar sua inocência para o arcebispo de York, o segundo clérigo mais importante do país, ela faz algo ousado: conta a ele uma parábola. Aqui Margery usa o humor para afirmar seu poder sobre aqueles que a contestam ou desprezam. Ela descreve um padre que está perdido na floresta. Sem ter onde dormir, ele se deita em um jardim repleto de árvores frutíferas em flor. Durante a noite, um grande urso se aproxima dele, balança uma pereira particularmente madura, come todos os frutos que caem no chão e então defeca na direção do padre.[44] Na manhã seguinte, o padre está desanimado, vagando pelas ruas preocupado com o motivo pelo qual o urso teria defecado nele, quando encontra um homem que lhe explica o evento. O padre é o urso imundo, que devora os sacramentos e depois defeca no lindo jardim com sua ganância mundana.

Parece que essa narrativa foi muito bem recebida, e o arcebispo a declarou uma "excelente história". Por meio de um conto estranho e engraçado, Margery entreteve a plateia e lhe transmitiu uma séria mensagem moral sobre os pecados do clero. Ela era uma boa contadora de histórias e usava o humor para se manter em vantagem. O fato de Margery ter podido falar sobre um urso defecando na floresta dentro da capela do arcebispo sugere que o escatológico não estava fora dos limites nas igrejas.[45] Com efeito, imagens de animais e humanos esvaziando seus intestinos apareciam com frequência na decoração das igrejas ao lado de santos e anjos. Também mostra que pessoas poderosas a escutavam.

Margery tinha contato com os homens mais altos da Igreja e pôde se defender vigorosamente e com erudição quando interrogada, usando seu humor e conhecimento da religião. Provando que uma mulher podia ser bem-educada e bem informada em questões de fé, seu conhecimento dos princípios religiosos era tão bom quanto o de muitos homens de seu tempo. Segundo o *Livro*, os homens da lei da cidade de Lincoln chegam a afirmar o seguinte: "fomos instruídos durante anos, e mesmo assim não somos tão competentes para responder quanto você".[46]

Margery não tinha medo de se defender de homens ameaçadores. Quando é chamada a se apresentar ao bispo de Worcester, são os guardas dele que a trazem.[47] Ela espanta todos eles ao dizer que se parecem com os homens do diabo, e não do bispo. Ainda pior, ao ser interrogada pelo arcebispo de York, ela diz: "Ouvi dizer que você é um homem mau".[48] De alguma maneira, ela não é punida por esses comentários atrevidos.[49] Boa parte do *Livro* pode ser lida como a defesa de Margery contra a mácula da heresia. Suas peregrinações, suas visões e suas comunicações com membros da Igreja e autoridades atestam sua ortodoxia. Ao colocar suas experiências na página, Margery está criando um registro duradouro capaz de ajudar a limpar seu nome no longo prazo.

Drama e misticismo

Embora Margery não se autodefina como mística, ela dedica grandes porções de seu livro a descrever suas visões espirituais. Ela teve sua primeira experiência mística enquanto se recuperava do agonizante parto de seu primeiro filho. O próprio Jesus se sentou na cama dela e a acalmou antes de subir aos céus. Pouco depois, Margery começa a ouvir sons, incluindo uma doce melodia que a leva ao paraíso. Ninguém mais conseguia ouvi-la, mas para Margery o som era bastante real e "físico". É quando ela descobre que tem o dom das lágrimas espirituais. O choro de Margery é uma das coisas das quais a maioria dos leitores do *Livro* se lembra. Ela chora por toda parte: ruidosa, apaixonada e abundantemente, na maioria das vezes graças a uma grande felicidade ou alegria. Margery experimenta de forma plena os altos e baixos de suas emoções.

Vistos com suspeição e intriga pelas pessoas que conviviam com ela, seus surtos e comportamento eram considerados "estranhos".[50] Ao ver uma estátua da Virgem Maria segurando o corpo morto do filho, Margery se põe a chorar aos soluços, tanto que ela "poderia ter morrido". Podemos imaginar seu pranto convulsivo em uma igreja, e nosso sentimento moderno de constrangimento diante desse drama se reflete no do padre local, que diz calmamente a ela: "Donzela, Jesus morreu há muito tempo".[51] Ele lhe pergunta por que ela chora, por que a morte de Jesus lhe parece tão crua e tão real. Mas Margery existe numa perspectiva de tempo diferente. "A morte dele é tão nova para mim como se ele tivesse morrido neste mesmo dia", ela retruca com irritação. Margery está experienciando o tempo do ponto de vista de uma mística, em que o passado bíblico colapsa com o ambiente de seu tempo atual.[52] Suas visões têm uma qualidade que hoje poderíamos chamar de cinematográfica, especialmente quando ela narra como os eventos da morte de Cristo se desenrolaram diante de seus olhos.[53] Ela descreve ter visto "com seu olho espiritual" o caminho para o Calvário: "E lá eles o amarraram ao pilar o mais apertado que puderam, e bateram em seu belo corpo branco com varas, com chicotes e com látegos".[54] Ela está tanto no momento quanto fora do momento.

No entanto, quando se lamenta e chora na igreja, Margery também está encenando. As vidas de outros místicos registram exibições igualmente públicas de devoção e exuberância espiritual, e ela parece ter noção do poder de suas lágrimas, gritando e chorando para reforçar sua reputação de mulher santa. Seu gosto pelo drama e pela atenção é revelado em uma cena notável do *Livro*. Um frade de renome vem falar na igreja de Santa Margarida. Uma grande multidão se reuniu para ouvi-lo, mas ele é alertado para a possibilidade de que uma outra personalidade local, Margery, comece a chorar durante sua fala. Ela descreve como tentou segurar as lágrimas, mas elas "desataram com um grande grito".[55] Todo esse barulho e drama teria ecoado pela igreja e perturbado quem tentava ouvir o visitante ilustre. O frade tolerou a situação por um tempo, mas finalmente a baniu de suas falas futuras. Nessa cena intrigante, dois intérpretes estão usando a igreja como palco.[56]

Ao longo de todo o *Livro*, Margery nos conta sobre oradores célebres, capazes de atrair enormes multidões.[57] Ela também descreve o drama da missa (o padre revelando e escondendo o crucifixo, como numa obra de arte performática) e as procissões, como a do Domingo de Ramos, quando os rituais religiosos tomavam as ruas.[58] E é provável que ela tenha assistido a peças montadas por companhias itinerantes, apresentadas nas ruas nos dias de festas religiosas, com os foliões assistindo a um ciclo inteiro ao longo de um dia.

Um conjunto de 42 peças de mistérios com narrativas bíblicas, conhecido como Ciclo N-Town, daquela época, ainda sobrevive.[59] Os textos escritos datam do final do século XV – perto do fim da vida de Margery. Não sabemos com certeza se foram essas as peças que Margery assistiu em King's Lynn, mas, ao que parece, elas realmente foram apresentadas na Ânglia Oriental.[60] E uma das peças do ciclo provavelmente causou uma forte impressão em Margery, caso ela a tenha visto: *A mulher pega em adultério* [The Woman Taken in Adultery]. Nesse curto relato bíblico, ninguém ousa jogar a primeira pedra na mulher, então Jesus também não a condena. A versão medieval, no entanto, é muito mais longa e põe mais palavras na boca da mulher.

Em seu livro, Margery diz que estava sempre "atenta" a essa história bíblica em particular e que rezava para que, assim como Jesus afastou os inimigos da senhora adúltera, ele também a protegesse.[61] A peça é uma notável obra literária, repleta de tensão, violência e drama intenso. Quando a mulher é descoberta durante o adultério, seu amante consegue fugir após brandir agressivamente uma espada contra as pessoas que o encontraram. As orientações de palco nos ajudam a imaginar o drama e o entretenimento: "Aqui um certo jovem deve correr desarrumado, com os laços desfeitos e segurando os calções na mão".

Enquanto o homem escapa, a esposa é sujeitada a uma torrente de abusos. Ela é uma "cadela fedida", uma "prostituta", uma "meretriz" e uma "vagabunda". Mas a peça muda de tom na segunda metade, o que é incomum nesse gênero. Quando a mulher é colocada diante de Jesus, as orientações de palco dizem que: "Ele nada responde, mas sempre escreve na terra". Então profere sua célebre frase: "Olhe, quem entre vocês nunca pecou, e está mais limpo na vida que ela, que atire pedras nela e não a poupe, se tão livre de pecados estiver". Os homens pouco a pouco se afastam, até restarem apenas Jesus e a mulher. Podemos imaginar os atores se apresentando nas ruas de King's Lynn, acertando a dinâmica da peça para conduzir a plateia através dos sofrimentos da mulher, até sua redenção final.

Aqui o mundo de Margery, e o das mulheres ao seu redor, é refletido em um conto moralizante. A mulher não é apenas uma vítima frágil e passiva. Ela olha a morte nos olhos e aceita que errou, se defende e quer preservar sua vida. Ela é uma reimaginação medieval vivaz e individualista da mulher bíblica, praticamente calada: mais século XIV que século I. É um personagem redondo, tridimensional. No *Livro*, as reflexões de Margery sobre sua vida em Lynn são contrabalançadas com histórias sobre as provações que ela enfrentou durante suas viagens internacionais. Deixando para trás seu relativo conforto doméstico, o papel de mística exigia que ela tivesse sofrido como Cristo. É por meio de suas viagens que descobrimos mais sobre as dificuldades enfrentadas por uma mulher medieval empreendedora ao explorar terras estrangeiras.

Viagem e peregrinação

O livro de Margery Kempe oferece algumas das descrições mais reveladoras e completas sobre a peregrinação a terem sobrevivido. Ficamos sabendo sobre tudo, desde os enjoos no mar, os atrasos e assaltos nas estradas, até os desentendimentos que podiam ocorrer entre um grupo durante uma viagem. A peregrinação medieval era como nosso pacote de férias dos tempos atuais. Margery fala sobre guias sem escrúpulos que lesam turistas vulneráveis, caminhos abarrotados de viajantes e alojamentos em más condições. Em uma ocasião, ela é até mesmo forçada a dormir no chão de um celeiro.

Apesar de sua grande vontade de visitar os túmulos dos santos e seguir os passos de Cristo, viajar não era fácil ou agradável para Margery. Seu comportamento incomum fazia dela uma companhia de viagem difícil, e ela muitas vezes se viu sozinha e ostracizada no exterior:

> Seu confessor ficou contrariado porque ela não comia carne, assim como muitos de sua companhia. Também ficaram muito contrariados porque ela chorava tanto e estava sempre falando sobre o amor e a bondade de nosso Senhor, à mesa assim como em outros lugares. Assim, vergonhosamente, eles a criticavam e efetivamente a repreendiam e diziam que não a tolerariam como seu marido a tolerava quando ela estava em casa na Inglaterra.[62]

Ela foi especialmente maltratada por seus companheiros durante o percurso para Jerusalém. Em seu *Livro*, ela conta que, além de a rejeitarem, eles a colocaram em perigo cortando seu vestido acima do joelho e a vestindo com um saco de pano para humilhá-la. Era arriscado para uma mulher viajar sozinha, mas ser transformada dessa maneira em alvo evidente a colocava ainda mais sob perigo. Em um certo momento, o grupo todo a abandona e ela fica apenas com um acompanhante homem, William Weaver, que tem pavor de ser atacado. Ele diz: "Tenho medo de que você seja tirada de mim e eu apanhe por causa de você e perca meu casaco".[63] Da mesma maneira como ainda hoje as mulheres que viajam sozinhas precisam se precaver, Margery reza por sua segurança física, chegando a dormir com uma criada sempre que possível para atenuar o risco de estupro. Peregrinar não era para as pessoas fracas de coração.

Margery deve ter visto pessoas do mundo todo passando pelo porto de Lynn, algumas das quais ficaram por lá mesmo. Mas a viagem a expôs a uma gama ainda maior de culturas e povos. Ela diz ter tentado subir o Monte da Tentação, casa de uma comunidade monástica perto de Jericó. A subida é difícil e ninguém quer ajudá-la, até que um sarraceno, "um homem bonito", a conduz até o topo da montanha.[64] Ela conta que os sarracenos são muito gentis com ela, e afirma que "achou todas as pessoas bondosas e amáveis com ela, exceto por seus próprios compatriotas". Não existem muitas evidências de diversidade racial e religiosa no *Livro*, mas passagens como essa sugerem que Margery estava atenta às diferenças e que, na maioria das vezes, as aceitava. Ela também não faz exibições óbvias de preconceito de classe ou deficiência. Um de seus companheiros na viagem a Roma era um irlandês com uma fratura na coluna, e ao longo de todo o livro ela se mistura com os leprosos, os doentes e os pobres, assim como com a realeza e os líderes religiosos.

Ela encontrou mulheres estrangeiras fascinantes em suas viagens, como a peregrina que retornava de Jerusalém com um ícone sagrado em um baú. Margery não fala a língua dela, mas a observa exibir sua pintura para os outros, que honram e veneram o objeto.[65] Há também a refinada dama italiana de nome Margaret Florentine, que viaja com sua própria comitiva de cavaleiros e garante passagem segura para Margery em sua viagem para Roma. Ela volta a encontrar Margaret mais tarde, após ter dado todo seu dinheiro para os pobres, e é tratada com muita bondade, sendo alimentada por ela em uma mesa elegante e recebendo um cesto e moedas.

A descrição que Margery faz das viagens internacionais traça uma imagem muito mais cosmopolita dos tempos medievais do que nossas ideias preconcebidas sobre o período nos permitem enxergar. Ela cruza milhares de quilômetros de rotas de peregrinação durante sua vida, convivendo com viajantes como ela, cavaleiros, nobres e pessoas de todo o mundo conhecido. Algumas viajam repetidamente e exploram os limites da cristandade, assim como ela mesma. Além de atravessar a Inglaterra, Margery vai para a Noruega e para a Polônia, cruza o Oriente Médio, viaja pela França, Espanha, Itália e Flandres. Ela viajou bem mais que muitos de nós hoje, apesar de ter à sua disposição meios de transporte muito mais limitados: suas opções eram a cavalo, de carroça ou a pé. E, apesar de viajar bastante, ela sempre voltava para o "lar" em King's Lynn.

Os pares de Margery

Margery não é a única autora do século XIV a ter surgido em King's Lynn. Um erudito chamado Nicholas de Lynn escreveu um importante trabalho sobre astronomia, o *Kalendarium*, citado por ninguém menos que Geoffrey Chaucer. Um outro foi John Capsgrave, um prior agostiniano de Lynn que escreveu muitos livros que teriam interessado a Margery, incluindo uma biografia de uma de suas santas preferidas, Catarina, e um guia do peregrino a Roma.[66] Mas um dos mais intrigantes contemporâneos exatos de Margery é Thomas Hoccleve. Ele sabia de Margery e ela dele. Em algumas passagens de sua obra, Thomas parece estar se dirigindo diretamente a ela, especialmente quando condena mulheres pregadoras. Ele diz que elas deveriam "se sentar e fiar" em vez de tagarelar sobre religião, e que "sua inteligência é frágil demais para contestar".[67] Margery parece estar respondendo a Hoccleve em seu *Livro* quando descreve habitantes de Yorkshire gritando para que ela "fie e carda a lã como outras mulheres fazem".[68]

Margery, Hoccleve e Capgrave escreveram textos bastante focados na espiritualidade feminina. Apesar disso, nem de longe Margery menciona tantas mulheres no *Livro* quanto homens. Mesmo no reino espiritual ela passa muito mais tempo conversando com Jesus do que com a Virgem

Maria. Seria porque ela se dava melhor com os homens do que com as mulheres, mesmo nas suas visões? O *Livro* descreve criadas boas e más, algumas das quais lhe servem com lealdade, e outras que a abandonam. Margery dá conselhos e apoio a viúvas, monjas e nobres, mas algumas dessas interações dão terrivelmente errado. Em uma ocasião, Margery diz a uma viúva que ela precisa trocar de confessor, e o conselho não é bem recebido.[69] Ela é expulsa da casa e, em resposta, pede para um "Doutor de Divindade"* que escreva uma carta contundente para a viúva, explicando que ela está muito feliz em nunca mais pôr o pé naquela casa de novo. É uma desavença bastante crível.

Mas fica claro que Margery criou uma impressão poderosa sobre as mulheres ao seu redor. O prefeito de Leicester diz estar preocupado que ela "tome nossas esposas de nós e as leve consigo".[70] Seus comentários sugerem que o comportamento de Margery, por mais extremo que possa parecer algumas vezes, estava incentivando outras mulheres a pensar na vida de uma mística como uma vida que elas também poderiam levar. Ela chega às mulheres que estão nas franjas da sociedade, e diz que deseja seguir o exemplo de Jesus beijando os leprosos. Seu confessor a alerta para o fato de que essa é uma má ideia, e a incentiva a beijar mulheres doentes. Ela visita um grupo de mulheres pobres e beija duas delas "na boca".[71] Quando um homem lhe pergunta se ela poderia ajudar a esposa dele, que também está sofrendo de psicose pós-parto, Margery a conforta e a ajuda a se recuperar.[72]

Talvez a mais notável das suas interações femininas seja com a famosa anacoreta Mãe Juliana de Norwich. O tom dos livros de Margery e Juliana não poderia ser mais diferente: *Revelações do amor divino*, de Juliana, se desenrola tranquilamente como uma teia de contemplação. Sua famosa frase, "tudo ficará bem, tudo ficará bem e todas as coisas ficarão bem", é o epítome do que faz a obra de Juliana tão especial: uma qualidade consistente de paciência e calma. O livro caótico e, às vezes, difícil de Margery oferece um contraste marcante. Mas, ao escrever sobre seu encontro, Margery consegue capturar a voz de Juliana. Reconhecemos o tom da anacoreta tal como o conhecemos das *Revelações* na seguinte fala de Juliana: "Aquele que sempre duvida é como uma onda no mar, que é movida e carregada pelo vento".[73] Essa interação entre duas das mulheres medievais mais famosas de Norfolk

* Modalidade de grau de doutor na área de teologia, outorgada por algumas universidades no Reino Unido. (N.T.)

mostra a capacidade de Margery de registrar não apenas o que uma pessoa disse a ela, mas também as nuances na forma de a pessoa falar.

Margery não quis seguir os passos de Juliana e se tornar uma anacoreta. A espiritualista *superstar* Brígida da Suécia, que morreu em 1373, ano de nascimento de Margery, a inspirava mais. Hoje uma das santas padroeiras da Europa, Brígida foi uma mulher da nobreza, descendente de reis suecos. Como Margery, era casada e teve filhos, mas só oito, em comparação com os catorze de Margery. Brígida começou a ter visões quando criança, e, no famoso livro sobre sua vida, ela registra ter experienciado a dor e o sofrimento de Cristo. São muitos os paralelos entre os livros de Margery e de Brígida: ambas viajaram muito em peregrinações, ambas criticaram homens religiosos, ambas conseguiram um lugar sob os holofotes e cultivaram sua notoriedade.

Margery sentia estar em competição direta com Brígida. Quando ela recorda ter visto a hóstia e o cálice vibrarem durante a missa, Jesus (sempre falando ao seu lado) lhe diz que ela tem sorte por testemunhar aquilo, e acrescenta: "Brígida nunca me viu dessa maneira".[74] Sua homóloga espiritual nunca sai de vista. Em Roma, Margery encontra uma das criadas da santa. Seria como conversar com a confidente de uma celebridade hoje em dia. Ela quer saber que tipo de pessoa foi Brígida, e ouve que ela era gentil e sorridente.[75] Ela visita locais ligados a Brígida, incluindo o lugar onde morreu e a pedra onde Jesus apareceu para ela. Margery visita Roma da mesma maneira como, hoje em dia, as pessoas fazem o tour das estrelas em Hollywood, e Brígida é a atração principal.

Outra mística mencionada no livro é Marie de Oignies.[76] A vida dessa mulher do século XIII foi uma grande inspiração para Margery. Ela também nasceu rica e se casou jovem, antes de abraçar um estilo de vida ascético, renunciando ao sexo e partindo em árduas peregrinações. Marie também chorava lágrimas incontroláveis. Margery faz referência a diversos místicos que não conseguiam controlar o choro, incluindo o autor do poema penitencial em inglês médio "The Prick of Conscience" [O estímulo da consciência] e Isabel da Hungria, outra mulher do século XIII. Princesa da Bavária, sua obra *Revelations* [Revelações] foi traduzida para o inglês médio nos anos de 1430, de maneira que ela era uma mística recém-publicada.[77] Margery não existiu em um vácuo. Ela foi profundamente influenciada pelos místicos célebres de sua época e, quando seus negócios fracassaram, entendeu que a vida de uma mulher espiritual poderia lhe trazer riqueza e fama. Ela seria convidada para jantar com os ricos e poderosos, poderia receber presentes e pagamento por suas preces e sua reputação chegaria longe. O fato de essa vida também ter lhe trazido dificuldades e sofrimento era parte do acordo. Assim como para as mulheres que Margery menciona, a vida de mística internacional podia realmente compensar, mas tinha um preço.

A vida de Margery Kempe espelha a de sua contemporânea Joana d'Arc em muitos aspectos. Ambas se meteram em problemas por causa de seus trajes – Margery por vestir o branco virginal, Joana por se travestir. Ambas receberam lágrimas sagradas e profecias, e temiam que estas viessem do diabo, e não de Deus. Ambas foram perseguidas pelo duque de Bedford e expressaram o temor do estupro e da violência sexual. Mas enquanto Joana foi considerada herege e morreu na fogueira em 1431, Margery viveu uma longa vida e morreu na velhice como membro abastada da prestigiosa Guilda da Trindade de King's Lynn.[78]

O mundo medieval de Margery é rico e repleto de texturas, cheio de pessoas compassivas, condescendentes, cruéis, engraçadas, atenciosas e afetuosas. Ela é uma mulher difícil. Mas, de modo geral, sua comunidade e as pessoas de seu círculo são simpáticas e solidárias. Ela chega à velhice, é sustentada financeiramente por aqueles que a cercam e é levada a sério o suficiente para ter sua vida registrada. E seus apoiadores a defendem, mesmo quando ela é acusada de heresia e suas próprias vidas ficam ameaçadas por associação.

Seu legado

Todos conhecemos alguém um pouco parecido com Margery. Ela é barulhenta, cheia de opiniões, obstinada e vive se autopromovendo. Ela também é vulnerável, tem aversão por si mesma, é atormentada e problemática. Quer que sua história seja registrada e acredita que deveria ser ouvida. É uma mulher poderosa – embora nem sempre apreciada. Quando o *Livro* foi revelado ao mundo em 1934, o *Daily Telegraph* a descreveu como "uma estraga-prazeres para qualquer companhia que estivesse se divertindo inocentemente". Hoje estamos mais propensos a ver Margery como um exemplo de mulher medieval que administra sua reputação e cria sua marca.

Com mais de 50 anos, ela se transforma de mulher de negócios fracassada de classe média para espiritualista viajante.[79] Ela veste muitos trajes: mãe, esposa, peregrina, aventureira, autora e conselheira.

Se seu manuscrito nunca tivesse saído daquele armário empoeirado, teríamos apenas a versão impressa que Wynkyn de Worde fez de Margery, na qual ele a transforma em uma ouvinte e contempladora silenciosa, em vez da mulher franca que sabemos que ela é. Mas graças à autodeterminação de Margery e aos esforços de Hope Emily Allen, uma mulher do século XX que também desafiava as convenções, temos acesso a uma inestimável fonte histórica.

Margery resume com perfeição a complexidade de sua existência na sociedade medieval:

> Algumas pessoas diziam que era um espírito mau que a atormentava; alguns diziam que era uma doença; alguns diziam que ela tinha bebido vinho demais; alguns a amaldiçoavam; alguns desejavam que ela fosse jogada no porto; alguns desejavam que ela fosse colocada no mar em um barco sem fundo. Outros a amavam e estimavam.[80]

O regente de Leicester condena Margery com estas palavras: "Ou você é uma mulher realmente boa, ou então é uma mulher realmente má".[81] Mas é impossível reduzir Margery a simplesmente "boa" ou "má". Ela é como todos nós, contraditória e mutável. Graças à sobrevivência de seu *Livro*, após seis séculos somos capazes de vê-la como plenamente humana.

9. EXCEPCIONAIS E EXCLUÍDAS

Não existe luta por uma questão única
*porque não vivemos vidas com questões únicas.**

Audre Lorde

Identidades no passado e agora

Este livro se concentrou em um grupo de mulheres que realçam temas específicos – diplomacia, produção artística, guerra, letramento e liderança – em momentos específicos ao longo de todo o período medieval. Cada mulher é uma complexa rede de características. Embora nem sempre possamos determinar com precisão indicadores como vestimentas, penteado, comportamento e maneirismos, cuja reconstrução é praticamente impossível, aspectos que outras pessoas podem ter usado para definir essas mulheres – como sua classe social, religião, idade, situação conjugal e de maternidade – podem ser obtidos. Às vezes é difícil determinar até mesmo isso. É muito mais difícil, então, alcançar outras facetas que, para elas, talvez fossem mais representativas de suas identidades. Questões de gênero, sexualidade, raça e deficiência são muitas vezes difíceis de acessar

* Audre Lorde, *Sister Outsider: Essays and Speeches by Audre Lorde* (Crossing Press, 2007), p. 138. A tradução é de Stephanie Borges, presente na edição brasileira intitulada *Irmã outsider: ensaios e conferências*, publicada pela Editora Autêntica em 2019. (N.E.)

a partir das evidências históricas que sobreviveram. Mas conforme a História como disciplina se abre cada vez mais para novas abordagens, e os pesquisadores reveem seus pontos de vista com o objetivo de levar essas questões em consideração, uma visão mais completa dos indivíduos vai surgindo.

Saber que pessoas de diferentes classes, origens, raças, religiões, deficiências, gêneros e orientações sexuais sempre fizeram parte da história nos permite descobrir a nós mesmos no passado. Também serve para nivelar as condições de jogo daqui para a frente. O mundo moderno não foi construído só por homens ricos e poderosos. As mulheres sempre fizeram parte dele, assim como todo o espectro da diversidade humana, mas só agora estamos começando a ver o que sempre ficou escondido debaixo dos narizes de todos.

Agora que nos aproximamos do fim do livro, quero explorar as experiências não da elite, mas das classes mais baixas.[1] Muito mais áreas fascinantes de estudo estão emergindo.[2] Descobertas recentes com frequência são resultado da busca de mulheres estudiosas por novas maneiras de encontrar indivíduos que, se não fosse por elas, continuariam sendo ignorados.[3] Reformulando o que estamos procurando, podemos encontrar mais pessoas do período medieval que colocam em primeiro plano narrativas antes perdidas.

A cidade de Londres, agitada, cosmopolita e diversa na segunda metade do século XIV, é um local de estudo particularmente rico, uma vez que muitas evidências escritas e arqueológicas desse tempo e lugar ainda sobrevivem. Londres se tornou a capital do país no século XII, quando a corte real foi transferida de Winchester para Westminster. Um caldeirão de povos tanto no passado como hoje, a Londres medieval era o lugar onde os super-ricos e os miseráveis viviam lado a lado. As docas da cidade eram uma fonte de renda e ligavam mercadores, comerciantes e artesãos às guildas de toda a Europa. No século XIV, a população era de quase 80 mil pessoas, e muitas delas haviam migrado para a cidade de outras partes das Ilhas Britânicas, da França, do Báltico, da Itália e da Espanha.[4] Combinados aos achados arqueológicos, os registros da cidade permitem que nos aproximemos das pessoas da Londres medieval e observemos sua população por volta da época da Peste Negra e suas consequências, um momento crucial da história.

Descoberta!

2019 – Museu de Londres, Londres, Inglaterra

A doutora Rebecca Redfern está onde costuma estar: debruçada sobre um conjunto de ossos no depósito do Museu de Londres. Cada vez mais frustrada pelas afirmações de historiadores de que "não há pessoas com ancestrais negros na cidade durante certos períodos", ela está reunindo evidências arqueológicas de que havia diversidade na cidade medieval.[5] Organizando um conjunto de ossos que conhece bem, Rebecca revisita uma escavação ocorrida entre 1986 e 1988 em East Smithfield, perto da Torre de Londres. Esse lugar é uma janela para um dos momentos mais dramáticos e cataclísmicos da história.[6] Foi criado para acomodar as vítimas da Peste Negra, a praga que dizimou a Europa. Londres foi especialmente afetada: até 60% da população foi exterminada.

O movimento constante de pessoas e bens através da cidade medieval ajudou a disseminar a bactéria *Yersinia pestis*, provavelmente por meio das pulgas que viviam nos ratos escondidos em navios de carga ou em contêineres.[7] Embora já estivesse presente em toda a Europa em 1347, foi no outono de 1348 que a doença assolou a cidade de Londres, levando o rei Eduardo III a fechar todos os portos e decretar estado de emergência. Durante os dois anos que se seguiram, cerca de trezentas pessoas morriam por dia, e a população esgotada precisava lidar com o enterro seguro e o descarte de um enorme volume de corpos. Muitos continuaram sendo enterrados nos adros paroquiais, mas dois cemitérios de emergência foram sancionados pela Igreja e pela Coroa: um em West Smithfield e outro em East Smithfield. O primeiro pedido registrado de enterro em East Smithfield veio de um peixeiro chamado Andrew Cross em 1349, então sabemos que a essa altura o local já era um cemitério consagrado. O local continuou a ser usado para enterros até o século XVI, mas a vala da Peste Negra só ficou ativa por cerca de dois anos, propiciando um contexto único para os restos humanos lá encontrados.

Na década de 1980, definiu-se que a área seria destinada a outras finalidades, e então uma extensa escavação arqueológica foi realizada. Cerca de 20 mil metros quadrados de cemitério foram descobertos, mas isso era apenas metade da área total: o restante estava sob edifícios já existentes. Quando os arqueólogos abriram os túmulos, ficou claro que todos os corpos haviam sido tratados com o mesmo grau de respeito. Foram cuidadosamente colocados em fileiras, alguns em caixões de madeira, muitos totalmente vestidos e até mesmo enterrados com bens de valor. No total, os ossos de 634 indivíduos foram recuperados, embora alguns estivessem parcialmente corroídos pelos produtos químicos que vazaram das caixas-fortes da Royal Mint, a casa da moeda localizada acima. Quase quarenta anos depois da descoberta dos ossos, Rebecca os está analisando mais uma vez, escolhendo os mais adequados para a sua forma inovadora de osteoarqueologia.

Quarenta e um esqueletos do cemitério de East Smithfield são escolhidos para análise. Rebecca e sua equipe empregam uma gama de técnicas diferentes, como análise forense, medidas faciais, métodos de ancestralidade macromorfoscópicos, sequenciamento genômico de DNA antigo e análise de isótopos estáveis, que mede os elementos químicos depositados ao longo do tempo nos dentes e ossos.[8] Esses exames são dispendiosos e demorados, de modo que esse tipo de pesquisa – e seus achados revolucionários – estão fora do alcance de muitas escavações arqueológicas. As bases de dados ainda engatinham, mas Rebecca está determinada a usar todas as técnicas disponíveis para conseguir um retrato fiel de Londres sob a Peste Negra.

Seus resultados revelam que muitos dos ossos pertencem a pessoas que viviam em lugares fora de Londres, como Gales, Devon, Cornualha e as ilhas ocidentais da Escócia. Setenta e um por cento dos esqueletos foram identificados como europeus brancos, enquanto 29% foram classificados como asiáticos, africanos ou de herança genética dupla. Destes, quatro mulheres e três homens tinham ascendência negra africana. Uma mulher tinha ascendência negra africana/asiática, mas evidências de seus dentes e ossos revelaram que ela cresceu na Grã-Bretanha. Outros também exibiam ascendências diversas. No censo de Londres de 2021, cerca de 60% da população é registrada como branca e os 40% restantes, como asiáticos, negros, mestiços e outros. Os resultados desse estudo sugerem que, se você caminhasse pelas ruas da Londres medieval, poderia esperar encontrar uma gama de pessoas similarmente diversa.

Um esqueleto merece atenção particular.[9] Os dentes, que são essenciais para a análise de isótopo, sobreviveram em boas condições, e outros ossos confirmam que se tratava de uma mulher. Técnicas inovadoras de testagem sugerem que o esqueleto era de uma mulher negra africana que se mudou para Londres na época da Peste Negra e morreu com cerca de 40 anos. Como muitas das pessoas enterradas no cemitério de East Smithfield, seus ossos mostram evidências de problemas de saúde causados pelas condições de vida em um ambiente urbano densamente povoado. Insalubridade, superpopulação e suprimentos variáveis de alimentos afetavam negativamente os habitantes de Londres em comparação com as populações rurais, com um aumento dos riscos de doenças e morte.[10]

A primeira metade do século XIV foi um período especialmente difícil na Inglaterra. Problemas ambientais, como fome e desastres naturais, afetaram boa parte do norte da Europa, e a Grande Fome de 1315–1322 teve impactos dramáticos e duradouros.[11] Há evidências claras em muitos dos ossos de East Smithfield de trauma infantil causado por má nutrição, deficiências vitamínicas e doenças infantis. Os dentes das pessoas que cresceram durante os tempos da fome têm o esmalte marcado, ecos de infâncias fisicamente difíceis. Mas a mulher negra africana de East Smithfield não apresenta essas evidências de trauma infantil, sugerindo que, quando criança, teve uma dieta mais saudável. Esse é um padrão visto em todas as vítimas da Peste Negra que cresceram fora do norte da Europa, incluindo aquelas que passaram a infância na Ásia e no Mediterrâneo. Em comparação com o mundo mais amplo, "o Ocidente" não era tão próspero quanto hoje supomos que fosse.

Mas os ossos dessa mulher revelam doenças no manguito rotador e degeneração na coluna vertebral, que teriam lhe causado dor, sugerindo a realização de atos repetitivos e de esforços físicos regulares. Ela não era a única: a maioria dos esqueletos escavados em East Smithfield tinha danos nas articulações. Essa mulher negra africana foi submetida às mesmas duras condições de vida que muitos londrinos da classe trabalhadora no século XIV, mas com base apenas nos ossos é impossível determinar se era escravizada ou livre, pobre ou rica. O que sabemos é que não nasceu na cidade e provavelmente chegou a Londres após uma longa viagem.

Migração, escravidão, raça e religião

Ao longo de todo o período contemplado neste livro, fica claro que mesmo locais aparentemente remotos tinham contato com pessoas de muitas centenas ou mesmo milhares de quilômetros de distância. Como provaram as outras mulheres que figuram neste livro, o período medieval não foi tão provinciano quanto pensamos. O comércio levava mercadorias pelas estradas e pela água, e foram descobertas sedas na Escandinávia e conchas do oceano Índico na Nortúmbria. As pessoas também se deslocavam, por meio de peregrinações, viagens, migração e tráfico. Com efeito, a maioria dos habitantes dos centros urbanos medievais era imigrante ou descendia de imigrantes.[12] Onde quer que houvesse comércio, haveria vendedores, viajantes e mercadores de diferentes origens, raças e religiões.

Esse certamente era o caso nas cidades conectadas pela Liga Hanseática, mas durante o período da expansão viking também havia pessoas se deslocando e sendo deslocadas da Ásia, do Oriente Médio e do norte da África para a Europa e vice-versa. Existe até mesmo uma referência a vikings que teriam voltado da Terra Nova com duas crianças nativas da América, que podem ter se estabelecido e então entrado no fundo genético da Islândia.[13] Em 2011, foi identificada na população islandesa uma característica de DNA (C1e) que não tem origem europeia ou asiática e que pode ter chegado com uma mulher nativa da América por volta do ano 1000 d.C.[14] Pessoas escravizadas se deslocavam em múltiplas direções e tinham diferentes origens étnicas. Embora alguns historiadores sustentem que "não havia escravizados no norte da Europa no final do período medieval, muito menos escravizados negros", isso simplesmente não é verdade.[15]

A escravidão perdurou após o colapso de Roma, e, durante os séculos que ficaram conhecidos como as "Invasões Bárbaras", prisioneiros de guerra foram reunidos e deslocados, vendidos ou forçados a se tornarem servos. Milhares de escravizados irlandesas foram levadas para a Islândia, e seu DNA foi integrado ao dos homens noruegueses durante a colonização original ocorrida nos séculos IX e X. Escravizados caucasianos eram altamente valorizados na Espanha islâmica, e as mulheres eram escolhidas para dar à luz os filhos dos califas de Córdoba. O próprio são Patrício descreve sua vida como escravizado, e existe um registro de um escravizado africano negro sendo transferido via Marrocos para a Irlanda no século IX.[16] Registra-se uma queda na escravidão perto do final do século X, possivelmente graças aos esforços da Igreja cristã para libertar indivíduos em atos de misericórdia, mas também é possível que a terminologia tenha simplesmente mudado.[17] Ao longo de boa parte da Baixa Idade Média, a escravidão foi substituída pela servidão, e o trabalho gratuito passou a ser fornecido pelos pobres mais próximos de casa, e não pelos importados do exterior. O Domesday Book registra que, após a Conquista Normanda de 1066, cerca de 10% das pessoas apareciam listadas sob o termo em latim "*servus*", mas se eram servos ou escravizados é algo incerto. Embora a base jurídica da escravidão tenha desaparecido em toda a Europa durante o século XIII, não há dúvida de que o comércio de pessoas escravizadas continuou a ocorrer. Um registro da Catalunha de 1410 contava 10 mil escravizados africanos na região.[18]

Apesar de a escravidão medieval ter sido menos coordenada que o comércio transatlântico de escravizados iniciado no século XVII, as fundações do racismo foram estabelecidas nessa época.[19] É verdade que a natureza internacional da Igreja cristã medieval fazia dela uma entidade diversa e cosmopolita, e contingentes de diferentes origens se deslocavam entre países e continentes para onde quer que fossem necessários, a fim de ocupar cargos. Na Cantuária do século VII, o arcebispo era o grego/turco Teodoro de Tarso, enquanto o abade da igreja de Santo Agostinho, de grande influência, era Adriano, um berbere do norte da África.[20] Mas, durante a maior parte do período medieval, diferenças de religião, etnia e raça foram demarcadas, e os Estados e a Igreja alimentaram sentimentos xenofóbicos em diversos momentos, de olho em ganhos econômicos ou políticos.[21] Novas linhas foram traçadas em 1095, quando o papa Urbano II convocou "todos os cristãos" para uma cruzada cujo objetivo era retomar a Terra Santa do controle muçulmano:

> Uma raça do reino dos persas, uma raça amaldiçoada, uma raça totalmente alienada de Deus; de fato, uma geração que não dirigiu seu coração e não confiou seu espírito a Deus, invadiu as terras daqueles cristãos e as despovoou pela espada, pela pilhagem e pelo fogo.[22]

Os cruzados dos séculos XI a XIII alimentaram hostilidades entre "eles" e "nós", cristãos e não cristãos. A Igreja da Baixa Idade Média se enraizou segundo divisões raciais, incentivando atos de violência contra grupos minoritários, incluindo comunidades judaicas, e diferenciando cristãos de "árabes" e "mouros". O preconceito e os ataques sofridos pelos judeus na Inglaterra são um exemplo impressionante dessa hostilidade.[23] No início do século XIII, circularam falsos relatos de "libelos de sangue", nos quais os judeus eram acusados de sacrificar crianças cristãs durante seus rituais.[24] Como resposta, reportaram-se incidentes em Norwich, Gloucester, Bury St. Edmunds, Bristol e Lincoln, nos quais judeus foram reunidos e mortos. O pior massacre aconteceu na Torre de Clifford, em York, em 1190. Após serem presas dentro da torre e ameaçadas de morte ou de conversão forçada, a maioria das famílias judaicas tirou suas próprias vidas. As restantes foram mortas pela multidão. Cerca de 150 pessoas morreram durante o massacre.[25] O sentimento antissemita fermentou e cresceu na Inglaterra até 1290, quando o país se tornou o primeiro a expulsar todos os judeus à força. A retórica e os tratados teológicos cristãos alimentaram esse ódio.

Mas as cruzadas também tiveram um efeito globalizador, já que milhares de europeus viajaram para o Oriente e encontraram culturas, civilizações, ideias e povos que lhes eram desconhecidos. As extremidades do mundo conhecido ofereciam novas oportunidades para o comércio e a expansão. Esses laços com povos árabes e africanos foram cada vez mais explorados por mercadores ao longo das fronteiras do Leste Europeu, da Itália e da Espanha. O potencial para ampliar o alcance global também não passou despercebido dos governantes internacionais. No século XII, o imperador Frederico Barbarossa buscou expandir o Sacro Império Romano-Germânico, para que ele abarcasse toda a cristandade e além. Introduziu

Pintura mural mostrando o imperador do Sacro Império Romano-Germânico, Frederico II, apresentando a si mesmo à maneira de seu antecessor Barbarossa com súditos imperiais, Basílica San Zeno Maggiore, Verona, *c.* 1230.

imagens de pessoas não brancas nas artes visuais de sua corte, e representações de santos negros, como São Maurício, se multiplicaram, a fim de mostrar a influência internacional do cristianismo, com Barbarossa à sua frente. Ele atraiu para sua corte gente de toda a Europa, da Ásia e da África,[26] favorecia acadêmicos islâmicos e firmou tratados de paz com o sultão do Egito para assegurar uma presença cristã em Jerusalém. Sempre em conflito com o papado, a tolerância de Barbarossa aos não cristãos era criticada pela Igreja. Apesar disso, a imagem de um Sacro Império Romano-Germânico diverso e em expansão teve um impacto duradouro sobre a arte, o pensamento e a formação de Estados medievais.[27]

Após o governo de Barbarossa, a ideia de que o cristianismo abarcava os três continentes conhecidos continuou a se expressar na arte. Ao longo da Idade Média, os três reis magos – Gaspar, Melchior e Baltasar – passaram a ser cada vez mais representados com diferentes tons de pele na arte do norte da Europa: Gaspar, velho e pálido, representaria a Europa; Melchior, mais escuro e de meia-idade, a Arábia; e Baltasar, o mais jovem dos três e com a pele mais escura, a África. Os três homens sábios do "Oriente" diferem em idade e etnia, mas se unem em sua adoração ao Cristo menino.

O Mapa-múndi de Hereford, do século XIII, exibe Jerusalém no centro do mundo, e a Europa, a Ásia e a África religiosamente unidas por meio

A Adoração dos Reis Magos, de um Livro de Horas, muito provavelmente feito na Provença, França, *c.* 1480–1490, Museu J. Paul Getty, MS. 48, fólio 59v.

de uma rede de igrejas. As áreas da África e do Oriente fora da cristandade, entretanto, são exibidas como se populadas por criaturas estranhas: blêmios sem cabeça com o rosto no peito ou monópodes de pés gigantes. O medo do outro estava enraizado, e os habitantes da África e da Ásia que não faziam parte da cristandade eram considerados raças monstruosas na periferia da civilização.

A Peste Negra levou as relações raciais a um ponto de mutação. A culpa pela doença foi atribuída aos judeus, aos muçulmanos, aos estrangeiros, aos pobres e aos migrantes, e grupos minoritários foram alvos de violência.[28] A mão de obra se reduziu, e as pessoas se deslocaram em busca de novas oportunidades de trabalho, aumentando a diversidade populacional nos centros urbanos, o que também aumentou as tensões. É contra esse pano de fundo de rápida transformação que surge uma ênfase cada vez mais negativa sobre a cor da pele nos textos e nas artes visuais de fins do período medieval. A "brancura" passa a ser igualada à santidade e à bondade, enquanto a "negritude" significava o mal.[29] Esse racismo flagrante foi se entranhando cada vez mais durante o Renascimento por meio das atividades expansionistas da dita Era dos Descobrimentos. Portugueses, espanhóis, franceses, ingleses e holandeses comercializaram vidas ao longo dos séculos XVI e XVII, e estabeleceram as bases para os preconceitos da era moderna. Então, para obter uma noção mais verdadeira de Londres nesse ponto de virada – na época da Peste Negra –, é essencial compreender onde preconceitos mais modernos tiveram origem.

Como uma mulher negra africana acabou em uma sepultura para vítimas da Peste Negra em Londres? Ela pode ter chegado devido a conexões diplomáticas ou comerciais, mas o volume de trabalho físico que o corpo dela desempenhava sugere que ela era da classe trabalhadora ou estava em uma posição de servidão. Há registros que sobreviveram do final do período medieval cujo objetivo original era taxar "estrangeiros" na cidade, que descrevem os habitantes de Londres como oriundos de países de todo o mundo, incluindo Índia, Grécia e Escandinávia, e registram quase quinhentos criados estrangeiros. Os colonos mais proeminentes eram mercadores italianos das grandes cidades de Gênova, Veneza e Florença.[30] Os italianos, assim como outras pessoas ligadas ao sul da Europa, talvez estivessem acompanhados de criados africanos negros. Cidades mercantis italianas frequentemente negociavam com o Califado Islâmico, e a mulher pode ter partido das regiões subsaarianas para o norte e então sido vendida como escravizada no Mediterrâneo.

Registra-se em 1259 que o cavaleiro siciliano Roger de Lyntin busca seu "escravo etíope" que escapou e está em fuga.[31] Criados negros africanos eram usados como exibição de riqueza e influência; espólios do comércio internacional com países exóticos. Será que a mulher enterrada em East Smithfield chegou com mercadores italianos, ou será que encontrou outro caminho para Londres? Não podemos saber ao certo, mas sua presença e a de tantas outras pessoas com origens e etnias diferentes nos lembram de que lugares como a Londres medieval eram complexos, diversos, cosmopolitas e experimentavam muitos dos problemas e conflitos que vêm com isso. A cidade também era um caldeirão em termos de gênero e sexualidade.

Descoberta!

1995 – Corporation of London Records Office [Escritório de Registros da Corporação de Londres], Londres, Inglaterra

Seguindo a sugestão da colega medievalista Sheila Lindenbaum, Ruth Mazo Karras está abrindo um rolo de velino contendo as Petições e Memorandos para Londres [Plea and Memoranda for London] do ano de 1395 – um conjunto abrangente de registros de julgamentos realizados pelo prefeito da cidade.[32] No segundo pergaminho, ela encontra uma entrada inesperadamente longa. As versões oficiais desses textos medievais, publicados nos anos 1920 e 1930 por A. H. Thomas em seu *Calendar of Select Pleas and Memoranda of the City of London* [Calendário de petições e memorandos selecionados da cidade de Londres], incluem uma simples frase no lugar desse extenso documento. Thomas registrou esse caso como um "exame de dois homens acusados de imoralidade, um dos quais implica diversas pessoas, homens e mulheres, em ordens religiosas".[33] A edição definitiva desses documentos ocultou quaisquer referências a atos sexuais – um sinal das angústias contemporâneas, e não das medievais, relativas à sexualidade. Mas, como descobre Ruth Mazo Karras, a entrada integral não editada oferece uma visão nova e surpreendente da vida de uma pessoa, suas experiências como trabalhadora do sexo e os desafios sociais que enfrentou em termos de sexualidade e gênero.[34]

O relatório original cita tanto John Rykener como Eleanor Rykener. Vou me referir a elu como Eleanor – o nome que escolheu para si.[35] No primeiro domingo de dezembro de 1394, perto das nove horas da noite, oficiais da cidade de Londres afirmaram ter encontrado dois homens deitados juntos sobre uma barraca em Soper Lane, Cheapside, "no mais execrável e infame vício".[36] Essa era uma área associada à prostituição, como atestam os nomes de ruas Gropecunt e Popkirtle Lane.*[37] Eleanor e John Britby, natural de Yorkshire, foram ambos presos e levados à presença do prefeito de Londres, com "John Rykener, chamando [a si mesmo] de Eleanor, tendo sido detectado em roupas femininas".

Eleanor foi prese pela realização de um ato sexual com um homem enquanto vestide como mulher. Seu testemunho descreve, então, anos de travestimento, além de encontros homossexuais e heterossexuais com homens, mulheres, clérigos e freiras, às vezes fantasiade de costureira ou garçonete, às vezes vestide como homem. Esse caso revela aspectos do passado medieval como poucos outros.

As primeiras duas décadas do século XXI viram discussões sobre gênero e sexualidade assumirem o primeiro plano tanto nas universidades como no discurso público. O movimento pelos direitos das pessoas transgênero tem feito campanhas reivindicando esclarecimentos sobre a situação jurídica dessas pessoas e proteção contra discriminações e violência, afirmando que os direitos trans são direitos humanos. Embora possa parecer que essas questões são um fenômeno inédito, a não conformidade de gênero tem raízes antigas. Documentos sumérios de mais de 4.500 anos atrás fazem referência aos "gala" – sacerdotes que cuidavam dos templos da deusa Inana e que eram descritos como nem homem nem mulher.[38] Em uma sepultura em Praga, datada do terceiro milênio antes de Cristo, descobriu-se um esqueleto masculino em roupas femininas.[39] Elagábalo,** imperador romano de 218 a 222 d.C., era referido por pronomes femininos e supostamente solicitou uma cirurgia de redesignação sexual.[40] E Anastácia, a Patrícia,

---

* "Gropecunt" poderia ser traduzido como "Agarra boceta" e "Popkirtle" como "Estoura vestido". (N.T.)

** Também conhecido como "Heliogábalo", numa grafia alternativa. (N.E.)

dama de companhia da imperatriz Teodora, fugiu da corte e passou 28 anos vestida como um monge homem no Egito.[41]

Como a Mulher Guerreira de Birka, todos esses indivíduos se apresentavam de maneiras que desafiavam as normas sociais de gênero. Mas, hoje, sem quaisquer testemunhos pessoais escritos, determinar exatamente como eles se autoidentificavam em termos de sexualidade pode ser impossível. Os únicos registros que temos de comportamentos não heterossexuais são de textos jurídicos, que documentaram o interrogatório de pessoas suspeitas da realização de atos que subvertiam as normas sociais.[42] Esses textos são altamente tendenciosos e usam uma linguagem condenatória para se referir à pessoa em questão e seus comportamentos. A sobrevivência do registro sobre Eleanor é de extrema raridade. No testemunho delu, conseguimos vislumbrar comportamentos e ações, como elu era percebide na época e o que elu revela de modo mais amplo a respeito dos gêneros e da sexualidade na Londres medieval.

Travesti, transgênero, não binárie?

Aplicar retrospectivamente termos que só recentemente foram definidos para descrever indivíduos do passado é problemático, já que eles mesmos não dispunham desses quadros de referência. Mesmo hoje, rótulos e pronomes nem sempre são adequados para descrever a natureza multifacetada da identidade e da sexualidade. Leslie Feinberg, ativiste trans, escrevendo no final da década de 1990, expressa isso a partir de sua perspectiva:

> Você é um cara ou uma garota? Ouvi essa pergunta a minha vida inteira. A resposta não é tão simples, pois nenhum pronome da língua inglesa é tão complexo quanto eu sou, e não quero me simplificar para caber direito em um ou outro.[43]

Mas não precisamos que nossa terminologia seja exata para compreender que o mundo medieval não era tão binário quanto podemos imaginar. Diferentemente do esqueleto feminino de Birka ou dos restos masculinos de Praga, temos um relato da vida de Eleanor em seu interrogatório pelo prefeito de Londres. Assim como no caso das mulheres cátaras, cujos testemunhos foram colhidos sob pressão e tortura, o relato de Eleanor pode ter sido adaptado, alterado e exagerado. Elu certamente deu seu depoimento em inglês, e ele depois foi traduzido para o latim, de modo que alguns elementos podem ter se perdido na tradução. Mas o registro do julgamento destaca questões de gênero e sexualidade, e revela momentos da vida de Eleanor nos quais elu se identificava como homem e outros nos quais se identificava como mulher.

Eleanor foi prese por atos de sodomia e prostituição, mas aparentemente não foi processade por nenhum desses crimes. Os limites legais não são claros, pois as trabalhadoras do sexo raramente eram presas na Londres do século XIV, e, embora a sodomia fosse investigada pela Igreja, ela não era um crime pelo direito comum.[44] Certamente o tribunal do prefeito não era o lugar adequado para julgar nenhum desses casos.[45] Mas o testemunho de Eleanor implicou um grupo de pessoas, incluindo membros do clero, monges e religiosas. Isso sugere que o tribunal do prefeito não estava preocupado nem com a prostituição nem com a sodomia, mas estava concentrado no que Eleanor poderia lhes dizer sobre a corrupção moral praticada por indivíduos de alto status. Existe também a implicação de que Eleanor se comportava com desonestidade e de modo enganoso. Elu vendia sexo para clientes e ao mesmo tempo fingia trabalhar honestamente como bordadeire e garçonete, e além disso enganava os clientes homens se vestindo de mulher. Quando John Britby foi questionado quanto ao seu envolvimento, ele disse que pensara ter contratado uma mulher. Eleanor prometeu prestar um serviço a John após eles terem "combinado um preço". Como todas as cidades, Londres era um lugar onde o comércio aquecia a economia, de maneira que enganar alguém durante uma transação podia ser considerado um crime contra a cidade. Fica muito claro que a corrupção era temida em todos os tipos de negociações.[46]

Eleanor foi treinade na prostituição por "uma certa Anna", que, pelo que seu nome sugere, era uma prostituta dos Países Baixos. Elu então foi acolhide por uma mulher de nome Elizabeth Brouderer (sobrenome que faz referência ao seu trabalho como costureira) identificada como Elizabeth Moring, que nos anos 1380 foi julgada por ter um bordel e atrair garotas para a prostituição sob o pretexto de que seriam aprendizes de bordado.[47] Eleanor parece ter sido treinade em ambas as artes e teve êxito trabalhando como costureire e prostitute durante o verão de 1394 em Oxford e Beaconsfield.

As alegações de uso de má-fé persistiram quando Eleanor descreveu que Elizabeth primeiro apresentava os clientes à sua própria filha Alice "à noite sem luz". Eles então eram mandados para a cama no escuro, mas, quando acordavam, Eleanor se revelava como a mulher com quem haviam dormido.

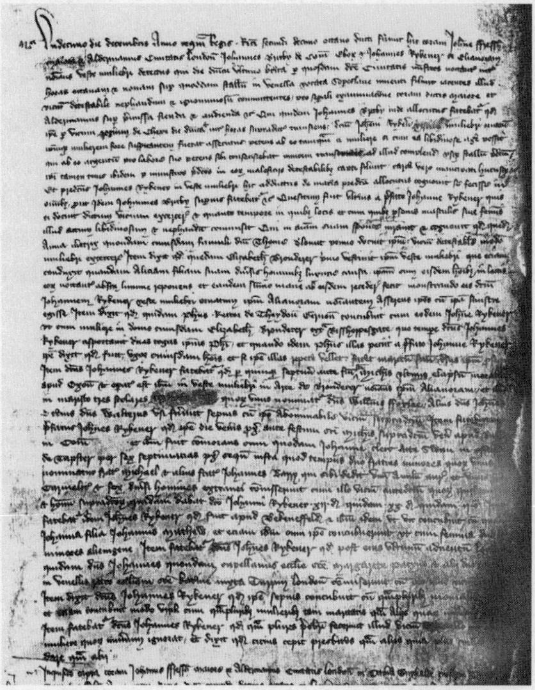

Interrogatório de Eleanor Rykener no Guildhall, Londres, 1394–1395, Corporation of London Records Office, Plea and Memoranda Roll A34, m.2.

O registro do julgamento contém uma lista de pessoas com as quais Eleanor fez sexo e quanto elas pagaram, incluindo três acadêmicos em Oxford, dois franciscanos – um dos quais lhe deu um anel de ouro em pagamento – e seis "homens estrangeiros" que pagaram entre doze *pence* e dois *shillings* pelo "vício acima descrito". Eleanor também declara que fez sexo com uma mulher chamada Joan em Beaconsfield e com "muitas freiras" enquanto vestide como homem. Elu não faz menção a pagamentos por encontros com mulheres, mas especifica que "atendia padres mais prontamente que outras pessoas porque eles desejavam dar mais [em pagamento] que os outros". Isso significa que o tribunal do prefeito estava sondando as transações financeiras relativas a essas interações. Existe claramente um pano de fundo político e econômico, assim como moral, para o julgamento de Eleanor Rykener.[48]

O rei Ricardo II tinha acabado de devolver o controle de Londres ao prefeito, tendo despojado a cidade de suas liberdades civis dois anos antes devido a acusações de má gestão. E poucas semanas após o julgamento do caso de Eleanor, as "Doze Conclusões dos Lollardos" foram pregadas às portas da Abadia de Westminster e da catedral de São Paulo. A terceira conclusão se opõe à sodomia entre o clero, demonstrando que um sentimento de indignação moral era frequente em Londres. Nota-se um tom distintamente moralizante nas petições registradas junto à de Eleanor, e os relatos anteriores e seguintes solicitam apoio para o pagamento de dívidas e a propriedade de imóveis, todos apresentados como problemas que necessitavam da mão justa do tribunal. Essas petições sugerem que a sociedade continuava abalada por causa da Peste Negra e a cidade precisava de reformas.[49] Era um dever do prefeito agir com dureza para implementar as mudanças tão necessárias.

Três tipos de angústia social permeiam o julgamento: o medo de comerciantes mulheres, cujos números aumentaram após a praga; o medo de membros imorais da Igreja; e o medo de estrangeiros. O caso de Eleanor deve ser visto contra um pano de fundo de agitação social e de relações financeiras e políticas complicadas entre a cidade, o prefeito e o rei. Apenas dez meses antes da prisão, um toque de recolher foi imposto às oito horas da noite aos "estrangeiros" que estivessem na cidade. Foi uma resposta a um aumento nos crimes violentos, como descreve uma intimação registrada no *City Letters Book* [Livro de cartas da cidade]:

> Muitos homens foram atacados e mortos, por razão do recurso frequente a e em associação com prostitutas comuns, em tavernas, cervejarias de ambulantes [...] nós por nosso comando proibimos, por ordem de nosso senhor o Rei, e o Prefeito e os Conselheiros da cidade de Londres, que qualquer mulher desse tipo circule ou se aloje na dita cidade, ou nos subúrbios dela, de noite ou de dia.[50]

Eleanor foi pegue com John Britby entre oito e nove horas da noite, o que talvez seja mais significativo do ponto de vista jurídico que a sodomia ou a prostituição. Eles desobedeceram ao toque de recolher, e Britby era um "estrangeiro" de Yorkshire. Mas o tribunal não parecia saber muito bem como aplicar essas regras a um homem vestido de mulher, já que não há um desfecho registrado para o caso, o que é muito incomum. Será que o tribunal não sabia se processava Eleanor como mulher por prostituição ou como homem por sodomia? Ou será que o julgamento foi uma maneira de refletir a intenção do prefeito de reformar a cidade de Londres do ponto de vista moral? Houve até quem sugerisse que a coisa toda foi uma forma de sátira política, com Eleanor representando o rei Ricardo II. O caso é complexo, mas o fato de Eleanor conseguir se passar por mulher em diferentes tipos de emprego sugere que, mais que se travestir, elu também performava um comportamento de gênero.[51]

O julgamento de Eleanor ainda é o único documento jurídico sobrevivente da Inglaterra do final da Idade Média a registrar uma relação sexual entre pessoas do mesmo sexo, e, ao longo de toda a transcrição, os escribas parecem ter dificuldades em encontrar os termos adequados para expressar os aspectos sexuais e de gênero do caso.[52] Existem evidências de que mulheres também se travestiam de homem na Londres de fins do período medieval, havendo treze casos documentados entre 1450 e 1553.[53] Eleanor não era a única pessoa se travestindo, embora os registros de seu julgamento sugiram que os representantes da cidade estavam mais preocupados com a desonestidade no comércio, a desobediência ao toque de recolher com um "estrangeiro" e a imoralidade de membros da Igreja do que com a não conformidade de gênero de Eleanor.

Hoje, Eleanor poderia ser descrite como ume trabalhadore do sexo e como travesti, transexual ou transgênero. Mas nenhum desses termos teria sido claro para ê próprie Eleanor. Considerava-se que a prostituição era um ato desempenhado apenas por mulheres, e a sodomia, apenas por homens, ao passo que bissexualismo e travestimento são termos que não aparecem nos textos medievais. Eleanor provavelmente sabia que habitava um mundo marginal e transgressivo, em que subvertia as normas sociais.[54] Apesar de alguns aspectos do caso permanecerem incertos, o testemunho de Eleanor Rykener joga uma luz fraca, mas importante, sobre as atitudes e o comportamento de algumas parcelas da população londrina. Assim como no caso da escavação em East Smithfield, esse julgamento revela uma cidade povoada por pessoas diversas, complicadas e fascinantes, e ajuda a reconstruir uma versão do período medieval que não foi aplainada ou higienizada; uma versão mais parecida com as sociedades complexas em que vivemos hoje.

Pensamentos finais

Eu não tinha previsto o quanto escrever este livro alteraria minhas próprias percepções a respeito de um período ao qual venho dedicando minha vida acadêmica. Assim como tantos outros, fui conduzida por gerações de historiadores que vieram antes de mim, com agendas contemporâneas que frequentemente eram apresentadas sob o disfarce de verdades empíricas. Tentei neste livro uma abordagem diferente, ainda que similarmente enviesada, colocando os holofotes sobre as mulheres. Ela não é menos tendenciosa, e é representativa dos tempos em que estou escrevendo. Mas, ao reexaminar mulheres extraordinárias como Hildegarda e Margery, jogando uma nova luz sobre mulheres sobrescritas como Etelfleda e Jadwiga, e usando descobertas recentes para reconstruir indivíduos perdidos como a Princesa de Loftus e a Mulher Guerreira de Birka, o mundo medieval assumiu feições diferentes.

Esta é uma época empolgante para ser medievalista e historiador. A revolução digital transformou nosso relacionamento com as evidências e nossa forma de conduzir pesquisas internacionais. A tecnologia e os desenvolvimentos científicos nos permitem enxergar através de camadas de solo sem pôr a mão em uma pá e reconstruir os rostos das pessoas do passado. O acesso a arquivos equivale a poder descobrir as mulheres que já caminharam por onde hoje nós caminhamos. Nós as sentimos menos como ecos distantes e mais como vizinhas que um dia compartilharam nossas ruas, edifícios e paisagens. Todos os dias a internet nos lança novas descobertas, abordagens inovadoras e desafios à nossa forma de interagir com a história. Quando movimentos como o Black Lives Matter, o #MeToo, a luta pelos direitos das pessoas transexuais e um número cada vez maior de vozes reprimidas se levantam e capturam a atenção em todo o mundo, também nós devemos ajustar a forma como tradicionalmente nos relacionamos com o passado.

E esse é só o começo da conversa. Essas poucas mulheres que apresento a você aqui são parte de uma maioria silenciosa, e muitas outras vozes aguardam para serem ouvidas. Agora que chegamos ao final deste livro, você também pode empreender a viagem da descoberta. Vá até sua biblioteca local, visite os museus da sua cidade, leia lápides, entre em igrejas, explore os contornos dos campos, pesquise registros na internet, compartilhe suas descobertas com outras pessoas e abra os olhos para o vasto conjunto de evidências que a história depositou ao nosso redor.

Leia textos, contemple obras de arte, examine achados arqueológicos, trace estatísticas ou olhe através de um microscópio. Não importa qual abordagem disciplinar você prefere, todos os assuntos têm um passado, sejam eles matemática, biologia, antropologia ou história da arte. Examine com cuidado a forma como você foi ensinado, faça perguntas sobre quais histórias você *não* está ouvindo e saia da zona de conforto em busca de caminhos menos percorridos. Todos nós somos responsáveis pela maneira como as pessoas vão interpretar, no futuro, os tempos históricos nos quais estamos vivendo. Mas, antes, precisamos olhar para trás para entender onde estamos hoje e para criar o futuro que queremos ver. Essas mulheres medievais mudaram os tempos nos quais viveram e deixaram ecos de suas vidas para que nós os descobríssemos séculos depois. Cada um de nós é parte da sempre mutante passagem da história. É nossa responsabilidade pensar sobre como queremos que ela seja registrada e relembrada.

AGRADECIMENTOS

Este livro levou anos para ser escrito, e ainda mais tempo para ser percolado, contemplado e ruminado. Muita gente participou de sua lenta evolução. Meus maiores agradecimentos vão para aqueles mentores que iniciaram a viagem comigo e me colocaram nesse caminho: Vincent Gillespie, Heather O'Donoghue, Sally Mapstone e Eddie Jones. Sem vocês eu não teria concretizado minha paixão pelo período medieval. A vocês do Centre for Medieval Studies, em York, que abanaram as chamas e me apresentaram às alegrias do estudo interdisciplinar: Elizabeth Tyler, Matt Townend, Katy Cubitt, Tim Ayers, Lucy Sackville, Sarah Brown, Nicola MacDonald, Alice Cowen, Sarah Rees-Jones, Julian Richards, Martin Carver, Richard Marks e Christopher Norton. Amor e gratidão especiais às duas mulheres que me deram minhas asas acadêmicas: Jane Hawkes e Mary Garrison.

Colegas, amigos e alunos contribuíram muito para me ajudar a aprender e crescer. A Jeanne Neuchterlein, Michael White, Jason Edwards, Anthony Geraghty, Amanda Lillie, Jo Applin, Megan Boulton e Andrew Wilkinson, do Departamento de História da Arte, em York – vocês ainda são meu maior apoio. Obrigada ao Departamento de História da Arte da Universidade Warwick; Jenny Alexander, Louise Bourdua, Rosie Dias, Michael Hatt, Paul Smith, Claire Nicholls, Louise Campbell, Julian Gardner, Michael Rosenthal e Julia Brown. Aos colegas dos Departamentos de História e Arqueologia da Universidade de Winchester, incluindo Ryan Lavelle, Barbara Yorke, Michael Hicks e Carolyn Esser. E à minha antiga e atual casa, a Universidade de Oxford. Muito obrigada a todos que me ajudaram em meu caminho: Jonathan Michie, Sandie Byrne, Alison MacDonald,

Yasmin Khan, Jonathan Healey, Kristine MacMichael, Mary Acton, Patrick Doorly, Jan Cox, Gill White, Hubert Pragnell, Manya Pagiavla, Oliver Gosling, Tony Buxton, Bryony Leighton, Christina Allen, John Ballam, Elizabeth Gemmill, Tom Buchanan, David Griffiths, Geraldine Johnson, Gervase Rosser, Adrian Stokes, Tara Stubbs, Paul Barnwell, Carly Watson, Hazel Arrandale, Claire Kelly, Claire O'Mahony. Àqueles em Harris Manchester College, a minha nova casa colegiada: Linda Hulin, Lesley Smith, Jane Shaw e Kate Wilson. Ao The Oxford Research Centre in the Humanities (TORCH) e todo o trabalho incrível que vocês fazem, especialmente Victoria McGuiness, Marcus du Sautoy e Oliver Cox. Membros da Bodleian Library e do Ashmolean Museum, especialmente Sarah Holland. Sally Dormer e Bryony Smith do V&A. E aos queridos amigos Peter Frankopan e Martin Kemp – o que eu faria sem vocês? Rebecca Henderson, como eu queria que você ainda estivesse aqui. Duas das minhas maiores influências também não estão mais conosco. Cathy Oakes e Angus Hawkins, devo tudo a vocês.

Para meus alunos de doutorado, Sez Maxted, Elodie Noel e Melena Meese – vocês carregam a chama adiante. Para todos aqueles alunos que me ensinaram, incluindo os de Berkeley/UNC Summer Schools, Exeter College Programmes, Certificate and Diploma in History of Art, OUDCE e mais. Para minhas amigas da National Society for Education in Art and Design (NSEAD), Michelle Gregson e Rachel Payne. Para aqueles do Arts and Humanities Research Council (AHRC) que têm apoiado meu trabalho e continuam como colegas apreciados. Todos da equipe do Pantheons e St. Paul's Cathedral. Meus incríveis colegas do Gloucester History Festival e da Universidade de Gloucestershire, especialmente Sarah Smyth, Sarah Rawlings, Jacqui Grange, Richard Graham, John Lovell, Christian O'Connell, Jason Smith, Candia McKormack, Jo Durrant, Mhairi Smith, Donna Renney, Andrew Armstrong (especialmente pela ajuda com Etelfleda) e a tantos outros mais. Michelle Castelletti e todos do Oxford Festival for the Arts. Emma Griffin e a Royal Historical Society. Colegas e amigos da Royal Society of Arts, Thames Landscape Trust, Stained Glass Protection Society, Art History in Schools, Association for Art History, WEA, Climate Coalition e todas as organizações que me sinto honrada em apoiar. A Team Dr J. – as melhores pessoas – Christy, Margy, Rich, Adele, Rebecca, Robert, Wayne, Angelica, Luna, Andrew, Marky e Kaz.

Meu amor especial à St. Bernard's Convent School, à irmã Mary Stevens, ao senhor Walsh e a todos que me inspiraram, especialmente meus professores de História e Inglês. Stephanie Boylan, você sabe que você é o motivo.

Tive a honra de trabalhar com tantas equipes e pessoas incríveis em meu trabalho na mídia, incluindo Alleycats, Oxford Film and Television, Tin Can Island, HistoryHit, Sky History e colegas na BBC. Dan Morelle, obrigada sempre. Um obrigada especial a Mark Bell, Jonty Claypole, Cassian Harrison, Richard Klein, Emma Parkins e Emma Cahusac. Ted White, obrigada por me descobrir. Mary West, obrigada por me salvar. Agora vêm os amigos inestimáveis. Meu grupo da St. B. – amo vocês para sempre. Alexa Frost, Melanie Kendry, minha tribo – Nina, Dave, Marc e Lou –, Cait e Philip Selway, amigos de Woodstock, vocês iluminam minha vida todos os dias. Alice Roberts, como pude aguentar sem você? Waldemar Januszczak, meu irmão há muito tempo perdido, e Yumi. Mary Rambaran-Olm, Anne Fletcher, Annie Gray, Hannah Greig, Kate Lister, Cat Jarman, Natalie Pithers, Antonia Wawira, Richard Herring, Catie Wilkins, Alison Daniel, Anita Anand, Iszi Lawrence, Russel Haines, Satwinder Sehmi, Lilley Mitchell, Jóhanna Katrín Friðriksdóttir, Levi Roach, Ella Al-Shamahi, Emma Wells, Hannah Fry, Robin Gibbons, Phil Weir, Lachlan Goudie, Caitlin Green, Danny Wallace, Jenny Colgan, Jonathan Green, Lisa Westcott Wilkins, Emma Dabiri, Jakub Krupa, Patricia Lovett, Averil Cameron, Krissi Murison, James Holland, Francesca Stavrakopoulou, Anne Thériault, Deborah Harkness, Al Murray, Katie Hall e Sarah Churchwell. Bettany Hughes, Mary Beard, Simon Schama, Frank Cottrell-Boyce, Cerys Matthews, David Olusoga, Greg Jenner, Muriel Gray, Emma Baysal, Stewart Lee, Rebecca Rideal, Jonathan Green, Chris Riddell, Amber Butchart, Helen Carr, Chris e Xand van Tulleken, David Aaronovitch, Olivette Otele, Simon Sebag-Montefiore, Anita Rani, Justin Pollard, Kate Williams, Kate Wiles, Gryff Rhys-Jones, Shrabani Basu, Alex von Tunzelmann, Neil Gaiman, Eleanor Parker, Robin Ince, Helen King, Jim Peters, Sona Datta, Mark Gattis, Dan Snow, Lindsey Fitzharris, Philip Pullman, Susie Dent, Ben Garrod, Tony Robinson, Dan Jones, Suzannah Lipscomb, Greg James, Julian Harrison e a British Library, Lucy Worsley, Stephen McGann, Heidi Thomas, Adam Rutherford, Michael Scott, Bendor Grovsenor, Lars Tharp, Andrew Graham-Dixon, Edgar Wright, Giles Kristian, Anna Whitelock, Marc Morris, Jonathan Foyle,

Stephanie Merritt, Sue Brunning e o Museu Britânico, Michael Rosen, Paul Carney, Saul David, James e Tom Holland, Bobby Seagull, Jacky Klein, Joanne Harris, Helen Czerski, Fern Riddell, Frank Skinner, Joanna Paul, Frank McDonough, Marina Amaral, Sharon Bennett Connelly, Eleanor Janega, Helen Castor, Jessie Childs, Hallie Rubenhold, Sam Willis, Kate Mosse, The Singh Twins, Adrian Utley, Samira Ahmed, e meu colega de viagem, Alistair Sooke. Com certeza esqueci algumas pessoas maravilhosas, mas me sinto muito honrada por ter pessoas tão incríveis em minha vida.

David Musgrove merece agradecimentos especiais por encontrar materiais medievais de emergência. Antonia Hoyle pelas orientações médicas. Michael Wood por todas as coisas relacionadas à Etelfleda. Steve Sherlock, Terje Gansum, Marianne Moen e muitos outros por insights pessoais e o acesso a artigos. Florence of Northumbria por seu trabalho incansável na exposição das mulheres medievais. Magdalena Szalewska por toda sua ajuda na pesquisa. Minha agente e parceira de vida, Rosemary Scoular. Você é incrível. Natalia Lucas, Aoife Rice e Matt Baker também – obrigada a vocês. À minha família. Tio Eugene, sinto sua falta todos os dias, e meu coração está com Lauren e Marion. Cioc, tio A e todos os Rozyckis, vocês são maravilhosos. Minha mãe, meu pai, Tom, Carole, Effie e Maggie, amo vocês. Dan, Kuba, Kama – meu mundo. Finalmente, devo meus maiores agradecimentos a Lucy Oates, Ana Fletcher, Suzanne Connelly, Tess Henderson, Jessica Patel, Caroline Butler e à equipe da WH Allen e Penguin Random House. Obrigada por confiarem em mim. Obrigada por me ajudarem. Obrigada por verem que este livro precisava ser escrito.

NOTAS

Prefácio

1. Marc Morris, *The Anglo-Saxons: A History of the Beginnings of England* (Hutchinson, 2021), p. 4.

Introdução

1. Sobre a autenticidade do lenço hoje exibido nas Casas do Parlamento, ver Michael Tanner, *The Suffragette Derby* (Robson Press, 2013), pp. 278-9.
2. Ann Morley e Liz Stanley, *The Life and Death of Emily Wilding Davison* (The Women's Press, 1988), p. 103.
3. Dianne Atkinson, *Rise up, Women! The Remarkable Lives of the Suffragettes* (Bloomsbury, 2018), p. 255.
4. Emily Davison, "The Price of Liberty", *The Suffragette* (5 jun. 1914), p. 129.
5. Carolyn Collette, "'Faire Emelye': Medievalism and the Moral Courage of Emily Wilding Davison", *The Chaucer Review*, v. 42, n. 3 (2008), pp. 223-43.
6. Elizabeth Crawford, *The Women's Suffrage Movement: A Reference Guide 1866–1928* (UCL Press, 2003), p. 159.
7. Carolyn Collette, "Hidden in Plain Sight: Religion and Medievalism in the British Women's Suffrage Movement", *Religion and Literature*, v. 44, n. 3 (2012), pp. 169-75.
8. John Sleight, *One-Way Ticket to Epsom: A Journalist's Enquiry into the Heroic Story of Emily Wilding Davison* (Bridge Studios, 1988), p. 22.
9. Robin Blaetz, *Visions of the Maid: Joan of Arc in American Film and Culture* (University of Virginia Press, 2001), pp. 7-11.

10. Mary Dockray-Miller, "Why Did the Suffragists Wear Medieval Costumes?", *JSTOR Daily* (4 mar. 2020), https://daily.jstor.org/why-did-the-suffragists-wear-medieval-costumes/.
11. Liz Stanley e Ann Morley, *The Life and Death of Emily Wilding Davison* (The Women's Press, 1988), pp. 10-1.
12. Carly Silver, "The Amazons were More than a Myth: Archaeological and Written Evidence for the Ancient Warrior Women", *ATI* (29 jul. 2019), https://allthatsinteresting.com/amazon-women.
13. Davison, "The Price of Liberty", p. 129.
14. *The Morpeth Herald* (20 jun. 1913).
15. Alexandra Barratt, "Julian of Norwich and Her Children Today: Editions, Translations and Versions of Her Revelations", em Sarah Salih e Denise N. Baker (orgs.), *Julian of Norwich's Legacy: Medieval Mysticism and Post-Medieval Reception* (Palgrave Macmillan, 2009), pp. 13-29.
16. Fr. John Julian, *The Complete Julian of Norwich*, 3. ed. (Paraclete Press, 2011), p. 7.
17. Rowan Williams, *The Anti-Theology of Julian of Norwich*, The 34th Annual Julian Lecture (The Friends of Julian, 2014), p. 1.
18. Avner Shamir, "Early Reformation Book Burning and Persuasion", *Historisk Tidsskrift*, v. 110, n. 2 (2011), pp. 338-57.
19. Denys Turner, "'Sin is Behovely' in Julian of Norwich's Revelations of Divine Love", *Modern Theology*, v. 20, n. 3 (2004), pp. 407-22.
20. Peter Ackroyd, *The Life of Thomas More* (Anchor Books, 1999), p. 147.
21. Liam Temple, "'Have We Any Mother Juliana's Among Us?' The Multiple Identities of Julian of Norwich in Restoration England", *British Catholic History*, v. 33, n. 3 (2017), pp. 383-400.
22. Peter Lake, "Anti-Popery: The Structure of a Prejudice", em Richard Cust e Ann Hughes (eds.), *Conflict in Early Stuart England: Studies in Religion and Politics, 1603–1642* (London, Longman, 1989), pp. 72-106.
23. Leland Royce Harper, "Attributes of a Deistic God", em *Multiverse Deism: Shifting Perspectives of God and the World* (Rowman and Littlefield, 2020), pp. 47-68.
24. Carter Lindberg, "Legacies of the Reformation", em Carter Lindberg (org.), *The European Reformation Sourcebook* (Malden, Blackwell Publishing, 2000), p. 261.
25. Martinho Lutero, *Lectures on Genesis 3:11*, e João Calvino, "A Sermon of M. John Calvin upon the Epistle of Saint Paul to Titus". Amplamente disponível on-line.
26. Phillip Alfred Buckner, *Rediscovering the British World* (Calgary University Press, 2005), p. 137.

27. C. Willett Cunnington, *English Women's Clothing in the Nineteenth Century: A Comprehensive Guide with 1,117 Illustrations* (Dover Publications, 1990), p. 20.
28. William Acton, *The Functions and Disorders of the Reproductive Organs in Youth, in Adult Age, and in Advanced Life, considered in their Physiological, Social, and Moral Relations*, 4. ed. (John Churchill and Sons, 1865); publicado pela primeira vez em 1857, no acervo da British Library, código: 7640.g.8, pp. 113-4. Agradeço a Sez Maxted por essa referência.
29. Thomas Carlyle, *On Heroes, Hero-worship, & the Heroic in History* (D. Appleton & Co., 1841), p. 34.
30. *Ibid.*, p. 15.
31. Diane Watts, *Women, Writing and Religion in England and Beyond: 650–1100* (Studies in Early Medieval History, Bloomsbury, 2019), p. 4.
32. J. C. Chan, "Medievalists, Recoiling from White Supremacy, Try to Diversify the Field", *The Chronicle of Higher Education* (16 jul. 2017).
33. Eleanor Ainge Roy, Harriet Sherwood e Nazia Parveen, "Christchurch Attack: Suspect had White-Supremacist Symbols on Weapons", *Guardian* (15 mar. 2019).
34. Bruce Holsinger, "Neomedievalism and International Relations", em L. D'Arcens (org.), *The Cambridge Companion to Medievalism* (Cambridge University Press, 2016), pp. 165-79.
35. V. A. Kolve, "Ganymede/Son of Getron: Medieval Monasticism and the Drama of Same-Sex Desire", *Speculum*, v. 73, n. 4 (1998), pp. 1014-67.

1. Inovadoras e agitadoras

1. Jessica Fay, "Wordsworth's Northumbria: Bede, Cuthbert and Northern Medievalism", *The Modern Language Review*, v. 111, n. 4 (2016), pp. 917-35.
2. Stephen Sherlock, "Space and Place: Identifying the Anglo-Saxon Cemeteries in the Tees Valley, North-East England", em Chantal Bielmann e Britany Thomas (orgs.), *Debating Religious Space and Place in the Early Medieval World* (Sidestone Press, 2018), pp. 93-110.
3. Timothy Darvill, *Prehistoric Britain* (Routledge, 2009), p. 146.
4. B. E. Vyner *et al.*, "The Street House Wossit: The Excavation of a Late Neolithic and Early Bronze Age Palisaded Ritual Monument at Street House, Loftus, Cleveland", *Proceedings of the Prehistoric Society*, v. 54 (Cambridge University Press, 1988), pp. 173-202.
5. Stephen J. Sherlock, "The Reuse of 'Antiquities' in Conversion Period Cemeteries", *Medieval Archaeology*, v. 60, n. 2 (2016), pp. 242-65.

6. Robert Christy Totten, *The Bible Significance of East and West; or, Is the Dawn Appearing?* (Palala Press, 2018).
7. Sarah Semple e Howard Williams, "Landmarks of the Dead: Exploring Anglo-Saxon Mortuary Geographies", em Martyn Clegg Hyer e Gale R. Owen Crocker (orgs.), *The Material Culture of the Built Environment in the Anglo-Saxon World* (Liverpool University Press, 2015), pp. 137-61.
8. Stephen J. Sherlock, *A Royal Anglo-Saxon Cemetery at Street House, Loftus, North-East Yorkshire*, Tees Archaeology Monograph Series, v. 6 (Hartlepool, 2012), pp. 114-5.
9. Stephen J. Sherlock e Martin G. Welch, *An Anglo-Saxon Cemetery at Norton*, Cleveland, CBA Research Report 82 (Council for British Archaeology, 1992).
10. Chris Fern, Tania Dickinson e Leslie Webster, *The Staffordshire Hoard: An Anglo--Saxon Treasure*, Research Report of the Society of Antiquities of London, v. 80 (2019), p. 1.
11. David A. Hinton e Robert White, "A Smith's Hoard from Tattershall Thorpe, Lincolnshire: A Synopsis", *Anglo-Saxon England*, v. 22 (1993), pp. 147-66.
12. Richard Abels, "What Has Weland to Do with Christ? The Franks Casket and the Acculturation of Christianity in Early Anglo-Saxon England", *Speculum*, v. 84, n. 3 (2009), pp. 549-81.
13. Patrice Silber, "Gold and Its Significance in Beowulf", *Annuale Medievale*, v. 18 (1977), pp. 5-19.
14. John Tanke, "Beowulf, Good-Luck and God's Will", *Studies in Philology*, v. 99, n. 4 (2002), pp. 356-79.
15. Lloyd Laing, "Romano-British Metalworking and the Anglo-Saxons", em Nick Higham (org.), *Britons in Anglo-Saxon England* (Boydell & Brewer, 2007), pp. 42-56.
16. Alan M. Stahl, "The Nature of the Sutton Hoo Coin Parcel", em Calvin B. Kendall e Peter S. Wells (orgs.), *Voyage to the Other World: The Legacy of Sutton Hoo* (University of Minnesota Press, 1992), pp. 3-14.
17. R. Avent e D. Leigh, "A Study of the Cross-Hatched Gold Foils in Anglo-Saxon Jewellery", *Medieval Archaeology*, v. 21 (1977), pp. 1-46.
18. Angus Hector McFadyen, *Aspects of the Production of Early Anglo-Saxon Cloisonné Garnet Jewellery* (Tese de PhD não publicada, Manchester Metropolitan University, 1998), pp. 121-45.
19. Sally Crawford, "Votive Deposition, Religion and the Anglo-Saxon Furnished Burial Ritual", *World Archaeology*, v. 36, n. 1 (2004), pp. 87-102.
20. Helen Geake, "The Compleat Anglo-Saxonist: Some New and Neglected Early Anglo-Saxon Fish for Andrew Rogerson", em Steven Ashley e Adrian Marsden

(orgs.), *Landscapes and Artefacts: Studies in East Anglian Archaeology Presented to Andrew Rogerson* (Archaeopress, 2014), pp. 113-22.

21. Janet L. Nelson, "The Dark Ages", *History Workshop Journal*, v. 63, n. 1 (2007), pp. 191-201.
22. Nicholas Perkins, "Biblical Allusion and Prophetic Authority in Gildas's De excidio Britanniae", *The Journal of Medieval Latin*, v. 20 (2010), pp. 78-112.
23. Ethan Doyle White, "The Goddess Frigg: Reassessing an Anglo-Saxon Deity", *Preternature: Critical and Historical Studies on the Preternatural*, v. 3, n. 2 (2014), pp. 284-310.
24. Stephen Pollington, "The Mead-Hall: Fighting and Feasting in Anglo-Saxon Society", *Medieval Warfare*, v. 2, n. 5 (2012), pp. 47-52.
25. Sarah Foot, "The Making of Angelcynn: English Identity Before the Norman Conquest", *Transactions of the Royal Historical Society*, v. 6 (1996), pp. 25-49.
26. Gregório de Tours, *History of the Franks*, Livro 3, cap. 18, Lewis Thorpe (org.) (Penguin Classics, 1974).
27. Angela Care Evans, *The Sutton Hoo Ship Burial* (British Museum Press, reimpr. 2000), p. 9.
28. Beda, *Ecclesiastical History*, Livro II, cap. 15. Todas as referências a Beda são da *Ecclesiastical History of the English People*, trad. de L. Shirley-Price, ed. revisada D. H. Farmer (Penguin Classics, 1990).
29. Ross Cowen, *Milvian Bridge AD 312: Constantine's Battle for Empire and Faith* (Osprey, 2016), p. 68.
30. *Gregorii I Papae Registrum Epistolarum*, Paulus Ewald e Ludovicus Hartmann (orgs.) (Weidmann, 1887-1891), Monumenta Germaniae Historica (MGH), 123-124, ep.11.35.
31. Beda, *Ecclesiastical History*, Livro 1, cap. 25.
32. Jane Hawkes, "Stones of the North: Sculpture in Northumbria in the 'Age of Bede'", em J. Ashbee e J. Luxford (orgs.), *Northumberland: Medieval Art and Architecture*, BAA Conference Transactions (Maney Publishing, 2013), pp. 34-53.
33. John P. Blair, *The Church in Anglo-Saxon Society* (Oxford University Press, 2005), p. 61, observa que o primeiro relato publicado afirma que elas foram encontradas perto da Abadia de Santo Agostinho.
34. Mary Carruthers, *The Book of Memory: A Study of Memory in Medieval Culture* (Cambridge University Press, 2008), pp. 195-234.
35. Bettany Hughes, *Venus and Aphrodite: History of a Goddess* (Weidenfeld & Nicolson, 2019), p. 7.

36. Robin Couzin, "Syncretism and Segregation in Early Christian Art", *Studies in Iconography*, v. 38 (2017), pp. 18-54.
37. R. A. Markus, "Gregory the Great's Europe", *Transactions of the Royal Historical Society*, v. 31 (1981), pp. 21-36.
38. J. C. Mann, "The Division of Britain in 197 AD", *Zeitschrift Für Papyrologie Und Epigraphik*, v. 119 (1997), pp. 251-4.
39. Sam Lucy, *Burial in Early Medieval England and Wales*, The Society for Medieval Archaeology Monographs, 17 (2002), pp. 1-24.
40. Helen Geake, *The Use of Grave-Goods in Conversion Period England, c. 600–850* (British Archaeological Reports Series, 1997), p. 237.
41. Howard Williams, *Death and Memory in Early Medieval Britain* (Cambridge University Press, 2006), pp. 100-3.
42. Clare Stancliffe, "Cuthbert and the Polarity between Pastor and Solitary", em Gerald Bonner, David Rollason e Clare Stancliffe (orgs.), *St. Cuthbert, His Cult and His Community to AD 1200* (Woodbridge, Boydell & Brewer, 1989), pp. 21-44.
43. Beda, *Prose Life of Saint Cuthbert*, cap. 9. *The Age of Bede*, trad. J. F. Webb, D. H. Farmer (org.) (Penguin Classics, 1998).
44. Helen Appleton, "The Old English Durham and the Cult of Cuthbert", *The Journal of English and Germanic Philology*, v. 115, n. 3 (2016), pp. 246-69.
45. Charles C. Rozier, *Writing History in the Community of Saint Cuthbert, 700 AD–1130 AD: From Bede to Symeon of Durham* (Boydell & Brewer, 2020), pp. 97-142.
46. Beda, *Ecclesiastical History*, Livro 2, cap. 14.
47. John Blair, "Landscapes of Power and Wealth", em *Building Anglo-Saxon England* (Princeton University Press, 2018), pp. 103-38.
48. Brian Hope-Taylor, *Yeavering: An Anglo-British Centre of Early Northumbria* (Historic England, 1977), p. 17.
49. Roy Luizza, *Beowulf: A New Verse Translation* (Broadview Press, 1999), parte IV, p. 311, v. 8-11.
50. Beda, *Ecclesiastical History*, Livro 4, cap. 23.
51. R. Daniels, *Anglo-Saxon Hartlepool and the Foundation of English Christianity*, Tees Archaeology Monograph 3 (Oxbow Books, 2007), p. 29.
52. A. Bammesberger, "A Note on the Whitby Comb Runic Inscription", *Notes and Queries*, v. 57, n. 3 (2010), pp. 292-5.
53. G. S. Braddy, "Deira, Bernicia and the Synod of Whitby", *Cleveland History*, v. 87 (2004), pp. 3-13.

54. T. Styles, "Whitby Revisited: Bede's Explanation of Strenaeshalch", *Nomina*, v. 21 (1998), pp. 133-48.
55. Beda, *Ecclesiastical History*, Livro 4, cap. 23.
56. John Blair, *The Church in Anglo-Saxon Society* (Oxford University Press, 2005), p. 212.
57. Sally Crawford, "Votive Deposition, Religion and the Anglo-Saxon Furnished Burial", *World Archaeology*, v. 36, n. 1 (2004), pp. 87-102.
58. Howard Williams, "Ancient Landscapes and the Dead: The Reuse of Prehistoric and Roman Monuments at Early Anglo-Saxon Burial Sites", *Medieval Archaeology*, v. 41 (1997), pp. 1-32.
59. Beda, *Ecclesiastical History*, Livro 4, cap. 7.

2. Tomadoras de decisões

1. Ian Randall, "Queen Cynethryth's 'Lost' Monastery Is FOUND", *MailOnline* (20 ago. 2021), https://www.dailymail.co.uk/sciencetech/article-9911579/History-Queen-Cynethryth-Mercias-lost-monastery-1-200-years-near-Berkshire-church.html.
2. Anna Gannon, *The Iconography of Early Anglo-Saxon Coinage: Sixth to Eighth Centuries* (Oxford University Press, 2003), p. 12.
3. Florence H. R. Scott, "Cynethryth: Mercia's Forgotten Queen?", *Aelgif-who?* Newsletter n. 1 (2021), https://florencehrs.substack.com/p/cynethryth-mercias-forgotten-queen.
4. Christine Rauer, "Female Hagiography in the Old English Martyrology", em Paul E. Szarmach (org.), *Writing Women Saints in Anglo-Saxon England* (University of Toronto Press, 2013), pp. 13-29.
5. John Blair, "Exploring Anglo-Saxon Settlement: In Search of the Origins of the English Village", *Current Archaeology*, v. 291 (2014), pp. 12-23.
6. Pauline Stafford, "Political Women in Mercia, Eighth to Early Tenth Centuries", em Michelle P. Brown e Carol A. Farr (orgs.), *Mercia: An Anglo-Saxon Kingdom in Europe* (Continuum, 2001), pp. 35-50.
7. Liz James, "Men, Women, Eunuchs: Gender, Sex and Power", em J. Haldon (org.), *A Social History of Byzantium* (Blackwell, 2009), pp. 31-50, esp. 45-6.
8. Simon Keynes, "Cynethryth", em M. Lapidge (orgs.) *et al.*, *The Blackwell Encyclopaedia of Anglo-Saxon England* (Blackwell, 1999), p. 133.
9. Frank M. Stenton, *Anglo-Saxon England* (Oxford, Clarendon Press, 1971), p. 223.

10. Norman F. Cantor, *The Civilization of the Middle Ages: A Completely Revised and Expanded Edition of Medieval History, the Life and Death of a Civilization* (HarperCollins, 1993), p. 189.
11. Dorothy Whitelock, *English Historical Documents v. 1 c. 500–1042* (Eyre and Spottiswoode, 1968), pp. 779-80.
12. Alcuíno em Dümmler, 1895, n. 61, 62 e 102. Dümmler, Ernst, *Epistolae Karolini aevi, Tomus II.* (*Monumenta Germaniae Historica, Epistolarum, Tomus IV*) (Weidmann, 1895).
13. Gareth Williams, "Mercian Coinage and Authority", em Brown e Farr (orgs.), *Mercia: An Anglo-Saxon Kingdom in Europe*, pp. 210-29.
14. J. R. Maddicott, "London and Droitwich, c. 650–750: Trade, Industry and the Rise of Mercia", *Anglo-Saxon England*, v. 34 (2005), pp. 7-58.
15. Stafford, "Political Women in Mercia, Eighth to Early Tenth Centuries", pp. 35-50.
16. Damian Tyler, "An Early Mercian Hegemony: Penda and Overkingship in the Seventh Century", *Midland History*, v. 30, n. 1 (2005), pp. 1-19.
17. Philip Grierson e Mark A. S. Blackburn, *Medieval European Coinage* (Cambridge University Press, 1986), pp. 69, 159, 248, 279-80, 576-7, 580.
18. Stafford, "Political Women in Mercia, Eighth to Early Tenth Centuries", pp. 35-50.
19. John Pickles, *A History of Spaces: Cartographic Reason, Mapping, and the Geo-Coded World* (Taylor & Francis, 2003).
20. Peter Furtado, "The Histories of Nations and the History of the World", em P. Furtado (org.), *History of Nations: How Their Identities Were Forged* (Thames & Hudson, 2014), pp. 10-8.
21. David Dumville, "The Terminology of Overkingship in Early Anglo-Saxon England", em J. Hines (org.), *The Anglo-Saxons from the Migration Period to the Eighth Century. An Ethnographic Perspective* (Boydell & Brewer, 1997), pp. 345-65.
22. Chris Fern e George Speake, "Helmet Parts, Decorated Silver Sheet, Reeded Strip and Edge Binding", em Chris Fern, Tania Dickinson e Leslie Webster (orgs.), *The Staffordshire Hoard: An Anglo-Saxon Treasure*, Research Report of the Society of Antiquities in London n. 80 (2019), pp. 70-84.
23. Stephen Pollington, *Tamworth: Capital of the Kingdom of Mercia* (Tamworth Borough Council, 2011), pp. 1-64.
24. Richard Stone, *Tamworth: A History* (Phillimore & Co., 2003), pp. 6-8.
25. Philip Rahtz e Robert Meeson, *An Anglo-Saxon Watermill at Tamworth: Excavations in the Bolebridge Street Area of Tamworth, Staffordshire in 1971 and 1978*, CBA Research Report n. 83 (1992), p. 73.

26. Peter Wilcox, *The Gold, the Angel and the Gospel Book* (Lichfield Cathedral, 2011), pp. 16-7.
27. Pamela James, "The Lichfield Gospels: The Question of Provenance", *Parergon*, v. 13, n. 2 (1996), pp. 51-61.
28. Henry Mayr-Harting, *The Coming of Christianity to Anglo-Saxon England* (Pennsylvania State University Press, 1991), pp. 89-91.
29. Beda, *Ecclesiastical History*, Livro 4, cap. 3.
30. *Ibid.*
31. W. Rodwell, "Lichfield. The Forgotten Cathedral", *Current Archaeology*, v. 18, n. 205 (2006), pp. 9-17.
32. Warwick Rodwell *et al.*, "The Lichfield Angel: A Spectacular Anglo-Saxon Painted Sculpture", *The Antiquaries Journal*, v. 88 (2008), pp. 48-108.
33. Richard Jewell, "Classicism of Southumbrian Sculpture", em Brown e Farr (orgs.), *Mercia: An Anglo-Saxon Kingdom in Europe*, pp. 247-62.
34. Laura Saetveit Miles, "The Origin and Development of the Virgin Mary's Book at the Annunciation", *Speculum*, v. 89, n. 3 (2014), pp. 632-69.
35. Janet L. Nelson, "Carolingian Contacts", em Brown e Farr (orgs.), *Mercia: An Anglo--Saxon Kingdom in Europe*, pp. 126-46.
36. Carta de Alcuíno para Higbaldo (Higbald), bispo de Lindisfarne. Em Dümmler.
37. Martin Biddle e Birthe Kjølbye-Biddle, "Repton and the Vikings", *Antiquity*, v. 66, n. 250 (1992), pp. 36-51.
38. Jane Roberts, "Guthlac of Crowland, a Saint for Middle England", *Fursey Occasional Paper*, n. 3 (Norwich, Fursey Pilgrims, 2009), pp. 1-36.
39. Paolo Squatriti, "Offa's Dyke Between Nature and Culture", *Environmental History*, v. 9, n. 1 (2004), pp. 37-56.
40. Patricia Healy Wasyliw, *Martyrdom, Murder, and Magic: Child Saints and their Cults in Medieval Europe* (Peter Lang, 2008), p. 78.
41. Susan J. Ridyard, *The Royal Saints of Anglo-Saxon England: A Study of West Saxon & East Anglian Cults* (Cambridge University Press, 1988), p. 65.
42. Dawn M. Hadley e Julian D. Richards, "The Winter Camp of the Viking Great Army, AD 872-3, Torksey, Lincolnshire", *The Antiquaries Journal*, v. 96 (2016), pp. 23-67.
43. Cat Jarman, *River Kings: The Vikings from Scandinavia to the Silk Road* (William Collins, 2021), p. 16.
44. Martin Biddle e Birthe Kjølbye-Biddle, "The Repton Stone", *Anglo-Saxon England*, v. 14 (1985), pp. 233-92.

45. C. Jarman *et al.*, "The Viking Great Army in England: New Dates From the Repton Charnel", *Antiquity*, v. 92, n. 361 (2018), pp. 183-99.
46. Richard Abels, "Royal Succession and the Growth of Political Stability in Ninth--Century Wessex", *The Haskins Society Journal: Studies in Medieval History*, v. 12 (2002), pp. 83-97.
47. Gwyn Jones, *A History of the Vikings* (Oxford University Press, 1984), p. 221.
48. David Horspool, *Why Alfred Burned the Cakes* (Profile Books, 2006), p. 2.
49. Lise E. Hull, *Britain's Medieval Castles* (Praeger, 2006), p. xx.
50. Richard Abels, "Alfred the Great, the Micel Haeðen Here and the Viking Threat", em Timothy Reuter (org.), *Alfred the Great* (Taylor and Francis, 2003), pp. 266-7.
51. Simon Keynes e Michael Lapidge (orgs. e trad.), *Alfred the Great: Asser's Life of King Alfred and Other Contemporary Sources* (Penguin, 1983), p. 124.
52. Malcolm R. Godden, "Did King Alfred Write Anything?", *Medium Ævum*, v. 76, n. 1 (2007), pp. 1-23.
53. David Pratt, *The Political Thought of King Alfred the Great, Cambridge Studies in Medieval Life and Thought: Fourth Series*, v. 67 (Cambridge University Press, 2007), pp. 189-91.
54. Barbara Yorke, "Alfred the Great: The Most Perfect Man in History?", *History Today*, v. 49, n. 10 (1999) pp. 15-7.
55. Edward Freeman, *The History of the Norman Conquest of England: Its Causes and Its Results* (Oxford University Press, 1870), p. 48.
56. Joanne Parker, *"England's Darling": The Victorian Cult of Alfred the Great* (Manchester University Press, 2007), p. ix.
57. Marc Morris, *The Anglo-Saxons: A History of the Beginnings of England* (Hutchinson, 2021), p. 245.
58. Keynes e Lapidge (orgs. e trad.), *Alfred the Great: Asser's Life of King Alfred and Other Contemporary Sources*, cap. 13-5.
59. Simon Keynes, "England, 700–900", em Rosamond McKitterick (org.), *The New Cambridge Medieval History*, v. II (Cambridge University Press, 1995), pp. 18-42.
60. Simon Keynes, "King Alfred and the Mercians", em M. A. A. Blackburn e D. N. Dumville (orgs.), *Kings, Currency and Alliances: History and Coinage of Southern England in the Ninth Century* (Boydell Press, 1998), pp. 24-7.
61. Robin Fleming, *Britain after Rome: The Fall and the Rise, 400 to 1070* (Penguin, 2011), pp. 246-8.
62. Maggie Bailey, "Ælfwynn, Second Lady of the Mercians", em N. J. Higham e D. H. Hill (orgs.), *Edward the Elder 899-924* (Routledge, 2001), pp. 112-27.

63. Dawn Hadley, *The Vikings in England* (Manchester University Press, 2006), p. 170.
64. *Fragmentary Annals of Ireland*, edição CELT, FA 429, Joan Newlon Radner (org.) (Dublin Institute for Advanced Studies, 1978), pp. 169-73.
65. Tim Clarkson, *Æthelflæd, The Lady of the Mercians* (John Donald, 2018).
66. Michael Wood, "The Annals of Æthelflæd, Lady of the Mercians: Notes Towards an Attempted Reconstruction", no prelo.
67. Pauline Stafford, "Political Women in Mercia, Eighth to Early Tenth Centuries", pp. 35-50.
68. Carolyn M. Heighway, "Anglo-Saxon Gloucester to AD 1000", em Margaret L. Gaull (org.), *Studies in Late Anglo-Saxon Settlement* (Oxford University Department for External Studies, 1984), pp. 35-53.
69. Alan Thacker, "Chester and Gloucester: Early Ecclesiastical Organisation in Two Mercian Burhs", *Northern History*, v. 18 (1982), pp. 199-211.
70. Michael Hare, "The Documentary Evidence for the History of St Oswald's, Gloucester to 1086", em Carolyn Heighway e Richard Bryant (orgs.), *The Golden Minster: The Anglo-Saxon Minster and Later Medieval Priory of St. Oswald at Gloucester* (CBA Research Report 117, Council for British Archaeology, 1999), pp. 33-45.
71. Marios Costambeys, "Æthelflæd [Ethelffelda] (d. 918), Ruler of the Mercians", em *Oxford Dictionary of National Biography*, atualizado regularmente on-line em https://www.oxforddnb.com/.
72. Martin J. Ryan, "Conquest, Reform and the Making of England", em Nicholas J. Higham e Martin J. Ryan (orgs.), *The Anglo-Saxon World* (Yale University Press, 2013), pp. 284-322.
73. Ver Ian W. Walker, *Mercia and the Making of England* (Stroud, Sutton Publishing, 2000), p. 96.
74. Thomas M. Charles-Edwards, *Wales and the Britons 350–1064* (Oxford University Press, 2013), pp. 497-510.

3. Guerreiras e líderes

1. Abigail Bouwman e Frank Rühli, "Archaeogenetics in evolutionary medicine", *Journal of Molecular Medicine*, v. 94, n. 9 (set. 2016), pp. 971-7.
2. Jarunya Samsuwan *et al.*, "A Method for Extracting DNA from Hard Tissues for Use in Forensic Identification", *Biomedical Reports*, v. 9, Issue 5 (set. 2018), pp. 433-8.

3. Charlotte Hedenstierna-Jonson *et al.*, "A Female Viking Warrior Confirmed by Genomics", *American Journal of Physical Anthropology*, v. 164, n. 4 (2017), pp. 853-60.
4. Neil Price *et al.*, "Viking warrior women? Reassessing Birka Chamber Grave Bj.581", *Antiquity*, v. 93 (2019), pp. 181-98.
5. Marianne Moen, *Challenging Gender: A Reconsideration of Gender in the Viking Age Using the Mortuary Landscape* (tese de doutorado não publicada, Universidade de Oslo, 2019), p. 2.
6. Hedenstierna-Jonson *et al.*, "A Female Viking Warrior Confirmed by Genomics", pp. 853-60.
7. Lena Holmquist, "Birka's Defence Works and Harbour – Linking one Recently Ended and one Newly Begun Research Project", em L. Holmquist, S. Kalmring e C. Hedenstierna-Jonson (orgs.), *New Aspects on Viking-age Urbanism, c. 750-1100* (Stockholm University, 2016), pp. 35-46.
8. Charlotte Hedenstierna-Jonson, "She Came from Another Place: On the Burial of a Young Girl in Birka (Bj 463)", em M. Hem Erikse *et al.* (orgs.), *Viking Worlds: Things, Spaces and Movement* (Oxbow Books, 2014), pp. 90-101.
9. Martin Ježek, *Archaeology of Touchstones: An Introduction Based on Finds from Birka, Sweden* (Sidestone Press, 2017), p. 7.
10. Fjordor Uspenskij, "The Baptism of Bones and Prima Signatio in Medieval Scandinavia and Rus", em L. P. Słupecki e J. Morawiec (orgs.), *Between Paganism and Christianity in the North* (Uniwersytetu Rzeszowskiego, 2009), pp. 9-22.
11. B. Ambrosiani, "Birka", em S. Brink e N. Price (orgs.), *The Viking World* (Routledge, 2012), pp. 94-100.
12. Bo G. Erikson, *Kungen av Birka: Hjalmar Stolpe arkeolog och etnograf: en bioografi* (Atlantis Publishers, 2015).
13. Martin Carver, "Burial as Poetry: The Context of Treasure in Anglo-Saxon Graves", em E. M. Tyler (org.), *Treasure in the Medieval West* (York Medieval Press, 2000), pp. 25-40.
14. Nancy L. Wicker, "Christianisation, Female Infanticide, and the Abundance of Female Burials at Viking-age Birka in Sweden", *Journal of the History of Sexuality*, v. 21, n. 2 (2012), pp. 245-62.
15. Mark A. Hall, "Board Games in Boat Burials: Play in the Performance of Migration and Viking Age Mortuary Practice", *European Journal of Archaeology*, v. 19, n. 3 (2016), pp. 439-55.

16. H. Whittaker, "Game Boards and Gaming Pieces in the Northern European Iron Age", *Nordlit. Tidskrift for kultur og litteratur*, v. 24 (2006), pp. 103-12.
17. Marianne Moen, "Ideas of Continuity: Gender and the Illusion of the Viking Age as Familiar", em Anne Pedersen e Søren M. Sindbæk (orgs.), *Viking Encounters: Proceedings of the Eighteenth Viking Congress* (Aarhus University Press, 2020), pp. 621-32.
18. David Horspool, *King Alfred: Burnt Cakes and Other Legends* (Harvard University Press, 2006), p. 79.
19. Roberta Frank, "The Invention of the Viking Horned Helmet", em Michael Dallapiazza *et al.* (orgs.), *International Scandinavian and Medieval Studies in Memory of Gerd Wolfgang Weber* (Hesperides, 2000), pp. 199-208.
20. Magnús Fjalldal, "The Last Viking Battle", *Scandinavian Studies*, v. 83, n. 3 (2015), pp. 317-31.
21. Roger Manvell e Heinrich Fraenkel, *Heinrich Himmler: The Sinister Life of the Head of the SS and Gestapo* (Skyhorse, 2007), p. 50.
22. Bill Yenne, *Hitler's Master of the Dark Arts: Himmler's Black Knights and the Occult Origins of the SS* (Zenith, 2010), p. 134.
23. Alexandra Service, *Popular Vikings: Constructions of Viking Identity in Twentieth Century Britain* (tese de doutorado não publicada, University of York, 1998), p. 7.
24. Alice Cowen, *Writing Fire and Sword: The Perception and Representation of Violence in Anglo-Saxon England* (tese de doutorado não publicada, University of York, 2004).
25. Andrew Wawn, *The Vikings and the Victorians* (D. S. Brewer, 2002), pp. 22-3.
26. Roberta Frank, "Viking Atrocity and Skaldic Verse: The Rite of the Blood-Eagle", *English Historical Review*, v. XCIX (1984), pp. 332-43; e Ronald Hutton, *The Pagan Religions of the Ancient British Isles* (Wiley, 1991), p. 282.
27. Sarah Foot, "Violence Against Christians? The Vikings and the Church in the Ninth-Century", *Medieval History*, v. 1, n. 3 (1991), pp. 3-16.
28. Sjoerd van Riel, "Viking Age Combs. Local Products or Objects of Trade?", *Lund Archaeological Review*, v. 23 (2017), pp. 163-78.
29. Judith Jensch, "Let's Debate Female Viking Warriors Yet Again", *Norse and Viking Ramblings* (9 set. 2017), http://norseandviking.blogspot.com/2017/09/lets-debate-female-viking-warriors-yet.html?m=1.
30. Clare Downham, "A Context for the Birka Grave Bj 581? Women and Military Leadership in the Tenth Century", em M. Toplak e J. Staecker (orgs.), *Von Aethelfleda bis Olga. Frauen und Kreigsführung. Die Wikinger Entdecker und Eroberer* (Ullstein Buchverlag, 2019), pp. 151-60.

31. Joanna Katarzyna Puchalska, "Vikings Television Series: When History and Myth Intermingle", *The Polish Journal of the Arts and Culture*, v. 15 (2015), pp. 89-105.
32. Jóhanna Katrín Friðiksdóttir, *Valkyrie: The Women of the Viking World* (Bloomsbury, 2020), pp. 1-19.
33. L. Mortensen, "The Marauding Pagan Warrior Woman", em K. A. Pyburn (org.), *Ungendering Civilisation* (Routledge, 2004), pp. 94-117.
34. Nancy L. Wicker, "Christianisation, Female Infanticide, and the Abundance of Female Burials at Viking-Age Birka in Sweden", *Journal of the History of Sexuality*, v. 21, n. 2 (2012), pp. 245-62.
35. Friðiksdóttir, *Valkyrie*, p. 23.
36. Ben Raffield, Neil Price e Mark Collard, "Male-biased Operational Sex Ratios and the Viking Phenomenon: An Evolutionary Anthropological Perspective on Late Iron Age Scandinavian Raiding", *Evolution and Human Behaviour*, v. 38, n. 3 (2017), pp. 315-24.
37. Judith Jensch, *Women in the Viking Age* (Boydell & Brewer, 1991), p. 22.
38. Kirsten Wolf, "Transvestitism in the Sagas of the Icelanders", *The 10th International Saga Conference* (Universidade de Trondheim, 1997), pp. 675-84.
39. Lee Hollander, *Old Norse Poems* (Columbia University Press, 1936), pp. 57-8.
40. Friðriksdóttir, *Valkyrie*, p. 6.
41. Neil Price, *The Viking Way: Magic and the Mind in Late Iron Age Scandinavia* (Oxbow, 2019), p. 192.
42. *Ibid.*, p. 91.
43. Eldar Heide, "Spinning Seiðr", em Anders Andrén *et al.* (eds.), *Old Norse Religion in Long-Term Perspectives: Origins, Changes, and Interactions* (Nordic Academic Press, 2006), pp. 164-8.
44. Catrine Jarman *et al.*, "The Viking Great Army in England: New Dates From the Repton Charnel", Antiquity, v. 92 (2018), pp. 183-99.
45. T. Sigurðardottir, "Saga World and Nineteenth-Century Iceland: The Case of Women Farmers", em S. M. Anderson e K. Swenson (orgs.), *Cold Counsel: Women in Old Norse Literature and Mythology: A Collection of Essays* (Routledge, 2002), pp. 281-93.
46. Alfred P. Smith, *Warlords and Holy Men* (Edinburgh University Press, 2010), p. 161.
47. S. Sunna Ebenesersdóttir *et al.*, "Ancient Genomes from Iceland Reveal the Making of a Human Population", *Science*, v. 360, n. 6392 (2018), pp. 1028-32.
48. Price *et al.*, "Viking Warrior Women? Reassessing Birka Chamber Grave Bj.581", pp. 181-98.

49. L. Gardela, "Warrior-Women in Viking Age Scandinavia? A Preliminary Archaeological Study", *Analecta Archaeological Gicaressoviensia*, v. 8 (2013), pp. 276-341, especialmente p. 293.
50. Per Holck, "The Oseberg Ship Burial, Norway: New Thoughts on the Skeletons from the Grave Mound", *European Journal of Archaeology*, v. 9, n. 2-3 (2006), pp. 185-210.
51. Terje Gansum, "Role the Bones: From Iron to Steel", *Norwegian Archaeological Review*, v. 37, n. 1 (2004), pp. 41-57.
52. *Laxdaela Saga*, cap. 76.
53. Marianne Moen, "Ideas of Continuity: Gender and the Illusion of the Viking Age as Familiar", *Viking Encounters* (2020), p. 626.
54. Britt-Mari Näsström, "Old Norse Religion", em Lisbeth Bredholt Christensen, Olav Hammer e David Warburton (orgs.), *The Handbook of Religions in Ancient Europe* (Acumen Publishing, 2013), pp. 324-37.
55. O texto completo está em Carolyne Larrington (trad.), *The Poetic Edda* (Oxford World's Classics, 1999).
56. Elisabeth Arwill-Nordbladh, "Negotiating Normativities – 'Odin from Lejre' as Challenger of Hegemonic Orders", *Danish Journal of Archaeology*, v. 2, n. 1 (2013), pp. 87-93.
57. Elisabeth Arwill-Nordbladh, "Viking Age Hair", *Internet Archaeology*, v. 42 (2016), http://dx.doi.org/10.11141/ia.42.6.8.
58. Eva-Marie Göransson, "Bilder av kvinnor och kvinnlighet. Genus och kroppsspråk under övergången till kristendomen", *Stockholm Studies in Archaeology*, v. 18 (1999), pp. 40-2.
59. Sarah Schrader, *Activity, Diet and Social Practice: Addressing Everyday Life in Human Skeletal Remains* (Springer, 2019), pp. 55-126.
60. G. S. Goldstein, *War and Gender: How Gender Shapes the War System and Vice Versa* (Cambridge University Press, 2001), pp. 10-22.
61. Pieterjan Deckers, Sarah Croix e Søren M Sindbæk, "Assembling the Full Cast: Ritual Performance, Gender Transgression and Iconographic Innovation in Viking--Age Ribe", *Medieval Archaeology*, v. 65, n. 1 (2021), pp. 30-65.
62. B. Ambrosiani, *Excavations in the Black Earth 1990–1995: Stratigraphy, Birka Studies 9* (Birka Project, Riksantikvarieämbetet, 2013).
63. Marianne Vedeler, "The Textile Interior in the Oseberg Burial Chamber", em S. Bergerbrant e S. H. Fossøy (org.), *A Stitch in Time. Essays in Honour of Lise Bender Jørgensen* (Gothenburg University, 2014), pp. 281-301.

4. Artistas e patronas

1. Brian Sewell, "Tapestry and Swimming Pools", *Art and Artists*, v. 196 (1982), p. 28.
2. Carola Hicks, *The Bayeux Tapestry: The Life Story of a Masterpiece* (Vintage, 2007), p. 299.
3. David Musgrove e Michael Lewis, "A Remarkable Survival", em D. Musgrove e M. Lewis (orgs.), *The Story of the Bayeux Tapestry: Unravelling the Norman Conquest* (Thames & Hudson, 2021), pp. 8-17.
4. Gale R. Owen-Crocker, "Behind the Bayeux Tapestry", em M. K. Foys, K. E. Overbey e D. Terkla (orgs.), *The Bayeux Tapestry: New Interpretations* (Boydell and Brewer, 2009), pp. 119-29.
5. N. P. Brooks e H. E. Walker, "The Authority and Interpretation of the Bayeux Tapestry", em R. Gameson (org.), *The Study of the Bayeux Tapestry* (Boydell and Brewer, 1997), pp. 63-92.
6. Martin K. Foys, "Pulling the Arrow Out: The Legend of Harold's Death and the Bayeux Tapestry", em Foys, Overbey e Terkla (orgs.), *The Bayeux Tapestry: New Interpretations*, pp. 158-75.
7. David J. Bernstein, "Victory at Hastings and the Death of Harold", em *The Mystery of the Bayeux Tapestry* (Guild Publishing, 1986), pp. 144-61.
8. Gabriel Vial, "The Bayeux Tapestry Embroidery and Its Backing Strip", em Pierre Bouet, Brian Levy e François Nevaux (orgs.), *The Bayeux Tapestry: Embroidering the Facts of History* (PU Caen, 2004), pp. 83-109.
9. *The Carmen de Hastingae Proelio of Bishop Guy of Amiens*, ed. e trad. Frank Barlow (Oxford University Press, 1999), ll. 544-9.
10. Richard Stillwell, *The Princeton Encyclopaedia of Classical Sites* (Princeton University Press, 2017), p. 124.
11. Hicks, *The Bayeux Tapestry*, p. 5.
12. R. Howard Bloch, *A Needle in the Right Hand of God: The Norman Conquest of 1066 and the Making and Meaning of the Bayeux Tapestry* (Random House, 2006), pp. 137-62.
13. Christopher Norton, "Viewing the Bayeux Tapestry, Now and Then", *Journal of the British Archaeological Association*, v. 172, n. 1 (2019), pp. 52-89.
14. Sobre o uso do *ell* como a unidade de medida padrão dos tecidos anglo-saxões, ver G. R. Owen-Crocker, E. Coatsworth e M. Hayward (orgs.), *Encyclopaedia of Dress and Textiles in the British Isles c. 450–1450* (Brill, 2012), pp. 83, 130-2, 189, 316-8, 656.

15. Elizabeth Coatsworth, "Stitches in Time: Establishing a History of Anglo-Saxon Embroidery", em Monica L. Wright, Robin Netherton e Gale R. Owen-Crocker (orgs.), *Medieval Clothing and Textiles*, n. 1 (Boydell & Brewer, 2005), pp. 1-27.
16. John F. Szabo e Nicholas E. Kuelfer, *The Bayeux Tapestry: A Critically Annotated Bibliography* (Rowman and Littlefield, 2015), p. ix.
17. A. Bridgeford, "Was Count Eustace II of Boulogne the Patron of the Bayeux Tapestry?", *Journal of Medieval History*, v. 25, n. 3 (1999), pp. 155-85.
18. Norton, "Viewing the Bayeux Tapestry, Now and Then", pp. 52-89.
19. Guerrilla Girls, *The Guerrilla Girls' Bedside Companion to the History of Western Art* (Penguin, 1998), p. 15.
20. Sylvette Lemagnen, "Preface", em Lucien Musset (org.), *La Tapisserie de Bayeux: Oeuvre d'art et Document Historique*, trad. de Richard Rex (Boydell & Brewer, 2005), p. 272.
21. Elizabeth Prettejohn, *Art for Art's Sake: Aestheticism in Victorian Painting* (Paul Mellon Centre for Studies in British Art, 2007), p. 10.
22. Martina Bagnoli *et al.*, *A Feast for the Senses: Art and Experience in Medieval Europe* (Yale University Press, 2016), pp. 17-30.
23. Roger Dunn, "The Changing Status and Recognition of Fiber Work Within the Realms of the Visual Arts", em Marjorie Agosin (org.), *Stitching Resistance: Women, Creativity and the Fiber Arts* (Solis Press, 2014), pp. 43-54.
24. Charles Reginald Dodwell, *Anglo-Saxon Art: A New Perspective* (Manchester University Press, 1992), pp. 33, 57.
25. Julian Gardner, "Opus Anglicanum and Its Medieval Patrons", em Clare Browne, Glyn Davies e M. A. Michael (orgs.), *English Medieval Embroidery: Opus Anglicanum* (Yale University Press, 2021), pp. 49-60.
26. Ralph H. C. Davies e Marjorie Chibnall (orgs.), *The "Gesta Guillelmi" of William of Poitiers* (Oxford University Press, 1998), pp. 176-7.
27. Rozsilka Parker, *The Subversive Stitch: Embroidery and the Making of the Feminine* (Women's Press, 1984), p. 11.
28. Ver Hicks, *The Bayeux Tapestry*, p. 143.
29. Yxta Maya Murray, "Rape Trauma, The State, and the Art of Tracey Emin", *California Law Review*, v. 100, n. 6 (2012), pp. 1631-710.
30. "The Lexis of Cloth and Clothing in Britain c. 700-1450", Lexis Project, The University of Manchester, 2016 em diante.
31. Mildred Bundy, "The Anglo-Saxon Embroideries at Maaseik: Their Historical and Art-Historical Context", *Academiae Analecta*, v. XLV (1984), pp. 1-84.

32. Jill Ivy, *Embroideries at Durham Cathedral* (Dean and Chapter of Durham, 1997).
33. Mark Chambers, "How Long is a Launce? Units of Measure for Cloth in Late Medieval Britain", em Robin Netherton e Gale R. Owen-Crocker (orgs.), *Medieval Clothing and Textiles, 13* (Boydell & Brewer, 2017), pp. 31-66.
34. Gale R. Owen Crocker, "The Bayeux Tapestry: Invisible Seams and Visible Boundaries", *Anglo-Saxon England*, v. 31 (2002), pp. 257-73.
35. Jan Messent, *The Bayeux Tapestry Embroiderer's Story* (Search Press, 1999), pp. 81-2.
36. Howard B. Clarke, "The Identity of the Designer of the Bayeux Tapestry", *Anglo--Norman Studies*, v. 35 (2013), pp. 119-40.
37. Richard Gem, *St Augustine's Abbey* (English Heritage Series, 1997), p. 172.
38. Richard Eales e Richard Sharpe, *Canterbury and the Norman Conquest: Churches, Saints and Scholars, 1066–1109* (A&C Black, 1995), p. 93.
39. Bloch, *A Needle in the Right Hand of God*, p. 148.
40. Sheila Dillon, "Women on the Columns of Trajan and Marcus Aurelius and the Visual Language of Roman Victory", em Sheila Dillon e Katherine E. Welch (orgs.), *Representations of War in Ancient Rome* (Cambridge University Press, 2009), pp. 244-71.
41. Gale R. Owen-Crocker, "Stylistic Variations and Roman Influences in the Bayeux Tapestry", em M. Crafton (org.), *The Bayeux Tapestry Revisited, Peregrinations*, v. 2, n. 4 (2009), pp. 1-35.
42. J. D. Anderson, "The Bayeux Tapestry: A 900-year-old Latin Cartoon", *Classical Journal*, v. 81 (1986), pp. 253-7.
43. Eales e Sharpe, *Canterbury and the Norman Conquest*, pp. 95-144.
44. H. Lloyd Goodall, *A Need to Know: The Clandestine History of a CIA Family* (Left Coast Press, 2006), p. 175.
45. Richard Eales e Richard Gameson, "Books, Culture and the Church in Canterbury Around the Millennium", em R. Eales e R. Gameson (orgs.), *Vikings, Monks and the Millennium* (Canterbury Archaeological Trust, 2000), pp. 15-40.
46. Julia Crick, "Conquest and Manuscript Culture", em Laura Ashe e Emily John Ward (orgs.), *Conquests in Eleventh Century England, 1016, 1066* (Boydell & Brewer, 2020), pp. 123-39.
47. Christopher R. Lakey, "*Res et Significatio*: The Material Sense of Things in the Middle Ages", *Gesta*, v. 51 (2012), pp. 1-17.
48. Celia Chazelle, "Archbishops Ebo e Hincmar of Reims and the Utrecht Psalter", *Speculum*, v. 72, n. 4 (1997), pp. 1055-77.

49. Claire Breay e Joanna Story, *Anglo-Saxon Kingdoms: Art, Word, War* (British Library Publishing, 2018), p. 127.
50. Christopher De Hamel, *Meetings with Remarkable Manuscripts* (Allen Lane, 2016), p. 18.
51. George Garnett, "The Bayeux Tapestry with Knobs On: What do the Tapestry's 93 Penises tell us?", *History Extra* (14 nov. 2018), https://www.historyextra.com/period/medieval/bayeux-tapestry-penis-why-norman-conquest-battle-hastings-william-conqueror/.
52. Hicks, *The Bayeux Tapestry*, p. 188.
53. Stephen D. White, "The Fables in the Borders", em Elizabeth Carson Pastan e Stephen D. White (orgs.), *The Bayeux Tapestry and Its Contexts: A Reassessment* (Boydell Press, 2014), pp. 154-82.
54. M. Campbell, "Ælgyva: the Mysterious Lady of the Bayeux Tapestry", *Annales de Normandie*, v. 34 (1984), pp. 127-45.
55. E. Freeman, "The Identity of Ælgyva in the Bayeux Tapestry", *Annales de Normandie*, v. 41 (1991), pp. 117-34.
56. M. Caviness, *Reframing Medieval Art: Differences, Margins, Boundaries* (Tufts University Press, 2001), https://dca.lib.tufts.edu/caviness/abstract.html.
57. "Secrets of the Bayeux Tapestry: Hidden Meanings and Gestures", Guernsey Donkey (18 abr. 2017), https://guernseydonkey.com/secrets-of-the-bayeux-tapestry-hidden-meanings-gestures/.
58. Pamela Petro, "The Ælfgyva Syndrome and the Erasure of Women's Stories", Ms. (1 mar. 2001).
59. G. A. Bond, *The Loving Subject: Desire, Eloquence and Power in Romanesque France* (University of Pennsylvania Press, 1995) p. 40.
60. Catherine E. Karkov, *The Ruler Portraits of Anglo-Saxon England* (Boydell Press, 2004), p. 119.
61. Frank Barlow, *Edward the Confessor* (University of California Press, 1984), pp. 30-1.
62. Lois L. Huneycutt, *Matilda of Scotland: A Study in Medieval Queenship* (Boydell Press, 2003), p. 41.
63. Andy Orchard, "Literary Background to the Encomium Emmae Reginae", *Journal of Medieval Latin*, v. 11 (2001), pp. 156-83.
64. Will Humphries, "Emma, the Queen in the Cathedral's Box of Old Bones", *The Times* (16 maio 2019).
65. Pauline Stafford, *Unification and Conquest: A Political and Social History of England in the Tenth and Eleventh Centuries* (Oxford University Press, 1989), p. 87.

66. Janina Ramirez, *The Private Lives of Saints: Power, Passion and Politics in Anglo-Saxon England* (W. H. Allen, 2016), pp. 255-86.
67. Catherine Cubitt, "The Tenth-Century Benedictine Reform in England", *Early Medieval Europe*, v. 6, n. 1 (1997), pp. 77-94.
68. Julia Barrow, "The Ideology of the Tenth-Century English Benedictine 'Reform'", em Patricia Skinner (org.), *Challenging the Boundaries of Medieval History: The Legacy of Timothy Reuter* (Brepols, 2009), pp. 141-54.
69. John Blair, *The Church in Anglo-Saxon Society* (Oxford University Press, 2005), pp. 323-6.
70. T. A. Heslop, "The Production of *de luxe* Manuscripts and the Patronage of King Cnut and Queen Emma", *Anglo-Saxon England*, v. 19 (1990), pp. 151-96.
71. Simon Keynes, "The Liber Vitae of the New Minster, Winchester", em D. Rollason *et al.* (orgs.), *The Durham Liber Vitae and Its Context* (Boydell Press, 2004), pp. 149-64.
72. Pauline Stafford, *Queen Emma and Queen Edith: Queenship and Women's Power in Eleventh Century England* (Wiley, 2001), p. 3.
73. Hicks, *The Bayeux Tapestry*, p. 209.
74. Pauline Stafford, "Edith, Edward's Wife and Queen", em Richard Mortimer (org.), *Edward the Confessor: The Man and The Legend* (Boydell Press, 2009), pp. 129-38.
75. Alison Weir, *Britain's Royal Families: The Complete Genealogy* (Pimlico, 1996), p. 33.
76. Carola Hicks, *The Bayeux Tapestry*, p. 30.
77. J. L. Grassi, "*The Vita Ædwardi Regis*: The Hagiographer as Insider", em John Gillingham (org.), *Anglo-Norman Studies: Proceedings of the Battle Conference*, v. XXVI (Boydell & Brewer, 2003), pp. 87-102.
78. Frank Barlow (org.), *The Life of King Edward who Rests at Westminster Attributed to a Monk of Saint-Bertin* (Oxford, Clarendon Press, 1992), p. xxix.
79. Carola Hicks, *The Bayeux Tapestry*, pp. 29-32.
80. Pauline Stafford, "Women in Domesday", *Reading Medieval Studies*, v. 15 (1989), pp. 75-94.

5. Polímatas e cientistas

1. Jennifer Bain, "History of a Book: Hildegard of Bingen's 'Riesencodex' and World War II", *Plainsong and Medieval Music*, v. 27, n. 2 (2018), pp. 143-70.
2. Fiona Maddocks, *Hildegard of Bingen: The Woman of Her Age* (Faber and Faber, 2013), pp. 263-74.

3. Michael Klaper, "Commentary", em trad. Lora Kruckenberg, *Lieder: Faksmile Riesencodex (Hs.2) der Hessischen Landesbibliothek Wiesbaden, fol. 466-481v*, Lorenz Welker (org.) (Hessian State Library, 1998), pp. 23-4.
4. Madeline H. Caviness, "Hildegard as Designer of the Illustrations of Her Works", em C. Burnett e P. Dronke (orgs.), *Hildegard of Bingen: The Context of Her Thought and Art* (Warburg Institute, 1998), pp. 29-62.
5. Christiane Heinemann, *Der Riesencodex der Hildegard von Bingen. Verschollen - Gefunden - Gerettet. Schicksalswege 1942 bis 1950* (Historische Kommission für Nassau, 2021), p. 27.
6. Jonathan Petropoulos, *Art as Politics in the Third Reich* (University of North Carolina Press, 1996), p. 142.
7. Gregorij Kozlov, "Die Sowjetischen 'Trophänbigaden' – Systematik und Anarchie des Kunstraubs einer Siegermacht", em Hartmann von Uwe (org.), *Kulturgüter im Zweiten Weltkrieg. Verlagerung – Auffindung – Rüchführung* (Koordinierungsstelle für Kulturgutverluste Magdeburg, 2007), pp. 79-104.
8. Heinemann, *Der Riesencodex der Hildegard von Bingen*, p. 50.
9. Wil Derkse, *The Rule of Benedict for Beginners: Spirituality for Daily Life*, trad. de Martin Kessler (Liturgical Press, 2003), pp. 2-3.
10. Desiderius Lenz, *The Aesthetic of Beuron and Other Writings*, trad. de John Minahane e John Connolly (Francis Boutle Publishers, 2002), p. 20.
11. Konstantin Akinsha e Grigorii Kozlov, *Beautiful Loot: The Soviet Plunder of Europe's Art Treasures* (Random House USA, 1995), pp. ix-xiii.
12. H. Grewe, "Die Königspfalz in Ingelheim", *Archäologie in Deutschland*, n. 4 (1996), p. 53.
13. Günther Stanzl, "The Ruins of the Abbey Disibodenberg near Mainz, Germany: Excavation, Conservation and Development of the Site", *Conservation and Management of Archaeological Sites*, v. 1 (2000), pp. 21-32.
14. Iris R. Petty, "Hildegard's Historical Memory: The Lives of Saint Disibod and Saint Rupert as Models of Local Salvation History", *Comitatus: A Journal of Medieval and Renaissance Studies*, v. 45 (2014), pp. 133-48.
15. Hildegarda de Bingen, "Antiphon for Saint Disibod", em Mark Atherton (trad.), *Hildegard of Bingen: Selected Writings* (Penguin Classics, 2001), p. 35. Doravante Atherton.
16. Exhibition Catalogue, *Permanent Exhibition Hildegard of Bingen: Her Life and Work* (Museum am Strom, 2014), p. 15.

17. Díaz Hidalgo *et al.*, "New Insights into Iron-gall Inks through the Use of Historically Accurate Reconstructions", *Heritage Science*, v. 6, n. 1 (2018), pp. 1-15.
18. John van Engen, "Abbess, Mother and Teacher", em Barbara Newman (org.), *Voice of the Living Light: Hildegard of Bingen and Her World* (University of California Press, 1998), pp. 30-51.
19. Hildegarda de Bingen, "Letter to Henry, Bishop of Liège", em Atherton, p. 65.
20. Maria Teresa Brolis, "Hildegard the Genius", em M. T Brolis (orgs.), *Stories of Women in the Middle Ages* (McGill-Queen's University Press, 2018), pp. 13-21.
21. Sarah Lynn Higley, *Hildegard of Bingen's Unknown Language: An Edition, Translation, and Discussion* (Palgrave Macmillan, 2007), p. 13.
22. Debra L. Stoudt, "Elemental Well-Being: Water and Its Attributes in Selected Writings of Hildegard of Bingen and Georgius Agricola", em Albrecht Classen (org.), *Bodily and Spiritual Hygiene in Medieval and Early Modern Literature: Explorations of Textual Presentations of Filth and Water, Journal of Medieval Latin*, v. 27, n. 1 (2017), pp. 193-220.
23. Martin Kemp, *Leonardo* (Oxford University Press, 2004), p. 6.
24. Susan Wise Bauer, *The History of the Renaissance World: From the Rediscovery of Aristotle to the Conquest of Constantinople* (W. W. Norton, 2013), p. 1.
25. Robert Louis Benson, *Giles Constable and Carol Dana Lanham, Renaissance and Renewal in the Twelfth Century* (Harvard University Press, 1991), p. 471.
26. Hildegarda de Bingen, *Scivias*, II. 7, Adelgundis Führkötter e Angela Carlevaris (orgs.), CCCM 43-43A (Turnholt, 1978), p. 322.
27. C. J. Tyerman, "Were There Any Crusades in the Twelfth Century?", *The English Historical Review*, v. 110, n. 437 (1995), pp. 533-77.
28. Hildegarda de Bingen, "Letter to Pope Eugenius III, 1148–53, Letter 3", em Atherton, p. 66.
29. María Esther Ortiz, "Símbolo y experiencia visionaria en el Epistolario de Hildegarda de Bingen (1098–1179)", *Mirabilia*, v. 29 (2019), pp. 70-91.
30. Andra Alexiu, "*Magistra magistrorum*: Hildegard of Bingen as a Polemicist against False Teaching", *Medieval Worlds*, n. 7 (2018), pp. 170-89.
31. W. J. Millor e C. N. L. Brooke (org. e trad.), *The Letters of John of Salisbury, Volume 2: The Later Letters (1163–80)* (Oxford University Press, 1979), p. 224.
32. Elizabeth Ruth Obbard, *Medieval Women Mystics: Gertrude the Great, Angela of Foligno, Brigiitta of Sweden, Julian of Norwich* (New City Press, 2007), pp. 7-15.

33. Julie Hotchin, "Enclosure and Containment: Jutta and Hildegard at the Abbey of St. Disibod", *Magistra: A Journal of Women Spirituality in History*, v. 2, n. 2 (1996), pp. 103-23.
34. Richard Witts, "How to Make a Saint: On Interpreting Hildegard of Bingen", *Early Music*, v. 26, n. 3 (1998), pp. 478-85.
35. Hildegarda de Bingen, "Canonisation Protocol, 14.2", em Atherton, p. 201.
36. Anna Silvas, *Jutta and Hildegard: The Biographical Sources* (Pennsylvania State University Press, 1998), pp. 51-8.
37. Hildegarda de Bingen, "Life of Jutta", em Silvas (ed.), *Jutta and Hildegard*, pp. 65-85.
38. Robert Carver, "Letter to Guibert of Gembloux", em Fiona Bowie e Oliver Davies (orgs.), *Hildegard of Bingen: An Anthology* (SPCK, 1990), p. 146.
39. Citado de Andrea Hopkins, *Most Wise and Valiant Ladies* (Collins and Brown, 1997), p. 88.
40. Oliver Sacks, "Patterns. Migraine: Perspectives on a Headache", *New York Times* (13 February 2008), páginas de opinião.
41. Theoderich of Echternach, "Life of Hildegard", Livro 2, em Atherton, p. 191.
42. Nu Cindy Chai, B. Lee Peterlin e Anne H. Calhoun, "Migraine and Oestrogen", *Curr Opin Nerol*, v. 27, n. 3 (jun. 2014), pp. 315-24. Agradeço à Antonia Hoyle por essa referência.
43. Claire V. Hutchinson, James A Walker e Colin Davidson, "Oestrogen, Ocular Function and Low-Level Vision: A Review", *Journal of Endocrinology*, v. 223, n. 2 (2014), pp. 9-18.
44. José Alberto Avila-Funes *et al.*, "Association Between High Serum Estradiol Levels and Delirium Among Hospitalised Elderly Women", *Revista de Investigación Clínica*, v. 67 (2015), pp. 20-4.
45. Clemens Jöckle, *Encyclopaedia of Saints* (Konecky and Konecky, 2003), p. 204.
46. John M. Riddle, *Eve's Herbs: A History of Contraception and Abortion in the West* (Harvard University Press, 1997), p. 105.
47. Olivia Campbell, "Abortion Remedies from a Medieval Catholic Nun (!)", *JSTOR Daily* (13 out. 2021), https://daily.jstor.org/abortion-remedies-medieval-catholic-nun/.
48. Theoderich of Echternach, "Life of Hildegard", Livro 2, cap. v, em Atherton.
49. Hildegarda de Bingen, "Letter to Elizabeth of Schönau", em Atherton, p. 79.
50. Joan Cadden, "It Takes All Kinds: Sexuality and Gender Difference in Hildegard of Bingen's Book of Compound Medicine", *Traditio*, v. 40 (1984), pp. 149-74.

51. Hildegarda de Bingen, *Causae et Curae*, Livro 2, Paul Kaiser (ed.) (Lipsiae, 1903, reproduzido por BiblioBazzar, 2009), p. 104.
52. Joan Cadden, "It Takes All Kinds: Sexuality and Gender Difference in Hildegard of Bingen's Book of Compound Medicine", *Traditio*, v. 40 (1984), pp. 149-74.
53. Hildegarda de Bingen, *Causae et Curae*, Livro II, em Atherton, p. 89.
54. Hildegarda de Bingen, *Causae et Curae*, Livro II, em Atherton, pp. 35-6.
55. Shawn Madigan, *Mystics, Visionaries and Prophets: A Historical Anthology of Women's Spiritual Writings* (Fortress Press, 1998), p. 96.
56. Augustine Thompson, "Hildegard of Bingen on Gender and the Priesthood", *Church History*, v. 63, n. 3 (1994), pp. 349-64.
57. Hildegarda de Bingen, "Letter to Bernard of Clairvaux", em Atherton, p. 3.
58. Hildegarda de Bingen, "Scivias II, Vision 1", em Atherton, p. 9.
59. Hildegarda de Bingen, "A Vision of Love", do *Livro das obras divinas*, em Atherton, p. 171.
60. Hildegarda de Bingen, "Letter to Pope Eugenius III, 1148, Letter 2", em Atherton, p. 31.
61. John Julius Norwich, *The Popes: A History* (Chatto & Windus, 2011), pp. 149-64.
62. Anne Clark Bartlett, "Miraculous Literacy and Textual Communities in Hildegard of Bingen's *Scivias*", *Mystics Quarterly*, v. 18, n. 2 (1992), pp. 43-55.
63. Maddocks, *Hildegard of Bingen*, p. 74.
64. Hildegarda de Bingen, "Songs for Saint Rupert", em Atherton, p. 47.
65. Catálogo da exposição, *Permanent Exhibition Hildegard of Bingen: Her Life and Work* (Museum am Strom, 2018), p. 47.
66. *Life of Hildegard of Bingen*, Livro II, trad. de Monika Klaes (Fontes Christiani, 1998), pp. 141-3.
67. Hildegarda de Bingen, "Letter to Heinrich, Archbishop of Mainz, Letter 18R", em Atherton, p. 51.
68. Hildegarda de Bingen, "Letter to Richardis, 1151–2, Letter 64", em Atherton, p. 52.
69. David Randall, "Intimate Friendship", em D. Randall (orgs.), *The Concept of Conversation: From Cicero's Sermo to the Grand Siècle's Conversation* (Edinburgh University Press, 2018), pp. 85-121.
70. Catálogo da exposição, *Permanent Exhibition Hildegard of Bingen: Her Life and Work* (Museum am Strom, 2014), p. 50.
71. Hildegarda de Bingen, "Quia Ergo Femina", em Atherton, p. 118.

72. William Flynn, “Hildegard (1098–1179) and the Virgin Martyrs of Cologne”, em Jane Cartwright (org.), *The Cult of St Ursula and the 11,000 Virgins* (University of Wales Press, 2016), pp. 93-118.
73. “Letter from Tengswich to Hildegard, Letter 52”, em Baird e Ehrman (orgs.), *The Letters of Hildegard of Bingen*, v. 1 (Oxford University Press, 1994), p. 127.
74. *Ibid.*
75. Hildegarda de Bingen, *Scivias*, I, 2, 38, em Atherton.
76. Hildegarda de Bingen, *Scivias*, I, 4, em Atherton.
77. Hildegarda de Bingen, “Letter to Odo of Soissons”, em Atherton, p. 21.
78. Maria Jose Ortuzar Escudero, “La Boca y lo Dulce. Algunas reflexiones sobre de la tropologia del gusto en el libro Scivias de Hildegarda de Bingen”, *Mirabilia*, v. 29 (2019), pp. 70-91.
79. Columba Hart e Jane Bishop, trad., *The Ways of the Lord: Hildegard of Bingen* (Harper One, 2005), p. 12.
80. Bruce W. Holsinger, *Music, Body and Desire in Medieval Culture: Hildegard of Bingen to Chaucer* (Stanford University Press, 2001), pp. 87-136.
81. Jennifer Bain, *Hildegard of Bingen and Musical Reception: The Modern Revival of a Medieval Composer* (Cambridge University Press, 2015), pp. 70-100.
82. Medieval Studies Research Blog, “Letters? I ’ardly know ’er. The Unknown Language (and Letters) of Hildegard of Bingen” (University of Notre Dame Medieval Institute, out. 2015). https://sites.nd.edu/manuscript-studies/2015/10/01/letter-i-ardly-know-er-the-unknown-language-and-letters-of-hildegard-von-bingen/
83. Gênesis 11:1-9.
84. Sabina Flanagan, *Hildegard of Bingen, 1098–1179: A Visionary Life* (Routledge, 1989), p. 11.
85. Elizabeth of Schönau, *The Complete Works* (Pauline Press, 2000), p. 9.
86. Marcelle Thiébaux, trad., “Benedictine Visionaries in the Rhineland: Hildegard of Bingen (1098–1179), Elisabeth of Schönau (1129- 1165)”, em M. Thiébaux (orgs.), *The Writings of Medieval Women* (Garland Library of Medieval Literature, v. 14, série B, 1987), pp. 105-63.
87. Paolo Vitolo, “The Image of Women and Narrative Strategies in the Hortus Deliciarum”, em Kari Elisabeth Børresen e Adriana Valerio (orgs.), *The High Middle Age, The Bible and Women Series* (Society of Biblical Literature, 2015), pp. 327-42.
88. Paul Webster, “Mystery at the Monastery Ends as CCTV Reveals Chamber of Secrets’ Daring Thief”, *The Guardian* (19 jun. 2003).

89. Thérèse McGuire, "Monastic Artists and Educators in the Middle Ages", *Woman's Art Journal*, v. 9, n. 2 (1988), pp. 3-9.
90. Reed Enger, "Herrad of Landsberg, a French Abbess Creates the First Female-authored Encyclopaedia", *Obelisk Art History* (27 jan. 2016), https://arthistoryproject.com/artists/herrad-of-landsberg/.
91. Ann Storey, "A Theophany of the Feminine: Hildegard of Bingen, Elisabeth of Schönau and Herrad of Landsberg", *Woman's Art Journal*, v. 19, n. 1 (1998), pp. 16-20.
92. "The Nun Gertrud (of Stahleck), to Hildegard, after 1161, Letter 62", em Atherton, p. 184.
93. "An Abbess of Alterna to Hildegard, before 1173, Letter 49", em Atherton, p. 185.
94. "Gebeno of Eberbach: The Pentachronon", em Atherton, p. 193.
95. Nathaniel M. Campbell, "The Prophetess and the Pope: St. Hildegard of Bingen, Pope Benedict XVI, and Prophetic Visions of Church Reform", *Postmedieval: A Journal of Medieval Cultural Studies*, v. 10, n. 1 (2019), pp. 22-35.
96. Hildegarda de Bingen, *Epistula 195*, Lieven van Acker (org.), *Espistolarium. Pars Secunda, XCI–CCLr*, CCCM 91A (Turnholt, 1993), pp. 443-4.

6. Espiãs e foras da lei

1. Chris O'Brien, "For 800 Years They Were Celebrated as Martyrs to their Faith. Just One Problem: the Cathars May Never Have Existed", *Los Angeles Times* (31 dez. 2018).
2. "'Les Cathares, une idée reçue', l'exposition qui démonte 'le mythe' des Cathares", *L'Indépendant* (4 out. 2018), https://www.lindependant.fr/2018/10/04/les-cathares-une-idee-recue-lexposition-qui-demonte-le-mythe-des-cathares,4719386.php.
3. Vincent Marie, "Alessia Trivellone: 'Réaliser une BD permet à mes étudiants de Master de vulgariser l'Histoire médiévale'", *Cases D'Histoire* (mar. 2018).
4. Emily McCaffery, "Imaging the Cathars in Late Twentieth-Century Languedoc", *Contemporary European History*, v. 11, n. 3 (2002), pp. 409-27.
5. Jonathan Sumption, *The Albigensian Crusade* (Faber and Faber, 1978), p. 237.
6. Zoé Oldenbourg, *Massacre at Montsegur: A History of the Albigensian Crusade* (Phoenix, 2015), p. 340.
7. Claude Lebédel, *Understanding the Tragedy of the Cathars* (Editions Ouest-France, 2011), p. 104.
8. Sumption, *The Albigensian Crusade*, cap. 5.
9. A. Roach, "The Cathar Economy", *Reading Medieval Studies*, v. 12 (1986), pp. 51-71.

10. Michael Costagliola, "Fires in History: The Cathar Heresy, The Inquisition and Brulology", *Annals of Burns and Fire Disasters*, v. 28, n. 3 (2015), pp. 230-4.
11. Costas Tsiamis, Eleni Tounta e Effie Poulakou-Rebelakou, "The 'Endura' of the Cathars' Heresy: Medieval Concept of Ritual Euthanasia or Suicide?", *Journal of Religion and Health*, v. 55, n. 1 (2016), pp. 174-80.
12. William of Auxerre, *Summa aurea*, Jean Ribaillier (org.), 4 vols. (CNRS, 1980–87), iii.XII.3.5 (3,i, 212–3).
13. Dorothea Weltecke, "Doubts and the Absence of Faith", em John H. Arnold (org.), *Oxford Handbook of Medieval Christianity* (Oxford University Press, 2014), pp. 357-76.
14. Peter Biller, "Intellectuals and the Masses: Oxen and She-asses in the Medieval Church", em Arnold (org.), *The Oxford Handbook of Medieval Christianity*, pp. 323-39.
15. Stephen O'Shea, *The Perfect Heresy: The Life and Death of the Cathars* (Profile Books, 2000), pp. 17-31.
16. Malcolm Lambert, *The Cathars* (Blackwell, 1998), p. 31.
17. R. I. Moore, "Principles at Stake: The Debate of April 2013 in Retrospect", em Antonio Sennis (org.), *The Cathars in Question* (Boydell & Brewer, 2016), pp. 257-73.
18. Antonio Sennis, *The Cathars in Question* (Boydell & Brewer, 2016).
19. Andrew P. Roach, "Review: Cathars in Questions, ed. Antonio Sennis", *The English Historical Review*, v. 133, n. 561 (2016), pp. 396-8.
20. Claire Taylor, *Heresy, Crusade and Inquisition in Medieval Quercy* (York Medieval Press, 2011), p. 89.
21. James Wiseman, "Insight: Suppression of the Cathars", *Archaeology*, v. 52, n. 2 (1999), pp. 12-6.
22. Innocent III, *Inveterata pravitatis hertice (17 Nov. 1207), from Catherine Léglu, Rebecca Rist and Claire Taylor, The Cathars and the Albigensian Crusade: A Sourcebook* (Routledge, 2014), 1.1.3.
23. *La Chanson de la Croisade Contre les Albigeois*, 3 vols. (Les Classiques de l'Histoire de France au Moyen Age, 1931, 1957, 1961), v. 1, laisse 68, pp. 164-5. Trad. para o inglês J. Shirley, *The Song of the Cathar Wars: A History of the Albigensian Crusade. William of Tudela and an Anonymous Successor* (Routledge, 1996), p. 41.
24. Gonzalo Pita, "Waldensian and Catholic Theologies of History in the XII–XIV Centuries: Part 1", *Journal of the Adventist Theological Society*, v. 25, n. 2 (2014), pp. 65-87.

25. Adam L. Hoose, "The 'Sabotati': The Significance of Early Waldensian Shoes, c. 1184–c. 1300", *Speculum*, v. 91, n. 2 (2016), pp. 356-73.
26. Peter Biller, "Goodbye to Waldensianism", *Past and Present*, v. 192 (2006), pp. 3-33.
27. Malcolm Barber, *The Cathars: Dualist Heresies in Languedoc in the High Middle Ages* (Routledge, 2017), p. 1.
28. O único artigo que se preocupa exclusivamente com as mulheres cátaras é Malcolm Barber, "Women and Catharism", *Reading Medieval Studies*, v. 3 (1977), pp. 45-62.
29. Emmanuel Le Roy Ladurie, *Montaillou: Cathars and Catholics in a French Village, 1294–1324*, trad. de Barbara Bray (Penguin, 1990), p. ix.
30. Bibliotèque Nationale, *Collection Doat*, v. 24, f. 126–126v. Doravante Doat.
31. *Ibid.*, v. 23, f. 162-80.
32. *Ibid.*, v. 24, f. 143.
33. Léglu, Rist e Taylor, *The Cathars and the Albigensian Crusade*, p. 166.
34. Bernard Gui sobre os albigenses, *Inquisitor's Manual of* Bernard Gui [d.1331], início do século XIV, trad. em J. H. Robinson, *Readings in European History* (Boston, Ginn, 1905), pp. 381-3.
35. Jennifer Ward, *Women in Medieval Europe, 1200–1500* (Routledge, 2002), pp. 241-2.
36. Vladimir Tumanov, "Mary versus Eve: Paternal Uncertainty and the Christian View of Women", em *Neophilologus*, v. 95 (2011), pp. 507-21.
37. Margaret Schaus, *Women and Gender in Medieval Europe: An Encyclopaedia* (Taylor & Francis, 2006), p. 114.
38. R. Podd, "Reconstructing Maternal Mortality in Medieval England: Aristocratic Englishwomen, c. 1236–1503", *Continuity and Change*, v. 35, n. 2 (2020), pp. 115-37.
39. Rene Weis, *The Yellow Cross: The Story of the Last Cathars 1290–1329* (Penguin, 2001), p. 19.
40. Barber, *The Cathars*, p. 43.
41. John Hine Mundy, *Men and Women at Toulouse in the Age of the Cathars* (Pontifical Institute of Medieval Studies, 1990), p. 21.
42. Doat, v. 24, pp. 59-60.
43. Bibliotèque de Toulouse, MS 609; *Doat*, v. 22, p. 15.
44. Zoé Oldenbourg, *Massacre at Montsegur*, p. 66.
45. Barber, *The Cathars*, p. 71.
46. J. Duvernoy, "Les Albigeois dans la vie Sociale et Economique de Leur Temps", *Annales de l'Insitul d'études Occitanes, Actes de Colloque de Toulouse, Années 1964*, pp. 67-8.

47. Lutz Kaelber, "Weavers into Heretics? The Social Organisation of Early Thirteenth--Century Catharism in Comparative Perspective", *Social Science History*, v. 21, n. 1 (1997), pp. 111-37.
48. Doat, v. 21, ff. 240r-1v.
49. Doat, v. 21, f. 307r.
50. Mundy, *ibid.*, p. 23.
51. Guillaume du Putlaurens, *Chronica*, trad. de Jean Duvernoy (CNRS, 1976), p. 49.
52. Anne Brenon, *Les Femmes Cathares* (Perrin, 2004), p. 15.
53. Doat, v. 23, ff. 2-49.
54. *Petri Vallium Sarnaci Monachi Hystoria Albigensis*, P. Guébin e E. Lyon (orgs.), 3 vols. (Champion, 1926, 1930, 1939), v. 1, par. 215, pp. 214-5. Tradução para o inglês W. A. Sibly e M. D. Sibly, *Peter of Les Vaux-de-Cernay: The History of the Albigensian Crusade* (Boydell Press, 1998), p. 111.
55. Barber, *The Cathars*, pp. 43-9.
56. A. Roach, *The Devil's World: Heresy and Society, 1100–1300* (Routledge, 2005), p. 192.
57. Doat, v. 23, f. 7v.
58. Katherine H. Tachau, "God's Compass and Vana Curiositas: Scientific Study in the Old French Bible Moralisée", *The Art Bulletin*, v. 80, n. 1 (1998), pp. 7-33.
59. John Lowden, *The Making of the Bibles Moralisées, I: The Manuscripts* (University Park, 2000), p. 9.
60. Gautier Map, *De Nugis Curialium*, M. R. James, C. N. L. Brooke e R. A. B. Mynors (orgs.) (Oxford University Press, 1983), pp. 126-7.
61. Barber, "Women and Catharism", pp. 45-62.
62. Doat, v. 23, f. 98-9.
63. John Michael Greer, *The New Encyclopaedia of the Occult* (Llewellyn Worldwide, 2003), p. 365.
64. Juliette Wood, *The Holy Grail: History and Legend* (University of Wales Press, 2012), pp. 74-6.
65. Nicholas Goodrick-Clarke, *The Occult Roots of Nazism: Secret Aryan Cults and Their Influence on Nazi Ideology: The Ariosophists of Austria and Germany, 1890–1935* (The Aquarian Press, 1985), pp. 188-9.
66. David Klinghoffer, "The Da Vinci Protocols: Jews Should Worry about Dan Brown's Success", *National Review* (5 maio 2006), https://www.nationalreview.com/2006/05/da-vinci-protocols-david-klinghoffer/.

67. Michael Baigent, Richard Leigh e Henry Lincoln, *Holy Blood and the Holy Grail* (Jonathan Cape, 1982), p. 36.

7. Reis e diplomatas

1. *L'Osservatore Romano*, edição semanal em inglês (23 jun. 1980), pp. 9-12.
2. "Homily of John Paul II, Krakow, 8 June 1997; Holy Mass for the Canonization of Blessed Queen Edwig", *Apostolic Journey of His Holiness John Paul II to Poland (May 31–June 10, 1997)* (Libreria Editrice Vaticana, 1997), https://www.vatican.va/content/john-paul-ii/en/homilies/1997/documents/hf_jp- ii_hom_19970608_cracovia.html.
3. Felicitas Schmeider, "Saints Around the Baltic: Some Remarks, Conclusions and Further Questions", em Carsten Selch Jensen *et al.* (orgs.), *Saints and Sainthood Around the Baltic Sea: Identity, Literacy and Communication in the Middle Ages* (Medieval Institute Publications, 2018), pp. 273-80.
4. George Weigel, *City of Saints: A Pilgrimage to John Paul II's Krakow* (Crown Publishing, 2015), pp. 65-88.
5. Alan Lockwood, "'In the Footsteps of Kraków's European Identity.' The Rynek Underground Archaeological Exhibit", *The Polish Review*, v. 57, n. 4 (2012), pp. 87-99.
6. Marta Marek, *Cracovi, Rekonstrukcje cyfrowe historycznej zabudowy Krakowa* (Museum Historycane Miasta, 2013), p. 50.
7. Aldona Garbacz-Klempka e Stansław Rzadkosz, "Metallurgy in Middle Ages. Raw Materials, Tools and Facilities in Source Materials and Metallographic Research", *Argenti Fodina* (Banska Štiavnica, 2014), pp. 99-105.
8. Thaddeus V. Gromada, "Oscar Halecki's Vision of Saint Jadwiga of Anjou", *The Polish Review*, v. 44, n. 4 (1999), pp. 433-7.
9. Magdalena Piwocka, *Jałmużniczka*, em M. Piwocka e D. Nowacki (orgs.), *Wawel 1000–2000, vol. I: Katedra krakowska – biskupia, królewska, narodowa* (Muzeum Katedralne na Wawelu, 2000), cat. I/13, pp. 45-6.
10. "Tristan", em N. J. Lacy *et al.*, *The New Arthurian Encyclopaedia* (Garland Publishing, 1991), pp. 462-3.
11. Samuel N. Rosenberg, "Les Folies Tristan", em Norris J. Lacy (org.), *Early French Tristan Poems*, v. 1 (D. S. Brewer, 1998), pp. 259-302.
12. *Ibid.*, p. 269.

13. James A. Schultz, "Why do Tristan and Isolde Leave for the Woods? Narrative Motivation and Narrative Coherence in Eilhart von Oberg and Gottfried von Straβburg", *MLN*, v. 102, n. 3 (1987), pp. 586-607.
14. Tadeusz Gromada e Oskar Halecki, *Jadwiga of Anjou and the Rise of East Central Europe* (Social Science Monographs, 1991), p. 69.
15. Robert I. Frost, *The Oxford History of Poland-Lithuania, Volume I: The Making of the Polish-Lithuanian Union, 1385–1567* (Oxford University Press, 2015), p. 8.
16. Pál Engel, *The Realm of St Stephen: A History of Medieval Hungary, 895–1526* (I. B. Tauris Publishers, 2001), p. 195.
17. Jerzy Wyrozumski, *Królowa Jadwiga* (Universitas, 2006), p. 76.
18. László Solymosi e Adrienne Körmendi, "A középkori magyar állam virágzása és bukása, 1301–1506 [The Heyday and Fall of the Medieval Hungarian State, 1301–1526]", em László Solymosi (org.), *Magyarország történeti kronológiája, I: a kezdetektől 1526-ig* [*Historical Chronology of Hungary, Volume I: From the Beginning to 1526*] (Akadémiai Kiadó, 1981), pp. 188-228.
19. Charlotte Kellogg, *Jadwiga: Poland's Great Queen* (Borodino Books, 2018), p. 19.
20. Jerzy Lukowski e Hubert Zawadzki, *A Concise History of Poland* (Cambridge University Press, 2001), p. 42.
21. Norman Davies, *God's Playground: A History of Poland* (Columbia University Press, 1982), p. 5.
22. Assim como o papa João Paulo II, Długosz estudou na Universidade de Cracóvia, e sua forma de tratar Jadwiga foi influenciada pela reputação dela nessa instituição. Paul Knoll, "Jan Długosz, 1480-1980", *The Polish Review*, v. 27, n. 1/2 (1982), pp. 3-28.
23. Anna Brzezińska, "Jadwiga of Anjou as the Image of a Good Queen in Late Medieval and Early Modern Poland", *The Polish Review*, v. 44, n. 4 (1999), pp. 407-18.
24. J. Długosz, *Roczniki czyli Kroniki sławnego Królestwa Polskiego*, Wyndawnictwo Naukowe PWN, 1981, cap. X, p. 198; R. Bubczyk, *Kariera rodziny Kurozwęckich w XIV wieku* (DiG, 2002), p, 170.
25. *The Annals of Jan Długosz*, uma versão resumida em inglês de Maurice Michael, comentada por Paul Smith (IM Publications, 1997), pp. 346-7.
26. J. Długosz, *Roczniki czyli Kroniki sławnego Królestwa Polskiego*, cap. X, X-XI, XI, XI-XII (Wyndawnictwo Naukowe PWN, 1981, 1982, 1985, 2004).
27. Krzysztof Osiński, "Małżeństwo Jadwigi Andegaweńskiej z Władysławem Jagiełłą w Rocznikach Jana Długosza", *Przegląd Prawniczy Ekonomiczny i Społeczny*, v. 2 (2014) pp. 38-48.

28. Thaddeus V. Gromada, "Oscar Halecki's Vision of Saint Jadwiga of Anjou", *The Polish Review*, v. 44, n. 4 (1999), p. 434.
29. Robert Frost, *The Oxford History of Poland-Lithuania: Volume 1: The Making of the Polish-Lithuanian Union, 1385–1569* (Oxford History of Early Medieval Europe, 2015), p. 7.
30. Paul Knoll, "Louis the Great and Casimir of Poland", em S. B. Vardy, Géza Goldschmidr e Leslie S. Domonkos (orgs.), *Louis the Great, King of Hungary and Poland* (Columbia University Press, 1986), pp. 108-9.
31. Susan Reynolds, *Kingdoms and Communities in Western Europe, 900–1300* (Oxford University Press, 1997), p. 250.
32. Mečislovas Jučas, *Lietuvos ir Lenkijos unija* (Aidai, 2000), p. 110.
33. Oreste Bazzicchi, *Il paradossa francescano tra povertà e societá di mercato* (Effatà Editrice, 2011), p. 98.
34. Oscar Halecki, *Jadwiga of Anjou and the Rise of East Central Europe* (Polish Institute of Arts and Sciences of America, 1991), p. 155.
35. John Van Antwerp Fine, *The Late Medieval Balkans: A Critical Survey from the Late Twelfth Century to the Ottoman Conquest* (University of Michigan Press, 1994), pp. 396-7.
36. William Monter, *The Rise of Female Kings in Europe, 1300–1800* (Yale University Press, 2012), p. 74.
37. Roman Maria Zawadzki, "Poczatki kultu Królowej Jadwigi", em Adam Kubiś (org.), *Jubileusz Sześćsetlecis Wydziału Teologicznego w Krakowie* (Papieska Akademia Teologiczna, 1998), pp. 283-99.
38. Elias H. Füllenbach, *Devotio Moderna (I. Christianity), in Encyclopaedia of the Bible and Its Reception*, v. 6 (2013), col. 716-7.
39. Paul W. Knoll, "Jadwiga and Education", *The Polish Review*, v. 44, n. 4 (1999), pp. 419-32.
40. M. Toswell, "The European Psalms in Translation", em J. Beer (org.), *Companion to Medieval Translation* (Amsterdam University Press, 2019), pp. 13-22.
41. Małgorzata Grzebiennik, "Psałtez Floriański", disponível em: https://biblia.wiara.pl/doc/423122.Przeklady-polskie-Psalterzflorianski.
42. Krzysztof Ożóg, "The Intellectual Circles in Cracow at the Turn of the Fourteenth and Fifteenth Centuries and the Issue of the Creation of the Sankt Florian Psalter", *Polish Libraries*, v. 1 (2013), pp. 166-85.
43. Ewa Sniezynska-Stolot, *Tajemnice dekoracji Psalterza Florianskiego* (Wyndawnictwo Naukowe PWN, 1992), pp. 10-1.

44. Krzysztof J. Czyżewski, "Kaplica Władysława Jagiełła Króla Polskiego – kilka uwag", em W. Bałus, W. Walanus e M. Walczak (org.), *Artifex Doctus. Studia ofiarowane procesowi Jerzemu Gadomskiemu wsiedemdziesiątą rocznicę urodzin*, v 1. (Polska Akademia Umiejętności, 2007), p. 161.
45. Marek Walczak, "'The Jagiellonian Saints': Some Political, National and Ecclesiastical Aspects of Artistic Propaganda in Jagiellonian Poland", em D. Popp e R. Suckale (orgs.), *Die Jagiellonen. kunst und kultur einer europäischer dynastie an der Wende zur neuzeit*, Wissenschaftliche Beibände zum anzeiger des Germanischen nationalmuseums, v. 21 (Germanisches Nationalmuseum Abt. Verlag, 2002), p. 146, figura 10.
46. Marek Walczak, "Topography of the Royal Necropolis at the Cracow Cathedral in the Middle Ages", em Jirí Roháček (org.), *Epigraphica and Sepulcralia*, v. VI (Artefactum, 2015), pp. 67-90.
47. Thaddeus V. Gromada, "Oscar Halecki's Vision of Saint Jadwiga of Anjou", *The Polish Review*, v. 44, n. 4 (1999), pp. 433-7.
48. Departamento de Estatística do Governo da República da Lituânia, "Romos katalikų daugiausia" (2009).

8. Empreendedoras e influenciadoras

1. Hilton Kelliher, "The Rediscovery of Margery Kempe: A Footnote", em *The British Library Journal*, v. 23, n. 2 (1997), pp. 259-63.
2. John C. Hirsch, "Hope Emily Allen, the Second Volume of the Book of Margery Kempe, and an Adversary", em *Medieval Feminists Forum: The Journal of the Society for Medieval Feminist Scholarship*, v. 31, n. 1 (2001), pp. 11-7.
3. Marea Mitchell, "Discovering *The Book of Margery Kempe*", em Marea Mitchell (orgs.), *The Book of Margery Kempe: Scholarship, Community and Criticism* (Peter Lang, 2005), pp. 1-14.
4. A Capa Butler-Bowden pode ser vista na seção "Collections" do website do V&A buscando "Butler-Bowden cope": https://collections.vam.ac.uk/item/O93441/butler-bowdon-cope-cope-unknown/.
5. *The Book of Margery Kempe*, trad. Anthony Bale (Oxford World Classics, 2015), p. x.
6. Amy Hollywood, "The Normal, the Queer, and the Middle Ages", *Journal of the History of Sexuality*, v. 10, n. 2 (2001), pp. 173-9, esp. p. 177.
7. KL/C/7/2, fol. 20, ed. Dorothy M. Owen, *The Making of King's Lynn: A Documentary Survey* (Oxford University Press, 1984), p. 264.
8. Margery escreve sobre o incêndio no capítulo 67.

9. "National Treasure: The South Gate, King's Lynn, Norfolk", Society for the Protection of Ancient Buildings (11 dez. 2017), https://www.spab.org.uk/news/national-treasure-south-gate-king%E2%80% 99s-lynn-norfolk.
10. "Early printed extracts of *Margery Kempe's Book*", coleção da British Library, disponível em https://www.bl.uk/collection-items/early-printed-extracts-of-margery-kempes-book#.
11. Ver também Phyllis R. Freeman, Carley Rees Bogarad e Diane E. Sholomskas, "Margery Kempe, A New Theory: the Inadequacy of Hysteria and Postpartum Psychosis as Diagnostic Categories", em *History of Psychiatry*, v. 1 (1990), pp. 169-90.
12. L. S. Woodgar, "B, Robert, of Bishop's Lynn, Norf.", em J. S. Roskell, L. Clark e C. Rawcliffe (orgs.), *The History of Parliament: the House of Commons 1386–1421* (Boydell and Brewer, 1993), https://www.historyofparliamentonline.org/volume/1386-1421/member/brunham-robert.
13. Michael D. Myers, "A Fictional True-Self: Margery Kempe and the Social Reality of the Merchant Elite of King's Lynn", *Albion: A Quarterly Journal Concerned with British Studies*, v. 31, n. 3 (1999), pp. 377-94.
14. *Ibid.*, p. 386.
15. A própria Margery diz isso no capítulo 63.
16. Stephen Alsford, *The Men Behind the Masque: Office Holding in East Anglian Boroughs 1272–1460*, publicado on-line em 1998, http://users.trytel.com/tristan/towns/mcontent.html.
17. Por que os cavaleiros lutam com caracóis é uma antiga curiosidade do período medieval. Ver Sarah J. Biggs, "Knight v Snail", blogue de manuscritos medievais do British Library (26 set. 2013), https://blogs.bl.uk/digitisedmanuscripts/2013/09/knight-v-snail.html.
18. John Page-Phillips e Thurston Dart, "The Peacock Feast", em *The Galpin Society Journal*, v. 6 (1953), pp. 95-8.
19. Kate Parker, "Lynn and the Making of a Mystic", em John H. Arnold e Katherine J. Lewis (orgs.), *A Companion to The Book of Margery Kempe* (D. S. Brewer, 2004), pp. 55-73.
20. John Cherry, "King John's Cup", em John McNeill (org.), *King's Lynn and the Fens: Medieval Art, Architecture and Archaeology, The British Archaeological Association Conference Vol. 31* (2008), pp. 1-16.
21. *Ibid.*

22. Charles Tracy, "The Former Nave and Choir Oak Furnishings, and the West End and South Porch Doors, at the Chapel of St Nicholas, King's Lynn", em McNeil (org.), *King's Lynn and the Fens*, pp. 28-52.
23. *The Book of Margery Kempe*, cap. 25.
24. Stephen Banks, *Informal Justice in England and Wales, 1780–1918* (Boydell Press, 2014), p. 63.
25. *The Book of Margery Kempe*, cap. 76.
26. Virginia Burrus, *The Sex Lives of Saints: An Erotics of Ancient Hagiography* (University of Philadelphia Press, 2004), p. 161.
27. *The Book of Margery Kempe*, cap. 31.
28. Lara Farina, "Dirty Words: Ancrene Wisse and the Sexual Interior", em *Erotic Discourse and Early Religious Writing* (Palgrave Macmillan, 2006), pp. 35-61.
29. *The Book of Margery Kempe*, cap. 35.
30. *Ibid.*, cap. 35.
31. *Ibid.*, cap. 57.
32. *Ibid.*, cap. 58.
33. *Ibid.*, cap. 44.
34. Marlys Craun, "Personal Accounts: The Story of Margery Kempe", *Psychiatric Services*, v. 56 (2005), pp. 655-6.
35. Carolyn Dinshaw, *Getting Medieval: Sexualities and Communities, Pre and Post--Modern* (Duke University Press, 1999), p. 147.
36. Isabel Davies, "Men and Margery: Negotiating Medieval Patriarchy", em John H. Arnold e K. J. Lewis (orgs.), *A Companion to the Book of Margery Kempe* (Boydell & Brewer, 2004), pp. 35-54.
37. Sebastian Sobecki, "'The Writyng of this Tretys': Margery Kempe's Son and the Authorship of Her Book', *Studies in the Age of Chaucer*, v. 37 (2015), pp. 257-83.
38. *The Book of Margery Kempe*, Livro 2, cap. 1.
39. Tirado de Marea Mitchell, *The Book of Margery Kempe: Scholarship, Community and Criticism* (Peter Lang Publishing, 2005), p. x.
40. *The Book of Margery Kempe*, cap. 52.
41. John H. Arnold, "Margery's Trials: Heresy, Lollardy and Dissent", em Arnold e Lewis (orgs.), *A Companion to The Book of Margery Kempe*, pp. 35-54.
42. Claire Cross, *Church and People: England, 1450–1660* (Blackwell, 1999), p. 1.
43. Edward Powell, *Kingship, Law and Society: Criminal Justice in the Reign of Henry V* (Oxford University Press, 1989), pp. 141-67.
44. *The Book of Margery Kempe*, cap. 52.

45. Paul Hardwick, *English Medieval Misericords: The Margins of Meaning* (Boydell & Brewer, 2011), p. 110.
46. *The Book of Margery Kempe*, cap. 55.
47. Sarah Rees Jones, "'A Peler of Holy Church'; Margery Kempe and the Bishops", em Jocelyn Wogan-Browne *et al.* (org.), *Medieval Women: Texts and Contexts in Late Medieval Britain, Essays for Felicity Riddy* (Turnhout, 2000), pp. 377-91.
48. *The Book of Margery Kempe*, cap. 52.
49. *Ibid.*, cap. 45.
50. Carolyn Dinshaw, *How Soon is Now? Medieval Texts, Amateur Readers and the Queerness of Time* (Duke University Press, 2012), p. 105.
51. *The Book of Margery Kempe*, cap. 60.
52. Michel de Certeau, *The Mystic Fable, Vol. 1: The Sixteenth and Seventeenth Centuries*, trad. Michael B. Smith (University of Chicago Press, 1992), p. 11.
53. *The Book of Margery Kempe*, cap. 80.
54. *Ibid.*, cap. 79.
55. *Ibid.*, cap. 61.
56. James Charles Cummings, *Contextual Studies of the Dramatic Records in the Area Around the Wash, c. 1350–1550* (tese de doutorado não publicada, University of Leeds, 2001), pp. 80-192.
57. Por exemplo, o frade agostiniano em King's Lynn, cap. 68.
58. *The Book of Margery Kempe*, cap. 78.
59. Sue Niebrzydowski, "Secular Woman and Late-Medieval Marian Drama", *The Yearbook of English Studies*, v. 43 (2013), pp. 121-39.
60. Claire Sponsler, *Drama and Resistance: Bodies, Goods and Theatricality in Late Medieval England* (University of Minnesota Press, 1997), pp. 136-60.
61. *The Book of Margery Kempe*, cap. 27.
62. *Ibid.*, cap. 26.
63. *Ibid.*, cap. 27.
64. *Ibid.*, cap. 30.
65. *Ibid.*, cap. 30.
66. Karen Winstead, *John Capgrave's Fifteenth Century* (University of Philadelphia Press, 2004), pp. 1-18.
67. David Aers, *Community, Gender and Individual Identity: English Writing 1360–1430* (Routledge, 1988), p. 97.
68. *The Book of Margery Kempe*, cap. 53.
69. *Ibid.*, cap. 18.

70. *Ibid.*, cap. 48.
71. *Ibid.*, cap. 74.
72. *Ibid.*, cap. 75.
73. *Ibid.*, cap. 18.
74. *Ibid.*, cap. 20.
75. *Ibid.*, cap. 39.
76. *Ibid.*, cap. 62.
77. Alexandra Barratt, "Margery Kempe and the King's Daughter of Hungary", em Sandra J. McEntire (org.), *Margery Kempe: A Book of Essays* (Routledge, 1992), pp. 189-201.
78. Anthony Bale, "Introduction", em *The Book of Margery Kempe* (Oxford University Press, 2015), pp. ix-xxxv.
79. Tara Williams, "Manipulating Mary: Maternal, Sexual and Textual Authority in *The Book of Margery Kempe*", em *Modern Philology*, v. 107, n. 4 (2010), pp. 528-55.
80. *The Book of Margery Kempe*, cap. 28.
81. *Ibid.*, cap. 47.

9. Excepcionais e excluídas

1. Charles Tilly, *Coercion, Capital, and European States: A.D. 900–1900* (Blackwell, 1992), p. ix.
2. Barbara Hanawalt, "Golden Ages for the History of Medieval English Women", em S. Mosher Stuart (org.), *Women in Medieval History and Historiography* (University of Pennsylvania Press, 1987), pp. 1-24.
3. T. R. Turner *et al.*, "Participation, Representation, and Shared Experiences of Women Scholars in Biological Anthropology", *American Journal in Physical Anthropology*, v. 165 (2018), pp. 126-57.
4. J. Lutkin, "Settled or Fleeting? London's Medieval Immigrant Community Revisited", em M. Allen e M. Davies (orgs.), *Medieval Merchants and Money: Essays in Honour of James L. Bolton* (Institute for Historical Research, 2016), pp. 137-50.
5. Rebecca Redfern e Joseph T. Hefner, "'Officially Absent but Actually Present': Bioarchaeological Evidence for Population Diversity in London during the Black Death, 1348–50AD", em L. Madeleine, L. Mant e Alyson Jaagumägi Holland (orgs.), *Bioarchaeology of Marginalized People* (Academic Press, 2019), pp. 69-114.
6. Ian Grainger *et al.*, *The Black Death Cemetery, East Smithfield, London, MoLAS Monograph Series, Vol. 43* (Museum of London Archaeology, 2008), p. 5.

7. K. R. Dean *et al.*, "Human Ectoparasites and the Spread of Plague in Europe during the Second Pandemic", *Proceedings of the National Academy of Sciences*, v. 115, n. 6 (2018), pp. 1304-9.
8. Mark Jobling e Andrew Millard, "Isotopic and Genetic Evidence for Migration in Medieval England", em Mark Ormrod, Joanna Story e Elizabeth Tyler (orgs.), *Migrants in Medieval England: c. 500–c. 1500* (Proceedings of the British Academy, 229, 2020), pp. 19-64.
9. Bonnie Greer, "Magical Blackness", *In Search of Black History* (Audible Original Podcast, 2019).
10. Brittany S. Walter e Sharon N. DeWitte, "Urban and Rural Mortality and Survival in Medieval England", *Annals of Human Biology*, v. 44, n. 4 (2017), pp. 338-48.
11. E. Kendall *et al.*, "Mobility, Mortality and the Middle Ages: Identification of Migrant Individuals in a Fourteenth-Century Black Death Cemetery Population", *American Journal of Physical Anthropology*, v. 150, n. 2 (2013), pp. 210-22.
12. Sarah Rees-Jones, "English Towns in the Later Middle Ages: The Rules and Realities of Population Mobility", em Ormrod (orgs.), *Story and Tyler, Migrants in Medieval England*, pp. 265–303.
13. Geraldine Heng, *The Invention of Race in the European Middle Ages* (Cambridge University Press, 2018), p. 269.
14. Sigriður Sunna Ebenesersdóttir *et al.*, "A New Subclade of mtDNA Haplogroup C1 Found in Icelanders: Evidence of Pre-Columbian Contact?", *American Journal of Physical Anthropology*, v. 144 (2011), pp. 92-9.
15. P. Spufford, *Power and Profit: The Merchant in Medieval Europe* (Thames & Hudson, 2002), p. 339 (citado de R. Redfern e J. T. Hefner).
16. M. Ray, "A Black Slave on the Run in Thirteenth-Century England", *Nottingham Medieval Studies*, v. 51 (2007), pp. 111-9.
17. Robert Bartlett, *England under the Norman and Angevin Kings: 1075–1225* (Oxford University Press 2000), pp. 317-9.
18. R. Fossier, "Europe's Second Wind", em R. Fossier (org.), *The Cambridge Illustrated History of the Middle Ages: 1250–1520*, 3 vols. (Cambridge University Press, 1986), p. 423.
19. Geraldine Heng, "The Invention of Race in the European Middle Ages I: Race Studies, Modernity and the Middle Ages 1", *Literature Compass*, v. 8, n. 5 (2011), pp. 315-31.
20. Bernhard Bischoff e Michael Lapidge, *Biblical Commentaries from the Canterbury School of Theodore and Hadrian* (Cambridge University Press, 1994), p. 172.

21. Robert Bartlett, "Medieval and Modern Concepts of Race and Ethnicity", *Journal of Medieval and Early Modern Studies*, v. 31, n. 1 (2001), pp. 39-56.
22. Registro do discurso de Urbano por Roberto, o Monge, em Dana C. Munro, "Urban and the Crusaders", *Translations and Reprints from the Original Sources of European History*, v. 1, n. 2 (University of Pennsylvania, 1895), pp. 5-8.
23. Robert C. Stacey, "Anti-Semitism and the Medieval English State", em J. R. Madicott e D. M. Palliser (orgs.), *The Medieval State: Essays Presented to James Campbell* (Hambledon, 2000), pp. 163-77.
24. S. Zeitlin, "The Blood Accusation", *Vigilae Christianae*, v. 50, n. 2 (1996), pp. 117-24.
25. B. Dobson, *The Jews of Medieval York and the Massacre of March 1190* (Borthwick Institute Publications, 2002), p. 5.
26. Jeff Bowersox, "Emperor Frederick II Rules over a Cosmopolitan Empire (ca. 1230s)", Black Central Europe Project, https://blackcentraleurope.com/sources/1000-1500/emperor-frederick-ii-rules-over-a-cosmopolitan-empire-1230s/.
27. John Freed, *Frederick Barbarossa: The Prince and the Myth* (Yale University Press, 2016), pp. 370-4.
28. David Nirenberg, *Communities of Violence: Persecution of Minorities in the Middle Ages* (Princeton University Press, 2015), pp. 231-50.
29. K. J. P. Lowe, "The Stereotyping of Black Africans in Renaissance Europe", em T. F. Earle e K. J. P. Lowe (orgs.), *Black Africans in Renaissance Europe* (Cambridge University Press, 2010), pp. 17-47.
30. F. Guidi-Bruscoli, "London and Its Merchants in the Italian Archives, 1380–1530", em M. Allen e M. Davies (eds.), *Medieval Merchants and Money: Essays in Honour of James L. Bolton* (Institute for Historical Research, 2016), pp. 113-36.
31. M. Ray, "A Black Slave on the Run in Thirteenth-Century England", pp. 111-9.
32. Ruth M. Karras e David L. Boyd, "The Interrogation of a Male Transvestite Prostitute in Fourteenth-Century London", *The GLQ Archive*, v. 1 (1995), pp. 459-65.
33. A. H. Thomas, *Calendar of Select Please and Memoranda of the City of London: a.d. 1381–1412*, 3 vols. (Cambridge University Press, 1924–1932), p. 228.
34. R. M. Karras e D. L. Boyd, "'Ut cum muliere': A Male Transvestite Prostitute in Fourteenth Century London", em L. Fradenburg e C. Freccero (org.), *Premodern Sexualities* (Routledge, 1996), pp. 99-116.
35. Jeremy Goldberg, "John Rykener, Richard II and the Governance of London", *Leeds Studies in English*, v. 45 (2014), pp. 49-70.

36. Corporation of London Records Office, Plea and Memoranda Roll A34, m.2 (1395).
37. D. J. Keene e V. Harding, *Historical Gazetteer of London Before the Great Fire, Vol. 1, Cheapside* (Chadwyck-Healey, 1987), pp. 645-810.
38. Piotr Steinkeller, *Third-millennium Legal and Administrative Texts in the Iraq Museum* (Eisenbrauns, 1992), p. 37.
39. Chris Johnstone, "Grave of Stone Age 'Gender Bender' Found in Prague", *Česká Pozice* (20 nov. 2011).
40. Eric Varner, "Transcending Gender: Assimilation, Identity and Roman Imperial Portraits", em ed. Ann Arbor, *Memoirs of the American Academy in Rome*, v. 7 (University of Michigan Press, 2008), pp. 200-1.
41. Randy P. Conner *et al.*, *Cassell's Encyclopaedia of Queer Myth, Symbol, and Spirit: Gay, Lesbian, Bisexual, and Transgender Lore* (Cassell, 1997), p. 57.
42. Judith M. Bennett, "Lesbian-like and the Social History of Lesbianisms", *Journal of the History of Sexuality*, v. 9, n. ½ (2000), pp. 1-24.
43. Leslie Fienberg, *Transgender Warriors* (Random House, 1996), p. ix.
44. P. Johnson e R. Vanderbeck, *Law, Religion and Homosexuality* (Routledge, 2014), p. 31.
45. Jeremy Goldberg, "John Rykener, Richard II, and the Governance of London", *Leeds Studies in English*, v. 45 (2014), pp. 49-70.
46. Gervase Rosser, "Crafts, Guilds and the Negotiation of Work in the Medieval Town", *Past and Present*, v. 154 (1997), pp. 3-37.
47. F. Rexroth, *Deviance and Power in Late Medieval London*, trad. de P. E. Selwyn (Cambridge University Press, 2007), pp. 269-71.
48. Ruth M. Karras e Tom Linkinen, "John/Eleanor Rykener Revisited", em L. E. Doggett e D. E. O'Sullivan (eds.), *Founding Feminisms in Medieval Studies* (D. S. Brewer, 2016), pp. 114-24.
49. J. Hatcher, "England in the Aftermath of the Black Death", *Past and Present*, v. 144 (1994), pp. 3-35.
50. *Memorials of London and London Life*, Henry Thomas Riley (org.) (Longmans, Green and Co., 1868), pp. 534-5, citado de Goldberg, "John Rykener, Richard II, and the Governance of London", p. 65.
51. Cordelia Beattie, "Gender and Femininity in Medieval England", em N. F. Partner (ed.), *Writing Medieval History* (Bloomsbury Academic, 2005), pp. 155-7.
52. H. Janin, *Medieval Justice: Cases and Laws in France, England and Germany, 500–1500* (McFarland, 2004), p. 118.

53. Judith M. Bennett e Shannon McSheffrey, "Early, Erotic and Alien: Women Dressed as Men in Late Medieval London", *History Workshop Journal* 77 (2014), pp. 1-25.
54. J. A. Schultz, *Courtly Love, the Love of Courtliness, and the History of Sexuality* (University of Chicago Press, 2006), p. xv.

CRÉDITOS DAS IMAGENS

p. 15 Hulton-Deutsch/Corbis via Getty Images

p. 18 Museu de Londres/Heritage Images/Getty Images; © Museu de Londres

p. 19 Everett Collection Inc/Alamy Stock Photo

p. 27 *Ofélia*, 1851–1852, Sir John Everett Millais, apresentada por Sir Henry Tate, 1894. Photo: Tate

p. 34 Tees Archaeology e Robin Daniels, e o autor Blaise Vyner. Ilustrador: Louise Hutchinson

pp. 36, 38, 45 Sherlock, S J, 2012 Um cemitério real anglo-saxão em Street House, Loftus, North-East Yorkshire, Tees Archaeology Monograph Series vol. 6, Hartlepool

p. 40 © Curadores do Museu Britânico

p. 51 © National Museums Liverpool/Bridgeman Images

p. 55 Imagem de Domínio Público do Creative Commons (Autor: Michel Bakni)

p. 55 © Curadores do Museu Britânico

p. 59 PA Images/Alamy Stock Photo

pp. 74, 75, 77 © Curadores do Museu Britânico

p. 82 Sonia Halliday Photo Library/Alamy Stock Photo; © Conselho da Biblioteca Britânica. Todos os direitos reservados/Bridgeman Images

p. 84 Angelo Hornak/Alamy Stock Photo

p. 86 English Heritage Images/Historic England Photo Library © Historic England

p. 88 Modificada de Jarman *et al.* 2018: fig 1; publicado por Cambridge University Press

p. 93, 94 © Museu Ashmolean/Bridgeman Images; © Curadores do Museu Britânico

p. 106 Ola Myrin, Museu Histórico de Estolcomo/SHM (CC BY)

p. 110 Christer Åhlin, Museu Histórico de Estolcomo/SHM (CC BY)

p. 111 Museu Histórico de Estolcomo/SHM (CC BY); Price *et al.* (2018), ©Þórhallur Þráinsson

p. 114 Licenciado sob CC BY-SA 4.0 (Autor: Goran tek-en); Werner Forman Archive/ Bridgeman Images

p. 115 © Galeria de Arte de Manchester/Bridgeman Images

p. 120 Sören Hallgren, Museu Histórico de Estolcomo/SHM (CC BY)

p. 129 The Print Collector/Alamy Stock Photo; Nationalmuseet – Museu Nacional da Dinamarca, licenciada sob CC BY-SA 2.0

p. 134 Pieterjan Deckers, Søren Sindbæk, Aleks Pluskowski e The Society for Medieval Archaeology

p. 139 Bridgeman Images; © Région Normandie – Inventaire général – Pascal Corbierre

p. 141 The History Collection/Alamy Stock Photo

p. 143 © MailOnline – Leo Delauncey

p. 149 © KIK-IRPA, Bruxelas

p. 150 © Capítulo da Catedral de Durham

p. 155 Alinari/Bridgeman Images

p. 157 Imagem em domínio público do Creative Commons

p. 158 The Parker Library, Corpus Christi College, Cambridge

p. 165 Imagem em domínio público do Creative Commons (Autor: Mike Christie); Biblioteca Britânica, licenciada sob CC0 1.0 Universal (CC0 1.0) Public Domain Dedication

p. 167 © Conselho da Biblioteca Britânica. Todos os direitos reservados/Bridgeman Images; Biblioteca Britânica, Imagem em domínio público do Creative Commons

p. 174 Licenciada sob CC BY-SA 3.0 (Autor: Ilona Buchecker, Fonte: Landesbibliothek Wiesbaden)

p. 180 Album/Alamy Stock Photo

p. 185 akg-images/Erich Lessing

p. 189 Heritage Image Partnership Ltd/Alamy Stock Photo

p. 195 Album/Alamy Stock Photo

p. 200 Foto licenciada sob CC BY-SA 3.0 (Autor: Kevin Lakhani)

p. 208 Biblioteca Nacional da França (BnF), licenciada sob CC0 1.0

p. 240 The Picture Art Collection/Alamy Stock Photo; cortesia de Bildarchiv und Grafiksammlung, Biblioteca Nacional Austríaca, Viena

pp. 251, 259, 260, 262, 267 Dr hab. Marek Walczak (Instituto de História da Arte, Universidade Jaguelônica), VMM – Equipe editorial, Museu: Real Catedral de Wawel

p. 255 Imagem em domínio público do Creative Commons

pp. 271 Imagem em domínio público cortesia de Polona

p. 274 ART Collection/Alamy Stock Photo

p. 278 © Conselho da Biblioteca Britânica. Todos os direitos reservados/Bridgeman Images

pp. 291, 292 Borough Council de King's Lynn e West Norfolk

pp. 294, 295 © Museu Vitória e Alberto, Londres

p. 301 Charles Tracey, 2008, *King's Lynn and the Fens*, vol. 31

p. 320 Black Central Europe, Dr. Jeff Bowersox (editor do site) https://blackcentraleurope.com/sources/1000-1500/emperor-frederick-ii-rules-over-a-cosmopolitan-empire-1230s/

p. 321 Programa de Conteúdo Aberto da Getty

p. 327 Alpha Stock/Alamy Stock Photo

BIBLIOGRAFIA

Incluí uma extensa bibliografia, pois gostaria que este livro fosse uma fonte para todos que desejassem pesquisar mais. Este livro é apenas o começo de mais pesquisas em potencial, de modo que, oferecendo a vocês as muitas obras que consultei, você poderá fazer suas próprias pesquisas.

Fontes primárias

"An Abbess of Alterna to Hildegard, before 1173, Letter 49", trad. Mark Atherton, *Hildegard of Bingen: Selected Writings*. Penguin Classics, 2001. p. 35. Doravante Atherton.

"Gebeno of Eberbach: *The Pentachronon*", em Atherton, p. 193.

"Letter from Tengswich to Hildegard, Letter 52", em Joseph L. Baird e Radd K. Ehrman (orgs.), *The Letters of Hildegard of Bingen, Vol. 1*. Oxford University Press, 1994. p. 127.

"The Nun Gertrud (of Stahleck), to Hildegard, after 1161, Letter 62", em Atherton, p. 184.

Bale, Anthony, intro e trad., *The Book of Margery Kempe*. Oxford University Press, 2015.

Elizabeth of Schönau, *The Complete Works*. Pauline Press, 2000.

Gregory of Tours, *The History of the Franks*, Livro 3, Lewis Thorpe (org.) (Penguin Classics, 1974).

Hildegard of Bingen, "A Vision of Love", de *The Book of Divine Works*, I, 1, em Atherton, p. 171.

______, "Antiphon for Saint Disibod", em Atherton, p. 35.

______, "Letter to Bernard of Clairvaux", em Atherton, p. 3.

______, "Letter to Elizabeth of Schönau", em Atherton, p. 79.

______, "Letter to Heinrich, Archbishop of Mainz, Letter 18R", em Atherton, p. 51.

______, "Letter to Henry, Bishop of Liège", em Atherton, p. 65.

______, "Letter to Pope Eugenius III, 1148, Letter 2", em Atherton, p. 31.

______, "Letter to Pope Eugenius III, 1148–53, Letter 3", em Atherton, p. 66.

______, "Letter to Richardis, 1151–2, Letter 64", em Atherton, p. 52.

______, "Life of Jutta", em Anna Silvas (org.), *Jutta and Hildegard: The Biographical Sources*. Pennsylvania State University Press, 1998. pp. 65-85.

______, "Quia Ergo Femina", em Atherton, p. 118.

______, *Causae et Curae*, Livro 2, Paul Kaiser (org.). Lípsia, 1903.

______, *Epistula 195*, Lieven van Acker (org.), *Espistolarium. Pars Secunda, XCI-CCLr*, CCCM 91A. Turnhoult, 1993.

______, *Espistolarium. Pars Secunda*, Lieven van Acker (org.), *XCI–CCLr*, CCCM 91A. Turnhoult, 1993.

______, *Scivias*, Adelgundis Führkötter e Angela Carlevaris (orgs.), CCCM 43–43A. Turnhoult, 1978.

"Homily of John Paul II, Krakow, 8 June 1997; Holy Mass for the Canonization of Blessed Queen Edwig", em *Apostolic Journey of His Holiness John Paul II to Poland (May 31–June 10, 1997)*. Libreria Editrice Vaticana, 1997.

La Chanson de la Croisade Contre les Albigeois, 3 vols. Les Classiques de l'Histoire de France au Moyen Age, 1931, 1957, 1961.

Life of Hildegard of Bingen, Livro II, trad. Monika Klaes. Fontes Christiani, 1998.

Map, Gautier, *De Nugis Curialium*, M. R. James, C. N. L. Brooke e R. A. B. Mynors (orgs.) (Oxford University Press, 1983). pp. 126-7.

Museum am Strom, *Permanent Exhibition: Hildegard of Bingen: Her Life and Work.* Catálogo da exposição. Museum am Strom.

Petri Vallium Sarnaci Monachi Hystoria Albigensis, P. Guébin e E. Lyon (orgs.), 3 vols. (Champion, 1926, 1930, 1939), v. 1, par. 215, pp. 214-5. Tradução para o inglês de W. A. Sibly e M. D. Sibly, *Peter of Les Vaux-de-Cernay: The History of the Albigensian Crusade* (Boydell Press, 1998). p. 111.

Sacks, Oliver, "Patterns. Migraine: Perspectives on a Headache", *New York Times*, 13 fev. 2008, páginas de opinião.

Sewell, Brian, "Tapestry and Swimming Pools", *Art and Artists*, v. 196, 1982. p. 28.

The Annals of Jan Długosz, versão resumida em inglês de Maurice Michael, comentada por Paul Smith. IM Publications, 1997. pp. 346-7.

The Carmen de Hastingae Proelio of Bishop Guy of Amiens, org. e trad. de Frank Barlow. Oxford, 1999.

The Letters of John of Salisbury. Volume 2. The Later Letters (1163– 80), org. e trad. de W. J. Millor e C. N. L. Brooke. Clarendon Press, 1979.

Theoderich of Echternach, "Life of Hildegard, Book 2", em Atherton, p. 191.

William of Auxerre, *Summa aurea*, Jean Ribaillier (org.), 4 vols. CNRS, 1980–87.

Fontes secundárias

Abels, Richard, "Alfred the Great, the Micel Haeðen Here and the Viking Threat", em Timothy Reuter (ed.), *Alfred the Great. Studies in Early Medieval Britain*, Routledge, 2003. pp. 266-7.

______, "Royal Succession and the Growth of Political Stability in Ninth-Century Wessex", *The Haskins Society Journal: Studies in Medieval History*, v. 12 (2002). pp. 83-97.

______, "What Has Weland to Do with Christ? The Franks Casket and the Acculturation of Christianity in Early Anglo-Saxon England", *Speculum*, v. 84, n. 3 (2009). pp. 549-81.

Aers, David, *Community, Gender and Individual Identity: English Writing 1360–1430*. Routledge, 1988.

Agosin, Marjorie, *Stitching Resistance: Women, Creativity and Fiber Arts*. Solis Press, 2014.

Akinsha, Konstantin e Kozlov, Grigorii, *Beautiful Loot: The Soviet Plunder of Europe's Art Treasures*. Nova York, 1995.

Alexiu, Andra, "*Magistra magistrorum*: Hildegard of Bingen as a Polemicist against False Teaching", *Medieval Worlds*, n. 7 (2018). pp. 170-89.

Allen, M. e Davies, M., *Medieval Merchants and Money: Essays in Honour of James L. Bolton*. Institute for Historical Research, 2016.

Alter, Robert, *The Five Books of Moses*. W. W. Norton & Company, 2004.

Ambrosiani, B., "Birka", em S. Brink e N. Price (orgs.), *The Viking World*. Routledge, 2012. pp. 94-100.

______, *Excavations in the Black Earth 1990–1995: Stratigraphy, 1. Part One: The Site and the Shore. Part Two: The Bronze Caster's Workshop, Birka Studies* 9 (2013).

Anderson, J. D., "The Bayeux Tapestry: A 900-year-old Latin Cartoon", *Classical Journal*, v. 81 (1986). pp. 253-7.

Anderson, S. M. e Swenson, K., *Cold Counsel: Women in Old Norse Literature and Mythology: A Collection of Essays*. Nova York, 2002.

Andrén, Anders *et al.*, *Old Norse Religion in Long-Term Perspectives: Origins, Changes, and Interactions*. Nordic Academic Press, 2006.

Appleby, Jo *et al.*, "The Scoliosis of Richard III, Last Plantagenet King of England: Diagnosis and Clinical Significance", *The Lancet*, v. 383, n. 9932 (2014). p. 1944.

Appleton, Helen, "The Old English Durham and the Cult of Cuthbert", *The Journal of English and Germanic Philology*, v. 115, n. 3 (2016). pp. 246-69.

Arnold, John H., "Margery's Trials: Heresy, Lollardy and Dissent", em John H. Arnold e Katherine J. Lewis (orgs.), *A Companion to The Book of Margery Kempe*. D. S. Brewer, 2004. pp. 75-94.

Arwill-Nordbladh, Elisabeth, "Negotiating Normativities – 'Odin from Lejre' as Challenger of Hegemonic Orders", *Danish Journal of Archaeology*, v. 2, n. 1 (2013). pp. 87-93.

______, "Viking Age Hair", *Internet Archaeology*, v. 42 (2016).

Ashe, Laura e Ward, Emily John, *Conquests in Eleventh Century England, 1016, 1066*. Boydell & Brewer, 2020.

Avent., R. e Leigh, D., "A Study of the Cross-Hatched Gold Foils in Anglo-Saxon Jewellery", *Medieval Archaeology*, v. 21 (1977). pp. 1-46.

Avila-Funes, José Alberto *et al.*, "Association Between High Serum Estradiol Levels and Delirium Among Hospitalised Elderly Women", *Revista de Investigación Clínica*, v. 67 (2015). pp. 20-4.

Bagnoli, Martina *et al.*, *A Feast for the Senses: Art and Experience in Medieval Europe*, Yale University Press, 2016.

Baigent, Michael; Leigh, Richard e Lincoln, Henry, *Holy Blood and the Holy Grail*. Londres, 1982.

Bailey, Maggie, "Ælfwynn, Second Lady of the Mercians", em N. J. Higham e D. H. Hill (orgs.), *Edward the Elder 899–924*. Routledge, 2001. pp. 112-27.

Bain, Jennifer, *Hildegard of Bingen and Musical Reception: The Modern Revival of a Medieval Composer*. Cambridge University Press, 2015.

______, "History of a Book: Hildegard of Bingen's 'Riesencodex' and World War II", *Plainsong and Medieval Music*, v. 27, n. 2 (2018). pp. 143-70.

Bammesberger, A., "A Note on the Whitby Comb Runic Inscription", *Notes and Queries*, v. 57, n. 3 (2010). pp. 292-5.

Bandstra, Barry L., *Reading the Old Testament: An Introduction to the Hebrew Bible*, Wadworth Publishing, 2008.

Barber, Malcolm, *The Cathars: Dualist Heresies in Languedoc in the High Middle Ages*, Routledge, 2017.

______, "Women and Catharism", *Reading Medieval Studies*, v. 3 (1977). pp. 45-62.

Barlow, Frank, *Edward the Confessor*. University of California Press, 1984.

Barlow, Frank (org.), *The Life of King Edward who Rests at Westminster Attributed to a Monk of Saint-Bertin*. Clarendon Press, 1992.

Barrow, Julia, "The Ideology of the Tenth-Century English Benedictine 'Reform'", em Patricia Skinner (org.), *Challenging the Boundaries of Medieval History: The Legacy of Timothy Reuter*, Brepols, 2009. pp. 141-54.

Bartlett, Anne Clark, "Miraculous Literacy and Textual Communities in Hildegard of Bingen's *Scivias*", *Mystics Quarterly*, v. 18, n. 2 (1992). pp. 43-55.

Bartlett, Robert, *England under the Norman and Angevin Kings: 1075–1225*. Oxford, 2000.

______, “Medieval and Modern Concepts of Race and Ethnicity”, *Journal of Medieval and Early Modern Studies*, v. 31, n. 1 (2001). pp. 39-56.

Bauer, Susan Wise, *The History of the Renaissance World: From the Rediscovery of Aristotle to the Conquest of Constantinople*. W. W. Norton & Company, 2013.

Bazzicchi, Oreste, *Il paradossa francescano tra povertà e societá di mercato*. Effatà Editrice, 2011.

Beattie, Cordelia, “Gender and Femininity in Medieval England”, em N. F. Partner (org.), *Writing Medieval History*, Bloomsbury Academic, 2005. pp. 155-7.

Bennett, Judith M., “Lesbian-like and the Social History of Lesbianisms”, *Journal of the History of Sexuality*, v. 9, n. 1/2 (2000). pp. 1-24.

Bennett, Judith M. e McSheffrey, Shannon, “Early, Erotic and Alien: Women Dressed as Men in Late Medieval London”, *History Workshop Journal*, v. 77 (2014). pp. 1-25.

Benson, Robert Louis; Constable, Giles e Lanham, Carol Dana, *Renaissance and Renewal in the Twelfth Century*. Harvard University Press, 1991.

Bernstein, David J., *The Mystery of the Bayeux Tapestry*, Guild Publishing, 1986.

Biddle, Martin e Kløbye-Biddle, Birthe, “Repton and the Vikings”, *Antiquity*, v. 66, n. 250 (1992). pp. 36-51.

______, “The Repton Stone”, *Anglo-Saxon England*, v. 14 (1985). pp. 233-92.

Biller, Peter, “Goodbye to Waldensianism”, *Past and Present*, v. 192 (2006). pp. 3-33.

______, “Intellectuals and the Masses: Oxen and She-Asses in the Medieval church”, em John H. Arnold (org.), *The Oxford Handbook of Medieval Christianity*. Oxford University Press, 2014. pp. 323-39.

Bischoff, Bernhard e Lapidge, Michael, *Biblical Commentaries from the Canterbury School of Theodore and Hadrian*. Cambridge University Press, 1994.

Blackburn, M. A. A. e Dumville, D. N., *Kings, Currency and Alliances: History and Coinage of Southern England in the Ninth Century*. Boydell Press, 1998.

Blair, John, “Exploring Anglo-Saxon Settlement: In Search of the Origins of the English Village”, *Current Archaeology*, v. 291 (2014). pp. 12-23.

______, “Landscapes of Power and Wealth”, em *Building Anglo-Saxon England* (Princeton University Press, 2018). pp. 103-38.

______, *The Church in Anglo-Saxon Society*. Oxford University Press, 2005.

Bloch, R. Howard, *A Needle in the Right Hand of God: The Norman Conquest of 1066 and the Making and Meaning of the Bayeux Tapestry*. Random House, 2006.

Bond, G. A., *The Loving Subject: Desire, Eloquence and Power in Romanesque France*, University of Pennsylvania Press, 1995.

Bonner, Gerald; Rollason, David e Stancliffe, Clare (orgs.), *St. Cuthbert, His Cult and His Community to AD 1200*. Boydell & Brewer, 1989.

Børresen, Kari Elisabeth e Valerio, Adriana, *The High Middle Age, The Bible and Women Series*. Society of Biblical Literature, 2015.

Bouet, Pierre; Levy, Brian e Nevaux, François, *The Bayeux Tapestry: Embroidering the Facts of History*. PU Caen, 2004.

Bouwman, Abigail e Rühli, Frank, "Archaeogenetics in evolutionary Medicine", *Journal of Molecular Medicine*, v. 94, Issue 9 (2016). pp. 971-7.

Bowersox, Jeff, "Emperor Frederick II Rules over a Cosmopolitan Empire (ca. 1230s)", Black Central Europe Project. https://blackcentraleurope.com/sources/1000-1500/emperor-frederick-ii-rules-over-a-cosmopolitan-empire-1230s/.

Bowie, Fiona e Davies, Oliver (orgs.), *Hildegard of Bingen: An Anthology*. SPCK, 1990.

Braddy, G. S., "Deira, Bernicia and the Synod of Whitby", *Cleveland History*, v. 87 (2004). pp. 3-13.

Breay, Claire e Story, Joanna, *Anglo-Saxon Kingdoms: Art, Word, War*. British Library Publishing, 2018.

Brenon, Anne, *Les Femmes Cathares*. Perrin, 2004.

Bridgeford, A., "Was Count Eustace II of Boulogne the Patron of the Bayeux Tapestry?", *Journal of Medieval History*, v. 25, n. 3 (1999). pp. 155-85.

Brink, S. e Price, N., *The Viking World*. Routledge, 2012.

Brolis, Maria Teresa, *Stories of Women in the Middle Ages*. McGill-Queen's University Press, 2018.

Brooks, N. P. e Walker, H. E., "The Authority and Interpretation of the Bayeux Tapestry", em R. Gameson (org.), *The Study of the Bayeux Tapestry*, 1997. pp. 63-92.

Brzezińska, Anna, "Jadwiga of Anjou as the Image of a Good Queen in Late Medieval and Early Modern Poland", *The Polish Review*, v. 44, n. 4 (1999). pp. 407-18.

Bubczyk, Robert, *Kariera rodziny Kurozwęckich w XIV wieku*, Wydawnictwo DiG, 2002.

Bundy, Mildred, "The Anglo-Saxon Embroideries at Maaseik: Their Historical and Art-Historical Context", *Academiae Analecta*, v. XLV (1984). pp. 1-84.

Burrus, Virginia, *The Sex Lives of Saints: An Erotics of Ancient Hagiography*. University of Philadelphia Press, 2004.

Cadden, Joan, "It Takes All Kinds: Sexuality and Gender Difference in Hildegard of Bingen's *Book of Compound Medicine*", *Traditio*, v. 40 (1984). pp. 149-74.

Campbell, M., "Ælfgyva: the Mysterious Lady of the Bayeux Tapestry", *Annales de Normandie*, v. 34 (1984). pp. 127-45.

Campbell, Nathaniel M., "The Prophetess and the Pope: St. Hildegard of Bingen, Pope Benedict XVI, and Prophetic Visions of Church Reform", *Postmedieval: A Journal of Medieval Cultural Studies*, v. 10, n. 1 (2019). pp. 22-35.

Campbell, Olivia, "Abortion Remedies from a Medieval Catholic Nun", *JSTOR Daily*, 13 out. 2021. https://daily.jstor.org/abortion-remedies-medieval-catholic-nun/.

Cantor, Norman F., *The Civilization of the Middle Ages: A Completely Revised and Expanded Edition of Medieval History, the Life and Death of a Civilization*, Harper Collins, 1993.

Carruthers, Mary, *The Book of Memory: A Study of Memory in Medieval Culture*, Cambridge University Press, 2008.

Cartwright, Jane, *The Cult of St Ursula and the 11000 Virgins*. University of Wales Press, 2016.

Carver, Martin, "Burial as Poetry: The Context of Treasure in Anglo-Saxon Graves", em E. M. Tyler (org.), *Treasure in the Medieval West*. York Medieval Press, 2000. pp. 25-40.

______, *Sutton Hoo: Burial Ground of Kings?*. British Museum Press, 2000.

Caviness, M., *Reframing Medieval Art: Differences, Margins, Boundaries*. Tufts University, 2001.

Certeau, Michel de, *The Mystic Fable, Vol. 1: The Sixteenth and Seventeenth Centuries*, trad. de Michael B. Smith. University of Chicago Press, 1992.

Chai, Nu Cindy; Peterlin, B. Lee e Calhoun, Anne H., "Migraine and Oestrogen", *Curr Opin Nerol*, v. 27, n. 3 (2014). pp. 315-24.

Chambers, Mark, "How Long is a Launce? Units of Measure for Cloth in Late Medieval Britain", em Robin Netherton e Gale R. Owen-Crocker (orgs.), *Medieval Clothing and Textiles*, 13. Boydell & Brewer, 2017. pp. 31-66.

Charles-Edwards, Thomas M., *Wales and the Britons 350-1064*. Oxford University Press, 2013.

Chazelle, Celia, "Archbishops Ebo and Hincmar of Reims and the Utrecht Psalter", *Speculum*, v. 72, n. 4 (1997). pp. 1055-77.

Cherry, John, "King John's Cup", em John McNeil (org.), *King's Lynn and the Fens: Medieval Art, Architecture and Archaeology, The British Archaeological Association Conference*, v. 31 (2008). pp. 1-16.

Chris, Catling, "Buried in a Royal Bed: Street House Anglo-Saxon Cemetery", *Current Archaeology*, Issue 281 (2013). pp. 20-7.

Christensen, Lisbeth Bredholt; Hammer, Olav e Warburton, David, *The Handbook of Religions in Ancient Europe*. Acumen Publishing, 2013.

Clarke, Howard B., "The Identity of the Designer of the Bayeux Tapestry", *Anglo-Norman Studies*, v. 35 (2013). pp. 119-40.

Clarkson, Tim, *Æthelflæd, The Lady of the Mercians*. Birlinn, 2018.

Coatsworth, Elizabeth, "Stitches in Time: Establishing a History of Anglo-Saxon Embroidery", em Monica L. Wright, Robin Netherton e Gale R. Owen- Crocker (orgs.), *Medieval Clothing e Textiles*, n. 1. Boydell & Brewer, 2005. pp. 1-27.

Conner, Randy P. *et al.*, *Cassell's Encyclopaedia of Queer Myth, Symbol, and Spirit: Gay, Lesbian, Bisexual, and Transgender Lore*. Cassell, 1997.

Costagliola, Michael, "Fires in History: The Cathar Heresy, The Inquisition and Brulology", *Annals of Burns and Fire Disasters*, v. 28, n. 3 (2015). pp. 230-4.

Costambeys, Marios, "Æthelflæd [Ethelffelda] (d. 918), Ruler of the Mercians", em *Oxford Dictionary of National Biography*, v. 1. Oxford University Press, 2004.

Couzin, Robin, "Syncretism and Segregation in Early Christian Art", *Studies in Iconography*, v. 38 (2017). pp. 18-54.

Cowen, Alice, *Writing Fire and Sword: The Perception and Representation of Violence in Anglo-Saxon England*. Tese de doutorado não publicada. University of York, 2004.

Cowen, Ross, *Milvian Bridge AD 312: Constantine's Battle for Empire and Faith*. Osprey Publishing, 2016.

Craun, Marlys, "Personal accounts: The Story of Margery Kempe", *Psychiatric Services*, v. 56 (2005). pp. 655-6.

Crawford, Sally, "Votive Deposition, Religion and the Anglo-Saxon Furnished Burial Ritual", *World Archaeology*, v. 36, n. 1 (2004). pp. 87-102.

Crick, Julia, "Conquest and Manuscript Culture", em Laura Ashe e Emily John Ward (orgs.), *Conquests in Eleventh Century England, 1016, 1066*. Boydell & Brewer, 2020. pp. 123-39.

Cross, Claire, *Church and People: England, 1450–1660*. Blackwell, 1999.

Cubitt, Catherine, "The Tenth-Century Benedictine Reform in England", *Early Medieval Europe*, v. 6, n. 1 (1997). pp. 77-94.

Dallapiazza, Michael *et al.*, *International Scandinavian and Medieval Studies in Memory of Gerd Wolfgang Weber*. Hesperides, 2000.

Daniels, R., *Anglo-Saxon Hartlepool and the Foundation of English Christianity*. Tees Archaeology Monograph 3. Oxbow Books, 2007.

Darvill, Timothy, *Prehistoric Britain*. Routledge, 2009.

Davies, Norman, *God's Playground: A History of Poland*. Columbia University Press, 1982.

Davies, Ralph H. C. e Chibnall, Marjorie (orgs.), *The "Gesta Guillelmi" of William of Poitiers*. Oxford, 1998.

De Hamel, Christopher, *Meetings with Remarkable Manuscripts*. Allen Lane, 2016.

Dean, K. R. *et al.*, "Human Ectoparasites and the Spread of Plague in Europe during the Second Pandemic", *Proceedings of the National Academy of Sciences*, v. 115, n. 6 (2018). pp. 1304-9.

Deckers, Pieterjan; Croix, Sarah e Sindbæk, Søren M., "Assembling the Full Cast: Ritual Performance, Gender Transgression and Iconographic Innovation in Viking-Age Ribe", *Medieval Archaeology*, v. 65, n. 1 (2021). pp. 30-65.

Departamento de Estatística do Governo da República da Lituânia, "Romos katalikų daugiausia", 2009.

Derkse, Wil, *The Rule of Benedict for Beginners: Spirituality for Daily Life*, trad. de Martin Kessler. Liturgical Press, 2003.

Dillon, Sheila, "Women on the Columns of Trajan and Marcus Aurelius and the Visual Language of Roman Victory", em Sheila Dillon e Katherine E. Welch (orgs.), *Representations of War in Ancient Rome*. Cambridge University Press, 2009. pp. 244-71.

Dinshaw, Carolyn, *Getting Medieval: Sexualities and Communities, Pre and Post-Modern*. Duke University Press, 1999.

______, *How Soon is Now? Medieval Texts, Amateur Readers and the Queerness of Time*. Duke University Press, 2012.

Długosz, J., Roczniki czyli Kroniki sławnego Królestwa Polskiego, cap. X, X-XI, XI, XI--XII. Polish Scientific Publishers PWN, 1981, 1982, 1985, 2004.

Dobson, B., *The Jews of Medieval York and the Massacre of March 1190*. Borthwick Institute Publications, 2002.

Dodwell, Charles Reginald, *Anglo-Saxon Art: A New Perspective*. Manchester University Press, 1982.

Doggett, L. E. e O'Sullivan, D. E., *Founding Feminisms in Medieval Studies*. D. S. Brewer, 2016.

Downham, Clare, "A Context for the Birka Grave Bj 581? Women and Military Leadership in the Tenth Century", em M. Toplak e J. Staecker (orgs.), *Von Aethelfleda bis Olga. Frauen und Kreigsführung. Die Wikinger Entdecker und Eroberer*. Ullstein Buchverlag, 2019. pp. 151-60.

Doyle White, Ethan, "The Goddess Frigg: Reassessing an Anglo-Saxon Deity", *Preternature: Critical and Historical Studies on the Preternatural*, v. 3, n. 2 (2014). pp. 284-310.

Dumville, David, "The Terminology of Overkingship in Early Anglo-Saxon England", em J. Hines (org.), *The Anglo-Saxons from the Migration Period to the Eighth Century. An Ethnographic Perspective*. Boydell & Brewer, 1997. pp. 345-65.

Dunn, Roger, "The Changing Status and Recognition of Fiber Work Within the Realms of the Visual Arts", em Marjorie Agosin (org.), *Stitching Resistance: Women, Creativity and Fiber Arts*. Solis Press, 2014. pp. 43-54.

Duvernoy, J., "Les Albigeois dans la vie Sociale et Economique de Leur Temps", *Annales de l'Insitul d'Études Occitanes, Actes de Colloque de Toulouse, Années 1964*. pp. 67-8.

Eales, Richard e Gameson, Richard, "Books, Culture and the Church in Canterbury Around the Millennium", em R. Eales e R. Gameson (orgs.), *Vikings, Monks and the Millennium*. Canterbury Archaeological Trust, 2000. pp. 15-40.

Eales, Richard e Sharpe, Richard, *Canterbury and the Norman Conquest: Churches, Saints and Scholars, 1066–1109*. A&C Black, 1995.

Earle, T. F. e Lowe, K. J. P., *Black Africans in Renaissance Europe*. Cambridge University Press, 2010.

Ebenesersdóttir, Sigriður Sunna *et al.*, "A New Subclade of mtDNA Haplogroup C1 Found in Icelanders: Evidence of Pre-Columbian Contact?", *American Journal of Physical Anthropology*, v. 144 (2011). pp. 92-9.

Ebenesersdóttir, S. Sunna *et al.*, "Ancient Genomes from Iceland Reveal the Making of a Human Population", *Science*, v. 360, n. 6392 (2018). pp. 1028-32.

Engel, Pál, *The Realm of St Stephen: A History of Medieval Hungary, 895–1526*. I. B. Tauris Publishers, 2001. p. 195.

Engen, John van, "Abbess, Mother and Teacher", em Barbara Newman (org.), *Voice of the Living Light: Hildegard of Bingen and Her World*. University of California Press, 1998. pp. 30-51.

Enger, Reed, "Herrad of Landsberg, A French Abbess Creates the First Female-authored Encyclopaedia", *Obelisk Art History*, 27 jan. 2016. https://arthistoryproject.com/artists/ herrad-of-landsberg/.

Erikson, Bo G., *Kungen av Birka: Hjalmar Stolpe arkeolog och etnograf: en biografi*. Atlantis Publishers, 2015.

Escudero, Maria Jose Ortuzar, "La Boca y lo Dulce. Algunas reflexiones sobre la tropologia del gusto en el libro Scivias de Hildegarda de Bingen", *Mirabilia*, v. 29 (2019). pp. 70-91.

Fanning, Steven, "Bede, Imperium, and the Bretwaldas", *Speculum*, v. 66 (1991). pp. 1-26.

Fay, Jessica, "Wordsworth's Northumbria: Bede, Cuthbert and Northern Medievalism", *The Modern Language Review*, v. 111, n. 4 (2016). pp. 917-35.

Fern, Chris e Speake, George, "Helmet Parts, Decorated Silver Sheet, Reeded Strip and Edge Binding", em Chris Fern, Tania Dickinson e Leslie Webster (orgs.), *The*

Staffordshire Hoard: An Anglo-Saxon Treasure, Research Report of the Society of Antiquities in London, n. 80 (2019). pp. 70-84.

Fienberg, Leslie, *Transgender Warriors*. Random House, 1996.

Fjalldal, Magnús, "The Last Viking Battle", *Scandinavian Studies*, v. 83, n. 3 (2015). pp. 317-31.

Flanagan, Sabina, *Hildegard of Bingen, 1098–1179: A Visionary Life*. Routledge, 1989.

Fleming, Robin, *Britain after Rome: The Fall and the Rise, 400 to 1070*. Penguin, 2011.

Flynn, William, "Hildegard (1098–1179) and the Virgin Martyrs of Cologne", em Jane Cartwright (org.), *The Cult of St Ursula and the 11000 Virgins*. University of Wales Press, 2016. pp. 93-118.

Foot, Sarah, "The Making of *Angelcynn*: English Identity Before the Norman Conquest", *Transactions of the Royal Historical Society*, v. 6 (1996). pp. 25-49.

______, "Violence Against Christians? The Vikings and the Church in the Ninth-Century", *Medieval History*, v. 1, n. 3 (1991). pp. 3-16.

Fossier, R., *The Cambridge Illustrated History of the Middle Ages: 1250–1520*, 3 vols. Cambridge, 1986.

Foys, Martin K., "Pulling the Arrow out: The Legend of Harold's Death and the Bayeux Tapestry", em Martin K. Foys, Karen E. Overbey e Dan Terkla (orgs.), *The Bayeux Tapestry: New Interpretations*. Boydell Press, 2009. pp. 158-75.

Fradenburg, L. e Freccero, C., *Premodern Sexualities*. Routledge, 1996.

Frank, Roberta, "The Invention of the Viking Horned Helmet", em Michael Dallapiazza (orgs.) *et al.*, *International Scandinavian and Medieval Studies in Memory of Gerd Wolfgang Weber*. Hesperides, 2000. pp. 199-208.

Frank, Roberta, "Viking Atrocity and Skaldic Verse: The Rite of the Blood-eagle", *English Historical Review*, v. XCIX (1984). pp. 332-43.

Freed, John, *Frederick Barbarossa: The Prince and the Myth*. Yale University Press, 2016.

Freeman, E., "The Identity of Ælfgyva in the Bayeux Tapestry", *Annales de Normandie*, v. 41 (1991). pp. 117-34.

Freeman, Edward, *The History of the Norman Conquest of England*, 5 vols. Clarendon Press for Macmillan and Company, 1867–79.

Freeman, Phyllis R.; Rees Bogarad, Carley e Sholomskas, Diane E., "Margery Kempe, A New Theory: The Inadequacy of Hysteria and Postpartum Psychosis as Diagnostic Categories", *History of Psychiatry*, v. 1 (1990). pp. 169-90.

Friðiksdóttir, Jóhanna Katrín, *Valkyrie: The Women of the Viking World*. Bloomsbury, 2020.

Frost, Robert I., *The Oxford History of Poland-Lithuania, Volume I: The Making of the Polish-Lithuanian Union, 1385–1569*. Oxford University Press, 2015.

Füllenbach, Elias H., "Devotio Moderna (I. Christianity)", *Encyclopaedia of the Bible and Its Reception*, v. 6 (2013). cols. 716-7.

Furtado, Peter, *History of Nations: How Their Identities were Forged*. Thames & Hudson, 2014.

Gameson, Richard, *The Study of the Bayeux Tapestry*. Boydell Press, 1997.

______, "English Manuscript Art in the Late Eleventh Century", em R. Eales e R. Sharpe (orgs.), *Canterbury and the Norman Conquest: Churches, Saints and Scholars, 1066–1109*. Continuum, 1995. pp. 95-144.

Gannon, Anna, *The Iconography of Early Anglo-Saxon Coinage: Sixth to Eighth Centuries*. Oxford University Press, 2003.

Gansum, Terje, "Role the Bones: From Iron to Steel", *Norwegian Archaeological Review*, v. 37, n. 1 (2004). pp. 41-57.

Garbacz-Klempka, Aldona e Rzadkosz, Stansław, "Metallurgy in Middle Ages. Raw Materials, Tools and Facilities in Source Materials and Metallographic Research", *Argenti Fodina* (2014). pp. 99-105.

Gardela, L., "Warrior- Women in Viking Age Scandinavia? A Preliminary Archaeological Study", em *Analecta Archaeological Gicaressoviensia*, v. 8 (2013). pp. 276-341.

Gardner, Julian, "Opus Anglicanum and Its Medieval Patrons", em Clare Browne, Glyn Davies e M. A. Michael (orgs.), *English Medieval Embroidery: Opus Anglicanum*. Yale University Press, 2021. pp. 49-60.

Garnett, George, "The Bayeux Tapestry with Knobs On: What do the Tapestry's 93 Penises Tell us?", *History Extra*, 14 nov. 2018. https://www.historyextra.com/period/medieval/bayeux-tapestry-penis-why-norman-conquest-battle-hastings-william-conqueror/.

Geake, Helen, "The Compleat Anglo-Saxonist: Some New and Neglected Early Anglo-Saxon Fish for Andrew Rogerson", em Steven Ashley e Adrian Marsden (orgs.), *Landscapes and Artefacts: Studies in East Anglian Archaeology Presented to Andrew Rogerson*. Archaeopress, 2014. pp. 113-22.

______, *The Use of Grave-Goods in Conversion Period England, c. 600–850*. British Archaeological Reports Series, 1997.

Gem, Richard, *St Augustine's Abbey*. English Heritage Series, 1997.

Godden, Malcolm R., "Did King Alfred Write Anything?", *Medium Ævum*, v. 76, n. 1 (2007). pp. 1-23.

Goldberg, Jeremy, "John Rykener, Richard II and the Governance of London", *Leeds Studies in English*, v. 45 (2014). pp. 49-70.

Goldstein, G. S., *War and Gender: How Gender Shapes the War System and Vice Versa*. Cambridge University Press, 2001.

Goodrick-Clarke, Nicholas, *The Occult Roots of Nazism: Secret Aryan Cults and Their Influence on Nazi Ideology: The Ariosophists of Austria and Germany, 1890–1935*. The Aquarian Press, 1985.

Göransson, Eva-Marie, "Bilder av kvinnor och kvinnlighet. Genus och kroppspråk under övergången till kristendomen", *Stockholm Studies in Archaeology*, Vol. 18 (1999). pp. 40-2.

Grainger, Ian *et al.*, *The Black Death Cemetery, East Smithfield, London, MoLAS Monograph Series, Vol. 43*. Museum of London Archaeology, 2008.

Grassi, J. L., "The *Vita Ædwardi Regis*: The Hagiographer as Insider", em John Gillingham (org.), *Anglo-Norman Studies: Proceedings of the Battle Conference*, v. XXVI. Boydell & Brewer, 2003. pp. 87-102.

Greer, Bonnie, "Magical Blackness", *In Search of Black History*. Podcast original Audible, 2019.

Greer, John Michael, *The New Encyclopaedia of the Occult*. Llewellyn Worldwide, 2003.

Gregorii I Papae Registrum Epistolarum, Paulus Ewald e Ludovicus Hartmann (orgs.). Weidmann, 1887–91.

Grewe, H., "Die Königspfalz in Ingelheim", *Archäologie in Deutschland*, n. 4. Wissenschaftliche Buchgesellschaft, 1996.

Grierson, Philip e Blackburn, Mark A. S., *Medieval European Coinage*. Cambridge University Press, 1986.

Gromada, Tadeusz e Halecki, Oskar, *Jadwiga of Anjou and the Rise of East Central Europe*. Social Science Monographs, 1991.

Gromada, Thaddeus V., "Oscar Halecki's Vision of Saint Jadwiga of Anjou", *The Polish Review*, v. 44, n. 4 (1999), pp. 433-7.

Grzebiennik, Małgorzata, "Psałtez Floriański", em Stanisław Skórka (org.), *Historia Książki i Bibliotek*. 2003. https://biblia.wiara.pl/doc/423122.Przeklady-polskie-Psalterz-florianski.

Guerrilla Girls, *The Guerrilla Girls' Bedside Companion to the History of Western Art*. Penguin, 1998.

Guest, Gerald B., *Bible Moralisée Codex Vindobonensis 2554 Vienna*, Oesterreichische Nationalbibliothek. Harvey and Miller, 1995.

Guidi-Bruscoli, F., "London and Its Merchants in the Italian Archives, 1380–1530", em M. Allen e M. Davies (orgs.), *Medieval Merchants and Money: Essays in Honour of James L. Bolton*. Institute for Historical Research, 2016. pp. 113-36.

Hadley, Dawn, *The Vikings in England*. Manchester University Press, 2006.

Hadley, Dawn M. e Richards, Julian D., "The Winter Camp of the Viking Great Army, ad 872–3, Torksey, Lincolnshire", *The Antiquaries Journal*, v. 96 (2016). pp. 23-67.

Haldon, J., *A Social History of Byzantium*. Blackwell, 2009.

Halecki, Oscar, *Jadwiga of Anjou and the Rise of East Central Europe.* Polish Institute of Arts and Sciences of America, 1991.

Hall, Mark A., "Board Games in Boat Burials: Play in the Performance of Migration and Viking Age Mortuary Practice", *European Journal of Archaeology*, v. 19, n. 3 (2016). pp. 439-55.

Hanawalt, Barbara, "Golden Ages for the History of Medieval English Women", em S. Mosher Stuart (org.), *Women in Medieval History and Historiography.* University of Pennsylvania Press, 1987. pp. 1-24.

Hardwick, Paul, *English Medieval Misericords: The Margins of Meaning.* Boydell & Brewer, 2011.

Hare, Michael, "The Documentary Evidence for the History of St Oswald's, Gloucester to 1086", em Carolyn Heighway e Richard Bryant (orgs.), *The Golden Minster: The Anglo-Saxon Minster and Later Medieval Priory of St. Oswald at Gloucester.* CBA Research Report 117, Council for British Archaeology, 1999. pp. 33-45.

Hart, Columba e Bishop, Jane (trad.), *The Ways of the Lord: Hildegard of Bingen.* Harper One, 2005.

Hatcher, J., "England in the Aftermath of the Black Death", *Past and Present*, v. 144 (1994). pp. 3-35.

Hawkes, Jane, "Stones of the North: Sculpture in Northumbria in the 'Age of Bede'", em J. Ashbee e J. Luxford (orgs.), *Northumberland: Medieval Art and Architecture.* BAA Conference Transactions, Maney Publishing, 2013. pp. 34-53.

Healy Wasyliw, Patricia, *Martyrdom, Murder, and Magic: Child Saints and their Cults in Medieval Europe.* Peter Lang, 2008.

Hedenstierna-Jonson, Charlotte, "She Came from Another Place: On the Burial of a Young Girl in Birka (Bj 463)", em M. Hem Erikse *et al.* (orgs.), *Viking Worlds: Things, Spaces and Movement.* Oxbow Books, 2014. pp. 90-101.

Hedenstierna-Jonson, Charlotte *et al.*, "A Female Viking Warrior Confirmed by Genomics", *American Journal of Physical Anthropology*, v. 164, n. 4 (2017). pp. 853-60.

Heide, Eldar, "Spinning Seiðr", em Anders Andrén *et al.* (orgs.), *Old Norse Religion in Long-Term Perspectives: Origins, Changes, and Interactions.* Nordic Academic Press, 2006. pp. 164-8.

Heighway, Carolyn M., "Anglo- Saxon Gloucester to AD 1000", em Margaret L. Gaull (org.), *Studies in Late Anglo-Saxon Settlement*. Oxford University Department for External Studies, 1984. pp. 35-53.

Heinemann, Christiane, *Der Riesencodex der Hildegard von Bingen. Verschollen – Gefunden – Gerettet. Schicksalswege 1942 bis 1950*. Historische Kommission für Nassau. Wiesbaden, 2021.

Helgason, A. *et al.*, "mtDNA and the Origin of the Icelanders: Deciphering Signals of Recent Population History", *American Journal of Human Genetics*, v. 66, n. 3 (2000). pp. 999-1016.

Heng, Geraldine, "The Invention of Race in the European Middle Ages I: Race Studies, Modernity and the Middle Ages 1", *Literature Compass*, v. 8, n. 5 (2011). pp. 315-31.

______, *The Invention of Race in the European Middle Ages*. Cambridge University Press, 2018.

Heslop, T. A., "The Production of *de luxe* Manuscripts and the Patronage of King Cnut and Queen Emma", *Anglo-Saxon England*, v. 19 (1990). pp. 151-96.

Hicks, Carola, *The Bayeux Tapestry: The Life Story of a Masterpiece*. Vintage Books, 2007.

Hidalgo, Díaz *et al.*, "New Insights into Iron- Gall Inks through the Use of Historically Accurate Reconstructions", *Heritage Science*, v. 6, n. 1 (2018). pp. 1-15.

Higley, Sarah Lynn, *Hildegard of Bingen's Unknown Language: An Edition, Translation, and Discussion*. Palgrave Macmillan, 2007.

Hine Mundy, John, *Men and Women at Toulouse in the Age of the Cathars*. Pontifical Institute of Mediaeval Studies, 1990.

Hinton, David A. e White, Robert, "A Smith's Hoard from Tattershall Thorpe, Lincolnshire: A Synopsis", *Anglo-Saxon England*, v. 22 (1993), pp. 147-66.

Hirsch, John C., "Hope Emily Allen, the Second Volume of the Book of Margery Kempe, and an Adversary", *Medieval Feminists Forum: The Journal of the Society for Medieval Feminist Scholarship*, v. 31, n. 1 (2001). pp. 11-7.

Holck, Per, "The Oseberg Ship Burial, Norway: New Thoughts on the Skeletons from the Grave Mound", *European Journal of Archaeology*, v. 9, n. 2-3 (2006). pp. 185-210.

Hollander, Lee, *Old Norse Poems*. Columbia University Press, 1936.

Hollywood, Amy, "The Normal, the Queer, and the Middle Ages", *Journal of the History of Sexuality*, v. 10, n. 2 (2001). pp. 173-9.

Holmquist, Lena, "Birka's Defence Works and Harbour – Linking One Recently Ended and One Newly Begun Research Project", em L. Holmquist, S. Kalmring e C. Hedenstierna-Jonson (orgs.), *New Aspects on Viking-age Urbanism, c. 750–1100*. Stockholm University Press, 2016. pp. 35-46.

Holsinger, Bruce W., *Music, Body and Desire in Medieval Culture: Hildegard of Bingen to Chaucer*. Stanford University Press, 2001.

"Homily of John Paul II, Krakow, 8 June 1997; Holy Mass for the Canonization of Blessed Queen Edwig", em *Apostolic Journey of His Holiness John Paul II to Poland (May 31–June 10, 1997)*. Libreria Editrice Vaticana, 1997. https://www.vatican.va/content/john-paul-ii/en/homilies/1997/documents/hf_jp-ii_hom_19970608_cracovia.html.

Hoose, Adam L., "The 'Sabotati': The Significance of Early Waldensian Shoes, c. 1184–c. 1300", *Speculum*, v. 91, n. 2 (2016). pp. 356-73.

Hope-Taylor, Brian, *Yeavering: An Anglo-British Centre of Early Northumbria*. H. M. Stationery Office, 1977.

Hopkins, Andrea, *Most Wise and Valiant Ladies*. Collins & Brown, 1997.

Horspool, David, *Why Alfred Burned the Cakes*. Profile Books, 2006.

Hotchin, Julie, "Enclosure and Containment: Jutta and Hildegard at the Abbey of St. Disibod", *Magistra: A Journal of Women Spirituality in History*, v. 2, n. 2 (1996). pp. 103-23.

Hughes, Bettany, *Venus and Aphrodite: History of a Goddess*. Weidenfeld & Nicolson, 2019.

Hull, Lise E., *Britain's Medieval Castles*. Praeger, 2006.

Humphries, Will, "Emma, the Queen in the Cathedral's Box of Old Bones", *The Times*, 16 maio 2019.

Huneycutt, Lois L., *Matilda of Scotland: A Study in Medieval Queenship*. Boydell Press, 2003.

Hutchinson, Claire V.; Walker, James A. e Davidson, Colin, "Oestrogen, Ocular Function and Low-Level Vision: A Review", *Journal of Endocrinology*, v. 223, n. 2 (2014). pp. 9-18.

Hutton, Ronald, *The Pagan Religions of the Ancient British Isles*. Blackwell, 1991.

Ivy, Jill, *Embroideries at Durham Cathedral*. Dean and Chapter of Durham, 1997.

James, Liz, "Men, Women, Eunuchs: Gender, Sex and Power", em J. Haldon (org.), *A Social History of Byzantium*. Blackwell, 2009. pp. 31-50.

James, Pamela, "The Lichfield Gospels: The Question of Provenance", *Parergon*, v. 13, n. 2 (1996). pp. 51-61.

Janin, H., *Medieval Justice: Cases and Laws in France, England and Germany, 500–1500*. McFarland, 2004.

Jarman, C. *et al.*, "The Viking Great Army in England: New Dates from the Repton Charnel", *Antiquity*, v. 92, n. 361 (2018). pp. 183-99.

Jarman, Cat, *River Kings: The Vikings from Scandinavia to the Silk Road*. William Collins, 2021.

Jesch, Judith, "Let's Debate Female Viking Warriors Yet Again", *Norse and Viking Ramblings*, 9 set. 2017. http://norseandviking.blogspot.com/2017/09/lets-debate-female--viking-warriors-yet.html?m=1.

______, *Women in the Viking Age*. Boydell Press, 1991.

Jewell, Richard, "Classicism of Southumbrian Sculpture", em Michelle P. Brown e Carol A. Farr, *Mercia: An Anglo-Saxon Kingdom in Europe*. Continuum, 2001. pp. 247-62.

Ježek, Martin, *Archaeology of Touchstones: An Introduction Based on Finds from Birka, Sweden*. Sidestone Press, 2017.

Jobling, Mark e Millard, Andrew, "Isotopic and Genetic Evidence for Migration in Medieval England", em Mark Ormrod, Joanna Story e Elizabeth Tyler (orgs.), *Migrants in Medieval England: c. 500–c. 1500*. Proceedings of the British Academy, 229 (2020). pp. 19-64.

Jöckle, Clemens, *Encyclopaedia of Saints*. Konecky and Konecky, 2003.

Johnson, P. e Vanderbeck, R., *Law, Religion and Homosexuality*. Routledge, 2014.

Johnstone, Chris, "Grave of Stone Age 'Gender Bender' Found in Prague", *Česká Pozice*, 20 nov. 2011.

Jones, Gwyn, *A History of the Vikings*. Oxford University Press, 1984.

Jučas, Mečislovas, *Lietuvos ir Lenkijos unija* (Aidai, 2000).

Kaelber, Lutz, "Weavers into Heretics? The Social Organisation of Early Thirteenth-Century Catharism in Comparative Perspective", *Social Science History*, v. 21, n. 1 (1997). pp. 111-37.

Karkov, Catherine E., *The Ruler Portraits of Anglo-Saxon England*. Boydell Press, 2004.

Karras, R. M. e Boyd, D. L., "'Ut cum muliere.' A Male Transvestite Prostitute in Fourteenth Century London", em L. Fradenburg e C. Freccero (orgs.), *Premodern Sexualities*. Routledge, 1996. pp. 99-116.

Karras, Ruth M. e Boyd, David L., "The Interrogation of a Male Transvestite Prostitute in Fourteenth-Century London", *The GLQ Archive*, v. 1 (1995). pp. 459-65.

Karras, Ruth Mazo e Linkinen, Tom, "John/Eleanor Rykener Revisited", em L. E. Doggett e D. E. O'Sullivan (orgs.), *Founding Feminisms in Medieval Studies*. D. S. Brewer, 2016. pp. 114-24.

Keene, D. J. e Harding, V., *Historical Gazetteer of London Before the Great Fire*, v. 1, Cheapside. Chadwyck-Healey, 1987.

Kelliher, Hilton, "The Rediscovery of Margery Kempe: A Footnote", *The British Library Journal*, v. 23, n. 2 (1997). pp. 259-63.

Kellogg, Charlotte, *Jadwiga: Poland's Great Queen*. Borodino Books, 2018.

Kemp, Martin, *Leonardo*. Oxford University Press, 2004.

Kendall, E. *et al.*, "Mobility, Mortality and the Middle Ages: Identification of Migrant Individuals in a Fourteenth-Century Black Death Cemetery Population", *American Journal of Physical Anthropology*, v. 150, n. 2 (2013). pp. 210-22.

Keynes, Simon, "Cynethryth" em M. Lapidge *et al.* (orgs.), *The Blackwell Encyclopaedia of Anglo-Saxon England*. Blackwell, 1999. p. 133.

______, "England, 700–900", em Rosamond McKitterick (org.), *The New Cambridge Medieval History*, Vol. II. Cambridge University Press, 1995. pp. 18-42.

______, "King Alfred and the Mercians", em M. A. A. Blackburn e D. N. Dumville (orgs.), *Kings, Currency and Alliances: History and Coinage of Southern England in the Ninth Century*. Boydell Press, 1998. pp. 24-7.

______, "The Liber Vitae of the New Minster, Winchester", em D. Rollason *et al.* (orgs.), *The Durham Liber Vitae and Its Context*. Boydell Press, 2004. pp. 149-64.

Keynes, Simon e Lapidge, Michael (orgs. e trad.), *Alfred the Great. Asser's Life of King Alfred and Other Contemporary Sources*. Penguin, 1983.

Klaper, Michael, "Commentary", em Lora Kruckenberg (trad.), *Lieder: Faksmile Riesencodex (Hs.2) der Hessischen Landesbibliothek Wiesbaden, fol. 466–481v*, ed. Lorenz Welker. Reichert Verlag, 1998. pp. 23-4.

Klinghoffer, David, "The Da Vinci Protocols: Jews should worry about Dan Brown's success", *National Review*, 5 maio 2006. https://www.nationalreview.com/2006/05/da-vinci-protocols-david-klinghoffer/.

Knoll, Paul, "Jan Długosz, 1480–1980", *The Polish Review*, v. 27, n. 1/2 (1982), pp. 3-28.

Knoll, Paul, "Louis the Great and Casimir of Poland", em S. B. Vardy, Géza Goldschmidr e Leslie S. Domonkos (eds.), *Louis the Great, King of Hungary and Poland*, East European Monographs, 1986. pp. 108-9.

Knoll, Paul W., "Jadwiga and Education", *The Polish Review*, v. 44, n. 4 (1999). pp. 419-32.

Kozlov, Gregorij, "Die Sowjetischen 'Trophänbigaden' – Systematik und Anarchie des Kunstraubs einer Siegermacht", em Hartmann von Uwe (org.), *Kulturgüter im Zweiten Weltkrieg. Verlagerung – Auffindung – Rüchführung* (Koordinierungsstelle für Kulturgutverluste Magdeburg, 2007). pp. 79-104.

L'Osservatore Romano, English Weekly Edition, 23 jun. 1980. pp. 9-12.

Lacy, N. J. *et al.*, "Tristan", *The New Arthurian Encyclopaedia*. Garland Publishing, 1991. pp. 462-3.

Laing, Lloyd, "Romano- British Metalworking and the Anglo-Saxons", em Nick Higham (org.), *Britons in Anglo-Saxon England*. Boydell & Brewer, 2007. pp. 42-56.

Lakey, Christopher R., "*Res et Significatio*: The Material Sense of Things in the Middle Ages", *Gesta*, v. 51 (2012). pp. 1-17.

Lambert, Malcolm, *The Cathars*. Blackwell, 1998.

Larrington, Carolyne, trad., *The Poetic Edda*. Oxford World' Classics, 1999.

Le Roy Ladurie, Emmanuel, *Montaillou: Cathars and Catholics in a French Village, 1294–1324*, trad. de Barbara Bray. Penguin, 1990.

Lebédel, Claude, *Understanding the Tragedy of the Cathars*. Editions Ouest-France, 2011.

Léglu, Catherine; Rist, Rebecca e Taylor, Claire, *The Cathars and the Albigensian Crusade: A Sourcebook*. Routledge, 2014.

Lemagnen, Sylvette, "Preface", em Lucien Musset (org.), *La Tapisserie de Bayeux: Oeuvre d'art et Document Historique*, trad. de Richard Rex. Boydell & Brewer, 2005. p. 272.

Lenz, Desiderius, *The Aesthetic of Beuron and Other Writings*, trad. John Minahane e John Connolly. Francis Boutle Publishers, 2002.

Lloyd Goodall, H., *A Need to Know: The Clandestine History of a CIA Family*. Left Coast Press, 2006.

Lockwood, Alan, "'In the Footsteps of Kraków's European Identity.' The Rynek Underground Archaeological Exhibit", *The Polish Review*, v. 57, n. 4 (2012). pp. 87-99.

Lorde, Audre, *Sister Outsider: Essays and Speeches by Audre Lorde*. Crossing Press, 2007.

Lowden, John, *The Making of the Bibles Moralisées, I, The Manuscripts*. University Park, 2000.

Lowe, K. J. P., "The Stereotyping of Black Africans in Renaissance Europe", em T. F. Earle e K. J. P. Lowe (orgs.), *Black Africans in Renaissance Europe*. Cambridge University Press, 2010. pp. 17-47.

Lucy, Sam, *Burial in Early Medieval England and Wales*, The Society for Medieval Archaeology Monographs, 17 (2002). pp. 1-24.

Luizza, Roy, *Beowulf: A New Verse Translation*. Broadview Press, 1999.

Lukowski, Jerzy e Zawadzki, Hubert, *A Concise History of Poland*. Cambridge University Press, 2001.

Lutkin, J., "Settled or Fleeting? London's Medieval Immigrant Community Revisited", em M. Allen e M. Davies (orgs.), *Medieval Merchants and Money: Essays in Honour of James L. Bolton*. Institute for Historical Research, 2016. pp. 137-50.

Maddicott, J. R., "London and Droitwich, c. 650–750: Trade, Industry and the Rise of Mercia", *Anglo-Saxon England*, v. 34 (2005). pp. 7-58.

Maddocks, Fiona, *Hildegard of Bingen: The Woman of her Age*. Faber and Faber, 2013.

Madigan, Shawn, *Mystics, Visionaries and Prophets: A Historical Anthology of Women's Spiritual Writings*. Augsburg Fortress, 1998.

Mann, J. C., "The Division of Britain in 197 AD", *Zeitschrift Für Papyrologie Und Epigraphik*, v. 119 (1997). pp. 251-4.

Manvell, Roger e Fraenkel, Heinrich, *Heinrich Himmler: The Sinister Life of the Head of the SS and Gestapo*. Skyhorse, 2007.

Marek, Marta, *Rekonstrukcje cyfrowe historycznej zabudowy Krakowa*. Muzeum Historyczne Miasta Krakowa, 2013.

Markus, R. A., "Gregory the Great's Europe", *Transactions of the Royal Historical Society*, v. 31 (1981). pp. 21-36.

Mayr-Harting, Henry, *The Coming of Christianity to Anglo-Saxon England*. Pennsylvania State University Press, 1991.

McCaffery, Emily, "Imaging the Cathars in Late Twentieth-Century Languedoc", *Contemporary European History*, v. 11, n. 3 (2002). pp. 409-27.

McFadyen, Angus Hector, *Aspects of the Production of Early Anglo-Saxon Cloisonné Garnet Jewellery*. Tese de doutorado não publicada, Manchester Metropolitan University, 1998.

McGuire, Thérèse, "Monastic Artists and Educators in the Middle Ages", *Woman's Art Journal*, v. 9, n. 2 (1988). pp. 3-9.

McKitterick, Rosamond, *The New Cambridge Medieval History, Volume II*. Cambridge University Press, 1995.

Merlo, Grado Giovanni, "Christian Experience of Religious Non-conformism", em John H. Arnold (org.), *Oxford Handbook of Medieval Christianity*. Oxford University Press, 2014. pp. 436-56.

Messent, Jan, *The Bayeux Tapestry Embroiderer's Story*. Madeira Threads Ltd, 1999.

Mitchell, Marea, *The Book of Margery Kempe: Scholarship, Community and Criticism*. Peter Lang, 2005.

Moen, Marianne, *Challenging Gender: A Reconsideration of Gender in the Viking Age Using the Mortuary Landscape*. Tese de doutorado não publicada, University of Oslo, 2019.

______, "Ideas of Continuity: Gender and the Illusion of the Viking Age as Familiar", em Anne Pedersen e Søren M. Sindbæk (orgs.), *Viking Encounters: Proceedings of the Eighteenth Viking Congress*. Aarhus University Press, 2020. pp. 621-32.

Monter, William, *The Rise of Female Kings in Europe, 1300–1800*. Yale University Press, 2012.

Moore, R. I., "Principles at Stake: The Debate of April 2013 in Retrospect", em Antonio Sennis (org.), *The Cathars in Question*. Boydell & Brewer, 2016.

Moore, Robert I., *Heretics! Resistances and Repression in the Medieval West*. Belin, 2017.

Morris, Marc, *The Anglo-Saxons: A History of the Beginnings of England*. Penguin Random House, 2021.

Mortensen, L., "The Marauding Pagan Warrior Woman", em K. A. Pyburn (org.), *Ungendering Civilisation*. Routledge, 2004. pp. 94-117.

Munro, Dana C., *Translations and Reprints from the Original Sources of European History*, v. 1, n. 2. University of Pennsylvania Press, 1895.

Murray, Yxta Maya, "Rape Trauma, The State, and the Art of Tracey Emin", *California Law Review*, v. 100, n. 6 (2012). pp. 1631-710.

Musgrove, David e Lewis, Michael, *The Story of the Bayeux Tapestry: Unravelling the Norman Conquest*. Thames & Hudson, 2021.

Musset, Lucien, *La Tapisserie de Bayeux: Oeuvre d'art et Document Historique*, trad. De Richard Rex. Boydell & Brewer, 2005.

Myers, Michael D., "A Fictional True-Self: Margery Kempe and the Social Reality of the Merchant Elite of King's Lynn", *Albion: A Quarterly Journal Concerned with British Studies*, v. 31, n. 3 (1999). pp. 377-94.

Näsström, Britt-Mari, "Old Norse Religion", em Lisbeth Bredholt Christensen, Olav Hammer e David Warburton (orgs.), *The Handbook of Religions in Ancient Europe*. Acumen Publishing, 2013. pp. 324-37.

Nelson, Janet L., "Carolingian Contacts", em Michelle P. Brown e Carol A. Farr (orgs.), *Mercia: An Anglo-Saxon Kingdom in Europe*. Continuum, 2001. pp. 126-46.

______, "The Dark Ages", *History Workshop Journal*, n. 63 (2007). pp. 191-201.

Newman, Barbara, *Voice of the Living Light: Hildegard of Bingen and Her World*. University of California Press, 1998.

Nirenberg, David, *Communities of Violence: Persecution of Minorities in the Middle Ages*. Princeton University Press, 2015. pp. 231-50.

Norton, Christopher, "Viewing the Bayeux Tapestry, Now and Then", *Journal of the British Archaeological Association*, v. 172, n. 1 (2019). pp. 52-89.

Norwich, John Julius, *The Popes: A History*. Chatto & Windus, 2011.

O'Shea, Stephen, *The Perfect Heresy: The Revolutionary Life and Death of the Medieval Cathars*. Profile Books, 2001.

Obbard, Elizabeth Ruth, *Medieval Women Mystics: Gertrude the Great, Angela of Foligno, Brigiitta of Sweden, Julian of Norwich*. New City Press, 2007.

Oldenbourg, Zoe, *Massacre at Montsegur: A History of the Albigensian Crusade*. Phoenix, 2006.

Orchard, Andy, "Literary Background to the *Encomium Emmae Reginae*", *Journal of Medieval Latin*, v. 11 (2001). pp. 156-83.

Ortiz, María Esther, "Símbolo y experiencia visionaria en el Epistolario de Hildegarda de Bingen (1098–1179)", *Mirabilia*, v. 29 (2019). pp. 70-91.

Osiński, Krzysztofm, "Małżeństwo Jadwigi Andegaweńskiej z Władysławem Jagiełłą w Rocznikach Jana Długosza", *Przegląd Prawniczy Ekonomiczny i Społeczny*, v. 2 (2014). pp. 38-48.

Owen-Crocker, Gale R., "The Bayeux Tapestry: Invisible Seams and Visible Boundaries", *Anglo-Saxon England*, v. 31 (2002). pp. 257-73.

______, "Behind the Bayeux Tapestry", em M. K. Foys, K. E. Overbey e D. Terkla (orgs.), *The Bayeux Tapestry: New Interpretations*. Boydell Press, 2009. pp. 119-29.

______, "Stylistic Variations and Roman Influences in the Bayeux Tapestry", em M. Crafton (org.), *The Bayeux Tapestry Revisited, Peregrinations*, v. 2, n. 4 (2009). pp. 1-35.

______, *The Bayeux Tapestry: Collected Papers*. Routledge, 2012.

Owen-Crocker, Gale R.; Coatsworth, Elizabeth e Hayward, M., *Encyclopaedia of Dress and Textiles in the British Isles c. 450–1450*. Brill, 2012.

Ożóg, Krzysztof, "The Intellectual Circles in Cracow at the Turn of the Fourteenth and Fifteenth Centuries and the Issue of the Creation of the Sankt Florian Psalter", *Polish Libraries*, v. 1 (2013), pp. 166-85.

Page-Phillips, John e Dart, Thurston, "The Peacock Feast", em *The Galpin Society Journal*, v. 6 (1953). pp. 95-8.

Parker, Joanne, *"England's Darling": The Victorian Cult of Alfred the Great*. Manchester University Press, 2007.

Parker, Kate, "Lynn and the Making of a Mystic", em John H. Arnold e Katherine J. Lewis (orgs.), *A Companion to The Book of Margery Kempe*, D. S. Brewer, 2004. pp. 55-73.

Parker, Rozsilka, *The Subversive Stitch: Embroidery and the Making of the Feminine*. The Women's Press, 1984.

Partner, N. F., *Writing Medieval History*. Bloomsbury Academic, 2005.

Pastan, Elizabeth Carson, "The Material Context of the Bayeux Embroidery: Manufacture, Display and Literary References", em Elizabeth Carson Pastan e Stephen D. White (orgs.), *The Bayeux Tapestry and Its Contexts: A Reassessment*. Boydell Press, 2014. pp. 9-32.

Perkins, Nicholas, "Biblical Allusion and Prophetic Authority in Gildas's *De excidio Britanniae*", *The Journal of Medieval Latin*, v. 20 (2010). pp. 78-112.

Petro, Pamela, "The Ælgvva Syndrome and the Erasure of Women's Stories", *Ms.*, 1 mar. 2001.

Petroff, Elizabeth Alvilda, *Medieval Women's Visionary Literature*. Oxford University Press, 1986.

Petropoulos, Jonathan, *Art as Politics in the Third Reich*. University of North Carolina Press, 1996.

Petty, Iris R., "Hildegard's Historical Memory: The Lives of Saint Disibod and Saint Rupert as Models of Local Salvation History", *Comitatus: A Journal of Medieval and Renaissance Studies*, v. 45 (2014). pp. 133-48.

Phillips, Matthew, "Urban Conflict and Legal Strategy in Medieval England: The Case of Bishop's Lynn, 1346–50", *Urban History*, v. 42, n. 3 (2015). pp. 365-80.

Pickles, John, *A History of Spaces: Cartographic Reason, Mapping, and the Geo-coded World.* Taylor & Francis, 2003.

Pickvance, Christopher, "Medieval Domed Chests in Kent: A Contribution to a National and International Study", *Regional Furniture*, v. 26 (2012). pp. 105-47.

Pita, Gonzalo, "Waldensian and Catholic Theologies of History in the XII–XIV Centuries: Part 1", *Journal of the Adventist Theological Society*, v. 25, n. 2 (2014). pp. 65-87.

Piwocka, Magdalena, "Jałmużniczka", em M. Piwocka e D. Nowacki (orgs.), *Wawel 1000–2000, Vol. I: Katedra krakowska – biskupia, królewska, narodowa*. Muzeum Katedralne na Wawelu, maj-wrzesień, 2000. pp. 45-6.

Pollington, Stephen, *Tamworth: Capital of the Kingdom of Mercia*. Tamworth Borough Council, 2011.

______, "The Mead-Hall: Fighting and Feasting in Anglo-Saxon Society", *Medieval Warfare*, v. 2, n. 5 (2012). pp. 47-52.

Powell, Edward, *Kingship, Law and Society: Criminal Justice in the Reign of Henry V.* Oxford University Press, 1989.

Pratt, David, *The Political Thought of King Alfred the Great.* Cambridge University Press, 2007.

Prettejohn, Elizabeth, *Art for Art's Sake: Aestheticism in Victorian Painting*. Paul Mellon Centre for Studies in British Art, 2007.

Price, Neil, *The Viking Way: Magic and the Mind in Late Iron Age Scandinavia*. Oxbow, 2019.

Price, Neil *et al.*, "Viking Warrior Women? Reassessing Birka Chamber Grave Bj.581", *Antiquity*, v. 93 (2019). pp. 181-98.

Puchalska, Joanna Katarzyna, "Vikings Television Series: When History and Myth Intermingle", *The Polish Journal of the Arts and Culture*, v. 15 (2015). pp. 89-105.

Pyburn, K. A., *Ungendering Civilisation*. Routledge, 2004.

Radner, Joan Newlon, *Fragmentary Annals of Ireland*, CELT edition, FA 429, Dublin Institute for Advanced Studies, 1978.

Raffield, Ben *et al.*, "Ingroup Identification, Identity Fusion and the Formation of Viking Warbands", in *World Archaeology*, v. 48, n. 1 (2016). pp. 35-50.

Raffield, Ben; Price, Neil e Collard, Mark, "Male-biased Operational Sex Ratios and the Viking Phenomenon: An Evolutionary Anthropological Perspective on Late Iron Age Scandinavian Raiding", em *Evolution and Human Behaviour*, v. 38, n. 3 (2016). pp. 315-24.

Rahtz, Philip e Meeson, Robert, *An Anglo-Saxon Watermill at Tamworth: Excavations in the Bolebridge Street area of Tamworth, Staffordshire in 1971 and 1978*, CBA Research Report n. 83, 1992.

Ramirez, Janina, *The Private Lives of Saints: Power, Passion and Politics in Anglo-Saxon England.* W. H. Allen, 2016.

Randall, David, *The Concept of Conversation: From Cicero's Sermo to the Grand Siècle's Conversation*. Edinburgh University Press, 2018.

Rauer, Christine, "Female Hagiography in the Old English Martyrology", em Paul E. Szarmach (org.), *Writing Women Saints in Anglo-Saxon England.* University of Toronto Press, 2013. pp. 13-29.

Ray, M., "A Black Slave on the Run in Thirteenth-Century England", *Nottingham Medieval Studies*, v. 51 (2007). pp. 111-9.

Redfern, Rebecca e Hefner, Joseph T., "'Officially Absent but Actually Present': Bioarchaeological Evidence for Population Diversity in London during the Black Death, 1348–50 AD", em Madeleine L. Mant e Alyson Jaagumägi Holland (eds.), *Bioarchaeology of Marginalized People*. Academic Press, 2019. pp. 69-114.

Rees Jones, Sarah, "'A Peler of Holy church'; Margery Kempe and the Bishops", em Jocelyn Wogan-Browne *et al.* (orgs.), *Medieval Women: Texts and Contexts in Late Medieval Britain, Essays for Felicity Riddy*. Turnhout, 2000. pp. 377-91.

______, "English Towns in the Later Middle Ages: The Rules and Realities of Population Mobility", em Mark Ormrod, Joanna Story e Elizabeth Tyler (orgs.), *Migrants in Medieval England: c. 500–c. 1500*. Proceedings of the British Academy, 229 (2020). pp. 265-303.

Rexroth, F., *Deviance and Power in Late Medieval London*, trad. de P. E. Selwyn. Cambridge University Press, 2007.

Reynolds, Susan, *Kingdoms and Communities in Western Europe, 900–1300*. Oxford University Press, 1997.

Riddle, John M., *Eve's Herbs: A History of Contraception and Abortion in the West.* Harvard University Press, 1997.

Ridyard, Susan J., *The Royal Saints of Anglo-Saxon England: A Study of West Saxon & East Anglian Cults*. Cambridge University Press, 1988.

Rieder, Paula M., "The Uses and Misuses of Misogyny: A Critical Historiography of the Language of Medieval Women's Oppression", in *Historical Reflections*, v. 38, n. 1 (2012). pp. 1-18.

Riel, Sjoerd van, "Viking Age Combs. Local Products or Objects of Trade?", *Lund Archaeological Review*, v. 23 (2017). pp. 163-78.

Roach, A., "The Cathar Economy", *Reading Medieval Studies*, v. 12 (1986). pp. 51-71.

______, *The Devil's World: Heresy and Society, 1100–1300*. Routledge, 2005.

Roach, Andrew P., "Review: Cathars in Questions, ed. Antonio Sennis", *The English Historical Review*, v. 133, n. 561 (2016). pp. 396-8.

Roberts, Jane, "Guthlac of Crowland, a Saint for Middle England", *Fursey Occasional Paper*, n. 3. Fursey Pilgrims, 2009. pp. 1-36.

Rodwell, W., "Lichfield. The Forgotten Cathedral", *Current Archaeology*, v. 18, n. 205 (2006). pp. 9-17.

Rodwell, Warwick *et al.*, "The Lichfield Angel: A Spectacular Anglo-Saxon Painted Sculpture", *The Antiquaries Journal*, v. 88 (2008). pp. 48-108.

Rose, Martial, *Dramatic Images: The Roof Bosses of Norwich Cathedral in Relation to the Drama of the Middle Ages*. Gryfones Joy Press, 2007.

Rosenberg, Samuel N., "Les Folies Tristan", em Norris J. Lacy (org.), *Early French Tristan Poems. Volume 1*. D. S. Brewer, 1998. pp. 259-302.

Rosser, Gervase, "Crafts, Guilds and the Negotiation of Work in the Medieval Town", *Past and Present*, v. 154 (1997). pp. 3-37.

Rozier, Charles C., *Writing History in the Community of Saint Cuthbert, 700 AD–1130 AD: From Bede to Symeon of Durham*, Boydell & Brewer, 2020.

Ryan, Martin J., "Conquest, Reform and the Making of England", em Nicholas J. Higham e Martin J. Ryan (orgs.), *The Anglo-Saxon World*. Yale University Press, 2013. pp. 284-322.

Saetveit Miles, Laura, "The Origin and Development of the Virgin Mary's Book at the Annunciation", *Speculum*, v. 89, n. 3 (2014). pp. 632-69.

Samsuwan, Jarunya *et al.*, "A Method for Extracting DNA from Hard Tissues for Use in Forensic Identification", *Biomedical Reports*, v. 9, issue 5 (2018). pp. 433-8.

Schaus, Margaret, *Women and Gender in Medieval Europe: An Encyclopaedia*. Taylor & Francis, 2006.

Schmeider, Felicitas, "Saints Around the Baltic: Some Remarks, Conclusions and Further Questions", em Carsten Selch Jensen *et al.* (orgs.), *Saints and Sainthood Around the Baltic Sea: Identity, Literacy and Communication in the Middle Ages*. Medieval Institute Publications, 2018. pp. 273-80.

Schrader, Sarah, *Activity, Diet and Social Practice.* Springer, 2019.

Schultz, J. A., *Courtly Love, the Love of Courtliness, and the History of Sexuality.* University of Chicago Press, 2006.

Schultz, James A., "Why do Tristan and Isolde Leave for the Woods? Narrative Motivation and Narrative Coherence in Eilhart von Oberg and Gottfried von Straβburg", *MLN*, v. 102, n. 3 (1987). pp. 586-607.

Scott, Florence H. R., "Cynethryth: Mercia's Forgotten Queen?", *Aelgif-who?*, Newsletter n. 1 (2021). https://florencehrs.substack.com/p/cynethryth-mercias-forgotten-queen.

Semple, Sarah e Williams, Howard, "Landmarks of the Dead: Exploring Anglo-Saxon Mortuary Geographies", em Martyn Clegg Hyer e Gale R. Owen Crocker (orgs.), *The Material Culture of the Built Environment in the Anglo-Saxon World.* Liverpool University Press, 2015. pp. 137-61.

Sennis, Antonio, *The Cathars in Question.* Boydell & Brewer, 2016.

Service, Alexandra, *Popular Vikings: Constructions of Viking Identity in Twentieth-Century Britain.* Tese de doutorado não publicada. University of York, 1998.

Sherlock, Stephen J., *A Royal Anglo-Saxon Cemetery at Street House, Loftus, North-East Yorkshire*, Tees Archaeology Monograph Series, v. 6. Tees Archaeology, 2012. p. 114-5.

______, "Space and Place: Identifying the Anglo-Saxon Cemeteries in the Tees Valley, North-East England", em Chantal Bielmann e Britany Thomas (orgs.), *Debating Religious Space and Place in the Early Medieval World.* Sidestone Press, 2018. pp. 93-110.

______, "The Reuse of 'Antiquities' in Conversion Period Cemeteries", *Medieval Archaeology*, v. 60, n. 2 (2016), pp. 242-65.

Sherlock, Stephen J. e Welch, Martin G., *An Anglo-Saxon Cemetery at Norton, Cleveland*, CBA Research Report 82. Council for British Archaeology, 1992.

Shirley, J., *The Song of the Cathar Wars. A History of the Albigensian Crusade. William of Tudela and an Anonymous Successor*. Scolar Press, 1996.

Sibly, W. A. e Sibly, M. D., *Peter of Les Vaux-de-Cernay: The History of the Albigensian Crusade*. Boydell Press, 1998.

Sigurðardottir, T., "Saga World and Nineteenth-Century Iceland: The Case of Women Farmers", em S. M. Anderson e K. Swenson (orgs.), *Cold Counsel: Women in Old Norse Literature and Mythology: A Collection of Essays*. Routledge, 2002. pp. 281-93.

Silber, Patrice, "Gold and Its Significance in Beowulf", *Annuale Medievale*, v. 18 (1977). pp. 5-19.

Silvas, Anna, *Jutta and Hildegard: The Biographical Sources*. Pennsylvania State University Press, 1998.

Simpson, Gavin, "The Pine Standard Chest in St Margaret's Church, King's Lynn, and the Social and Economic Significance of the Type", em John McNeil (org.), *King's Lynn and the Fens: Medieval Art, Architecture and Archaeology, The British Archaeological Association Conference*, v. 31 (2008). pp. 53-65.

Skinner, Patricia, *Challenging the Boundaries of Medieval History: The Legacy of Timothy Reuter*. Brepols, 2009.

Smith, Alfred P., *Warlords and Holy Men*. Edinburgh University Press, 2010.

Sniezynska-Stolot, Ewa, *Tajemnice dekoracji Psalterza Florianskiego*. Polish Scientific Publishers PWN, 1992.

Sobecki, Sebastian, "'The Writyng of this Tretys': Margery Kempe's Son and the Authorship of Her Book", *Studies in the Age of Chaucer*, v. 37 (2015). pp. 257-83.

Solymosi, László e Körmendi, Adrienne, "A középkori magyar állam virágzása és bukása, 1301–1506 [The Heyday and Fall of the Medieval Hungarian State, 1301–1526]", em László Solymosi (org.), *Magyarország történeti kronológiája, I: a kezdetektől 1526-Ig* [Historical Chronology of Hungary, Volume I: From the Beginning to 1526], Akadémiai Kiadó, 1981. pp. 188-228.

Spufford, P., *Power and Profit: The Merchant in Medieval Europe*. Thames & Hudson, 2002.

Squatriti, Paolo, "Offa's Dyke Between Nature and Culture", *Environmental History*, v. 9, n. 1 (2004). pp. 37-56.

St Clair Feilden, H., *A Short Constitutional History of England.* BiblioBazaar, 2009.

Stacey, Robert C., "Anti-Semitism and the Medieval English State", em J. R. Madicott e D. M. Palliser (orgs.), *The Medieval State: Essays Presented to James Campbell.* Hambledon, 2000. pp. 163-77.

Stafford, Pauline, "Edith, Edward's Wife and Queen", em Richard Mortimer (org.), *Edward the Confessor: The Man and The Legend.* Boydell Press, 2009. pp. 129-38.

______, "Political Women in Mercia, Eighth to Early Tenth Centuries", em Michelle P. Brown e Carol A. Farr (orgs.), *Mercia: An Anglo-Saxon Kingdom in Europe*. Continuum, 2001. pp. 35-50.

______, *Queen Emma and Queen Edith: Queenship and Women's Power in Eleventh Century England.* Wiley, 2001.

______, *Unification and Conquest: A Political and Social History of England in the Tenth and Eleventh Centuries*. Hodder Education, 1989.

______, "Women in Domesday", *Reading Medieval Studies*, v. 15 (1989). pp. 75-94.

Stahl, Alan M., "The Nature of the Sutton Hoo Coin Parcel", em Calvin B. Kendall e Peter S. Wells (orgs.), *Voyage to the Other World: The Legacy of Sutton Hoo*. University of Minnesota Press, 1992. pp. 3-14.

Stanzl, Günther, "The Ruins of the Abbey Disibodenberg near Mainz, Germany: Excavation, Conservation and Development of the Site", *Conservation and Management of Archaeological Sites*, v. 1 (2000). pp. 21-32.

Steinkeller, Piotr, *Third-millennium Legal and Administrative Texts in the Iraq Museum*. Eisenbrauns, 1992.

Stenton, Frank M., *Anglo-Saxon England*. Clarendon Press, 1971.

Stillwell, Richard, *The Princeton Encyclopaedia of Classical Sites*. Princeton University Press, 2017.

Stone, Richard, *Tamworth: A History*. Phillimore & Co., 2003.

Storey, Ann, "A Theophany of the Feminine: Hildegard of Bingen, Elisabeth of Schönau and Herrad of Landsberg", *Woman's Art Journal*, v. 19, n. 1 (1998). pp. 16-20.

Stoudt, Debra L., "Elemental Well-Being: Water and Its Attributes in Selected Writings of Hildegard of Bingen and Georgius Agricola", em Albrecht Classen (org.), *Bodily and Spiritual Hygiene in Medieval and Early Modern Literature: Explorations of Textual Presentations of Filth and Water, Journal of Medieval Latin*, v. 27, n. 1 (2017). pp. 193-220.

Stuart, S. Mosher, *Women in Medieval History and Historiography*. University of Pennsylvania Press, 1987.

Styles, T., "Whitby Revisited: Bede's Explanation of Strenaeshalch", *Nomina*, v. 21 (1998), pp. 133-48.

Sumption, Jonathan, *The Albigensian Crusade*. Faber and Faber, 1978.

Szabo, John F. e Kuelfer, Nicholas E., *The Bayeux Tapestry: A Critically Annotated Bibliography*. Rowman and Littlefield, 2015.

Szarmach, Paul E., *Writing Women Saints in Anglo-Saxon England*. University of Toronto Press, 2013.

Tachau, Katherine H., "God's Compass and Vana Curiositas: Scientific Study in the Old French Bible Moralisée", em John T. Paoletti (org.), *The Art Bulletin*, v. 80, n. 1 (1998). pp. 7-33.

Tanke, John, "Beowulf, Good-Luck and God's Will", *Studies in Philology*, v. 99, n. 4 (2002), pp. 356-79.

Taylor, Claire, *Heresy, Crusade and Inquisition in Medieval Quercy*. York Medieval Press, 2011.

Thacker, Alan, "Chester and Gloucester: Early Ecclesiastical Organisation in Two Mercian Burhs", *Northern History*, v. 18 (1982). pp. 199-211.

Thiébaux, Marcelle, trad., "Benedictine Visionaries in the Rhineland: Hildegard of Bingen (1098–1179), Elisabeth of Schönau (1129–1165)", em *The Writings of Medieval Women, Garland Library of Medieval Literature*, v. 14, series B (1987). pp. 105-63.

Thomas, A. H., *Calendar of Select Please and Memoranda of the City of London: a.d. 1381–1412, 3 Vols*. Cambridge University Press, 1924–1932.

Thompson, Augustine, "Hildegard of Bingen on Gender and the Priesthood", *Church History*, v. 63, n. 3 (1994). pp. 349-64.

Tilly, Charles, *Coercion, Capital, and European States: a.d. 900–1900. Studies in Social Discontinuity*. Blackwell, 1992.

Toswell, M., "The European Psalms in Translation", em J. Beer (org.), *Companion to Medieval Translation*. Amsterdam University Press, 2019. pp. 13-22.

Totten, Robert Christy, *The Bible Significance of East and West; or, Is the Dawn Appearing?*. Palala Press, 2018.

Tracy, Charles, "The Former Nave and Choir Oak Furnishings, and the West End and South Porch Doors, at the Chapel of St Nicholas, King's Lynn", em John McNeil (org.), *King's Lynn and the Fens: Medieval Art, Architecture and Archaeology, The British Archaeological Association Conference*, v. 31 (2008). pp. 28-52.

Trivellone, Alessia, *L'hérétique imaginé: Hétérodoxie et iconographie dans l'Occident médiéval, de l'époque carolingienne à l'Inquisition*. Brepols, 2009.

Tsiamis, Costas; Tounta, Eleni e Poulakou- Rebelakou, Effie, "The 'Endura' of the Cathars' Heresy: Medieval Concept of Ritual Euthanasia or Suicide?", *Journal of Religion and Health*, v. 55, n. 1 (2016). pp. 174-80.

Tumanov, Vladimir, "Mary versus Eve: Paternal Uncertainty and the Christian View of Women", *Neophilologus*, v. 95 (2011). pp. 507-21.

Turner, T. R. *et al.*, "Participation, Representation, and Shared Experiences of Women Scholars in Biological Anthropology", *American Journal in Physical Anthropology*, v. 165 (2018). pp. 126-57.

Tyerman, C. J., "Were There Any Crusades in the Twelfth Century?", *The English Historical Review*, v. 110, v. 437 (1995). pp. 533-77.

Tyler, Damian, "An Early Mercian Hegemony: Penda and Overkingship in the Seventh Century", *Midland History*, v. 30, n. 1 (2005). pp. 1-19.

Tyler, E. M., *Treasure in the Medieval West*. York Medieval Press, 2000.

Uspenskij, Fjordor, "The Baptism of Bones and Prima Signatio in Medieval Scandinavia and Rus", em L. P. Słupecki e J. Morawiec (orgs.), *Between Paganism and Christianity in the North*. Uniwersytetu Rzeszowskiego, 2009. pp. 9-22.

Van Antwerp Fine, John, *The Late Medieval Balkans: A Critical Survey from the Late Twelfth Century to the Ottoman Conquest*. University of Michigan Press, 1994. pp. 396-7.

Varner, Eric, "Transcending Gender: Assimilation, Identity and Roman Imperial Portraits", em Sinclair Bell e Inge Lyse Hansen (orgs.), *Memoirs of the American Academy in Rome, Vol. 7*. University of Michigan Press, 2008. pp. 200-1.

Vedeler, M., *The Oseberg Tapestries*. Scandinavian Academic, 2019.

______, "The Textile Interior in the Oseberg Burial Chamber", em S. Bergerbrant e S. H. Fossøy (orgs.), *A Stitch in Time. Essays in Honour of Lise Bender Jørgensen*. Gothenburg University, 2014. pp. 281-301.

Vial, Gabriel, "The Bayeux Tapestry Embroidery and Its Backing Strip", em Pierre Bouet, Brian Levy e François Nevaux (orgs.), *The Bayeux Tapestry: Embroidering the Facts of History*. Caen, 2004. pp. 83-109.

Viegas, Jennifer, "Bejeweled Anglo-Saxon Burial Suggests Cult at Loftus", *Discovery News*, 11 abr. 2008.

Vitolo, Paolo, "The Image of Women and Narrative Strategies in the *Hortus Deliciarum*", em Kari Elisabeth Børresen e Adriana Valerio (orgs.), *The High Middle Age, The Bible and Women Series*. Society of Biblical Literature, 2015. pp. 327-42.

Vyner, B. E., "The Excavation of a Neolithic Cairn at Street House, Loftus, Cleveland", *Proceedings of the Prehistoric Society*, v. 50 (1984). pp. 151-96.

Vyner, B. E. *et al.*, "The Street House Wossit: The Excavation of a Late Neolithic and Early Bronze Age Palisaded Ritual Monument at Street House, Loftus, Cleveland", *Proceedings of the Prehistoric Society*, v. 54 (1988), pp. 173-202.

Walker, Ian W., *Mercia and the Making of England*. Sutton Publishing, 2000.

Walter, Brittany S. e DeWitte, Sharon N., "Urban and Rural Mortality and Survival in Medieval England", *Annals of Human Biology*, v. 44, n. 4 (2017). pp. 338-48.

Ward, Jennifer, *Women in Medieval Europe, 1200–1500*. Routledge, 2002.

Wawn, Andrew, *The Vikings and the Victorians*. D. S. Brewer, 2002.

Webster, Paul, "Mystery at the Monastery Ends as CCTV Reveals Chamber of Secrets' Daring Thief", *Guardian*, 19 jun. 2003.

Weigel, George, *City of Saints: A Pilgrimage to John Paul II's Krakow*. Crown Publishing, 2015. pp. 65-88.

Weir, Alison, *Britain's Royal Families: The Complete Genealogy*. Vintage, 1996.

Weis, Rene, *The Yellow Cross: The Story of the Last Cathars 1290–1329*. Penguin, 2001.

Weltecke, Dorothea, "Doubts and the Absence of Faith", em John H. Arnold (org.), *Oxford Handbook of Medieval Christianity*. Oxford University Press, 2014. pp. 357-76.

White, Stephen D., "The Fables in the Borders", em Elizabeth Carson Pastan e Stephen D. White (orgs.), *The Bayeux Tapestry and Its Contexts: A Reassessment*. Boydell Press, 2014. pp. 154-82.

Whitelock, Dorothy, *English Historical Documents v. 1 c. 500–1042.* Eyre & Spottiswoode, 1968.

Whittaker, H., "Game Boards and Gaming Pieces in the Northern European Iron Age", *Nordlit. Tidskrift for kultur og litteratur*, v. 24 (2006). pp. 103-12.

Wicker, Nancy L., "Christianisation, Female Infanticide, and the Abundance of Female Burials at Viking-age Birka in Sweden", *Journal of the History of Sexuality*, v. 21, n. 2 (2012). pp. 245-62.

Wilcox, Peter, *The Gold, the Angel and the Gospel Book.* Lichfield Cathedral, 2011.

Williams, Gareth, "Mercian Coinage and Authority", em Michelle P. Brown e Carole A. Farr (orgs.), *Mercia: An Anglo- Saxon Kingdom in Europe.* Continuum, 2001. pp. 210-229.

Williams, Howard, "Ancient Landscapes and the Dead: The Reuse of Prehistoric and Roman Monuments at early Anglo-Saxon Burial Sites", *Medieval Archaeology*, v. 41 (1997). pp. 1-32.

______, *Death and Memory in Early Medieval Britain.* Cambridge University Press, 2006.

______, "Engendered Bodies and Objects of Memory in Final Phase Graves", em Jo Buckberry e Annia Cherryson (orgs.), *Studies in Funerary Archaeology, Volume 4: Burial in Later Anglo-Saxon England, c. 650–1100 ad.* Oxbow Books, 2010. pp. 26-37.

Williams, Tara, "Manipulating Mary: Maternal, Sexual and Textual Authority in *The Book of Margery Kempe*", *Modern Philology*, v. 107, n. 4 (2010). pp. 528-55.

Wiseman, James, "Insight: Suppression of the Cathars", *Archaeology*, v. 52, n. 2 (1999). pp. 12-6.

Witts, Richard, "How to Make a Saint: On Interpreting Hildegard of Bingen", *Early Music*, v. 26, n. 3 (1998). pp. 478-85.

Wolf, Kirsten, "Transvestitism in the Sagas of the Icelanders", *The 10th International Saga Conference.* University of Trondheim, 1997. pp. 675-84.

Wood, Juliette, *The Holy Grail: History and Legend.* University of Wales Press, 2012.

Woodgar, L. S., "B, Robert, of Bishop's Lynn, Norf.", em J. S. Roskell, L. Clark e C. Rawcliffe (orgs.), *The History of Parliament: the House of Commons 1386–1421.* Boydell and Brewer, 1993. https://www.historyofparliamentonline.org/volume/1386-1421/member/brunham-robert.

Wyrozumski, Jerzy, *Królowa Jadwiga.* Universitas, 2006.

Yenne, Bill, *Hitler's Master of the Dark Arts: Himmler's Black Knights and the Occult Origins of the SS.* Zenith, 2010.

Yorke, Barbara, "Alfred the Great: The Most Perfect Man in History?", *History Today*, v. 49, n. 10 (1999). pp. 15-7.

______, "'The Weight of Necklaces': Some Insights into the Wearing of Women's Jewellery from Middle Saxon Written Sources", em Stuart Brookes, Sue Harrington e Andrew Reynolds (orgs.), *Studies in Early Anglo-Saxon Art and Archaeology: Papers in Honor of Martin G. Welch*. Archaeopress, 2011. pp. 106-111.

Zawadzki, Roman Maria, "Poczatki kultu Królowej Jadwigi", em Adam Kubiś (org.), *Jubileusz Sześćsetlecis Wydziału Teologicznego w Krakowie*, Papieska Akademia Teologiczna, 1998. pp. 283-99.

Zeitlin, S., "The Blood Accusation", *Vigilae Christianae*, v. 50, n. 2 (1996). pp. 117-24.

Zerner, Monique, *Inventer hérésie? Discours polémiques et pouvoirs avant l'inquisition*. Centre d'Etudes Médiévales, 1998.

Acreditamos
nos livros

Este livro foi composto em Adobe Garamond Pro e Bliss Pro e impresso pela Geográfica para a Editora Planeta do Brasil em maio de 2025.